数据挖掘
及其在金融信息处理中的应用

刘彦保　乔克林　著

中国水利水电出版社
www.waterpub.com.cn
·北京·

内 容 提 要

本书从理论、应用实例以及数据挖掘的发展趋势等几个方面,对数据挖掘技术进行了详细探讨。在介绍数据挖掘技术理论和算法的基础上,通过不同领域的应用案例来说明数据挖掘在实际应用中的具体操作方法,以期为读者提供一个更为广阔的视角。

本书重点对数据预处理、关联规则、聚类分析等内容进行了详尽的阐述。

全书内容丰富新颖,具有较强的可读性,可供从事数据挖掘工作以及其他相关工程技术的工作人员参考使用。

图书在版编目(CIP)数据

数据挖掘及其在金融信息处理中的应用 / 刘彦保,乔克林著. —— 北京:中国水利水电出版社,2018.11
ISBN 978-7-5170-7082-5

Ⅰ. ①数… Ⅱ. ①刘… ②乔… Ⅲ. ①数据采集-应用-金融-信息处理-研究 Ⅳ. ①F830.49

中国版本图书馆CIP数据核字(2018)第248522号

书　　名	数据挖掘及其在金融信息处理中的应用 SHUJU WAJUE JI QI ZAI JINRONG XINXI CHULI ZHONG DE YINGYONG
作　　者	刘彦保　乔克林　著
出版发行	中国水利水电出版社 (北京市海淀区玉渊潭南路1号D座 100038) 网址:www.waterpub.com.cn E-mail:sales@waterpub.com.cn 电话:(010)68367658(营销中心)
经　　售	北京科水图书销售中心(零售) 电话:(010)88383994、63202643、68545874 全国各地新华书店和相关出版物销售网点
排　　版	北京亚吉飞数码科技有限公司
印　　刷	三河市元兴印务有限公司
规　　格	170mm×240mm　16开本　22.75印张　408千字
版　　次	2019年2月第1版　2019年2月第1次印刷
印　　数	0001—2000册
定　　价	110.00元

凡购买我社图书,如有缺页、倒页、脱页的,本社营销中心负责调换

版权所有·侵权必究

前　言

自20世纪80年代后期出现数据挖掘以来,随着信息技术尤其是计算机及互联网技术的飞速发展,数据挖掘技术、理论及应用得到了快速发展。在当今大数据时代,金融行业每天都在产生着海量的数据。对这些数据进行统计、分析并挖掘出隐藏在数据内部有价值的信息,为金融行业的决策提供指导,已经成为具有挑战性的新课题。金融行业尤其是银行业对数据挖掘与分析技术的需求已经迫在眉睫。

在这种背景下,本书从数据挖掘与分析技术的基本理论出发,紧紧把握金融数据挖掘与分析的最新动向,对数据挖掘与分析技术及其在金融行业中的应用进行了详细介绍,并对未来金融数据挖掘与分析的发展进行了展望。

本书具有如下特点:一是理论与应用相呼应。从数据挖掘算法理论与方法、工具和应用两个方面进行阐述,既注重理论,同时贴近实战,解行相应,希望学习者既能很快将理论应用于实际领域的数据分析中,同时也具备厚积薄发的能力;二是基础与发展一脉相承。大数据新常态下经典数据挖掘的基本原理仍然适用,不同之处在于,根据现有分布式、并行环境,对原有算法进行优化。本书循序渐进地介绍经典数据挖掘算法,以及大数据环境下数据挖掘算法的新特点和新延展,有助于学习者全面掌握数据挖掘理论。

本书梳理了数据挖掘的多种研究方法,注重领域核心方法的论述,知识点比较广泛,叙述简明、语言准确。全书共11章,第1章导论,介绍了数据挖掘的起源、概念和分类、功能、典型的应用领域等;第2章介绍了数据预处理;第3章～第5章分别从关联规则、聚类分析、分类与预测等方面讲述了算法和概念。第6章～第9章介绍了数据挖掘技术,包括Web数据挖掘、复杂类型数据挖掘及应用、流数据挖掘技术和其他相关技术。第10章和第11章阐述了金融数据挖掘的理论及实际应用。

作者在多年教学、科学研究的基础上,广泛吸收了国内外学者在数据挖掘方面的研究成果,在此向相关内容的原作者表示诚挚的敬意和谢意。

本书的出版,也得到了我校(延安大学计算机软件与理论校级重点学科)的支助与支持,在此一并表示感谢。全书1～6章由刘彦保撰写,7～11章由乔克林撰写。

由于作者水平有限,加之时间仓促,错误和遗漏在所难免,恳请读者批评指正。

作　者

2018年5月

目 录

第1章 导论 ·· 1
1.1 数据挖掘的起源 ··· 1
1.2 数据挖掘的概念和分类 ·· 3
1.3 数据挖掘的过程 ··· 6
1.4 数据挖掘的功能 ··· 7
1.5 数据挖掘的典型应用领域 ··· 8
1.6 数据挖掘的发展趋势和面对的问题 ································ 18

第2章 数据预处理 ·· 21
2.1 数据预处理的概念 ··· 21
2.2 数据清理 ··· 28
2.3 数据集成 ··· 33
2.4 数据转换 ··· 34
2.5 数据归约 ··· 36

第3章 关联规则 ·· 42
3.1 关联规则概述 ··· 42
3.2 Apriori关联规则算法 ··· 48
3.3 多种关联规则挖掘 ··· 56
3.4 关联分析应用实例 ··· 60

第4章 聚类分析 ·· 67
4.1 聚类的基本概念 ··· 67
4.2 划分聚类算法 ··· 71
4.3 层次聚类算法 ··· 84
4.4 基于密度和网格的子空间聚类算法 ································ 93
4.5 基于模型的聚类算法 ·· 101
4.6 聚类分析应用实例 ·· 104

第 5 章 分类与预测 ……………………………………………… 107

5.1 分类和预测基本概念 …………………………………… 107
5.2 决策树分类 ……………………………………………… 108
5.3 贝叶斯分类 ……………………………………………… 125
5.4 人工神经网络 …………………………………………… 131
5.5 支持向量机 ……………………………………………… 140
5.6 遗传算法 ………………………………………………… 154
5.7 粗糙集方法 ……………………………………………… 155
5.8 分类预测应用实例 ……………………………………… 155

第 6 章 Web 数据挖掘 …………………………………………… 160

6.1 Web 挖掘概述 …………………………………………… 160
6.2 Web 日志挖掘 …………………………………………… 165
6.3 Web 内容挖掘 …………………………………………… 166
6.4 Web 使用挖掘 …………………………………………… 170
6.5 Web 结构挖掘 …………………………………………… 171

第 7 章 复杂类型数据挖掘及应用 ……………………………… 178

7.1 文本数据挖掘 …………………………………………… 178
7.2 多媒体数据挖掘 ………………………………………… 180
7.3 空间数据挖掘 …………………………………………… 192
7.4 网络舆情挖掘 …………………………………………… 198

第 8 章 流数据挖掘技术 ………………………………………… 205

8.1 流数据挖掘技术概述 …………………………………… 205
8.2 流数据挖掘技术分类 …………………………………… 210
8.3 流数据挖掘关键技术 …………………………………… 216
8.4 实时数据流挖掘技术 …………………………………… 218
8.5 流数据挖掘的应用及前景 ……………………………… 224

第 9 章 数据挖掘的其他相关技术 ……………………………… 225

9.1 数据挖掘可视化技术 …………………………………… 225
9.2 物联网数据挖掘技术 …………………………………… 235
9.3 分布式数据挖掘技术 …………………………………… 247

9.4　基于云计算的分布式数据挖掘技术 …………………………… 252

第 10 章　金融数据挖掘 …………………………………………… 260

10.1　金融领域进行数据挖掘的必要性 ………………………… 260
10.2　金融数据及其可视化 ……………………………………… 261
10.3　金融数据挖掘的过程 ……………………………………… 273

第 11 章　数据挖掘在金融业中的应用 …………………………… 276

11.1　数据挖掘在银行业的应用 ………………………………… 276
11.2　数据挖掘在证券业的应用 ………………………………… 284
11.3　数据挖掘在保险业的应用 ………………………………… 301
11.4　数据挖掘在期权定价中的应用 …………………………… 321

参考文献 ………………………………………………………………… 352

第1章 导论

随着计算机技术、数据库技术和传感器技术的飞速发展,人们获取数据和存储数据变得越来越容易。社会信息化水平的不断提高和数据库应用的日益普及,使人类积累的数据量正在以指数方式增长。与日趋成熟的数据管理技术和软件工具相比,数据分析技术和工具所提供的功能,无法有效地为决策者提供为其决策所需的有效知识,从而形成了一种"丰富的数据、贫乏的知识"的现象。为有效解决这一问题,自20世纪80年代开始,数据挖掘技术逐步发展起来,人们迫切希望能对海量数据进行更加深入的分析,发现并提取隐藏在其中的有价值信息,以便更好地利用这些数据。数据挖掘技术的迅速发展,得益于目前全世界所拥有的巨大数据资源,以及对其中有价值的信息和知识的巨大需求。在这种背景下,数据挖掘的理论和方法获得了飞速的发展,其技术和工具已经广泛应用到互联网、金融、电商、管理、生产等各个领域。

1.1 数据挖掘的起源

数据挖掘技术出现于20世纪80年代末,是在多个学科发展的基础上发展起来的。随着数据库技术的发展应用,数据的积累不断膨胀,简单的查询和统计已经无法满足企业的商业需求,急需一些革命性的技术去挖掘数据背后的信息。与此同时,计算机领域的人工智能(Artificial Intelligence,简称AI)也取得了巨大进展,进入了机器学习的阶段。基于此,人们将两者结合起来,用数据库管理系统存储数据,用计算机分析数据,并且尝试挖掘数据背后的信息,这两者的结合促生了一门新的学科,即数据挖掘。

1989年8月于美国底特律市召开的第十一届国际联合人工智能学术会议上首次提到"知识发现"这一概念,1993年,美国电气电子工程师学会(IEEE)的知识与数据工程(Knowledge and Data Engineering)会刊出版了KDD技术专刊,发表的论文和摘要体现了当时KDD的最新研究成果和动态。1995年在加拿大蒙特利尔召开的首届"知识发现和数据挖掘"国际学术会议上,首次提出了"数据挖掘"这一学科的名称,并把数据挖掘技术分为科研领域的知识发现与工程领域的数据挖掘。

▲ 数据挖掘及其在金融信息处理中的应用

数据挖掘可以在任何类型的存储信息上进行,如关系数据库、数据仓库、文本和多媒体数据库、事务数据库、等。目前,数据挖掘技术在购物篮分析、金融风险预测、分子生物学、基因工程研究、Internet 站点访问模式发现以及信息搜索等领域得到了广泛的应用。因此数据挖掘技术具有极其重要的研究意义,也给各个领域的研究人员提供了一种新的认识数据、使用数据的智能手段。

大部分数据挖掘问题和相应的解决方法都起源于传统的数据分析。数据挖掘起源于多种学科,其中最重要的两门是统计学和机器学习。统计学起源于数学,因此,数据挖掘强调数学上的精确。在实践测试之前,要求在理论上得到验证;相比之下,机器学习更多地起源于计算机实践。如果说数据挖掘的统计学方法和机器学习方法之间的主要区别在于模型和算法规则之间侧重点的不同。现代统计学几乎完全是由模型概念驱动的,是一个假定的结构,或者说是一个结构的近似,这个结构能够产生数据。统计学强调模型,而机器学习倾向于强调算法。数据挖掘中的基本模型法则也起源于控制理论,控制理论主要应用于工程系统和工业过程。通过观察一个未知系统(也被称为目标系统)的输入输出信息,决定其数学模型的问题通常被称为系统识别。系统识别的目标是多样化的,并且是从数据挖掘的立场出发的。最重要的是预测系统的行为,并解释系统变量之间的相互作用和关系。

对数据挖掘而言,哪里有数据哪里就能挖掘到"金子",但是,随着物联网、云计算和大数据时代的来临,要在急剧膨胀的数据中挖掘"金子",无疑给数据挖掘技术的实施提出了挑战。

物联网就是物物相连的网络,是数字世界与物理世界的高度融合。物联网底层的大量传感器为信息的获取提供了一种新的方式,这些传感器不断地产生着新的数据,随着各种各样的异构终端设备的接入,物联网采集的数据量也就越来越大,其数据类型和数据格式也会越来越复杂。这些数据与时间和空间相关联,有着动态、异构和分布的特性,也为数据挖掘任务带来了新的挑战。

云计算是一种基于互联网相关服务的增加、使用和交付模式,通常涉及通过互联网来提供动态、易扩展且经常是虚拟化的资源(包括硬件、平台和软件),实现了设备之间的数据应用和共享。随着物联网的发展,感知的信息不断增加,需要不断地增加服务器的数目来满足需求,但由于服务器的承载能力是有限的,使得服务器在节点上出现混乱和错误的概率大大增加。为了更好地服务,基于云计算的系统能有效地解决物联网分布式数据挖掘中所遇到的问题,在进行相关数据挖掘时能够显著地提高性能。

1.2 数据挖掘的概念和分类

1.2.1 数据挖掘的概念

数据挖掘(Data Mining,DM),是从大量的、有噪声的、不完全的、模糊和随机的数据中,提取出隐含在其中的、人们事先不知道的、具有潜在利用价值的信息和知识的过程。所提取到的知识的表示形式可以是概念、规律、规则与模式等。数据挖掘能够对将来的趋势和行为进行预测,从而帮助决策者做出科学合理的决策。比如,通过对公司数据库系统的分析,数据挖掘可以回答诸如"哪些客户最有可能购买我们公司的什么产品?""客户有哪些常见的消费模式和消费习惯?"等类似问题。

数据挖掘是一门交叉学科,涉及数据库技术、人工智能、数理统计、机器学习、模式识别、高性能计算、知识工程、神经网络、信息检索、信息的可视化等众多领域,其中数据库技术、机器学习、统计学对数据挖掘的影响最大。对数据挖掘而言,数据库为其提供数据管理技术,机器学习和统计学提供数据分析技术。数据挖掘所采用的算法,一部分是机器学习的理论和方法,如神经网络、决策树等;另一部分是基于统计学习理论,如支持向量机、分类回归树和关联分析等。但传统的机器学习和统计学研究往往并不把海量数据作为处理对象,而数据挖掘要把这两类技术用于海量数据中的知识发现,需要对算法进行改造,使得算法性能和空间占用达到实用的地步。

常见的数据挖掘对象有以下七大类:
(1)关系型数据库、事务型数据库、面向对象的数据库。
(2)数据仓库/多维数据库。
(3)空间数据(如地图信息)。
(4)工程数据(如建筑、集成电路信息)。
(5)文本和多媒体数据(如文本、图像、音频、视频数据)。
(6)时间相关的数据(如历史数据或股票交换数据)。
(7)万维网(如半结构化的 HTML、结构化的 XML 以及其他网络信息)。

1.2.2 数据挖掘的分类

确定数据挖掘的任务并选择挖掘算法是数据挖掘的核心工作,针对同一个挖掘任务又存在多种挖掘算法。按照具体的研发工作任务,可以将数据挖掘所讨论的内容分为两大任务类型:描述型的数据挖掘任务和预测型的数据挖掘任务。描述型数据挖掘主要是根据数据仓库中的数据,分析其中隐含的规律性描述,例如频繁模式挖掘、聚类、关联规则的挖掘等都属于描述型数据挖掘的范畴。预测型数据挖掘主要是根据数据仓库中的数据,开展对于未知规律和知识的预测研究,例如分类、回归等方面的研究工作就属于预测型的研究。

1. 描述型数据挖掘

(1)广义知识。在建立模型之前,首先要了解数据,获得广义知识,即类别特征的概括性描述知识。根据数据的微观特性发现其表征的、带有普遍性的、较高层次概念的、中观和宏观的知识,反映同类事物的共同性质,是对数据的概括、精炼和抽象。

(2)聚类。聚类的目的是把数据对象分成各个聚类、各个簇,但聚类与分类也有显著的不同。分类的训练样本集的类标号是已知的,通过学习对训练数据集得出一个分类规则,再利用分类规则判定某个未知数据的类标号,分类是有指导的学习。进行聚类时,不存在类标号已知的训练数据集,没有什么模型可参考,聚类算法必须自己总结出各个聚类或簇之间的区别,根据某种规则对数据对象进行聚类或分类,从这个角度上讲,聚类是无指导的学习,它的算法本身远比分类的复杂度要高。

聚类分析是数据挖掘领域的一项非常重要的研究课题,基于聚类分析的算法也不断被人们提出来,如基于划分方法的 K-means 算法、K-medians 算法以及针对数据流的 Stream 算法;基于层次方法的 Birch 算法、Cure 算法以及针对数据流的 CluStream 算法、HPStream 算法;基于密度方法的 DBSCAN 算法、DENCLUE 算法以及针对数据流的 DenStream 算法;基于网格的 D-Stream 算法、STING 算法;基于子空间的 GSCDS 算法;基于混合属性的 HCluStream 算法。聚类分析内容非常丰富,有系统聚类法、有序样品聚类法、动态聚类法、模糊聚类法、图论聚类法、聚类预报法等。

(3)关联分析。关联分析是一种探索数据的描述性方法,这些数据可以帮助识别数据库中数值之间的关系,它反映一个事件和其他事件之间依赖或关联的信息。比如,寻找数据子集之间的关联关系,或者某些数据与其他数据之间的派生关系等。关联规则 $X \Rightarrow Y$ 的意思是"数据库中满足条件 X 的记录也一定满足条件 Y"。此类算法中最有影响力的是 Agrawal 等人提出的 Apriori 算法。该算法的特点是,频繁项中 K 项集是频繁的性质,则其所有 $K-1$ 子集都是频繁的性质。其他常用的关联规则算法有 FP-Growth、H-mine 和 OP 算法等。

2. 预测型数据挖掘

预测型数据挖掘的目的是通过分析建立一个或一组模型,并试图预测新数据的行为。在从多种来源搜集数据的基础上,它通过构建现实世界的模型来实现,这些来源可包括企业交易、顾客历史和人口统计信息、过程控制数据,以及相关的外部数据库,例如银行交易信息或气象数据。模型建立的结果是对那些能用来进行有效预测的数据中的模式和关系的描述。

确定了预测目标之后,下一步是决定最合适的预测类型:预测行为属于什么类别或等级,或预测变量会有什么数值(如果它是随时间变化的变量,这就是所谓的时间序列预测)。之后选择模型类型:用神经网络来进行回归分析,以及可能用决策树来进行分类。也有传统的统计模型可供选择,如逻辑回归、判别分析,或一般线性模型。数据挖掘中最重要的模型类型将在后续章节中进行描述。

在预测模型中,我们的预测值或类型被称为响应、相关或目标变量。用于建立或者训练预测模型使用的数据是已知变量响应的数值。这种训练有时被称为监督学习,因为被计算值或估计值会与已知的结果进行比较(相反,在前面的描述性技术,如聚类,有时被称为无监督学习,因为没有已知的结果来引导算法)。

(1) 分类。分类是预测分类标号。什么是分类标号呢?属性值有两种基本的属性值:一种是分类属性;另一种是量化属性。分类属性也叫离散属性,它的值是分成固定的区间之内的,是离散的值,而量化属性对应的是连续的值,根据分类时所对应的是离散的属性还是量化的属性,就可以把分类挖掘分成分类和预测两种类型。分类预测的是分类编号,根据训练数据集和类标号属性构建模型来分类新数据,这里主要包括两个过程:一个是构建模型来分类现有的数据;另一个是利用已有的模型对新数据进行分类。

分类算法是利用一个分类函数或者分类模型把数据库中的数据项映射到给定类别中的某一个,通过对训练样本的分析处理,发现指定的某一商品类或事件是否属于某一特定的数据子集的规则。

在分类发现中,样本个体或数据对象的类别标号是已知的,根据从已知的样本中发现的规则对非样本数据进行分类。分类只是发现的一个基本任务,它对输入的数据进行分析并利用数据中出现的特征为每一个类别构造一个较为精确的描述和模型,即分类器,然后按分类器再对新的数据集进行分类预测。通常构造分类器需要有训练样本数据集作为输入。训练集由一定数量的例子组成,每个例子具有多个属性或特征。大家经常见到并且使用的分类算法主要包括决策树算法、贝叶斯分类、粗糙集方法、神经网络、朴素贝叶斯、支持向量机、K紧邻算法、基于案例的推理和遗传算法等。

(2)回归。回归分析是应用现有的数值来预测其他数值是什么。在最简单的情况下，回归分析应用的是诸如一元线性回归、多元线性回归等标准统计技术。不幸的是，很多现实世界的问题不是对原值简单的线性预测。例如，销售量、股票价格及产品的次品率都难以预测，因为它们可能要依赖于多个预测变量非线性的相互作用。因此，用更复杂的技术（如逻辑回归、决策树或神经网络）来预测未来值可能性是十分有必要的。

相同的模型类别，通常是可以被用于回归和分类的。例如，CART(分类和回归树)决策树算法可以被用来建立分类树(区分分类响应变量)和回归树(预测连续响应变量)。神经网络也可以用来创建分类和回归模型。

1.3 数据挖掘的过程

1999年，欧盟创建了跨行业的数据挖掘标准流程，即 CRISP-DM (Cross Industry Standard Process for Data Mining)，提供了一个数据挖掘生命周期的全面评述，包括业务理解、数据理解、数据准备、数据建模、模型评估和部署6个阶段，如图1-1所示。

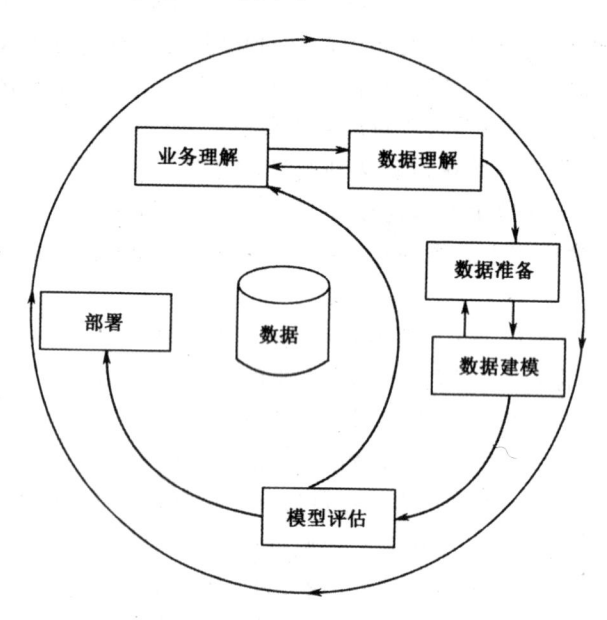

图1-1 CRISP-DM 数据挖掘流程示意图

第1阶段：业务理解，主要任务是深刻理解业务需求，在需求的基础上制订数据挖掘的目标和实现目标的计划。

第2阶段：数据理解，主要收集数据、熟悉数据、识别数据的质量问题，并探索引起兴趣的子集。

第3阶段：数据准备，根据所要解决的问题，确定待挖掘的目标，搜索所有与业务对象有关的内部和外部数据信息，从收集来的数据集中选择必要的属性(因素)，并按关联关系将它们连接成一个数据集，然后进行数据清洗，即空值和异常值处理、离群值剔除和数据标准化等。

第4阶段：数据建模，选择应用不同的数据挖掘技术，并确定模型最佳的参数。如果初步分析发现模型的效果不太满意，要再跳回数据准备阶段，甚至数据理解阶段。

第5阶段：模型评估，对建立的模型进行可靠性评估和合理性解释，未经过评估的模型不能直接应用。彻底地评估模型，检查构造模型的步骤，确保模型可以完成业务目标。如果评估结果没有达到预想的业务目标，要再跳回业务理解阶段。

第6阶段：部署阶段，根据评估后认为合理的模型，制定将其应用于实际工作的策略，形成应用部署报告。

1.4 数据挖掘的功能

对一个数据挖掘系统而言，它应该能同时搜索发现多种模式的知识，以满足用户的期望和实际需要。此外，数据挖掘系统应能够挖掘出多种层次(抽象水平)的模式知识，允许用户来指导挖掘搜索有价值的模式知识。由于有些模式并非对数据库中的所有数据都成立，通常每个被发现的模式带上一个确定性或"可信性"度量。数据挖掘的功能以及它们可以发现的模式类型介绍如下：

(1) 概念描述。被分析的数据称为目标数据集，对含有大量数据的数据集合进行概述性的总结并获得简明、准确的描述，一般分为定性概念描述和对比概念描述。

(2) 关联分析。关联分析就是从给定的数据集中发现频繁出现的项集模式知识，即发现各属性之间的关联关系并用关联规则描述出来(又称关联规则)。

(3) 分类和预测。根据一系列已知数据，分类找出一组能够描述并区分数据或概念的模型，以便能够使用模型预测未知的对象类。导出模型是基于训练数据集的分析。例如，指纹识别、人脸识别、工业上故障诊断和商业中的客户识别分类等都是分类问题。

（4）聚类分析。根据物以类聚原则，利用属性特征将数据集合分为由类似的数据组成的多个类的过程称为聚类。即对象的聚类（簇）这样形成，使得在一个聚类中的对象具有很高的相似性，而不在一个聚类中的对象具有很高的非相似性。

（5）趋势分析。对于上面提到的四种功能，事件产生的顺序信息都被忽略，被简化地作为一条静态的记录来对待。而趋势分析是对随时间变化的数据对象的变化规律和趋势进行建模描述，根据前一段时间的运动预测下一个时间点的状态。解决的问题一般可分为两类：总结数据的序列或者变化趋势，如期货交易/预测股票，网页点击顺序记录等；检测数据随时间变化的变化，如自来水厂用水量的日、周、月、年等周期变化。

（6）异类（孤立点）分析。数据集中那些不符合大多数数据对象所构成的规律（模型）的数据对象被称为异类（outlier）。大部分数据挖掘方法将异类视为噪声或异常丢弃。然而，在某些特定应用场合（如商业欺诈行为的自动检测），小概率发生的事件（数据）比经常发生的事件（数据）更有挖掘价值。

（7）演化分析。演化分析是对随时间变化的数据对象的变化规律和趋势进行建模描述，根据前一段时间的运动预测下一个时间点的状态。

1.5 数据挖掘的典型应用领域

数据挖掘已经在很多领域得到了应用，虽然这些应用可能是初步的，但是它们反映了数据挖掘技术的应用趋势。

1.5.1 数据挖掘在电信业中的应用

随着4G时代的到来，电信业发展面临着前所未有的机遇和挑战，电信业务从原来单纯的通话业务，扩展到了数字通信等多种不同的业务类型，所以客户服务的质量是关系到电信运营商发展的主要因素。数据挖掘广泛应用于国内电信行业中，对企业日常经营数据进行数据分析与挖掘，从海量数据中寻找数据相互之间的关系或模式。特别是当前电信业的激烈竞争推动了数据挖掘技术在该行业的深入应用，数据挖掘技术在电信领域的多方面发挥着作用。

目前,电信市场的竞争也变得越来越激烈和全方位化,不管是住宅电话还是移动电话,每天的使用量都很大。对电信公司来讲,如何充分使用这些数据为自己赢得更多的利润就成了主要问题。利用数据挖掘来帮助理解商业行为、对电信数据的多维分析、检测非典型的使用模式以寻找潜在的盗用者、分析用户一系列的电信服务使用模式来改进服务、根据地域分布疏密性找出最急需建立网点的位置、确定电信模式、捕捉盗用行为、更好地利用资源和提高服务质量是非常必要的。借助数据挖掘,可以减少很多损失,保住顾客。

数据挖掘在电信业的应用包括以下方面:
(1)对电信数据的多维分析。
(2)检测非典型的使用模式以寻找潜在的盗用者。
(3)分析用户一系列的电信服务使用模式来改进服务。
(4)搅拌分析等。

这些应用可以帮助电信企业制定合理的电话收费和服务标准,针对客户群的优惠政策、防止欺诈费用等行为。

1.客户细分

客户细分就是将客户划分为不同的群体,采用数据挖掘中的聚类和分类算法对数据集进行划分,以便企业制定适宜的营销策略、广告策略、促销策略等来实现更好的客户服务,增加企业的语音业务和各项增值业务的收入。例如,中国移动针对不同客户群体推出全球通、神州行和动感地带三大客户品牌。全球通的资费标准最高,主要针对高端用户,如经常出差的商务人士;神州行适合低端预付费用户;动感地带适合年轻群体,在短信包月方面有很大优势,同时还提供多种迎合年轻人喜好的定制服务。

2.客户流失分析

客户流失分析是一种预测客户流失的重要技术,它通过预测可能流失的客户,帮助公司针对这些客户制定一些挽留策略,如降价或提供特殊服务吸引客户留下。决策树是最常用的一种分类预测方法,建立实用模型预测哪些客户具有流失倾向。

3.客户个性化分析

通过建立面向多维(包括通信时间、通信者的位置、通信的途径类型)电信数据的数据仓库或数据立方体系统,帮助分析人员对客户的行为进行统计分析,同时也可以对这些数据进行序列分析、聚类等挖掘操作,分析客户的联系网络构成,以更好地了解客户行为和习惯等。这些信息有助于电信企业制订面向客户的个性化策略,以吸引客户,同时也可以方便设备管理人员对通信设备进行合理的配置(包括通信能力、缓存等),为客户提供更良好的使用感受。

4. 恶意通信行为分析

电信业有一些恶意的通信行为,如盗用号码、发送垃圾短信、拨打推销电话等。这些行为严重地影响了用户的使用体验。为了阻止这些恶意行为对客户的影响,可以利用频繁模式挖掘、孤立点分析等方法对这些恶意行为的模式进行挖掘,找出其行为的特点,并利用预测挖掘方法进行预测,从而及时发现并采取阻止措施。

1.5.2 数据挖掘在生物信息学和医学领域中的应用

近20年来,生物信息学技术得到了长足的发展,而且生物信息学已经和医学紧密地结合在一起,逐渐形成了新的医疗和制药体系。在生物信息学和医学领域,数据挖掘算法与传统的结构化数据分析有很多的差别,产生了一系列新的技术。

生物信息学研究的基础是基因序列数据分析。根据"中心法则",基因序列包括 DNA 序列、RNA 序列等,它们构成了所有活生物体的基因代码基础。下面以 DNA 序列为例进行介绍。DNA 序列由四种脱氧核苷酸构成,分别是腺嘌呤(A)、胞嘧啶(C)、鸟嘌呤(G)、胸腺嘧啶(T)。这四种脱氧核苷酸构成的序列或链,形成一个双绞旋梯。生物的基因序列都很长,一个基因通常由成百个脱氧核苷酸构成。脱氧核苷酸按不同的次序形成不同的基因,不同的基因导致生物体呈现不同的性状,因此,研究基因序列中的模式与病症、性状的模式之间的关联关系成为这方面研究的核心技术,这就需要相应的数据挖掘技术支撑。

在生物信息学和医学数据分析中包含以下技术。

1. DNA 序列间的相似搜索和比较

DNA 序列相似性比较是生物信息学和现代医学的基础,但 DNA 序列的相似性度量方法与传统的序列相似性度量方法有很大的不同。DNA 序列之间的距离往往是通过编辑距离来描述的,并且不同的脱氧核糖核苷酸之间的距离也是不同的,这与数字序列和一般的离散数字序列分析技术是不同的,因此产生了一系列针对 DNA 序列数据的挖掘方法。

2. DNA 序列数据与疾病数据之间的关联关系分析

分析 DNA 序列数据与疾病数据之间的关联关系实质上是分析病人和健康人群的基因序列,找到两类基因序列之间模式的差异性,如某些位置上基因序列的差异性,或者某些基因序列模式出现的频率差异。由于基因序列很长,并且就目前的数据来说,获得的病人和健康人群的全基因序列是非常少的,这就造成了数据很大的稀疏性,同时真正的致病基因往往不是单个的,而是若干个基因共同作用的结果,因此还需要分析基因之间的关联关系。此外,多个基因在疾病发展的过程中起作用的阶段也是不同的,这就需要研究专门的频繁模式挖掘、聚类和分类算法。这种方法不仅应用于致病基因的分析,还应用于 DNA 序列数据与药物药效之间的关系。在基因序列分析中不仅序列本身具有很大的分析价值,而且基因序列是折叠的,是有三维结构的,不同的三维结构也将导致不同的疾病和用药效果,又为 DNA 数据挖掘带来了很多新的问题。

3. 生物/医学数据处理中数据挖掘技术的应用场景

例如,在药物和药物效果分析中,药物往往以化学表达式的形式呈现,化学分子结构被表达成了结构图,因此分析不同的子结构与药物效果之间的关联关系,就成为药物分析中的关键问题,而图数据与传统的简单结构数据相比有很多不一样的地方,所以就形成了专门的基于图数据挖掘的算法。

4. 医疗数据的收集和分析

随着医疗信息化的发展,医疗数据的收集和分析需求也在不断增加。一方面,很多单位将传统的以文本为主的病历数据转换成结构化的数据,从而可以获得与病人和疾病相关的属性信息,通过对这些数据的聚类和预测,使得循证医疗等技术成为可能。另一方面,物联网技术的发展,使得对病人身体状态的监控更加全面和准确,这就为远程医疗等医疗应用带来了新的支撑。

1.5.3 数据挖掘在电子商务中的应用

电子商务是指在互联网上进行的商务活动,不仅包括通过 Internet 买卖产品和提供服务,还包括企业内部和企业间的商务活动,把买家、卖家、厂家和合作伙伴在互联网上利用 Internet 技术和现有的系统结合起来开展的业务。电子商务是对数据挖掘非常依赖的行业。实现对客户的全面画像,研究合理的推荐策略,实现对客户的精准营销,是这个行业的主要盈利手段。国内有名的电子商务平台有淘宝、京东、苏宁易购等。

因为电子商务领域的主要活动都是通过互联网开展的,所以可以较为完整地收集到用户的各种行为数据,包括用户浏览的网页、用户的朋友圈,以及用户发表的文章、关注的文章、关注的商品、购买的商品等。通过对这些数据进行分析,可以全面地掌握用户的各方面信息,从而实现对客户的精准营销。这里面包含了大量的数据挖掘需求,需要解决很多技术问题。

对电子商务而言,首先,挖掘出潜在客户。服务器日志完整记录用户的历史访问痕迹,通过数据挖掘技术,电子商务平台的管理者能获取用户的偏好和潜在的需求,从而向用户推荐其有兴趣的、可能购买的商品,并推出相应的优惠政策和促销手段,增加用户的购买率。其次,对具有相似浏览行为的客户进行分组,提取组中客户的共同特征,从而实现客户的聚类,通过将同一类用户中某些用户的历史浏览、购买数据推荐给其他用户,帮助电子商务的管理者更好地了解自己的客户,预测他们的购物需求。例如,在淘宝的购物车中,有根据客户的最近浏览推荐类似产品的功能。最后,针对不同的客户在网页页面上提供个性化的服务,对网站页面进行优化并完善网站页面设计,将用户可能感兴趣的内容放在显眼的位置,吸引客户的目光,延长他们在网站上的驻留时间以及提高再次访问的概率。

从数据类型上讲,电子商务领域包含大量的文本数据,所以需要对不同的文本数据进行文本分析,获取其主题等语义信息。在电子商务数据分析中还涉及大量的实体数据(如各种商品),因此需要使用实体识别、实体消歧、实体关联分析等技术。同时,由于在电子商务领域可以获得有关商品和海量的用户属性信息,所以还需要通过降维等技术来提取客户的准确描述。如今,电子商务和移动互联网技术紧密地结合在一起,引入了大量的位置、轨迹等空间数据,结合针对位置和轨迹等空间对象的数据挖掘也成了电子商务数据挖掘的新内容。

1.5.4 数据挖掘在银行业中的应用

在银行业中,数据挖掘被用来建模、预测,识别伪造信用卡,估计风险,进行趋势分析、效益分析、顾客分析等。在此领域运用数据挖掘,可以进行贷款偿付预测和客户信用政策分析以调整贷款发放政策,降低经营风险。信用卡公司可以应用数据挖掘中的关联规则来识别欺诈。股票交易所和银行也有这方面的需要。对目标客户群进行分类及聚类,以识别不同的客户群,为不同的客户提供更好的服务,以推动市场。此外,还可以运用数据分析工具找出异常模式,以侦破洗钱和其他金融犯罪活动。智能数据挖掘利用了广泛的高质量的机器学习算法,能够在应付大量数据的同时保证理想的响应时间,使得市场分析、风险预测、欺诈管理、客户关系管理和竞争优势分析等应用成为可能。

网络金融是指通过互联网进行的金融交易。这种交易具有速度快、交易量大、交易次数多、交易人所在地分散的特点。这种基于生产力水平的加速常常超出生产力本身的发展速度,使人类进入虚拟经济时代。在股市交易中,人们的兴趣在于预测股市起伏,并且各种各样的算法都曾经被使用过。有的算法在一种情况下有效或在一段时间内有效,有的算法更能捕捉转瞬即逝的个股买卖点或在众多股票中选出应买卖的股票。金融时序数据是一种常见的数据结构,在这一方面,已有不少学者研究了对其进行挖掘的一般性问题或框架。对股市进行动态数据挖掘,可以随时掌握由大量数据所反映的金融市场暗流。此外,还可以将监管搜索范围完全扩大到一般的网页上,借助一定的文字分析技术提高准确率。

如今,银行的服务模式和方式有了很大的变化。通过与外部开展信息交换与共享,银行获取数据的能力在不断增强。在互联网等新兴业务的驱动下,数据挖掘技术的作用更加凸显。例如,在互联网与银行业务结合的领域,主要通过分析客户在线上的各种表现和行为,并结合客户在线下的各种信息来制订对客户的服务和管理策略,这也就特别需要通过数据挖掘技术来实现对客户行为的把控。

1.5.5 数据挖掘在证券领域中的应用

证券行业也是数据挖掘技术应用的重要领域。通过对大量的证券和相关信息进行分析,可以有效地把握市场的变化,提升证券产品的盈利水平。目前,针对证券市场数据的分析主要包括以下两个层面。

1. 对市场交易数据的分析

主要针对各种金融产品的价格、成交量、持仓量等属性随时间变化的规律进行分析,获取金融产品价格的变化模式,探索和预测价格变化的趋势,获取利润。

2. 对市场情绪的分析

证券产品的价格波动除了受其本身变化规律的驱动以外,很大程度上还受市场情绪的影响,而市场情绪有很多种表现形式,如交易所门口的自行车数量等。在互联网时代,网络是侦测市场情绪反应的一个很好的工具,通过对互联网数据的分析,运用情感分析等技术可以有效地掌握市场的情绪走向,如基于事件的行情预测等。

1.5.6　数据挖掘在科学研究中的应用

数据挖掘与分析研究工作发展的另外一个直接驱动力来自于科学研究工作的需求。在实际的科学实验中，很多大型的实验仪器设备或者实验系统会以很高的生成速度产生并存储大量的数据，这样的数据产生与存储的速度往往是每小时 GB 量级的数据。典型的科学实验系统包括卫星的远程传感数据、天文望远镜的太空扫描数据、微阵列产生的基因表达式数据、科学仿真产生的 T 级别的仿真实验数据、石油探测上的地质数据、气象卫星的云图数据等。针对上述规模的数据，传统的技术很难实现对于此类源数据的分析与挖掘工作。海量信息所研究的数据挖掘（即大数据挖掘与分析方法）方法与技术能够适用于超大规模数据的应用挖掘与分析工作。数据挖掘技术可以帮助不同领域的科学家实现对于数据的分类与划分、完成科学的假设性验证等方面的工作。

1.5.7　数据挖掘在智能交通领域中的应用

智能交通是当前智慧城市的重要内容。随着视频识别技术的日益成熟，智能交通系统的数据采集能力有了本质性的提升，这就为面向智能交通的数据挖掘奠定了很好的基础。智能交通领域需要实现不同层面的数据挖掘。

1. 交通流量的层面上

在交通流量的层面上需要分析整个道路交通的变化趋势，为此需要分析每个路口的交通流量随时间的变化，包括周期性、变化模型、特定的模式（如周五下午的交通往往比较差等），以及交通流量和周边环境（或社会事件）之间的关系。这就不仅需要简单的交通流量数据，而且需要人口等社会地理信息、来自互联网的各种公告数据或通过对社交网络数据进行分析获得的各种事件数据等。

2. 交通参与对象层面上

在每个参与交通的对象（如车、人）上，也有大量的信息可以挖掘。如可以利用频繁模式挖掘等方法，分析每辆车的活动模式，进一步结合一些地理信息数据，可以对车辆活动目的进行分析，也可以对地理对象的功能进行分析。例如，如果车辆每天定时往来于住宅区和办公楼，偶尔去餐饮场所的话，那么这样的车一般是家庭用车；如果车辆以某些特定的地点为出发点，不断地进行往来式的运动,则可能是单位车队的车辆。

1.5.8　数据挖掘在物联网领域中的应用

物联网是当前计算机技术的重要应用领域。目前,在农业、城市安保、装备制造、大规模信息系统监控等领域,利用廉价的传感器,布置了大规模的数据采集系统,以获取对管理对象的全面感知信息。物联网数据往往以序列的形式存在,带来了很多新的数据挖掘技术和有趣的应用需求。

一方面,物联网数据中包含大量的连续性数据,如温度传感器采集的温度数据、加速度传感器获取的物体的振动数据等。这些单个物理量的值只能反映特定时间点的信息,反映的语义信息层次非常低。为了获得高层次的语义信息,需要通过序列频繁模式发现这些序列数据中包含的各种语义事件。

另一方面,在物联网应用中往往包含大量的传感器,形成了大量的序列数据。很多时候单个序列数据很难反映系统的整体状况,为此需要进行序列之间的关联分析和聚类分析,以及不同序列上事件的关联分析,以形成对整个系统的完整画像,判断某个特定事件的影响范围。例如,某台交换机出现网络拥塞的情况可能并不重要,但是如果在前面的挖掘中发现这台交换机和很多的设备都有关联,就需要对这个事件产生足够的重视。

1.5.9　数据挖掘在互联网领域中的应用

互联网是数据挖掘技术应用较早的领域。互联网数据规模巨大,而且结构性较复杂,其主要构成是大量的文本、图像、音频、视频等非结构化数据,难以进行直接的管理和访问,因此需要借助数据挖掘技术对其结构、模式、特征进行挖掘,以获取其语义。互联网数据挖掘方面有很多的专门技术,下面列举其中的一小部分。

1. 排序技术

检索是互联网数据的主要访问方式,但是满足用户检索词的网页往往成千上万,如何将与用户的检索意图最相关的网页首先呈现给用户,以帮助用户快速地获取其所需的信息,是各个搜索引擎系统的关键。为此,各搜索引擎公司开发了一系列类似 Pagerank 等网页排序的算法。它基于网页之间的链接关系以及相关网页的重要性来定义网页的重要性评估公式,通过多轮的迭代计算最终得到网页的重要性。目前,这种方法不仅应用于网页的重要性计算,而且应用于各种以网络为模型描述的数据节点的重要性计算。另外，还有很多关于用户倾向性分析的研究，如根据用户的历史查询和访问网页的记录，或者针对检索词之间的关联关系，通过聚类、分类和关联分析等方法获取用户的检索意向，以反馈用户满意的结果。

2. 信息抽取技术

互联网网页中包含了大量的信息，但是这些信息隐含在文本数据中，无法直接进行处理。因此，从这些网页中提取结构化的信息成为互联网数据挖掘的关键技术。通过对网页不同部分的聚类、分类等技术可以实现对网页主体内容的识别，同时基于模式匹配等方法可以实现从文本中提取其中的结构化属性信息。

1.5.10 数据挖掘在社交网络和舆情领域中的应用

社交网络已经成为人们当前主要的社交途径之一，微博、微信等工具已经成为人们生活的一部分。因此，针对社交网络的数据分析成为数据挖掘应用的新领域。在社交网络分析中需要多种数据分析技术。

1. 面向社交网络结构的分析

与其他的数据挖掘应用不同，结构是社交网络的重要特点，涉及用户和用户之间存在好友、关注等各种关系，因此其分析必须结合用户之间的关系结构特点，各种类型的社团分析是社交网络数据分析的基础，通常在社交网络数据分析中需要处理大量的短文本数据，而短文本数据由于自身包含的语义信息不足，因此需要考虑更多的上下文、社团结构等信息。

2. 社交网络传播分析

信息的传播模式和传播范围的预测是社交网络分析的重要目标之一，所以需要根据社交网络结构的特点（包括节点的性质、节点间的连接模式）以及传播的内容研究信息的传播规律。不同的社交网络系统具有不同的网络传播特点，如微博中有很多认证用户，他们一次发布信息的传播面是非常广的，而微信由于一般建立在朋友之间，具有一定的私密性，所以其传播的爆发性相对微博要小，为此需要研究不同的传播模型。

3. 情感分析

微博、微信等社交平台目前已经成为反映民众情绪与心声的主要途径，为此通过对这些社交平台上的数据进行分析，可以有效地获取大众的想法。情感分析是社交网络分析的重要内容。情感分析需要利用文本主题分析、情感词库等文本分析方法,并结合社交网络信息,分析民众的情感变化。目前,情感分析不仅被政府和企业用来对其形象进行分析,而且常作为金融机构对市场行情进行分析的重要依据。

1.5.11　数据挖掘在零售业领域中的应用

零售业是数据挖掘最早的应用领域,在零售业特别是超市的信息系统中积累了完整的销售数据、顾客购买记录、货物进出记录等,这些数据的质量非常高。零售业是竞争非常激烈的行业,其具体的分析模式有很多,常见的几种如下。

1. 发现顾客购买模式和趋势

顾客的购买模式包括很多方面,其中常见的一种是顾客购买商品的模式,最著名的例子就是通过频繁模式挖掘,获取经常在一起销售的商品以及客户购买的逻辑。顾客的购买模式还包括购买商品的先后次序。很多商品的销售有一定时间先后关系,如顾客购买了一个苹果牌笔记本电脑后,后续会购买和电脑相关的各种附件。有了这些信息之后,企业就可以通过调整货架,制订折扣和让利等营销手段或各种推荐策略等方法,改进服务质量,取得更好的顾客保持力和满意程度,提高货品销量。

2. 商品销售情况分析

企业可以建立商品销售的数据仓库,并建立以销售情况为主题,以顾客、产品(包括式样、质量、价格、利润等)、时间(包括年、季度、月、周、日等层次)和地区(包括省、市、县等层次)等多个维度和多个属性的数据立方体,企业的管理人员可以通过对这些属性的组合分析,获得企业运营过程中面临的主要问题,以做进一步的改进。

3. 客户分析

客户分析主要包括两个阶段的问题:第一个阶段是顾客来超市之前,这时需要通过各种方法吸引更多的客户来到超市,如可以利用空间数据挖掘技术,并结合与空间对象相关的各种社会数据,利用聚类等技术对周边的环境和人群进行分析,以获取超市营销的目标人群,这样可以有效地降低营销费用;第二个阶段是对客户的忠诚度进行监控,可以将客户的购买过程表示成商品的购买序列,通过对顾客购买商品进行聚类和孤立点分析等方法,可以对顾客的忠诚度和购买趋势进行分析,从而可以提前制订各种策略,留住老客户。

1.6 数据挖掘的发展趋势和面对的问题

1.6.1 数据挖掘的发展趋势

经过多年的研究与实践,数据挖掘技术已经汲取了很多学科的最新研究成果,形成了独具特色的研究分支。毫无疑问,数据挖掘技术的研究和应用具有很大的挑战性。未来数据挖掘发展趋势如下。

(1)数据挖掘语言的标准化描述。标准的数据挖掘语言将有助于数据挖掘的系统化开发。改进多个数据挖掘系统和功能间的互操作,促进其在企业和社会中的使用。

(2)数据挖掘过程的可视化方法。可视化要求已经成为数据挖掘系统中必不可少的技术,可以在发现知识的过程中进行很好的人机交互。数据的可视化起着推动人们主动进行知识发现的作用。

(3)与特定数据存储类型相适应。根据不同的数据存储类型的特点,进行针对性的研究是目前流行以及将来一段时间必须面对的问题。

(4)网络与分布式环境下的数据挖掘问题。随着 Internet 的不断发展,网络资源日渐丰富,这就需要分散的技术人员各自独立地处理分离数据库的工作方式应是可协作的。因此,考虑适应分布式与网络环境的工具、技术及系统将是数据挖掘中极为重要的子领域。

(5)数据挖掘应用的探索。随着数据挖掘的日益普遍,其应用范围也日趋扩大,如生物医学、电信业、零售业等领域。由于数据挖掘在处理特定应用问题时存在局限性,因此,目前的研究趋势是开发针对特定应用的数据挖掘系统。

(6)数据挖掘与数据库系统和 Web 数据库系统的集成。数据库系统和以 Web 查询接口方式访问数据库资源的 Web 数据库已经成为信息处理系统的主流。通常来说,数据存储在数据库系统和 Web 数据库系统中,在此之上进行数据挖掘与应用。

1.6.2 数据挖掘面临的问题

数据挖掘技术发展至今,主要在以下三个方面存在着一些问题:挖掘方法、用户交互和数据挖掘的应用及其社会影响。

1. 挖掘方法所面临的问题

(1)在实际使用数据挖掘方法发现知识时,通常会希望所采用的挖掘方法能够实现从不同类型的数据中挖掘不同种类的知识。例如,这些数据包括生物信息数据、流数据和 Web 数据等。然而,在现实生活中所采用的数据挖掘方法往往只针对特定类型的数据和有限种类的知识开展挖掘工作,所以挖掘方法的泛化能力的研究是数据挖掘所面临的一个重要挑战。

(2)数据挖掘的对象往往是大规模海量数据,挖掘算法的性能也是数据挖掘过程中常常引起关注的重要问题之一。挖掘算法的性能主要包括算法效率和扩展能力。如何使挖掘算法的性能得到提升,以适应实际应用工作是数据挖掘算法在实用性方面面临的重要问题之一。

(3)描述性数据挖掘任务中需要对所分析的频繁模式或者规律进行相应的模式评估。而在实际应用问题中,模式评估需要依赖于不同专业领域用户对于模式的兴趣度,如何根据用户的兴趣度对所挖掘的模式进行有效的评估也是挖掘方法研究中的一个重要问题。

(4)数据挖掘工作服务的对象往往是具有不同专业背景的用户。在挖掘方法中如何融合相关的背景知识使挖掘工作更有针对性,也是挖掘方法研究的一个重要问题。

(5)在挖掘方法的使用过程中,往往被挖掘对象都是带有噪声和不完全的数据,如何根据不同应用领域的知识,使挖掘方法依然能够对噪声和不完全的数据进行挖掘也是当前研究的一个热点。

(6)近年来,随着并行计算技术的成熟和云计算技术平台的构建,未来对于海量数据的挖掘方法往往要求能够具有并行化、分布式和增量性的特点。并行化就是要求挖掘算法能够并行运行;分布式就是要求挖掘算法能够物理地分布在不同计算机上运行;增量化就是要求挖掘算法能够在已有挖掘分析结果之上增量式地运行。

(7)挖掘算法要能够主动集成所发现的知识,即实现知识的融合。

2. 用户交互性的问题

(1)在用户交互性问题上,需要提出一种面向数据挖掘的查询语言以实现即时数据挖掘。

(2)需要针对用户的数据挖掘结果的表示和可视化呈现技术,以一种直观方式呈现挖掘的结果,即开展面向数据挖掘技术的计算可视化方法研究。

(3)用户往往需要在多个抽象层次实现交互式挖掘,即要求整个数据挖掘过程具有可交互性。

3. 应用与社会影响

(1) 在应用方面,迫切需要开展面向不同领域的数据挖掘,并实现常人无法感知和不可见的数据挖掘。

(2) 在数据挖掘的应用过程中还需要加强对于数据安全性、完整性和隐私性的保护。

第 2 章 数据预处理

数据是数据挖掘的目标对象和原始资源,对数据挖掘最终结果起着决定性的作用。现实世界中的数据是多种多样的,具有不同的特征,这就要求数据的存储采用合适的数据类型,并且数据挖掘算法的适用性会受到具体的数据类型限制。另外,原始数据通常存在噪声、不一致、部分数据缺失等问题,为了达到较好的挖掘结果,有必要对这些数据进行预处理加工从而提高数据的质量。

2.1 数据预处理的概念

数据预处理(data preprocessing)是指在对数据进行数据挖掘的主要处理以前,先对原始数据进行必要的清理、集成、转换、离散和归约等一系列的处理工作,以达到挖掘算法进行知识获取的目的并研究所要求的最低规范和标准。

2.1.1 数据的基本概念

数据挖掘中的数据集是由数据对象构成的集合。数据对象有多种称谓,如记录、模式、样本、案例等。数据对象有多个属性描述其基本特征。了解常见数据类型有助于描述数据内部特征、规律和趋势等信息,满足模型构建的要求。

1. 属性与度量

属性是数据对象的性质或特性,属性又可称为特征。每一个数据对象用一组属性描述,数据集用结构化数据表表示,其中列是存放在表中的对象的属性,行代表一个对象实例,表中单元格是实例对应属性的属性值。图 2-1 使用鸢尾花数据集(http://archive.ics.uci.edu/ml/datasets/Iris)来解释对象与属性的基本概念。

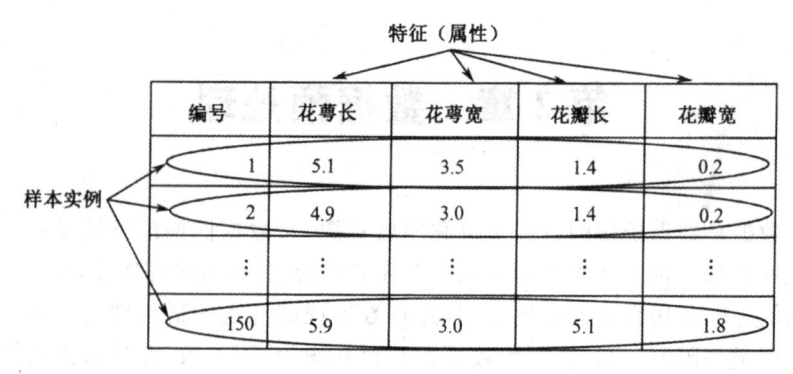

```
                    特征(属性)
            ┌─────────┼─────────┐
            ↓    ↓    ↓    ↓
     ┌────┬─────┬─────┬─────┬─────┐
     │编号│花萼长│花萼宽│花瓣长│花瓣宽│
     ├────┼─────┼─────┼─────┼─────┤
     │ 1  │ 5.1 │ 3.5 │ 1.4 │ 0.2 │
样本实例├────┼─────┼─────┼─────┼─────┤
     │ 2  │ 4.9 │ 3.0 │ 1.4 │ 0.2 │
     ├────┼─────┼─────┼─────┼─────┤
     │ ⋮  │  ⋮  │  ⋮  │  ⋮  │  ⋮  │
     ├────┼─────┼─────┼─────┼─────┤
     │150 │ 5.9 │ 3.0 │ 5.1 │ 1.8 │
     └────┴─────┴─────┴─────┴─────┘
```

图 2-1　鸢尾花数据集

属性的度量是样本数据采集中,对样本具体属性记录其测量标度值。例如,天气状况{晴天,多云,阵雨,阴天,小雪};温度(摄氏){24.4,12.2,70.8,69.3};商品的销售数量{300,223,126,408,625}等。

可以通过以下4种基本操作来确定属性的类型。

(1)相异性:$=$和$\neq$。

(2)序:$\leqslant$、$\geqslant$、$<$和$>$。

(3)加法:$+$和$-$。

(4)乘法:$*$和$/$。

按照上面属性测量值可使用的基本操作,可将属性大致分为标称、序数、二元、区间、比率5种类型,如表2-1所示。

表2-1　属性的基本类型

属性类别		描述	例子
分类的 (定性的)	标称	类型的名称或编号($=$,$\neq$)	工号,鱼的种类{草鱼,鲢鱼,黑鱼}
	序数	值有大小或前后关系($<$,$>$)	气温{炎热,温暖,冷},成绩{优,良,中,差}
	二元	只有两个类别或状态($=$,$\neq$)	抽烟{0,1},其中1表示是,0表示非
数值的 (定量的)	区间	有序,可加减不可乘除($-$,$+$)	摄氏温度,日期
	比率	有自然零值,可以进行任何数学运算($*$,$/$)	年龄,长度,重量

二元属性根据两种状态是否具有同等价值并且携带相同的权重可以分

为对称的和非对称的两类。如果两种状态哪一个用0或1编码并无偏好，属于非对称的二元属性。如果一个状态出现的概率要远低于另一个状态出现的概率，代表重要的事件发生，那么属于对称二元属性，如病理化验的阳性和阴性。

2. 数据集的类型

数据集的类型是从集合整体上分析数据的类型。本书从数据对象之间的结构关系角进行划分，比较常见的有记录数据、有序数据、图形数据。

(1) 记录数据。记录数据是最常见的数据集类型，例如一张普通的 Excel 表格文件或一张关系数据中的表。数据集是一个二维表格，其中表中行代表记录，列代表属性。记录之间没有明显的联系，包括位置关系和相互依赖关系等。数据集中的数据对象可以完全相互独立使用，可以从数据集里随机抽取一部分数据对象进行挖掘建模，另一部分数据对象用测试评估。

(2) 有序数据。这种数据的记录之间存在时间和空间上的序关系，如时序数据和序列数据。

① 时序数据。一般是由硬件设备或系统监控软件连续采集形成的数据。如股票价格波动信息，医疗仪器监视病人的心跳、血压、呼吸数值，环境传感器连续记录的温度、湿度数值等，在数据挖掘任务中需要考虑这些数值在时间上的前后关系。

时序数据包含了两类属性：一类是表示时间或地理空间的上下文属性，如时间戳或地理坐标；另一类是在上下文属性每个参照点上对应的行为属性，如采集到的温度、湿度等。需要说明的是，两类属性数据需要相互关联起来使用才有意义。

② 序列数据。与时序数据类似，但不包含时间信息。例如，自动化诊断系统会产生包含可用来描述故障信息的离散数据序列；用户上网购物会产生鼠标点击网页的超链接、登录系统、付款结账等操作指令序列，这些信息可以用来挖掘用户的上网习惯。

有序数据是一种数据记录之间存在序关系的数据集，这种序关系体现在前后、时间或者空间上。交易序列数据是一种特殊的有序数据，其中每一个数据都是一个交易序列。表2-2所示的超市销售记录序列数据中，每一行为一位顾客的购买记录序列，括号内是一次购买的物品清单，不同括号的先后顺序表示时间上的先后顺序。交易序列数据有助于挖掘在时间上具有先后的一些交易的性质，如重复购买(购买啤酒后常常会购买小孩的纸尿布)，或关联商品(购买单反照相机后都会购买镜头)。

表 2-2 交易序列的例子：超市销售记录

顾客编号	交易序列
1	（面包,可乐）（牛奶,可乐）（面包）
2	（啤酒,面包）（啤酒,尿布）
3	（啤酒,可乐,尿布）（牛奶,啤酒）
4	（啤酒,面包,尿布）（牛奶）
5	（可乐,尿布,牛奶）（啤酒,尿布）

有序数据还应用在许多其他领域，如生物学中的基因序列、气象学中的气象指数的时空数据等都属于有序数据的范畴。

图数据和有序数据在孤立数据的基础上增加了数据之间的关联性，因此具有比孤立数据更加丰富的信息。由于图数据和有序数据组织形式的特殊性，通常称对图数据进行的数据挖掘为图挖掘（Graph Mining），称对序列数据进行的数据挖掘为序列挖掘（Sequence Mining）。

（3）图形数据。如果数据对象之间存在显式或隐式的联系，相互之间有一定的复杂依赖关系，构成图形或网状结构，我们把这种数据集称为图形数据。这种数据由记录（点）和记录之间的联系（边）组成，如万维网数据、化学分子结构数据等。

考虑互联网中网页与网页之间存在超链接，可以把网页看作图中的节点，把它们之间的连接看作图中的边，搜索引擎就是利用网络爬虫不断沿着网页中的超链接进行搜索。类似的还有社交信息，社交软件用户可以看作节点，用户之间的联系看作边。

图数据由点与点之间的连线构成，通常用来表示具有某种关系的数据，如家谱图、分类体系图和互联网链接关系等。在万维网中，网页通常表示为HTML（超文本标记语言）格式，其中包含可以指向其他网页或站点的链接，如果把这些网页视为点，将链接视为有向边，则万维网数据可以看作一个有向图，如图 2-2 所示。化学分子结构可以视为无向凸模型，其中每个点为原子，而其中的线为化学键，如图 2-3 所示。

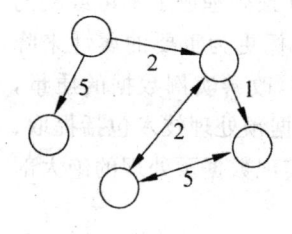

第 2 章　数据预处理

```
<a href="papers/papers.html#bbbb">
Data Mining </a>
<li>
<a href="papers/papers.html#aaaa">
Graph Partitioning </a>
<li>
<a href="papers/papers.html#aaaa">
Parallel Solution of Sparse Linear System of Equations </a>
<li>
<a href="papers/papers.html#ffff">
N-Body Computation and Dense Linear System Solvers
```

图 2-2　图数据的例子：万维网数据

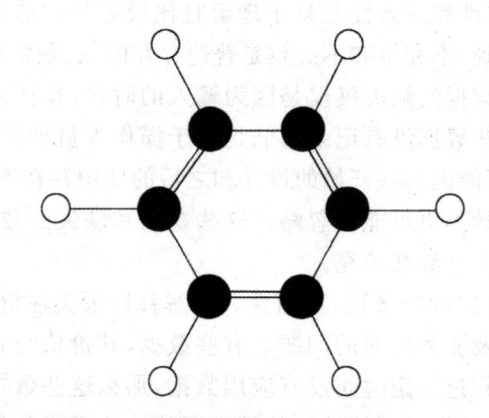

图 2-3　图数据的例子：苯环分子结构

2.1.2　数据预处理对象的特征

数据挖掘的对象是从现实世界采集到的大量各种各样的数据，主要具有以下特征。

(1) 杂乱性。取自于应用系统的原始数据，数据在收录之时没有统一的标准定义，并且数据结构也存在在很大的差异。

(2) 重复性。同一个客观事物在数据库中存在其两个或两个以上完全相同的物理描述，这种现象称为信息的冗余或信息的重复。

(3) 不完整性。数据记录过程中会出现数据属性的丢失或不确定的情况，引起数据不完整的因素有系统设计过程中本身就存在缺陷和使用过程中人为处理不当而造成的数据的丢失。

2.1.3　数据预处理的意义

在实际操作中，数据存在大量的错误、缺失和不一致等问题，这往往使得信息系统无法直接进行数据的导入和使用。数据预处理成了不可或缺的关键环节。在数据预处理阶段，可以通过抽取对目标更为重要的属性来降低原有数据的维度，也可以对数据的缺陷进行处理，改善实例数据的质量，以提高数据挖掘的效率。按照一般的处理流程，数据预处理技术包括提取、转换、装载等过程。目前，已可通过专门的工具来实现数据预处理的绝大部分操作。

数据质量的保证是数据应用的基本要求，是必须要关注的数据基本条件。数据质量好坏的评估标准包括准确性、完整性、一致性、时效性、可信性和可解释性。

准确性、完整性和一致性是易于理解且比较容易评估的标准。实际操作中数据的不准确、不完整和不一致是普遍存在的，这些情况的出现可能有多种原因。有些数据的缺失仅仅是因为输入的时候，操作人员觉得不够重要而忽略了。有些数据没有记录可能是由于操作人员理解错误，或者因为设备故障，甚至可能因为一开始的设计和之后的使用存在不一致。此外，历史记录或修改的数据也可能被忽略。这些遗漏和缺失的数据，在很多情况下需要进行合理的推导和填充。

相对而言，数据的时效性、可信性和可解释性被关注得较少，因为对它们的理解主要涉及业务层面的问题。有些数据，其价值与它被使用的具体时间有关。如果超过一定时间没有应用数据，那么这些数据之后的价值也就不高了，这就是数据的时效性。数据的可信性体现了数据在多大程度上为用户所信赖。数据的可解释性则反映了数据表达的逻辑是否易于被决策者理解。如果一份数据虽然满足了准确性、完整性和一致性的要求，但是其记录的内容在时效性、可信性和可解释性上严重不足的话，那么这份数据的可用性仍然是不高的。比如，用于支持贷款发放决策的数据必须满足时效性，也要满足可信性，否则依赖这些数据做出的决策会有较大的偏差；最后必须保证可解释性，要让不关心具体技术实现的业务人员理解决策数据，并根据具体情况加以反馈和调整。

数据预处理技术往往可以有效地改进数据质量，保证后续数据深度加工的性能以及精度，让处理结果不会因为数据的原始缺陷而走样，从而大大提高数据挖掘与分析结果的有效性。因此，数据预处理是所有数据应用中的重要步骤，越早进行数据预处理，获得的好处越明显，出现不必要错误的可能性也就越低。

2.1.4 数据预处理的

常见的数据预处理形式有数据清理、数据集成、数据变换和数据归约。

图 2-4 给出了数据预处理的典型形式。

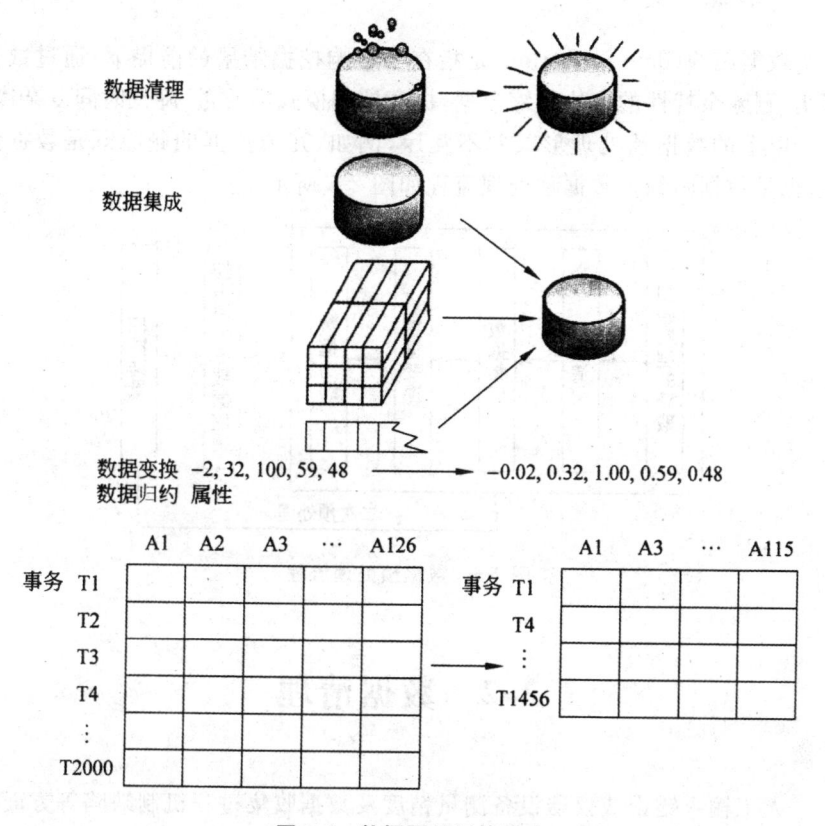

图 2-4 数据预处理的形式

1. 数据清理

数据清理(data cleaning)通常包括填补遗漏的数据值、平滑有噪声数据、识别或除去异常值以及解决不一致问题。

2. 数据集成

数据集成(data integration)是为了解决语义的模糊性，对多数据库和多文件在异构环境中进行合并处理。处理的对象主要包含数据的选择、解决数据中的冲突问题、处理不一致数据。

3. 数据转换

数据转换(data transformation)通过格式化、规约、投影和切换等操作，用转换或为变换来减小有效变量的数目或寻找数据不变式。

4. 数据归约

数据归约(data reduction)是指在不影响挖掘结果的前提下,通过数值聚集、删除余特性的办法压缩数据,提高挖掘模式的质量,降低时间复杂度。

以上的数据预处理形式并不互斥,例如,冗余数据的删除既是数据清理,也是数据归约。数据预处理流程如图 2-5 所示。

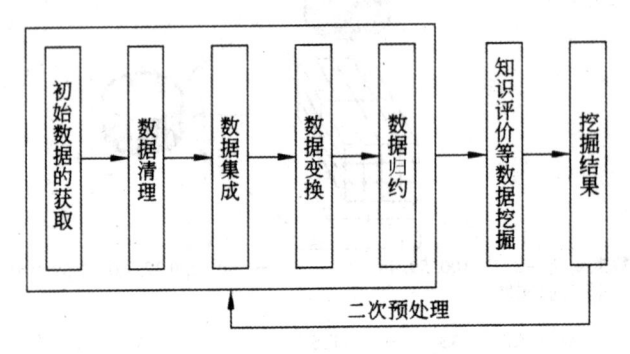

图 2-5 数据预处理流程

2.2 数据清理

人工输入错误或仪器设备测量精度及数据收集过程机制缺陷等方面原因都会造成采集的数据存在质量问题,主要包括测量误差、数据收集错误、噪声、离群点(outlier)、缺失值、不一致值、重复数据等问题。

数据清理的目的是解决数据的错误和不一致问题。噪声数据平滑化、异常数据的识别和删除、依照数据逻辑关系的修正,都属于数据清理的范畴。数据清理一般是数据预处理中最先的操作,其最终的目的是格式标准化、异常数据的发现与处理、数据纠错、重复数据的发现与清除。

2.2.1 缺失值的处理方法

数据的收集过程很难做到数据全部完整。例如,数据库中表格的列值并未规定不能为空类型;问卷调查对象不想回答某些选项或是不知道如何回答;设备异常;对数据改变没有日志记载。处理缺失值的方法有以下几种。

1. 元组的忽略

也就是将含有缺失属性值的对象(元组,记录)直接删除,从而得到一个完整的信息表。在缺失属性对象相对于整个数据集所占比例较小时,这种方法比较常用,特别是在分类任务中缺少类别标号属性时常采用。如果数据集中有较高比例的数对象存在缺失值问题,这种方法失效。在样本资源比较少的挖掘任务中,删除宝贵的数据对象会严重影响挖掘结果的准确性。

显然这是最简单的处理方式。当数据缺少标号或者描述的时候,通常这样操作。但是这种操作会造成大量的信息损失。

2. 忽略属性列

如果该属性的缺失值超过80%,则在整个数据集中忽略该属性。

3. 缺失值的人工填写

处理缺失数据的另外一种方式是人工填补缺失值。即对于某些缺失的属性,用人工方式进行填补。人工填补的前提是数据存在一定的冗余,其缺失属性可以通过其他属性进行推断。人工填补的方式存在一些弱点,首先是数据填补的影响难以预计,受人的主观因素和知识背景的影响;其次是人工处理数据的规模受到人工成本的限制,难以处理较大规模的数据;最后是当参与处理的人员过多时,填补的标准性难以得到保证。因此,人工填补仅仅应用在有限的情境下。

这是最自然的处理方式,但是它也存在很大的效率问题,即当数据量很大的时候,人工操作几乎是无法完成的。同时,人工操作的方式也隐含着潜在操作错误引入的问题,如果处理不好,就会带来更大的问题。

4. 自动填充缺失值

策略一:使用统一常量填充遗漏值。即将所有缺失部分用同一个常量替换。如果是一个数值属性,就可以填入正负无穷大之类的常量;如果是一个标量属性,就可以直接填入"未知"字符串。这种方法带来的问题是:所有填充值是一样的,如果涉及分类聚类操作,很可能引起不合理的关联。

策略二:使用属性的平均值填充遗漏值。这是对常量填充方法的改进,虽然在合理性上有所提升,但是它带来的问题并没改变,即引入了新的关联,这种关联并不是数据自身所有的,而是填充操作引入的。

策略三:在基于推理的工具或决策树、回归的确定中,缺失值用可能值来替代。

对于缺失数据采用较多的处理方式是自动对缺失值进行填补。自动填补数据的最简单办法是对某一个属性字段,对所有缺失该属性的数据填补统一的值。例如,在客户调查数据中,收入属性的类型是整数,工作单位属性的类型是字符串,则可对未填写收入的所有客户的收入属性填补为 0,对未填写工作单位的所有客户的工作单位属性填补为空字符串。许多数据库如 MySQL 数据库都提供了默认值功能,可以自动对缺失属性填充统一的默认值。

图 2-6 展示了一个使用属性均值对属性的缺失值进行填补的例子。

名字	公司	工资(元/月)
Amy	A公司	13 000
Alice	A公司	?
Mike	A公司	9 000
Joey	B公司	5 000
Tom	B公司	?
Zelda	B公司	3 000

填补 →

名字	公司	工资(元/月)
Amy	A公司	13 000
Alice	A公司	7 500
Mike	A公司	9 000
Joey	B公司	5 000
Tom	B公司	7 500
Zelda	B公司	3 000

图 2-6 使用平均值填补缺失数据

针对图 2-6 所示的例子,可能会提出一个疑问,从数据来看,A 公司的工资水平似乎比 B 公司要高一些,那么使用属性均值来估计,很可能 Alice 的工资被低估了,而 Tom 的工资被高估了。为什么不用相同工作单位的平均工资水平来填补缺失值呢?

在图 2-7 所示的例子中,使用 Amy 和 Mike 的工资平均值来填补 Alice 的工资属性,使用 Joey 和 Zelda 的工资平均值来填补 Tom 的工资属性。经过这样的填补,数据变得更加一致,也更加符合常识。还可以利用同类别属性的其他统计特性如中位数、众数等填补缺失的数据。

名字	公司	工资(元/月)
Amy	A公司	13 000
Alice	A公司	?
Mike	A公司	9 000
Joey	B公司	5 000
Tom	B公司	?
Zelda	B公司	3 000

填补 →

名字	公司	工资(元/月)
Amy	A公司	13 000
Alice	A公司	11 000
Mike	A公司	9 000
Joey	B公司	5 000
Tom	B公司	4 000
Zelda	B公司	3 000

图 2-7 使用同类别数据的属性平均值填补缺失数据

更进一步地,可以通过更加智能的方式利用更加丰富的信息来处理缺失值,可以将缺失值本身作为预测的对象,通过一些存在的属性来对缺失值进行预测。例如,可以通过客户的工作单位、学历水平、存款的多少、不动产的状况来对客户的收入进行预测。可以采用的预测方法有线性回归、决策树模型和最大似然估计等。

2.2.2 数据的平滑方法

噪声是一个测量变量中的随机错误或偏差。造成这种误差有多方面的原因,例如,数据收集工具的问题,包括数据输入、传输错误,技术限制等。噪声可以对数值进行平滑处理而消除。主要使用的技术有回归、分箱、孤立点分析。目前,噪声数据的平滑方法有以下几种。

1. 分箱(binning)

这种方法主要是参考"周边"的值来对数据进行平滑。采用分箱技术可以让相似的元组分到一些"桶"中,从而进行局部平滑。具体的平滑技术可以考虑平均值平滑、中值平滑、边界平滑等。这种操作常作为离散化技术使用。

假设有 3、22、8、22、9、11、32、93、12 等 9 个数,分为 3 箱。
箱 1:3、22、8
箱 2:22、9、11
箱 3:32、93、12
分别用三种不同的分箱法求出平滑存储数据的值。
按箱平均值求得箱 1 平滑数据值:11,11,11
按箱中值求得箱 2 平滑数据值:9,9,9
按箱边界值求得箱 3 平滑数据值:32,32,32

2. 聚类

聚类分析是一种将相似数据聚在一起,将不相似的数据分开的过程。聚类通常用来发现数据中隐藏的结构,在没有标注的情况下将数据分为一些类别,通过聚类分析还可以发现数据中的离群点等信息。聚类的一个例子如图 2-8 所示,在图 2-8 中数据点被分为三个数据簇(cluster)。

在数据清理中,可以对数据进行聚类,然后使用聚类结果对数据进行处理,如舍弃离群点、对数据进行平滑等。对数据进行平滑的方法类似于分箱,可以采用中心点平滑、均值点平滑等方式来处理,这里就不再赘述。

孤立点是在某种意义上具有不同于数据集中其他大部分数据对象特征的数据对象,或是相对于该属性值不寻常的属性值。可以通过聚类来检测离群点,落在簇之外的数据对象被视为孤立点。

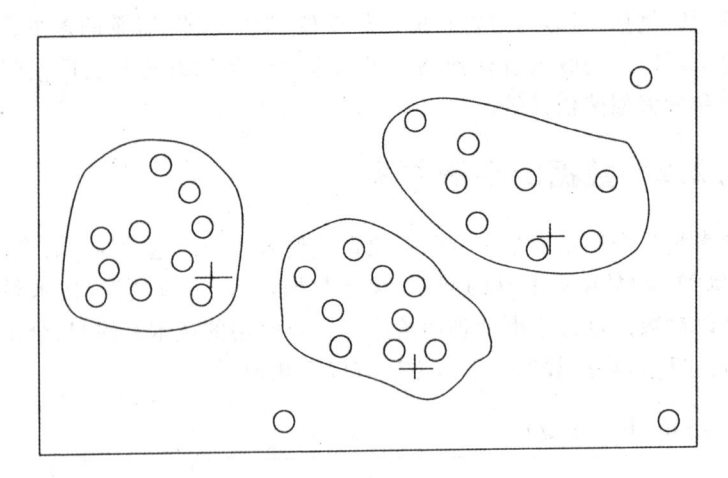

图 2-8 聚类示意图

"+"表示每个簇的质心,代表该簇在空间中的平均点

3. 回归

回归分析是一种确定变量依赖的定量关系的分析方法。当涉及的属性值只有两个时,称为一元线性回归,即找出拟合两个属性关系的"最佳"直线。这样,当知道其中一个属性时,可以推导出另外一个属性。当涉及的属性多于两个时,就是多元线性回归,它是一元线性回归的扩充。

在正确的建模下,回归分析可以揭示数据变量之间的依赖关系,通过回归分析进行的预测能够比较接近数据的真实值。图 2-9 所示是一种简单的回归分析——线性回归的一个示例。

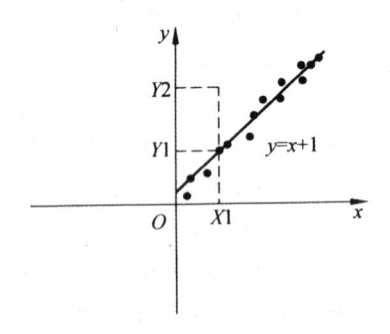

图 2-9 线性回归

对于建立好的回归分析模型,可以使用参数估计方法对模型参数进行估计。如果具有对数据的某种先验知识,使得模型符合数据的实际情况,并且参数估计是有效的,就可以使用回归分析的预测值来代替数据的样本值,以削弱数据中的噪声,并降低数据中离群点的影响。

4. 计算机检查和人工检查结合

计算机技术对于发掘孤立点有很多实用的技术,但是正确率与精度常常不尽如人意。如果把计算机应用和人工检查相结合,对于孤立点的检测会更加有效。一个非常典型的应用是手写字符的识别,人工检查太慢,而计算机识别精度又不高。如果引入信息度量,设置一定阈值,将阈值范围内的不确定结果交由人工检查,这样可以同时利用计算机和人工各自的长处。

2.2.3 不一致数据

一些事务记载的数据,前后记录存在不一致性。可以使用相关材料来人工修复数据的不一致。例如,可用纸上记录的数据来修正输入错误的数据,用来矫正编码不一致的例程可以与之一起使用。违反规则的数据可用知识工程工具来监测。例如,违反函数的依赖值可用知道函数的依赖性来查找。

2.3 数据集成

数据集成的目的是整合来自多个数据源的数据。代表同一概念的事物在不同的数据系统中的名字可能不同,这会导致数据不一致和数据冗余。此外,有些属性并不独立,而是由其他属性推导出来的。数据集成将多个数据源中的数据结合,并存放在同一个数据存储环境中,有助于减少数据集的冗余和不一致,提升后续数据处理的准确性和速度。

2.3.1 实体识别与匹配

在数据集成时,有许多问题需要考虑。多个数据源中语义和结构的多样性给数据集成带来巨大挑战。来自于多个信息源的现实世界的实体如何才能"识别""匹配"?例如,关于客户标识符,可能存在全称和简写的不同,如同"Customer"和"cust"的区别,而它们实际的意义是一样的。命名的不一致还可能出现在属性值中。例如,同为男性,可能在一个数据库中的性别栏登记为"男",在第二个数据库中登记为"男性",而在第三个数据库中登记为"M"。通常,数据库和数据仓库有元数据——关于数据的数据。这种元数据可以帮助解决数据集成中的统一识别问题。

2.3.2 冗余和相关分析

冗余是指如果一个属性可以由其他属性导出,那么这个属性就是多余的了。例如,年净收入可以由收入和支出两项之差计算得到,数据集成时应该去掉这种冗余性。它们之间的导出关系应该在数据后续处理中作为处理的例程,而不是占据多余的数据空间。

在多源数据的集成过程中经常会遇到数据冗余的问题,数据冗余可能由许多技术和业务上的原因导致,同一属性或对象在不同的数据库中的名称可能是不同的,某些属性可能是由其他属性导出的,这些原因都可能导致数据的冗余性。

2.3.3 元组重复数据的检测

除了检测属性间的冗余外,还需要在元组级检测重复,即存在两个或者多个相同的元组对应唯一的数据实体。有时,来自不同数据源的相同属性,会因为单位的不同而存在悬殊的结果。例如,相同的数值项存在以"元"为单位和以"万元"为单位的区别。这种数值冲突的检测与处理也是数据集成需要解决的问题。

2.3.4 冲突数据的检测和处理

数据值冲突的检测和处理也是数据集成要处理的问题之一。来自不同数据源的属性,对于同一世界的同一实体的属性值可能不同。产生这种不同的原因是编码、表示或比例的不同。例如,对于现实世界的同一实体,来自不同数据源的属性值可能不同,这可能是因为表示、比例或编码不同。

2.4 数据转换

数据转换是对数据进行规范化、离散化和概念分层而进行的操作。现实中的数据往往是多维的,各维度之间的关系不算紧密但是互有牵连。如果能把数据统一化,那么数据处理过程就会更为有效,处理模式也便于理解。其思路主要是找到数据的特征表示,用维变换或转换方法减少有效变量的数目或找到数据的不变式,从而变成适于后续处理的形式。数据转换的主要技术包括规格化、归约、变换、旋转、投影等操作。

1. 平滑

数据平滑是将噪声从数据中移除的过程,这种技术包括分箱、回归和聚类等。数据平滑通常是对数据本身进行的,如在连续性的假设下,对时间序列进行平滑,以降低异常点的影响;数据平滑有时也指对概率的平滑,例如在自然语言处理中常用的元语言模型中,对于未在训练样本中出现过的词组一般不能赋予零概率,否则会使整句话概率为 0,对这些词赋予合理的非零概率的过程也称为数据平滑。

2. 聚集

数据聚合是将数据进行总结描述的过程。数据聚合的目的一般是为了对数据进行统计分析,数据立方体和在线分析处理(OLAP)都是数据聚合的形式。

3. 数据泛化

数据泛化是将数据在概念层次上转化为较高层次的概念的过程。例如,将一个词语替换为词语的同义词的过程,将分类替换为其父分类的过程等都是数据泛化。对于年龄这种数值属性,"原始数据"可能包含 20、30、40、50、60、70 等,可以将上述数据映射到较高层的概念,如青年、中年和老年。

4. 规范化

数据规范化是将数据的范围变换到一个比较小的、确定的范围的过程。数据规范化在一些机器学习方法的预处理中比较常用,可以改善分类效果和抑制过程学习。

5. 属性构造(特征构造)

由已有的属性构造和添加新的属性,以帮助挖掘更深层次的模式知识,提高挖掘结果的准确性。

6. 数据离散化

多个切割点的选择和切割点位置的确定都会涉及离散化问题,连续属性的数值用少数分类的标记来替换,这样将有利于原始数据的简化或减少。

2.5 数据归约

数据归约的目的是得到数据更加精简的表达。在内容大幅度压缩的同时，所表达的内容不能出现走样，最终的分析结果也应该保持不变。当对某个特定问题进行分析的时候，所涉及的数据量可能相当庞大，仅仅从时间成本上看就得不偿失，这使得原定的数据处理方案不可行。使用数据编码方案，可以得到原始数据的简化或者压缩表示。而数值归约往往使用参数模型或者非参数模型，用较小的值表示取代数据。泛化也可以归约数据。

数据归约通常将数据按语义层次结构进行合并。语义层次结构定义了数据属性值之间的语义关系，因此当归约化使数据个数大量减少时，数据之间的关系可以保持不变。同时，归约操作让数据的多层次可以更加容易被计算机处理，进而使其适用范围得以扩大：数据归约操作之后，数据量相对小得多，自然能提升后续数据处理的性能和效率，这时开展挖掘与分析工作将更有效。

2.5.1 数据立方体聚集

数据立方体用来存储多维聚集信息。每一个属性为一个维度，多维空间的一个点就对应一个数据聚集值。由于每个属性都可能存在概念分层，因此可以在多个抽象层进行数据分析。可以选择用较高层的概念替换较低层的概念，如用省或自治区替换市或自治州。

2.5.2 维归约

用于分析的数据集可能包含数以百计的属性，其中大部分属性与挖掘任务不相关或冗余。例如，分析银行客户的信用度时，诸如客户的电话号码、家庭住址等属性就与该数据挖掘任务不相关，或者说是冗余的。

维归约主要包括小波变换和主成分分析。其思路是减少考虑的数据或者数据属性的个数，途径是将原数据变换或者投影到较小空间。另外，属性子集选择也可归为维归约。基于分析的数据集往往包含大量属性，而真实的数据应用往往用不上这么多属性。在数据预处理阶段删除不必要的属性，可以减少随后的数据处理量。

2.5.3 数据压缩

数据压缩就是使用数据编码或变换以便将原始数据集合压缩成一个较小的数据集合。主要分为无损压缩和有损压缩。如果原数据可以用压缩之后的数据重新构建，则不损失信息称为无损压缩；反之，则称为有损压缩。

1. 小波变换

离散小波变换(Discrete Wavelet Transform，DWT)是一种线性信号处理技术，当用于数据向量 D 时，将它转换成不同的数值向量小波系数 D'，两个向量具有相同的长度。

图 2-10 给出一些小波簇。流行的小波变换包括 Haa_2 变换、Daubechies_4 和 Daubechies_6 变换。

(a) Haa_2

(b) Daubechies_4

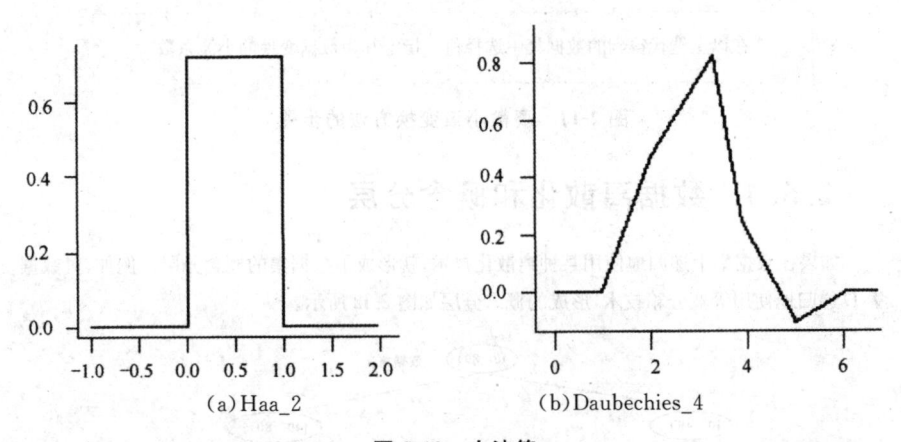

图 2-10 小波簇

应用离散小波变换的一般过程是使用一种分层金字塔算法，它在每次迭代后将数据减半，导致很快的计算速度。该方法的具体步骤如图 2-11 所示。

2. 主成分分析

主成分分析(Principal Components Analysis，PCA)又称 Karhunen-Loeve(或 K-L)方法。该方法搜索 k 个最能代表数据的 n 维正交向量，其中 $k \leq n$，这样原来的数据就投影到一个小得多的空间，实现维度归约。PCA 通过创建一个替换的、更小的变量集用于组合属性的基本要素，原数据可以投影到该较小的集合中。

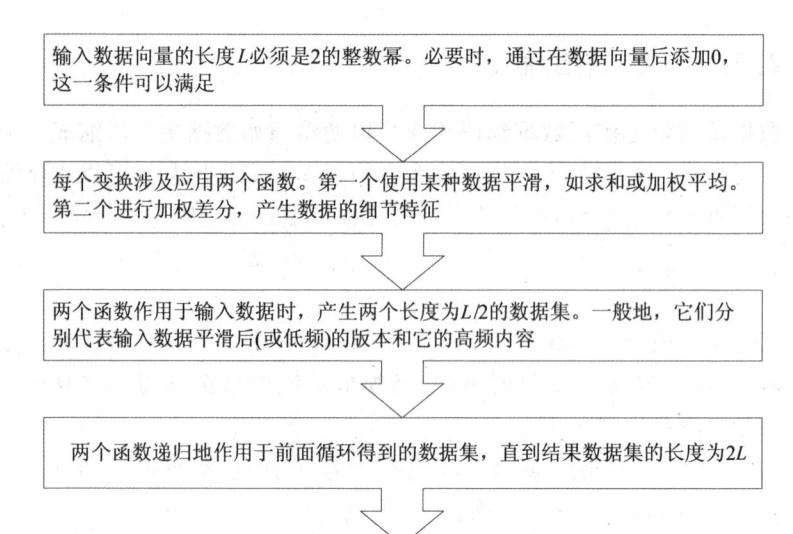

```
┌─────────────────────────────────────────────────┐
│ 输入数据向量的长度L必须是2的整数幂。必要时，通过在数据向量后添加0， │
│ 这一条件可以满足                                    │
└─────────────────────────────────────────────────┘
                        ↓
┌─────────────────────────────────────────────────┐
│ 每个变换涉及应用两个函数。第一个使用某种数据平滑，如求和或加权平均。    │
│ 第二个进行加权差分，产生数据的细节特征                        │
└─────────────────────────────────────────────────┘
                        ↓
┌─────────────────────────────────────────────────┐
│ 两个函数作用于输入数据时，产生两个长度为L/2的数据集。一般地，它们分   │
│ 别代表输入数据平滑后(或低频)的版本和它的高频内容                │
└─────────────────────────────────────────────────┘
                        ↓
┌─────────────────────────────────────────────────┐
│ 两个函数递归地作用于前面循环得到的数据集，直到结果数据集的长度为2L    │
└─────────────────────────────────────────────────┘
                        ↓
┌─────────────────────────────────────────────────┐
│ 在以上迭代得到的数据集中选择值，指定其为数据变换的小波系数           │
└─────────────────────────────────────────────────┘
```

图 2-11 离散小波变换方法的步骤

2.5.4 数据离散化和概念分层

如果在数据集上递归地使用某种离散化技术，就形成了数据集的概念分层。例如，对数据集 D 递归地使用等宽分箱技术，形成的概念分层如图 2-12 所示。

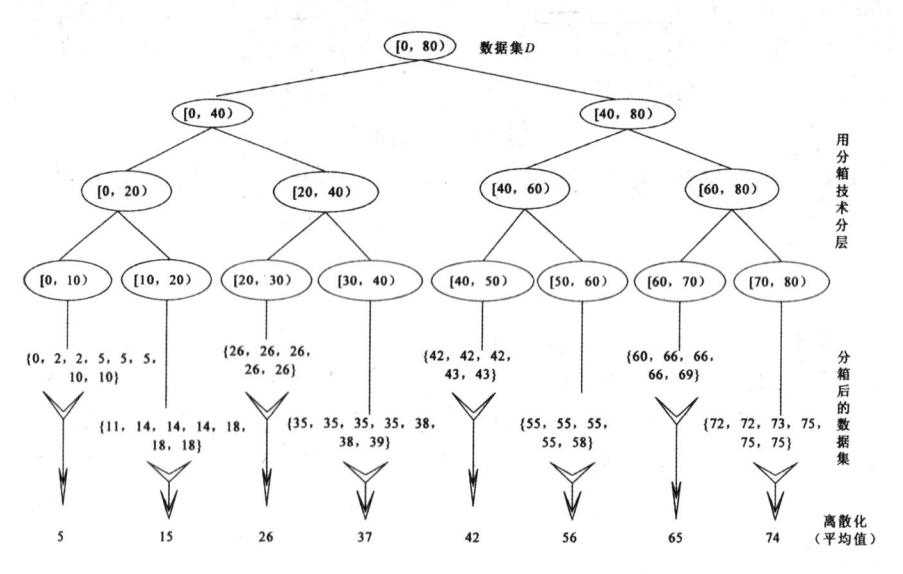

图 2-12 等宽分箱产生的概念分层和离散化

数据集 $D=\{0,2,2,5,5,5,10,10,11,14,14,14,18,18,18,26,26,26,26,26,35,35,35,35,38,38,39,42,42,42,43,43,55,55,55,55,58,60,66,66,69,72,72,73,75,75,75\}$

在图 2-12 中，树状结构有 4 个层次的节点，根节点表示原始数据集合，其他每一层节点共同表示一个概念分层，它们具有同一个概念级别，而无论处于哪一个概念层中，每个节点都代表一个符合一定条件的数据集合。

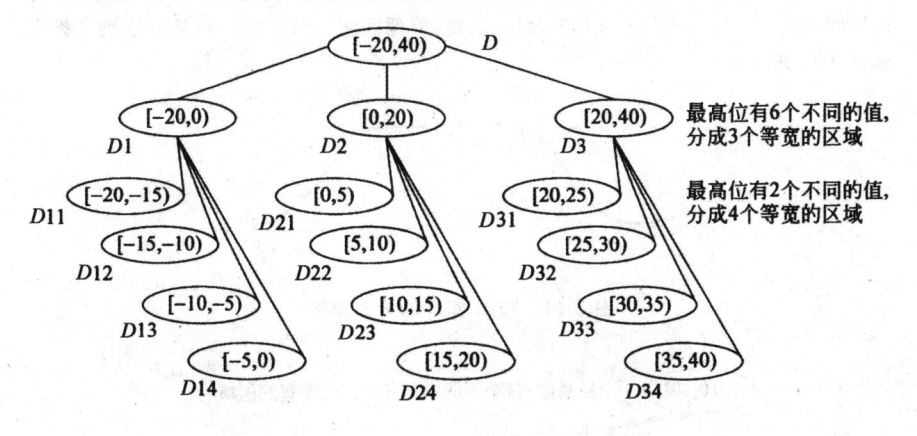

图 2-13　3—4—5 规则产生的概念分层

1. 数值数据的离散化与概念分层生成

下面介绍一种通过自然划分分段的方法进行概念分层的过程。该方法应用 3—4—5 规则，递归地将给定数据区域划分为 3、4 或 5 个等宽的区间。3—4—5 规则可以用来将数值数据分割成相对一致、看上去自然的区间，是一种根据直观划分的离散化方法。一般地，该规则根据最高有效位的取值范围，递归逐层地将给定的数据区域划分为 3、4 或 5 个相对等宽的区间。

3—4—5 规则的具体描述如下。

①如果待划分的区间在最高位上包含 3、6、7 或 9 个不同的值，则将该区间划分成 3 个区间。其中，如果是 3、6 或 9，则划分成等宽的 3 个区间，如果是 7，则按 2—3—2 划分成 3 个区间。

②如果待划分区间最高位上包含 2、4 或 8 个不同的值，则把它划分成 4 个等宽的区间。

③如果待划分区间最高位上包含 1、5 或 10 个不同的值，则把它划分成 5 个等宽的区间。

在每个区间上递归地应用 3—4—5 规则，生成数据的概念分层，直到满足预先设定的终止条件。

图 2-13 表示的是一个用 3—4—5 规则构造概念分层的例子。数据集 D 是某公司每月利润增长数据，数据单位为千元，取值范围在 $-13\sim32$ 之间，对最大最小值在 10（千元）上取整，得到一个区间 $[-20,40]$，这个区间就是应用 3—4—5 规则的区间。

▲ 数据挖掘及其在金融信息处理中的应用

考察区间$[-20,40)$，最高位有 6 个不同的取值：$-2、-1、0、1、2、3$，根据 3—4—5 规则，把数据集 D 划分为 3 个等宽的区间 $D1、D2$ 和 $D3$，取值区间分别为$[-20,0)、[0,20)$和$[20,40)$。这 3 个等宽的区间最高位分别包含两个不同的取值$-2、-1，0、1$ 和 $2、3$，所以划分成 4 个等宽的区间，$D1$ 划分为 $D11、D12、D13$ 和 $D14$，$D2$ 和 $D3$ 也相同。

如果数据集 D 的分布曲线呈现图 2-14 所示的情况，区间两端的值所占的比例非常少，可以根据情况设置一个置信区间（如 15%～95%），以这两个点上的值作为初始划分的区间，如$[-9,28]$，同样在 10（千元）上取整，得到区间$[-10,30]$，则第一层划分情况如图 2-15 所示。

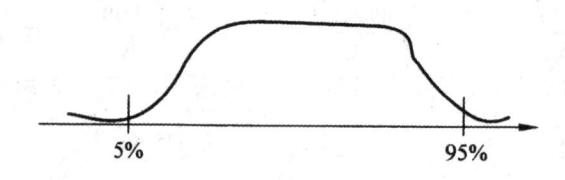

图 2-14 数据集 D 的分布曲线

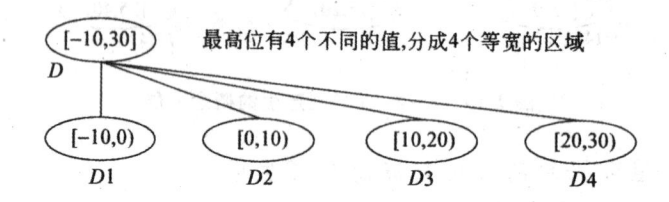

图 2-15 在置信区间$[5\%,95\%]$上的第一层划分

可以看到，由于设置了置信区间$[5\%,95\%]$，实际上集合 $D1$ 的左边界和 $D4$ 的右边界分别是-10 和 30，不包含集合 D 的实际边界-13 和 32，所以应该在两端补充两个集合表示缺失的数据，如图 2-16 所示。

对区间 $D0\sim D5$ 应用 3—4—5 规则，得到的分层如图 2-17 所示。

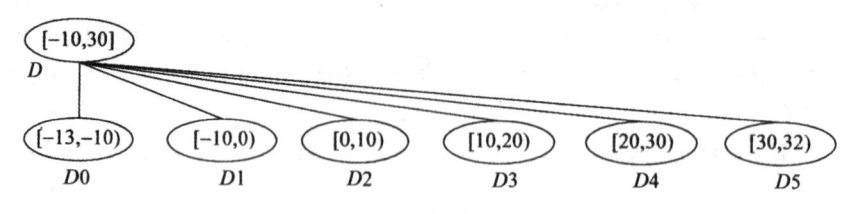

图 2-16 对缺失区间补充的划分

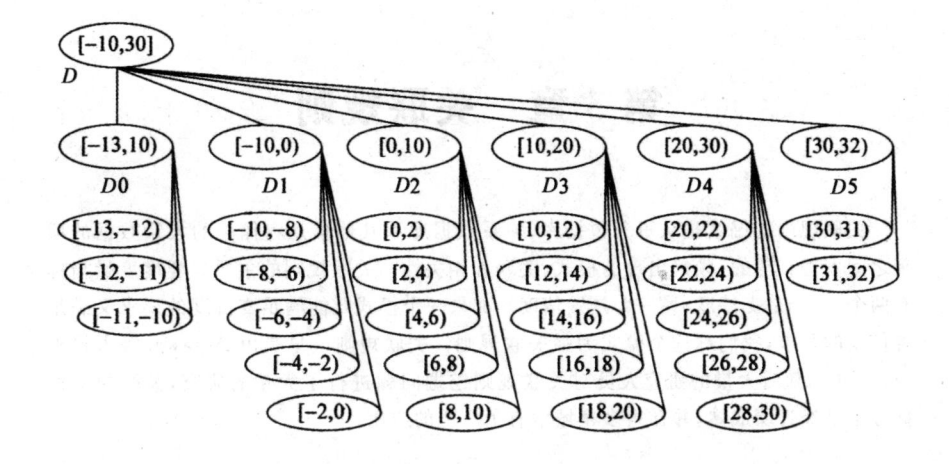

图 2-17 对图 2-16 进一步分层

可以递归地划分下去,直到满足一定的要求,如区间大小达到预定的阈值。

3—4—5 规则可以递归地用于每个区间,为给定的数据属性创建概念分层。现实世界的数据常常包含特别大的正或负的离群值,基于最小数据值和最大数据值的自顶向下离散化方法可能导致扭曲的结果。

2. 分类数据的概念分层生成

分类数据是离散数据。有限多个不同的值构成了一个分类属性,值间具有一定的无序性。例如,电话号码、家庭住址和商品类型。分类数据的概念分层主要有以下几种方法。

(1)属性的部分序由用户或专家在模式级显式地说明。通常,分类属性或维的概念分层涉及一组属性。通过在(数据库)模式定义时指定各属性的有序关系,可以很容易地构造概念分层。

(2)通过数据聚合描述层次树。这是人工定义概念分层结构方法。在大型数据库中,显式的值穷举定义整个概念分层是不现实的。然而,对于一小部分中间层数据,可以进行显式的分组。

(3)定义一组不说明顺序属性集。用户可以定义一个属性集,形成概念分层,但不显式说明它们的顺序。系统将自动地产生属性的序,以便构造有意义的概念层次树。

(4)只说明部分属性集。有时用户仅能提供概念层次树所涉及的一部分属性。这种情况就需要利用数据库模式定义中有关属性间的语义联系,来获得层次树的所有属性。

第 3 章 关联规则

关联规则挖掘就是从事务数据库、关系数据库和其他信息存储中的大量数据的项集之间发现有趣的、频繁出现的模式、关联和相关性。关联规则的主要兴趣度度量指标有两个：一个是支持度；另一个是置信度。如果一个模式既能满足支持度的要求又满足置信度的要求，我们称这个模式为强关联规则。关联规则最早是由 Agrawal 等人提出 (1993 年)，随后大量的研究人员对关联规则挖掘问题进行了大量的研究，关联规则挖掘方法已经日臻成熟，并在很多领域中有了广泛的应用。

3.1 关联规则概述

关联规则是一种描述性的而非预测性的方法，经常用于发现隐藏在大型数据集背后的、项集之间的有趣关联或相互关系。20 世纪 60 年代，Hajek 等人在早期研究中介绍了许多关联规则学习的关键概念和方法，但是主要关注的是数学表达，而不是算法。20 世纪 90 年代初，IBM 公司 Almaden 研究中心的 Agrawal 等人将关联规则学习架构引入数据库社区，在超市内的销售终端系统记录的客户交易大型数据库中寻找商品之间的联系规则，这些规则刻画了客户购买行为模式，可以用来指导商家科学地安排进货、库存及货架设计等。作为一种无监督分析技术，关联规则在购物篮分析、点击流分析、推荐系统、医疗诊断和科学数据分析等方面得到广泛应用。

3.1.1 购物篮分析：啤酒与尿布的经典案例

购物篮分析是关联规则挖掘的一种特定应用，通过发现顾客放入他们"购物篮"中的商品之间的关联，分析顾客的购物习惯。这种关联的发现可以帮助公司用于多种分析，例如，普通产品与高利润或者奢侈商品之间的交叉销售；商场相关类别产品的物理或逻辑摆放位置。购物篮分析结果可以用于营销规划、广告策划或新的分类设计。我们以购物篮分析中的"啤酒与尿布"经典案例来引出关联规则的基本概念和相关术语。

早在 20 世纪 80 年代，沃尔玛超市就已经将关联规则应用到了商品管理之中。沃尔玛曾经对数据仓库中一年多的原始交易数据进行了详细的分析，发现许多顾客会同时购买尿布与啤酒。原来，许多美国家庭都是妻子在家照顾婴儿，丈夫去超市为婴儿买尿布。丈夫们在购买尿布时往往会顺便买两瓶啤酒来犒劳自己。这一现象引起了沃尔玛的重视，沃尔玛调整了货架的位置，把尿布和啤酒摆在相邻的位置，以便于年轻的爸爸们能顺利地同时找到这两种商品，这种独特的摆放法则不仅为同时想要购买尿布和啤酒的年轻爸爸提供了方便，也刺激了仅想单独购买啤酒或尿布的年轻爸爸同时购买两种商品,能够提升超市中尿布和啤酒的销售量。这一故事中的"啤酒"与"尿布"的关系即为所谓的"关联性",而"关联性"的发掘和利用则是本章所要讨论的"关联规则挖掘"。

3.1.2 关联规则的概念

不妨假设一个较简单的购物篮分析的情景。如表 3-1 所示,表中列出了面包、牛奶、尿布、啤酒、茶 5 种商品的销售记录,共 10 张清单,每张清单都是一个购物篮,即顾客选取的一种商品组合。购物篮分析的目标是从给定的销售记录中挖掘搜索出反复出现的商品之间的联系,即哪些商品频繁地被顾客同时购买。本节不展开阐述如何采用关联规则从这些清单中找出出现次数最频繁的商品组合,主要介绍采用关联规则分析的几个基本概念,作为本章后续内容的理论基础。

表 3-1 某超市的交易数据库

交易号 TID	顾客购买的商品	交易号 TID	顾客购买的商品
T_1	面包,牛奶,茶	T_6	面包,牛奶,啤酒,尿布,茶
T_2	面包,尿布,啤酒,茶	T_7	啤酒,牛奶,茶
T_3	牛奶,尿布,啤酒	T_8	面包,茶
T_4	面包,牛奶,尿布,茶	T_9	面包,尿布,牛奶,啤酒,茶
T_5	面包,尿布,牛奶	T_{10}	面包,牛奶

一般来说,关联规则挖掘是指从一个大型的数据集(Dataset)中发现有趣的关联或相关关系,即从数据集中识别出频繁出现的属性值集,也称为频繁项集,然后利用这些频繁项集创建描述关联规则的过程。

关联规则及其相关的定义如下。

1. 项集(Itemset)

设 $I=\{i_1,i_2,\cdots,i_m\}$ 是 m 个不同的项目的集合,每个 i_j 称为一个项目。项目的集合 I 称为项集。其元素的个数称为项集的长度,长度为 k 的项集称为 k 项集。表 3-1 中每个商品就是一个项目,项集 $I=\{$面包,牛奶,尿布,啤酒,茶$\}$,I 的长度 $|I|=5$。

每笔交易 T 是项集 I 的一个子集。对应每一个交易有一个唯一标识交易号,记作 TID。交易全体构成了交易数据库 D,$|D|$ 等于 D 中交易的个数。表 3-1 中包含 $T_1 \sim T_{10}$ 共 10 笔交易,因此 $|D|=10$。其中,$T_1=\{$面包,牛奶,茶$\}$,为项集 I 的子集,包含面包、牛奶、茶 3 种商品。

2. 关联规则(Association Rule)

关联规则一般表示为 $X \to Y$ 的形式,左侧的项集 X 为先决条件,右侧项集 Y 为关联结果,用于表示数据内隐含的关联性。例如,假定关联规则"尿布→啤酒"成立,则表示购买了尿布的消费者往往也会购买啤酒这一商品。

关联规则的有用性和可靠性,由规则的支持度(Support)、置信度(Confidence)和提升度(Lift)来度量。

3. 支持度

规则的支持度是指在所有项集中 $\{X,Y\}$ 出现的可能性,即项集中同时含有 X 和 Y 的概率:$\text{Support}(X \to Y) = P(X,Y)$。该指标作为关联规则有用性的度量标准,衡量了所考察关联规则在"量"上的多少。其意义在于通过最小支持度阈值(minsup, Minimum Support)的设定,来剔除那些"出镜率"较低的无意义规则,而相应地保留出现较为频繁的项集所隐含的规则。从商务角度来看,低支持度的规则多半也是无意义的,因为对顾客很少同时购买的商品进行促销可能并无益处。上述过程用公式表示,即筛选出满足 $\text{Support}(T) \geqslant \text{minsup}$ 的项集 T,称其为频繁项集(Frequent Itemset)。

以表 3-1 为例,当我们设置最小支持度阈值 minsup=10%,关联规则"尿布→啤酒"的支持度 $\text{Support} = \dfrac{4}{10} = 40\%$,意味着所分析的超市所有购买交易中的 40% 显示尿布和啤酒被同时购买。由于关联规则"尿布→啤酒"的支持度大于最小支持度阈值,因此,该规则是有效的。

4. 置信度

规则的置信度表示在关联规则的先决条件 X 发生的条件下,关联结果 Y 发生的概率,即含有 X 的项集中,同时含有 Y 的可能性:$\text{Confidence}(X \to Y) = P(Y|X) = P(X,Y)/P(X)$。该指标是关联规则可靠性的度量标准,衡量了所考察关联规则在"质"上的可靠性。类似地,需要设置置信度最小阈值(mincon, Minimum Confidence)来进一步筛选,最终生成满足需要的关联规则,即 $\text{Confidence}(X \to Y) \geqslant \text{mincon}$。

以表 3-1 为例,当我们设置最小置信度阈值为 50%,关联规则"尿布→啤酒"的置信度 $\text{Confidence} = \dfrac{4}{6} = 66.7\%$,意味着购买尿布的顾客中有 66.7% 也购买了啤酒。由于关联规则"尿布→啤酒"的置信度大于最小置信度阈值,因此,该规则是可靠的。

5. 提升度

提升度表示在含有 X 的条件下同时含有 Y 的可能性,与没有这个条件下项集中含有 Y 的可能性之比。即在 Y 自身出现可能性 $P(Y)$ 的基础上,X 的出现对于 Y 的出现 $P(Y|X)$ 的提升程度:$\text{Lift}(X \to Y) = \dfrac{P(Y|X)}{P(Y)} = \text{Confidence}(X \to Y)/P(Y)$。提升度与置信度同样用于衡量规则的可靠性,可以看作置信度的一种互补指标。举例来说,如果有 2 000 个消费者,发现有 1 000 人购买了茶叶,其中有 900 人同时购买了咖啡,另 100 人没有,由于规则的置信度高达 900/1 000＝90％,由此可以认为喜欢喝茶的人同时也喜欢喝咖啡。但是,反过来观察,没有购买茶叶的另外 1 000 人中同样有 900 人购买了咖啡,因此可以得出结论,不爱喝茶的人也爱喝咖啡。这样看来,是否购买咖啡与有没有购买茶叶并没有关联,两者是相互独立的,其提升度为 90％/(900＋900)/2 000＝1。由此可见,在某种程度上提升度弥补了置信度的缺陷,当 Lift 值为 1 时表示 X 与 Y 相互独立,X 的出现对 Y 出现的可能性没有提升作用,而其值越大($>$1)则表明 X 对 Y 的提升程度越大,也即表明关联性越强。

从表 3-1 中可以得出,Lift(尿布→啤酒)＝1.33＞1,进一步说明了关联规则"尿布→啤酒"的可靠性。

综上所述,一个关联规则的完整表示如下:

$$\text{尿布} \to \text{啤酒}[\text{support}=40\%; \text{confidence}=66.7\%] \quad (3\text{-}1)$$

式(3-1)表示购买了尿布的消费者往往也会购买啤酒这一商品,两个购买行为之间具有一定的关联性。规则的支持度反映规则的有用性,支持度是指在所有项集中式(3-1)的支持度为 40％,这就表示,超市中 40％的交易显示尿布和啤酒被同时购买。规则的置信度和提升度反映规则的确定性。本例中,置信度 66.7％,意味着购买尿布的顾客中 66.7％也购买了啤酒。

3.1.3 关联规则分类

关联规则可以分为以下几种情况。

1. 布尔型关联规则和数值型关联规则

基于规则或模式中所处理的值类型,关联规则可以分为布尔型和数值型两种。如果考虑关联规则中的数据项是否出现,则是布尔关联规则,例如,性别＝"女"⇒职业＝"会计",是布尔型关联规则;如果规则描述的是量化的项或属性之间的关联,则它是数值型关联规则,例如,职业＝"计算机"⇒avg(收入)＝9 000,属性"收入"是数值类型,所以是一个数值型关联规则。但是要注意,关联规则本身不能处理连续型数值变量,寻求这类变量的关联规则前要对它进行处理,常见处理即将该变量转换成类别变量,如高、中、低等。

2. 单层关联规则和多层关联规则

按照关联规则中数据的抽象层次,关联规则可以分为单层关联规则和多层关联规则。在单层关联规则中,所有的项都没有考虑到现实的数据具有多个不同的层次;而在多层关联规则中,对数据的多层性已经进行了充分的考虑。例如,"IBM 台式机⇒Sony 打印机",是一个细节数据上的单层关联规则;"台式机⇒Sony 打印机",是一个较高层次和细节层次之间的多层关联规则。

3. 单维关联规则和多维关联规则

基于规则或模式所涉及的维数,关联规则可以分为单维和多维。如果关联规则或模式中的项或属性只涉及一个维,则它是单维关联规则。例如,"尿布→啤酒",这条规则只涉及购买的商品这个维度;而在多维的关联规则中,要处理的数据将会涉及多个维。例如,年龄$(x,"30…39")$收入$(x,"50k…70k")$⇒购买$(x,"iPad")$,该关联规则涉及年龄、收入和购买的商品等多个维度。

3.1.4 关联规则的挖掘过程

一般而言,关联规则的挖掘是一个两步的过程。

1. 找出所有的频繁项集

根据定义,这些项集的每一个频繁出现的次数至少与预定义的最小支持度计数一样,发现所有的频繁项集是形成关联规则的基础。通过用户定义的最小支持度阈值,寻找所有支持度大于或等于 minsup 的频繁项集。实际上,由于这些频繁项集可能存在包含关系,因此,只需要寻找那些不被其他频繁项集所包含的最大频繁项集的集合即可。

2. 由频繁项集产生强关联规则

根据定义,这些规则必须满足最小支持度和最小置信度。利用频繁项集生成强关联规则就是逐一测试所有可能生成的关联规则及其对应的支持度和置信度,可以分为以下两步。

(1) 对于事务数据库 D 中的任一频繁项集 X,生成其所有的非空子集。

(2) 对于每个非空子集 $x \subset X$,若置信度 Confidence$(x \rightarrow (X-x)) \geqslant$ mincon,那么规则 $x \rightarrow (X-x)$ 是强关联规则。

如何迅速高效地发现所有频繁项集,是关联规则挖掘的核心问题,也是衡量关联规则挖掘算法效率的重要问题。相对来说,生成关联规则相对简单,其求解也比较容易。

3.1.5 频繁项集的产生

格结构(Lattice Structure)常常用来表示所有可能的项集。一般来说,一个包含 k 个项的数据集可能产生 2^k-1 个子集(不包括空集在内),这些子集称为候选项集(Candidate Itemset)。项集 $I=\{a,b,c,d,e\}$ 的项集格如图 3-1 所示,共有 15 个候选项集。

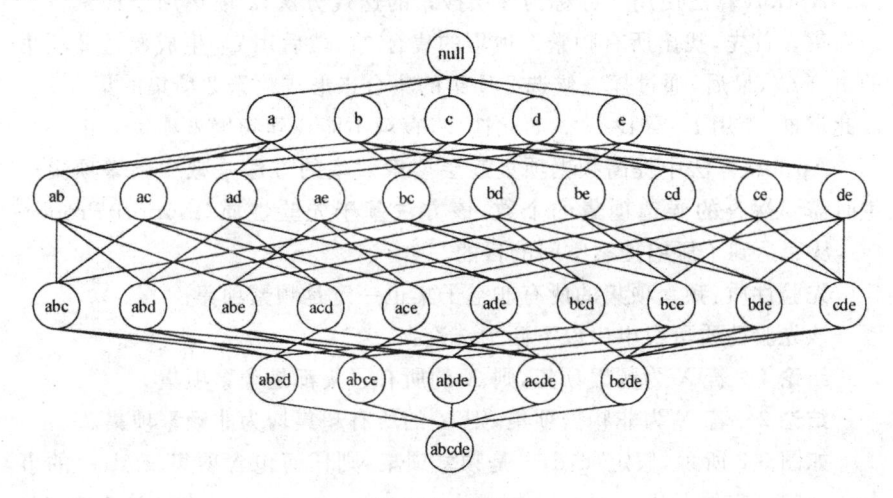

图 3-1 项集格

发现频繁项集的一种原始方法是确定格结构中每个候选项集的支持度计数,为了完成这一任务,必须将每个候选项集与每个事务进行比较。如果候选项集包含在事务中,则候选项集的支持度计数增加。假设事务数为 N,事务的最大宽度为 s,候选项集数为 $M=2^k-1$,该方法的时间复杂度为 $O(NMs)$,即需要进行 $O(NMs)$ 次比较,开销非常大。

为了降低频繁项集产生的计算复杂度,可以用如下方法。

(1) 减少候选项集的数目。Apriori 算法是其中的典型代表,该算法使用支持度度量,帮助减少频繁项集产生时需要探查的候选项集个数。

(2) 减少比较次数。替代将每个候选项集与每个事务相匹配,可以使用更高级的数据结构或者存储候选项集或者压缩数据集来减少比较次数。FP-growth算法使用一种称作FP树的紧凑数据结构组织数据,并直接从该结构中提取频繁项集。

3.2 Apriori 关联规则算法

Apriori算法是 Agrawal 和 R. Srikant 于 1994 年提出的,为布尔型关联规则挖掘频繁项集的原创性算法。Apriori算法的核心是使用候选项集寻找频繁项集。

3.2.1 Apriori 算法的频繁项集产生

Apriori算法使用一种称为逐层搜索的迭代方法,k项集用于搜索($k+1$)项集。首先,找出所有频繁1项集的集合C_1,然后用C_1生成候选2项集的集合C_2,最后,通过探查候选2项集的集合来形成频繁2项集的集合L_2。以此类推,使用L_2寻找L_3。如此迭代,直至不能找到频繁k项集为止。

Apriori算法中提高频繁项集逐层搜索效率的方法是减少频繁项集产生时需要探查的候选项集的个数,该方法基于先验性质(Apriori Property),从而达到了压缩搜索空间的目的。

先验性质:频繁项集的所有非空子集也一定是频繁项集。

该先验性质可引申出以下两个结论:

结论 1 若X为频繁项集,则X的所有子集都是频繁项集。

结论 2 若X为非频繁项集,则X的所有超集均为非频繁项集。

如图 3-2 所示,假定{c,d,e}是频繁项集,则任何包含项集{c,d,e}的事务一定包含它的子集{c,d},{c,e},{d,e},{c},{d}和{e}。由结论1,{c,d,e}的所有子集(图 3-2 中右边虚线闭合的部分)一定也是频繁的。因此,我们需要找到最大频繁项集的集合。所有最大频繁项集的子集合就是所有的频繁项集。

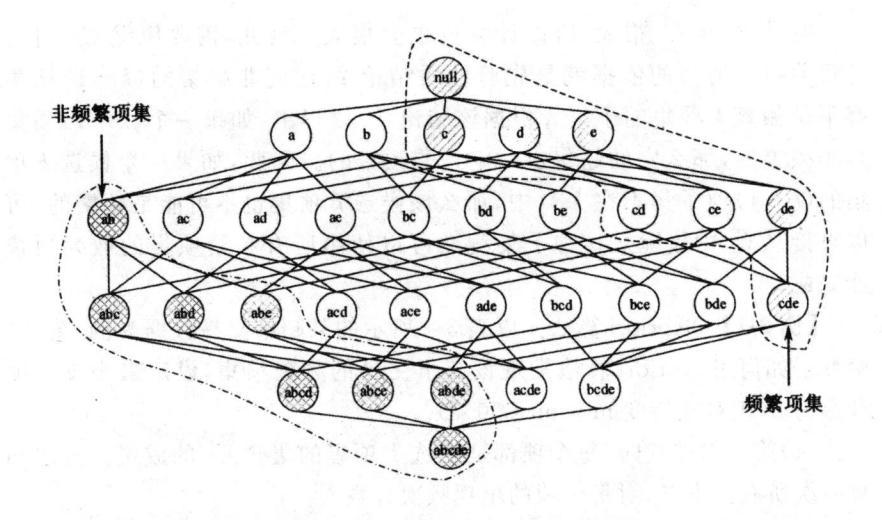

图 3-2　先验性质的示意图

相反，由结论2，如果项集{a,b}是非频繁的，则它的所有超集(图3-2中左边虚线闭合的部分)也一定是非频繁的。那么，包含{a,b}超集的整个子图可以被立即剪枝。这种基于支持度度量修剪指数搜索空间的策略称为基于支持度的剪枝。这种剪枝策略依赖于支持度度量的一个关键性质，即一个项集的支持度绝不会超过它的子集的支持度。这个性质也称支持度度量的反单调性。

利用先验性质，我们在使用频繁$(k-1)$项集的集合L_{k-1}寻找频繁k项集的集合L_k时分两个过程：连接步和剪枝步。

1. 连接步

L_{k-1}与其自身进行连接，产生候选k项集的集合C_k。L_{k-1}中某个元素与其中另一个元素可以执行连接操作的前提是它们中有$(k-2)$个项是相同的，也就是只有一个项是不同的。例如，项集$\{I_1,I_2\}$与$\{I_1,I_5\}$有共同的I_1，连接之后产生的项集是$\{I_1,I_2,I_5\}$；反之，项集$\{I_1,I_2\}$与$\{I_3,I_4\}$没有1个共同的项集，不能进行连接操作。

2. 剪枝步

候选k项集的集合C_k中的元素可以是频繁项集，也可以不是。但所有的频繁k项集一定包含在C_k中，所以，C_k是L_k的超集。扫描事务集D，计算C_k中每个候选k项集出现的次数，所有出现次数大于等于最小支持度计数的候选k项集的集合便组成频繁k项集的集合L_k。

但是,由于C_k很大,所以计算量也会很大。为此,需要压缩C_k,对其进行剪枝。剪枝的依据就是先验性质结论2:任何非频繁的$(k-1)$项集都不是频繁k项集的子集。根据该结论,可以得出:如果一个$(k-1)$项集是非频繁的,那么它的超集也一定是非频繁的。因此,如果一个候选k项集的$(k-1)$项子集不在L_{k-1}中,那么该候选k项集也不可能是频繁的,可以直接从C_k中删除。这种子集测试可以使用所有频繁项集的散列树快速完成。

【例3-1】 Apriori算法。以表3-1所示的某超市交易数据为例,图3-3解释了如何用Apriori算法发现该超市交易的频繁项集,设定最小支持度计数为3(相对支持度minsup=30%)。

(1)第一次迭代时,每个项都是候选1项集的集合C_1的成员。算法扫描一次所有的事务,对每个项的出现频次计数。

(2)由满足最小支持度的候选1项集组成频繁1项集的集合L_1。注意,由于候选项集{茶}的支持度计数小于3,因此,生成的频繁1项集的集合L_1不包含候选项集{茶}。

(3)发现候选2项集的集合C_2。首先是连接步,使用连接$L_1 \bowtie L_1$,产生候选2项集的集合C_2。其次是剪枝步,压缩候选项集空间,由于这些候选项集的每个子集都是频繁的,在剪枝步,没有候选项集从C_2中删除。最后,计算C_2中每个候选项集的支持度计数。

(4)确定频繁2项集的集合L_2。保留C_2中支持度计数大于等于3的候选2项集,形成频繁2项集的集合L_2。

(5)发现候选3项集的集合C_3。首先是连接步,使用连接$L_2 \bowtie L_2$,产生候选3项集的集合C_3。其次是剪枝步,压缩候选项集空间,其中,把由频繁2项集{面包,尿布},{尿布,啤酒}进行连接生成的3项集{面包,尿布,啤酒}从候选项集的集合C_3中删除,因为其子集{面包,啤酒}是非频繁的。最后计算C_3中每个候选项集的支持度计数。

(6)确定频繁3项集的集合L_3。保留C_3中支持度计数大于等于3的候选3项集,形成频繁3项集的集合L_3。

到此为止,频繁3项集的集合只有一个频繁3项集,停止迭代。

(1) C_1

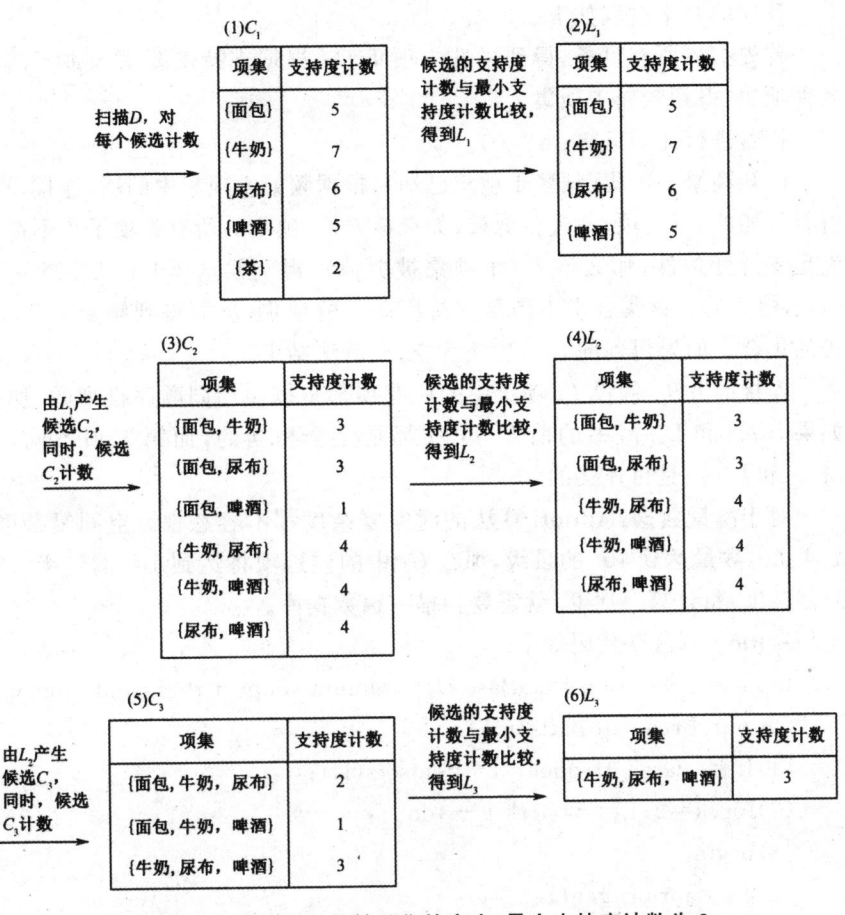

项集	支持度计数
{面包}	5
{牛奶}	7
{尿布}	6
{啤酒}	5
{茶}	2

扫描 D，对每个候选计数 → 候选的支持度计数与最小支持度计数比较，得到 L_1

(2) L_1

项集	支持度计数
{面包}	5
{牛奶}	7
{尿布}	6
{啤酒}	5

(3) C_2

项集	支持度计数
{面包, 牛奶}	3
{面包, 尿布}	3
{面包, 啤酒}	1
{牛奶, 尿布}	4
{牛奶, 啤酒}	4
{尿布, 啤酒}	4

由 L_1 产生候选 C_2，同时，候选 C_2 计数 → 候选的支持度计数与最小支持度计数比较，得到 L_2

(4) L_2

项集	支持度计数
{面包, 牛奶}	3
{面包, 尿布}	3
{牛奶, 尿布}	4
{牛奶, 啤酒}	4
{尿布, 啤酒}	4

(5) C_3

项集	支持度计数
{面包, 牛奶, 尿布}	2
{面包, 牛奶, 啤酒}	1
{牛奶, 尿布, 啤酒}	3

由 L_2 产生候选 C_3，同时，候选 C_3 计数 → 候选的支持度计数与最小支持度计数比较，得到 L_3

(6) L_3

项集	支持度计数
{牛奶, 尿布, 啤酒}	3

图 3-3 候选项集和频繁项集的产生，最小支持度计数为 3

3.2.2 Apriori 算法描述

Apriori 算法的具体实现如下：宽度优先搜索整个项集空间，从 $k=0$ 开始，迭代产生长度为 $k+1$ 的候选项集的集合 C_{k+1}。候选项集是其所有子集都是频繁项集的项集。C_1 由 I_0 中所有的项构成，在第 k 层产生所有长度为 $k+1$ 的项集。这由两步完成。第一步是 L_k 自连接。将 L_k 中具有相同 $(k-1)$ 前缀的项集连接成长度为 k 的候选项集。第二步是剪枝，如果项集的所有长度为 k 的子集都在 L_k 中，该项集才能作为候选项集被加入 C_{k+1} 中。为了计算所有长度为 k 的候选项集的支持度，在数据库水平表示方式下，需要扫描一遍数据库。在每次扫描中，记录数据库中的每条交易，为其中所包含的所有候选 k 项集的支持度计数加 1。所有频繁 k 项集被加入 L_k 中。此过程直至 C_{k+1} 等于空集时结束。

算法的基本过程如下。

首先扫描所有事务,得到候选 1 项集 C_1,根据支持度要求滤去不满足条件项集,得到频繁 1 项集。

接着进行递归运算:

已知频繁 k 项集(频繁 1 项集已知),根据频繁 k 项集中的项,连接得到所有可能的 $k+1$ 项,并进行剪枝(如果该 $k+1$ 项集的所有 k 项子集不都能满足支持度条件,那么该 $k+1$ 项集被剪掉),得到候选 $k+1$ 项集的集合 C_{k+1},然后滤去该集合中不满足支持度条件的项集,从而得到频繁 $k+1$ 项集的集合。如果得到的 C_{k+1} 项集为空,则算法结束。

连接的方法:假设 L_k 项集中的所有项都是按照相同顺序排列的,那么如果 $L_{k[i]}$ 和 $L_{k[j]}$ 中的前 $k-1$ 项都是完全相同的,而第 k 项不同,则 $L_{k[i]}$ 和 $L_{k[j]}$ 是可连接的。

对于海量数据,Apriori 算法的时空复杂度都不容忽视。空间复杂度:如果 L_1 数量达到 10^4 的量级,那么 C_2 中的候选项将达到 10^7 的量级。时间复杂度:每计算一次 C_k 就需要扫描一遍数据库。

Apriori 算法伪代码如下。

Input:Transaction DataBase D,Minimum support threshold minsup。

Output:Frequent pattern L

(1)L_1=search_frequent_1-itemsets(D);

(2)for(k=2;L_{k-1}≠(φ;k++)do

(3)begin

(4)Ck=apriori-gen(L_{k-1});

(5)for all transactions t D do

(6)begin

(7)Ct=subset(Ck,t);

(8)for all candidates c Ct do

(9)c.count++;

(10)end

(11)L_k={c Ck|c.count≥minsup}

(12)end

(13)Answer L=$\bigcup_k L_k$;

Procedure Search_frequent_1-itemsets(D)

(1)begin

(2)for all transactions t D do

(3)begin

(4) for each item i_k t do
(5) i_k.count++;
(6) end
(7) L_1 = {i I | i.count ≥ minsup}
(8) return L_1;
(9) end
Procedure apriori_gen(L_k)
(1) begin
(2) for each itemset l_1 L_k do
(3) for each itemset l_2 L_k do
(4) begin
(5) if ($l_1[1]=l_2[1]$)($l_1[2]=l_2[2]$)…($l_1[k-1]=l_2[k-1]$)($l_1[k]$<$l_2[k]$) then
(6) begin
(7) c=l_1 l_2;
(8) if Is_include_infrenquent_subset(c, L_k) then
(9) delete c;
(10) else add c to C_{k+1};
(11) end
(12) end
(13) return C_{k+1};
(14) end
Procedure Is_include_infrenquent subset(c, L_k)
(1) begin
(2) for each k-subset s of c
(3) if s L_k then
(4) reture TURE;
(5) return FALSE;
(6) end

在主程序中,第(1)步首先扫描整个交易数据库 D,统计每个项目(item)的支持数,计算其支持度,将支持度大于等于最小支持度 minsup 的项目构成的集合放入到 L_1 中;从第(2)步到第(11)步,用 $k-1$ 频繁项集构成的 L_{k-1} 生成候选项集的集合 C_k,以便从中生成 L_k,其中 apriori_gen 函数[第(4)步]用来从 L_{k-1} 中生成 C_k,然后对数据库进行扫描[第(5)步],对于数据库中的每一个交易,subset 函数用来发现此交易包含的所有候选项集

[第(7)步],并为这些候选项集的计数器加1[第(8)步和第(9)步]。

最后满足 min_sup 的候选项集被放入到 L_k 中。

3.2.3 Apriori 算法改进

1. 基于抽样(Sampling)技术

该方法的基本思想是:选取给定数据库 D 的随机样本 S,然后,在 S 中搜索频繁项目集。样本 S 的大小这样选取,使得可以在内存搜索 S 中的频繁项目集,它只需要扫描一次 S 中的事务。由于该算法搜索 S 中的而不是 D 中的频繁项目集,可能会丢失一些全局频繁项目集。为了减少这种可能性,该算法使用比最小支持度低的支持度阈值来找出样本 S 中的频繁项目集(记作 LS)。然后,计算 LS 中每个项目集的支持度。有一种机制可以用来确定是否所有的频繁项目集都包含在 LS 中。如果 LS 包含了 D 中的所有频繁项目集,则只需要扫描一次 D,否则,需要第二次扫描 D,以找出在第一次扫描时遗漏的频繁项目集。

2. 基于动态的项目集计数

动态项集计数技术将数据库划分为用开始点标记的块。不像 Apriori 仅在每次完整的数据库扫描之前确定新的候选,在这种变形中,可以在任何开始点添加新的候选项集。该技术动态地评估已计数的所有项集的支持度,如果一个项集的所有子集已确定为频繁的,则添加它作为新的候选。结果算法需要的数据库扫描比 Apriori 少。

3. 基于划分的方法

使用划分技术只需要两次数据库扫描,以挖掘频繁项集(图 3-4)。它包含两个阶段。在阶段 I,算法将 D 中的事务分成 n 个非重叠的划分。如果 D 中事务的最小支持度阈值为 min_sup,则一个划分的最小支持度计数为 min_sup 乘以该划分中的事务数。对每个划分,找出该划分内的所有频繁项集。这些称作局部频繁项集(Local Frequent Itemset)。该过程使用一种特殊的数据结构,对于每个项集,记录包含项集中项的事务的 TID。对于 $k=1,2,\cdots,n$ 找出所有的局部频繁项集只需要扫描一次数据库。

第 3 章 关联规则

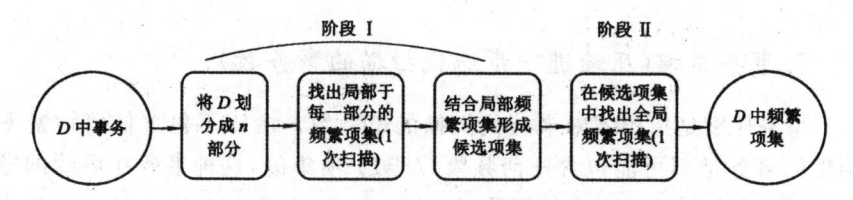

```
          阶段 Ⅰ              阶段 Ⅱ
   ┌──────┬──────┐      ┌──────┬──────┐
D中事务 → 将D划  → 找出局部于 → 结合局部频 → 在候选项集 → D中频繁
         分成n    每一部分的   繁项集形成   中找出全局   项集
         部分     频繁项集(1   候选项集    频繁项集(1
                 次扫描)                  次扫描)
```

图 3-4 通过划分数据进行挖掘

4. 基于 Hash 技术

1995 年,Park 等提出了一种基于散列(Hash)技术产生频繁项集的算法。这种方法把扫描的项目放到不同的 Hash 桶中,每个频繁项最多只可能放在一个特定的桶里,这样可以对每个桶中的频繁项自己进行测试,减少了候选频繁项集产生的代价。

【例 3-2】 对于表 3-2 中给出的数据,加入使用 Hash 函数"$(10 \times x + y) \bmod 7$"生成 $\{x,y\}$ 对应的桶地址,那么扫描数据的同时可以把可能的 2-项集 $\{x,y\}$ 放入对应的桶中,并对每个桶内的项目集进行计数,结果如表 3-3 所示。假设最小支持度计数为 3,根据表 3-3 的计数结果,$L_2 = \{(I2,I3), (I1,I2), (I1,I3)\}$。

表 3-2 事务数据库示例

Tid	Items	Tid	Items
1	I1,I2,I5	6	I2,I3
2	I2,I4	7	I1,I3
3	I2,I3	8	I1,I2,I3,I5
4	I1,I2,I4	9	I1,I2,I3
5	I1,I3		

表 3-3 2-项集的桶分配示例

桶地址	0	1	2	3	4	5	6
桶计数	2	2	4	2	2	4	4
桶内容	{I1,I4} {I3,I5}	{I1,I5} {I1,I5}	{I2,I3} {I1,I5} {I2,I3} {I2,I3}	{I2,I3} {I2,I4}	{I2,I5} {I2,I5}	{I1,I2} {I1,I2} {I1,I2} {I1,I2}	{I1,I3} {I1,I3} {I1,I3} {I1,I3}

5. 事务压缩(压缩进一步迭代扫描的事务数)

事务压缩是指压缩未来迭代扫描的事务数。由于不包含任何频繁 k-项集的事务是不可能包含任何频繁 $(k+1)$-项集的,这种事务在后续的考虑中可以加上标记或者直接删除,因此产生 j-项集($j>k$)的数据库扫描不再需要它们。

3.3 多种关联规则挖掘

3.3.1 挖掘多层关联规则

对于事务或关系型数据库来说,一些项或属性所隐含的概念是有层次的。例如,当提到"洗衣机",对于一个分析和决策应用来说,就可能关心它的更高层次概念——家用电器。对不同的用户而言,可能某些特定层次的关联规则更有意义。同时,由于对数据的分布和效率方面的考虑,数据可能在多种粒度层次上存储,因此挖掘多层次关联规则就可能得出更深入、更有说服力的知识。

在图 3-5 中给出了一个关于商品的多层次概念树,多层次关联规则挖掘可以分为同层次关联规则和层间关联规则。如果一个关联规则对应的项目是同一个粒度层次,那么它是同层次关联规则,例如桌面⇒教育就属于同层次关联规则;如果在不同的粒度层次上考虑问题,那么就可能得到的是层间关联规则,如教育⇒Sony。

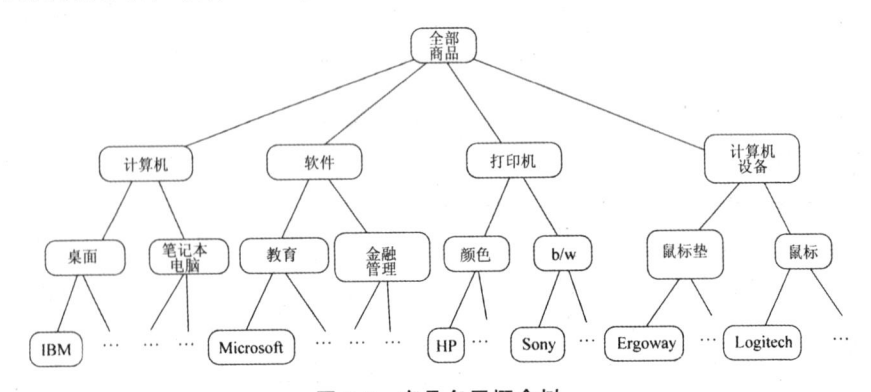

图 3-5 商品多层概念树

1. 设置支持度的策略

多层次关联挖掘有两种基本设置支持度的策略

(1)统一的最小支持度。对于所有层次,都使用同一个最小支持度。例如,图3-6中设置最小支持度阈值为5%。计算机和笔记本电脑都是频繁的,但台式电脑不是。

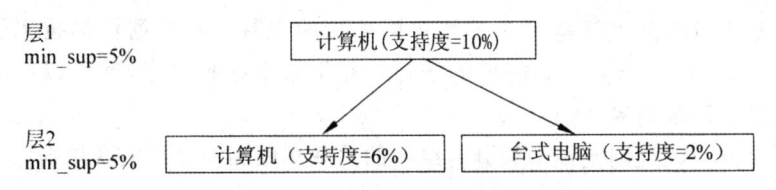

层1
min_sup=5% → 计算机(支持度=10%)

层2
min_sup=5% → 计算机(支持度=6%)　台式电脑(支持度=2%)

图3-6　具有一致最小支持度的多层关联规则挖掘

(2)不同层次使用不同的最小支持度

每个层次都有自己的最小支持度。较低的层次最小支持度相对较小,较高层次的最小支持度相对较大。例如,在图3-7中,computer的后代节点(即laptop computer和desktop computer)将不被考察,因为computer不是频繁的。

层1
min_sup=5% → computer(support=3%)

层2
min_sup=3% → laptop computer(support=1%)　desktop computer(support=2%)

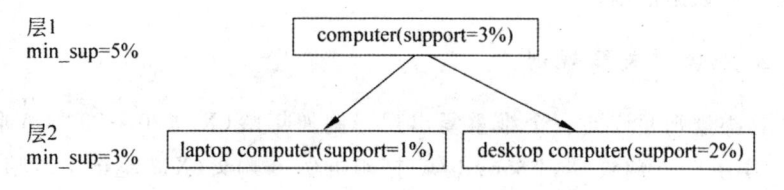

图3-7　具有递减最小支持度的多层关联规则挖掘

2. 多层次关联规则挖掘方法

对于多层次关联规则挖掘的策略问题,可以根据应用特点,采用灵活的方法来完成,具体来说,一般采用以下三种方法。

(1)自上而下的方法。先找顶层的规则,再找它的下一层规则,如此逐层自上而下。不同层次的支持度可以一样,也可以根据上层的支持度动态生成下层的支持度。

(2)自下而上的方法。与自上而下的方法正好相反,先找底层的规则,再找到它的上一层规则,不同层次的支持度也可以动态生成。

(3)在一个固定层次上的挖掘。用户可以根据情况,在一个固定层次上进行挖掘,如果需要查看其他层次的数据,可以通过上卷或下钻等操作来获取相应数据。

3.3.2 挖掘多维关联规则

在 OLAP 中挖掘多维、多层关联规则是一个很自然的过程。因为 OLAP 本身的基础就是一个多维多层分析的工具。在数据挖掘技术引入之前,OLAP 只能做一些简单的统计。有了数据挖掘技术,就可以挖掘深层次的关联规则等知识。

多维关联规则挖掘一般分为维内的关联规则和混合维关联规则。

1. 维内的关联规则

对于布尔关联规则 IBM 台式电脑⇒Sony b/w 打印机,它也可以写成购买(X,"IBM 台式电脑")⇒购买(X,"Sony b/w 打印机"),其中 X 是变量,代表购买的顾客。这样,称此规则为单维或维内关联规则,因为它们包含单个不同谓词(即购买)的多次出现(即谓词在规则中出现多次),这种规则通常由事务数据挖掘。

2. 混合维关联规则

这类规则允许同一个维重复出现。例如年龄(X,"20…29")∧职业(X,"学生")∧购买(X,"Sony b/w 打印机")⇒购买(X,"笔记本电脑"),这种涉及两个或多个维或谓词的关联规则称为多维关联规则。这类规则更具有普遍适应性,因此在近年来的研究中得到了广泛的应用。

3.3.3 挖掘量化关联规则

量化关联规则是多维关联规则,其中数值属性动态离散化,以满足某种挖掘标准,如最大化挖掘规则的置信度或紧凑性。在本小节,将特别关注如何挖掘左部有两个量化属性、右部有一个分类属性的量化关联规则,例如 $A_{quan1} \wedge A_{quan2} \Rightarrow A_{cat}$。

其中,A_{quan1} 和 A_{quan2} 是在量化属性的区间(其中区间动态地确定)上测试,A_{cat} 测试任务相关数据的分类属性。这种规则称作 2-维量化关联规则。"如何找出这种规则?"看看系统 ARCS(Association Rule Clustering System,关联规则聚类系统)使用的方法,其思想源于图形处理。本质上,该方法将量化属性对映射到满足给定分类属性条件的 2-D 栅格上。然后搜索栅格点的聚类,由此产生关联规则。

下面是ARCS涉及的步骤:分箱。量化属性可能具有很宽的取值范围,定义它们的域。如果以年龄和收入为轴,每个age的可能值在一个轴上赋予一个唯一的位置;类似地,每个收入的可能值在另一个轴上赋予一个唯一的位置。想象2-D栅格会有多么大。为了使得栅格压缩到可管理的尺寸,将量化属性的范围划分为区间。这些区间是动态的,在挖掘期间它们可能进一步合并。这种划分过程称作分箱,即区间被看作"箱"。

在ARCS中使用等宽分箱,每个量化属性的箱尺寸由用户输入。对于涉及两个量化属性的每种可能的箱组合,创建一个2-D数组。通过创建这种数据结构,任务相关的数据只需要扫描一次。基于相同的两个量化属性,同样的2-D数组可以用于产生分类属性的任何值规则。

(1)找频繁谓词集。一旦包含每个分类计数分布的2-D数组设置好,就可以扫描它,以找出也满足最小置信度的频繁谓词集(满足最小支持度)。然后使用规则产生算法,由这些谓词集产生关联规则。

(2)关联规则聚类。将上一步得到的强关联规则映射到2-D栅格上。图3-8显示给定量化属性年龄和收入,预测规则右端条件购买(X,"高清电视")的2-D量化关联规则。得到对应规则:

年龄(X,34)∧收入(X,"31K…40K")⇒购买(X,"高清电视")

年龄(X,35)∧收入(X,"31K…40K")⇒购买(X,"高清电视")

年龄(X,34)∧收入(X,"41K…50K")⇒购买(X,"高清电视")

年龄(X,35)∧收入(X,"41K…50K")⇒购买(X,"高清电视")

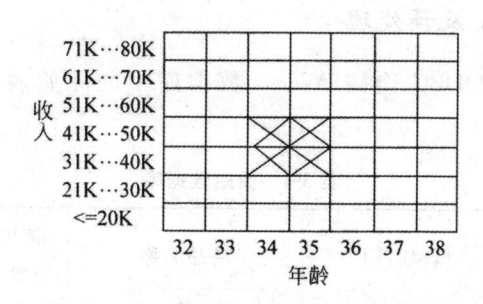

图3-8 购买高分辨率电视机的顾客元组的2-D栅格

能找到一个更简单的规则替换上面4个规则吗?注意,这些规则都相当"接近",在栅格中形成聚类。的确,这些规则可以组合或"聚"在一起,形成下面的规则,它更简单,将上面4个规则汇总在一起,并取代它们。

年龄(X,"34…35")∧收入(X,"31K…50K")⇒购买(X,"高清电视")

基于栅格的技术假定初始关联规则可以聚集到矩形区域。在进行聚集前,可以使用平滑技术,帮助消除数据中的噪声和奇异值。

3.4 关联分析应用实例

目前,关联分析的应用已经推广到许多领域,只要涉及从大型的数据集中获取知识的问题,关联分析都可能成为有力的工具。概括起来,关联分析的应用领域主要包括 Web 挖掘、文档分析、通信警告分析、网络入侵检测、地球科学和生物信息学等。

3.4.1 关联规则在大型超市中的应用

超级市场的数据不仅十分庞大、复杂,而且包含着许多有用信息。随着数据挖掘技术的发展以及各种数据挖掘方法的应用,从大型超市数据库中可以发现一些潜在的、有用的、有价值的信息,从而应用于超级市场的经营。通过对所积累的销售数据的分析,可以得出各种商品的销售信息,从而更合理地制定各种商品的订货情况,对各种商品的库存进行合理的控制。另外,根据各种商品销售的相关情况,可分析商品的销售关联性,从而可以进行商品的货篮分析和组合管理,以更加有利于商品销售。

下面以世纪联华超市的部分销售记录为例进行分析。该数据来源于世纪联华超市的收银台。

1. 数据描述及预处理

首先,通过 ODBC 连接 Access 数据库中的原始表格,原始数据见表 3-4。

表 3-4 原始数据库

流水号	填单时间	商品名称	销售数量/t	中类代码	中类名称
201001250001	2010-01-25 8:13:32	散装鳊鱼	0.718 0	2010	鱼类
201001250001	2010-01-25 8:13:32	散装自制金牌翅中	0.163 0	2001	熟食类
201001250001	2010-01-25 8:13:32	散装黄芽菜	0.780 0	2040	蔬菜
201001250002	2010-01-25 8:16:07	散装砂糖橘	0.997 0	2041	水果

续表 3-4

流水号	填单时间	商品名称	销售数量/t	中类代码	中类名称
201001 250002	2010-01-25 8:16:07	散装农华80径冰糖心苹果	1.204 0	2041	水果
201001250003	2010-01-25 8:21:32	楼外楼糖醋里脊	1.000 0	2052	盆菜
201001250004	2010-01-25 8:23:34	新鲜猪前腿肉	0.419 0	2020	家畜类
201001250005	2010-01-25 8:24:45	散装6片大排	0.301 0	2020	家畜类
201001250005	2010-01-25 8:24:45	散装6片大排	0.307 0	2020	家畜类
201001250005	2010-01-25 8:24:45	散装6片大排	0.335 0	2020	家畜类
201001250005	2010-01-25 8:24:45	散装6片大排	0.317 0	2020	家畜类
201001250005	2010-01-25 8:24:45	散装汤骨	6.003 0	2020	家畜类
201001250005	2010-01-25 8:24:45	新鲜夹心肉末	4.002 0	2020	家畜类
201001250005	2010-01-25 8:24:45	新鲜夹心肉末	4.885 0	2020	家畜类
201001250005	2010-01-25 8:24:45	新鲜夹心肉末	5.536 0	2020	家畜类
201001250005	2010-01-25 8:24:45	新鲜夹心肉末	5.501 0	2020	家畜类
201001250006	2010-01-25 8:28:04	散装钟华炸臭豆腐	0.335 0	2001	熟食类
201001250006	2010-01-25 8:28:04	散装钟华炸素鸡	0.260 0	2001	熟食类
201001250007	2010-01-25 8:29:48	祖名特白豆腐	1.000 0	2051	熟食类
201001250007	2010-01-25 8:29:48	散装青菜	1.008 0	2040	蔬菜
201001250007	2010-01-25 8:29:48	散装大白菜	1.198 0	2040	蔬菜
201001250007	2010-01-25 8:29:48	湖羊鲜洁酿制酱油	2.000 0	1022	调味品
201001250008	2010-01-25 8:31:12	五桥糯米粉	1.000 0	1023	粮油杂粮
201001250009	2010-01-25 8:31:59	散装土豆	0.570 0	2040	蔬菜
201001250009	2010-01-25 8:31:59	光明原味酸奶(8连杯)	1.000 0	2050	乳制品
201001250009	2010-01-25 8:31:59	散装萝卜	1.342 0	2040	蔬菜

然后,通过编写 Select 语句,获得 CusCode、itemname 有序编号和物品名称,分别见表 3-5 和表 3-6。

表 3-5　存放顾客 CusCode 的数组

cus[670]	1	2	3	4	5	6	...
code	2010012500001	2010012500002	2010012500003	2010012500004	2010012500005	2010012500006	...

表 3-6　itemname 的数组

item 70	1	2	3	4	5	6	...
name	鱼类	熟食类	蔬菜	水果	盆菜	家畜类	...

最后,将数据库中的客户购买信息转化为 0-1 表(其中 1 代表购买,0 代表没有购买),结果见表 3-7。

表 3-7　0-1 表

a[670][70]	1	2	3	4	5	6	...
1	1	1	1	0	0	0	...
2	0	0	0	1	0	0	...
3	0	0	0	0	1	0	...
4	0	0	0	0	0	1	...
5	0	0	0	0	0	1	...
6	0	1	0	0	0	0	...
⋮	⋮	⋮	⋮	⋮	⋮	⋮	⋮

2. 计算结果及分析

根据超市各种商品销售量、顾客购买情况等信息,不同的超市可以根据各自的实际情况设定不同的最小支持度和最小置信度。这里我们设定最小支持度为 0.2,最小置信度为 0.7。计算机运行结果如图 3-9 所示。

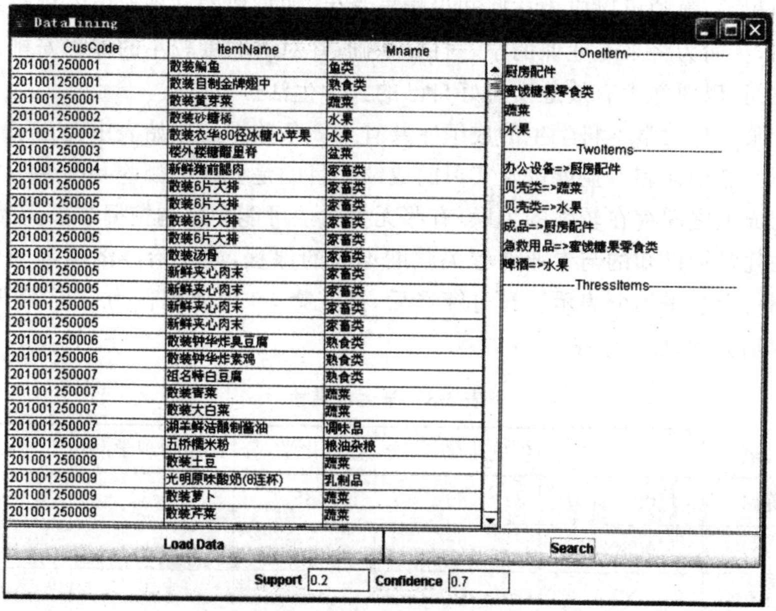

图 3-9 计算机运行结果

得出频繁项集有{厨房配件}、{蜜饯糖果零食类}、{蔬菜}、{水果}、{办公设备、厨房配件}、{贝壳类、蔬菜}、{贝壳类、水果}、{成品、厨房配件}、{急救用品、蜜饯糖果零食类}、{啤酒、水果}。关联规则有：办公设备⇒厨房配件、贝壳类⇒蔬菜、贝壳类⇒水果、成品⇒厨房配件、急救用品⇒蜜饯糖果零食类、啤酒⇒水果。由此可以看出，当顾客购买办公设备或者成品时，很有可能会同时购买厨房配件；当顾客购买贝壳类时，很有可能会同时购买蔬菜、水果；当顾客购买啤酒时，很有可能会同时购买水果。从总体上看，贝壳类、蔬菜、水果及啤酒很有可能被同时购买。

以上分析结果对于世纪联华超市的物品摆放、顾客的购买模式研究、商品的进货管理等方面都有一定的指导意义。世纪联华超市可以在商品摆放上将办公设备和厨房配件就近摆放，将贝壳类、蔬菜、水果和啤酒就近摆放，而办公设备和厨房配件则应该与贝壳类、蔬菜、水果和啤酒相对分开。超市在进货及库存管理上也应该注意以上几种商品数量的协调，从而更好地满足顾客需求。

3.4.2 关联分析在学生成绩中的应用

1. 关联分析学生成绩

通过对考试成绩进行挖掘分析，发现有几门课程与将来专业课的成绩密切相关,教师可以应用这些知识指导学生,如重要的基础课应安排较多的时间,从而为将来专业课的学习打好基础;针对关联度较小的课程安排适当的时间,以便学生有效地安排好自己的大学生活。

某医科大学本科学生的成绩库共有 408 条数据。原始表中包含了 4 年中所有基础课和专业课以及实习的成绩。目的是要找出哪些基础课与专业课的成绩之间存在较强的关联,有些无关的项可能会影响挖掘结果。因此,除去凭常识已知的与专业课程关联度不大的课程,如政治经济学等。实习分用一个总平均分表示。经过筛选后,共选择 28 个课程作为分析字段,部分数据显示见表 3-8。

表 3-8 学生成绩表

姓名	学号	细胞生物学/分	有机化学/分	医用物理学/分	…
陈路	1100302001	80	85	73	…
王小玲	1100302002	75	70	78	…
…	…	…	…	…	…

2. 数据处理

首先,需要把关系数据库中的数值属性离散化,以便能应用到算法中。离散的过程如下:成绩在 90 分以上记为 1;80~90 分记为 2;80 分以下记为 3。

将每门课程编号:如细胞生物学记为 A;有机化学记为 B;医用物理学记为 C,则 A 表示细胞生物学在 90 分以上;B 表示有机化学在 80~90 分;C 表示医用物理学在 80 分以下……这样,将原始表转换成表 3-9 的形式。

表 3-9 离散化的数据

编号	细胞生物学	有机化学	医用物理学	…
1	A_1	B_2	C_3	…
2	A_2	B_3	C_2	…
3	A_3	B_1	C_1	…
…	…	…	…	…

3. 算法的应用

在本例中,挖掘的目标是基础课与专业课之间的关联,因此使用如下形

式的规则模板作为约束,只取我们感兴趣的规则,规则模板的形式为
$$P_1 \wedge P_2 \wedge P_3 \cdots \Rightarrow Q_1 \wedge Q_2 \cdots \qquad (3\text{-}2)$$

其中,$P_i(i=1,2,\cdots,l)$ 和 $Q_j(j=1,2,\cdots,r)$ 是项变量,分别表示基础课与专业课。挖掘过程寻找与给定模板匹配的规则。为找出满足该模板的维间关联规则,我们需要找出所有频繁 P 项集 L_p;还必须有 L_p 中的 L-项子集的支持度,以计算由 L_p 导出的规则的置信度。

根据表的特点和应用需要,设定最小支持度 min_sup 为 20%,最小置信度 min_conf 为 60%。以 Apriori 算法为基础,用 VC 编程。

在算法的第一次迭代,每个项都是候选 1-项集的成员,算法扫描所有事务,对每个项的出现记数。假定最小支持度计数为 2,则确定了频繁 1-项集,接着产生候选 2-项集,依次类推。

Apriori 算法每挖掘一层 L_k 就需要扫描整个数据库一遍。频繁项集包含了 28 个项,那么需要扫描数据库 28 遍,显然效率不高。引入修剪技术来减小候选集 C_k 的大小。该技术基于频繁项集性质的先验知识:频繁项集的所有非空子集也必须是频繁的。那么,如果 C_k 中某个候选项集有一个 $k-1$ 项子集不属于 L_{k-1},则这个项集可以被修剪掉不再被考虑。

程序运行后得到 54 条规则。选取其中满足式(3-2)的 $P \Rightarrow Q$ 形式,同时满足最小支持度和最小置信度的规则(表 3-10)。

表 3-10 算法生成的关联规则

(单位:%)

编号	规则	最小支持度	最小置信度
1	$A_3 \wedge B_3 \Rightarrow H_3$	34.5	96.6
2	$E_3 \wedge F_3 \Rightarrow G_3$	25.0	66.7
3	$H_3 \wedge I_2 \Rightarrow J_2$	22.5	77.2
4	$K_3 \wedge L_3 \Rightarrow M_3$	66.2	87.6
5	$N_3 \wedge Q_3 \Rightarrow P_3$	32.1	91.6
6	$Q_2 \wedge R_3 \Rightarrow S_3$	20.0	63.0
7	$T_3 \wedge U_3 \Rightarrow V_3$	58.8	74.3
8	$W_3 \wedge X_3 \Rightarrow Y_3$	63.7	86.3
9	$I_3 \Rightarrow Z_2$	43.6	60.0

4. 挖掘结果的分析

规则 1 说明:细胞生物学、有机化学的分数在 80 以下,则组织胚胎学的

成绩也在80分以下。这条规则的置信度是96.6%,支持度是34.5%;该规则与经验相符合,说明组织胚胎学与细胞生物学有较强的关系;规则还表明,有机化学也与组织胚胎学有较大关联,教务部门排课时应考虑将这两门课分别安排在时间上连续的两个学期。

规则4说明:病理解剖学、机能实验成绩在80分以下,则药理学成绩也在80分以下,这条规则的置信度是87.6%,支持度是66.2%。

规则5说明:病理生理学、诊断学的分数在80分以下,则局部解剖学的成绩也在80分以下,这条规则的置信度是91.6%,支持度是32.1%。

与一般经验不同的是最后一条规则,它表明成绩在80分以下,实习成绩在80~90分的学生在全部人数中的比例是43.6%,即成绩在80分以下的学生,则实习分数是80~90分,这条规则的置信度是60%。它说明学习成绩中等的学生,反而在实习中获得较好的成绩。这条规则说明,分数的高低与实习成绩并没有必然的关联。医学作为一门实践性的科学,应注重临床实践能力的培养。

第4章 聚类分析

为了满足某些数据挖掘算法的需要,需要对连续的数据进行处理,这时就需要对数据进行聚类处理。也就是说,对数据进行聚类分析是数据挖掘的一个功能,可用于模式识别、生物学研究、空间数据分析、Web 文档分类以及图像处理等领域。在数据挖掘中,聚类分析是一个较为活跃的领域,现已开发多个有效的聚类算法,本章将对这些算法进行简单的研究。

聚类分析方法的应用体现在数据挖掘领域各类问题之中。例如,在数据的预处理中,对于简单的数据,可以通过聚类方法将其整合到数据仓库中;对于复杂的数据,可用聚类分析构造出逻辑库,使数据标准化,方便后续处理。也可通过聚类分析对数据的不同属性分析结果发现数据之间隐含的有趣联系。

4.1 聚类的基本概念

4.1.1 聚类的定义

对于聚类分析,给出一个形式化的定义。

定义 4.1 给定一个数据集 $D=\{x_i \mid x_i \in \mathbf{R}^m, i \in \mathbf{Z}, 1 \leqslant i \leqslant n\}$,根据一定的规则 Γ,求得一个整数 k 和一个矩阵:

$$\mathbf{M}=\begin{bmatrix} p_{11} & \cdots & p_{1k} \\ ? & ? & ? \\ p_{n1} & \cdots & p_{nk} \end{bmatrix} \tag{4-1}$$

式中,满足 $\sum\limits_{j=1}^{k} p_{ij}=1 (i=1,2,\cdots,n), 0 \leqslant p_{ij} \leqslant 1$。

下面对上述定义作几点说明:

(1) 矩阵 $\mathbf{M}$ 中第 i 行表示数据 x_i 的聚类结果。定义中表明了最一般的情况,即对每个数据的聚类结果是一个概率分布,x_i 以 p_{ij} 的权值属于第 j 类,这种聚类也称作模糊聚类(Fuzzy Clustering)。

(2) 在理想状况下,希望聚类分析可以得到分类数量 k,但有的时候出于不同的需要,一些算法需要将分类数量 k 作为算法的一个输入。

(3)规则 Γ 决定了聚类的结果,希望聚类分析得到的结果满足下述的条件:同一个簇内部数据样本之间有很大的相似性,但是不同簇内部的数据相似性很小。

4.1.2 对聚类算法的一些要求

所谓的聚类是一种度量方式,指的是依据数据之间的属性值进行分类或簇的过程。同类或簇数据对象之间的属性值较为接近,不同类或簇数据对象之间的属性值差异较大。聚类分析主要用来获取数据分布的情况,不仅可以对简单的数据进行聚集,而且可以对复杂的数据结构进行标准化处理。聚类分析的应用范围目前较为广泛,数据挖掘、统计学已经处处可见其身影。

聚类分析具有很强的挑战性,其应用的领域对其也提出了一些特殊的要求。

(1)伸缩性。所谓伸缩性指的是聚类分析对大、小数据集都是有效的。这个特点要求聚类算法的时间复杂度不宜过高,否则对大规模数据进行聚类时,会导致偏差。

(2)处理不同字段类型的能力。聚类算法对不同字段类型都应具备处理的能力,包括数值型、非数值型、离散数据、连续域内的数据等。

(3)发现具有任意形状的聚类的能力。不同的聚类分析算法采用的计算距离不同,得到的类或簇的形状也就不一样。数据库中的簇的形状是任意的,这就要求聚类算法能够忽略簇之间的差异,发现任意形状的聚类的能力。

(4)对输入参数的敏感。聚类算法在进行工作之前,多数都要求用户先输入一定的参数,聚类的结果对输入参数相当敏感,也就是说,用户输入的参数一定程度上影响着聚类结果。这就给算法的应用带来不便。一个好的聚类算法应能够克服这个问题。

(5)抗噪声的能力。现实数据库中的数据并非都是正常的,经常会出现不完整、未知,甚至是错误的数据,聚类算法对这些噪声数据不敏感,应提高聚类结果的质量。

(6)对数据对象的输入顺序不敏感。有一些聚类算法,即使输入的数据是相同的,只要输入的顺序有所改变,聚类结果就有可能发生较大的变化。因此,我们希望聚类算法能够对输入数据不敏感。

(7)处理高维数据的能力。数据库中的数据一般都有很多的属性或者是说明。大多数聚类算法处理属性较少的数据时,结果质量尚好,但处理属性较多的数据时，聚类的结果就无法做出较为直观的判断。这是因为，数据属性较多时，数据可能非常稀疏，数据对象在高维空间的聚类具有较高难度。

(8) 增加限制条件后的聚类分析能力。在现实的应用中经常会出现各种各样的限制条件，既要找到满足特定的约束，又要具有良好聚类特性的数据分组，是一项具有挑战性的任务。

4.1.3 聚类分析使用的数据类型

聚类分析中常使用的数据结构主要有数据矩阵(Data Matrix)和相异度矩阵(Dissimilarity Matrix)。数据矩阵就是被聚类的数据的一种表示方式。对于一个数据集 $D=\{x_i | x_i \in \mathbf{R}^m, i \in \mathbf{Z}, 1 \leqslant i \leqslant n\}$，一共有 n 个数据，每一个数据有 m 维。那么可以使用 $n \times m$ 的矩阵表示整个数据，如式(4-2)所示。

$$\text{Data} = \begin{bmatrix} x_1 \\ x_2 \\ \vdots \\ x_n \end{bmatrix} = \begin{bmatrix} x_{11} & x_{12} & \cdots & x_{1m} \\ x_{21} & x_{22} & \cdots & x_{2m} \\ \vdots & \vdots & \ddots & \vdots \\ x_{n1} & x_{n2} & \cdots & x_{nm} \end{bmatrix} \tag{4-2}$$

相异度矩阵用于存放 n 个对象两两之间的相异程度。这个矩阵一般是一个 $n \times n$ 的矩阵，但是由于相异度需要满足一定的条件，因此相异度矩阵为对称阵，而且对角线上的值相等。若使用距离作为相异度，那么对角线上的值为 0；若使用相似系数作为度量，那么对角线上的值为 1，如式(4-3)所示。

$$\begin{bmatrix} d_{11} & & & \\ d_{21} & d_{22} & & \\ \vdots & \vdots & \ddots & \\ d_{n1} & d_{n2} & \cdots & d_{nn} \end{bmatrix} \tag{4-3}$$

聚类分析使用的数据类型主要有区间标度变量(Interval-Scaled Variables)、二元变量(Binary Variables)、标称型(Nominal)、序数型(Ordinal)和比例型变量(Ratio Variables)以及混合类型变量(Variables of Mixed Types)。

由于原始数据各个属性的范围、单位等各不相同，为了将变量的观测值调整到相同的基点，通常在原始数据上减去对应变量的均值，即

$$x'_{ij} = x_{ij} - \bar{x}_j \tag{4-4}$$

式中

$$\bar{x}_j = \frac{1}{n}\sum_{i=1}^{n} x_{ij} \tag{4-5}$$

规范化是在中心化的基础上再作变换,确保变量的变化范围相等。常用的规范化方法有最大值归一化、总和规范化、均值标准差规范化以及极差规范化。

1. 最大值归一化

将数据对象的每一维属性除以该属性上的最大值。这种方法将数据归一化到 $-1\sim1$ 之间。这种方法对于数据服从均匀分布的效果较好,但是对于噪声的处理能力不强。

$$x'_{ij} = \frac{x_{ij}}{\max_i |x_{ij}|} \tag{4-6}$$

2. 总和规范化

将数据对象的各个分量除以全体数据在这个分量的总和。这种方法得到的结果使得全体数据在每个分量上的和都为1。计算方法如下:

$$x'_{ij} = \frac{x_{ij}}{\sum_{i=1}^{n} x_{ij}} \tag{4-7}$$

3. 均值标准差规范化

这种规范化方法特别适用于数据服从正态分布这种情况。这种规范化方法得到的数据均值为0,方差为1。计算方法如下:

$$x'_{ij} = \frac{x_{ij} - \mu_j}{\sigma_j} \tag{4-8}$$

4. 极差规范化

这种规范化方法使得数据的最大值为1,最小值为0。

4.1.4 距离的度量

设有两个类 C_a 和 C_b,元素个数分为为 m 和 h,中心点分别为 r_a 和 r_b。设元素 $x\in C_a, y\in C_b$,这两个元素间的距离记为 $d(x,y)$。可以采用不同的策略来定义类间距离,记为 $D(C_a, C_b)$。

1. 最短距离法

C_a 和 C_b 中最靠近的两个元素间的距离。

$$D_S(C_a, C_b) = \min\{d(x,y) | x \in C_a, y \in C_b\} \tag{4-9}$$

2. 最长距离法

C_a 和 C_b 中最远的两个元素间的距离。

$$D_L(C_a, C_b) = \max\{d(x,y) | x \in C_a, y \in C_b\} \tag{4-10}$$

3. 中心法

假如 C_i 是一个聚类,使用 C_i 的所有数据点 x,可以定义 C_i 的类中心 $\overline{x_i}$ 如下:

$$\overline{x_i} = \frac{1}{n_i} \sum_{x \in C_i} x \tag{4-11}$$

式中:n_i 为第 i 个聚类中的点数。

基于类中心,可以进一步定义两个类 C_a 和 C_b 的类间距离为

$$D_C(C_a, C_b) = d(r_a, r_b) \tag{4-12}$$

4. 类平均法

C_a 和 C_b 中任意两个元素间距离的平均值。

$$D_C(C_a, C_b) = \frac{1}{mh} \sum_{x \in C_a} \sum_{y \in C_b} d(x,y) \tag{4-13}$$

式中:m 和 h 为两个类 C_a 和 C_b 的元素个数。

5. 离差平方和

假设类 C_a 和 C_b 的直径分别为 r_a 和 r_b,类 $C_{a+b} = C_a \bigcup C_b$ 直径为 r_{a+b},则可定义类间距离的平方为

$$D_W^2(C_a, C_b) = r_{a+b} - r_a - r_b \tag{4-14}$$

4.2 划分聚类算法

对于给定的数据集,划分方法通过选择适当的初始代表点将数据样本进行初始聚类,之后通过迭代过程对聚类的结果进行不断的调整,直到使评价聚类性能准则函数的值达到最优。划分方法以距离作为数据集中不同数据间的相似性度量,将数据集划分成多个簇。划分方法是最基本的聚类方法,属于这样的聚类方法有 K-均值(K-means)和 K-中心点(K-medoids)等。

4.2.1 划分聚类算法的基本思想及步骤

数据集 D 中有 n 个对象,要生成 k 簇,划分算法按照一定的目标准则将对象组织划分为 k 簇($k<n$)。划分聚类算法根据预先指定的信息,通过反复迭代运算,使簇中数据对象之间的相似度高,簇与簇之间的差异度大,最终达到聚类结果。

上述两种启发式方法适用于在中小规模的数据库中发现球形的簇,而且簇的大小比较相近的情形。为了使其适用于大规模的数据库并且簇的形状较复杂的情形,需要对它们作进一步的扩展。

基于划分的聚类方法优点是收敛速度快,缺点是它要求类别数目 k 可以合理地估计,并且初始中心的选择和噪声会对聚类结果产生很大影响。

k 的确定常常需要使用者根据需要解决的具体问题和相应的专业知识来决定,需要针对具体情况具体分析。在下面对算法的讨论中,我们假定 k 已经给定。

在给定 k 的情况下,首先需要选择一批初始凝聚点,利用初始凝聚点将数据划分为 k 类作为初始分类,根据初始分类重新调整凝聚点,在此基础上对 k 类的划分进行调整,如此迭代,直到每个小类中的个体均不再改变或者达到最大迭代次数为止。图 4-1 所示的流程图展示了基于划分的聚类分析的基本步骤。

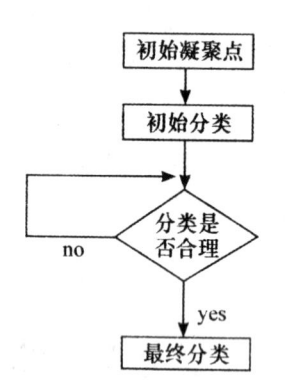

图 4-1 基于划分的聚类分析的基本步骤

4.2.2 K-平均算法

K-均值(K-means)也被称为 K-平均,是一种最老的、最广泛使用的聚类算法。K-均值用质心来表示一个簇,其中质心是一组数据对象点的平均值,通常 K-均值聚类用于连续空间中的对象。K-平均算法以 k 为参数,随

机选择 n 个对象,每个对象代表一个簇的初始平均值,随后将这些对象分为 k 个簇。将剩下的对象根据其距离各个簇的中心距离将其指派给最近的簇,以使簇内具有较高的相似度。相似度用一个簇中数据对象的平均值来表示。这时,每个簇的平均值发生变化,重新计算平均值,不断重复该过程,直到结果簇尽可能独立。

K-means 算法的准则函数一般采用误差平方和进行定义。

$$E = \sum_{i=1}^{k} \sum_{x \in C_i} |x - \overline{x_i}|^2 \tag{4-15}$$

式中:E 为数据库所有对象的平方误差的总和;x 为空间中的点,表示给定的数据对象;i 为簇 C_i 的平均值。

1. 算法描述

K- 平均算法的描述如图 4-2 所示。

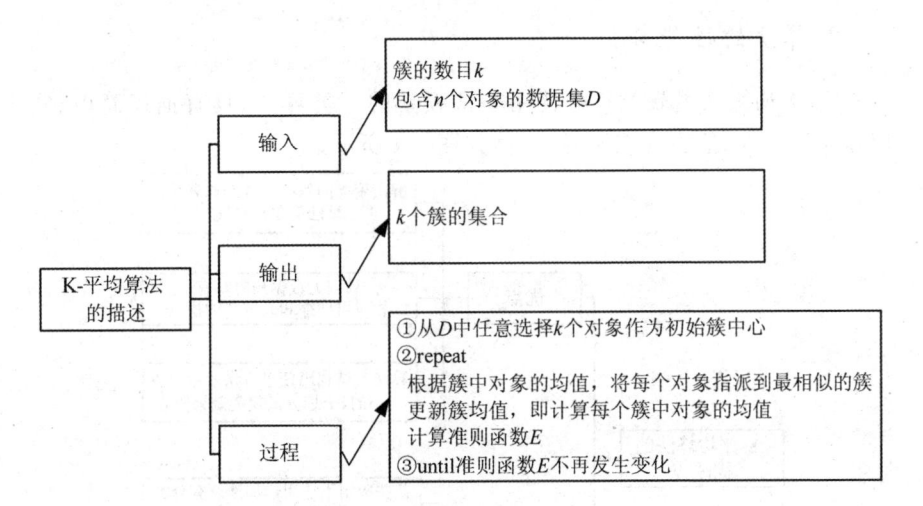

```
K-平均算法
  的描述
    ├── 输入 ──→ 簇的数目 k
    │             包含 n 个对象的数据集 D
    │
    ├── 输出 ──→ k 个簇的集合
    │
    └── 过程 ──→ ①从 D 中任意选择 k 个对象作为初始簇中心
                  ②repeat
                    根据簇中对象的均值,将每个对象指派到最相似的簇
                    更新簇均值,即计算每个簇中对象的均值
                    计算准则函数 E
                  ③until 准则函数 E 不再发生变化
```

图 4-2 K- 平均算法的描述

该算法的流程如图 4-3 所示。

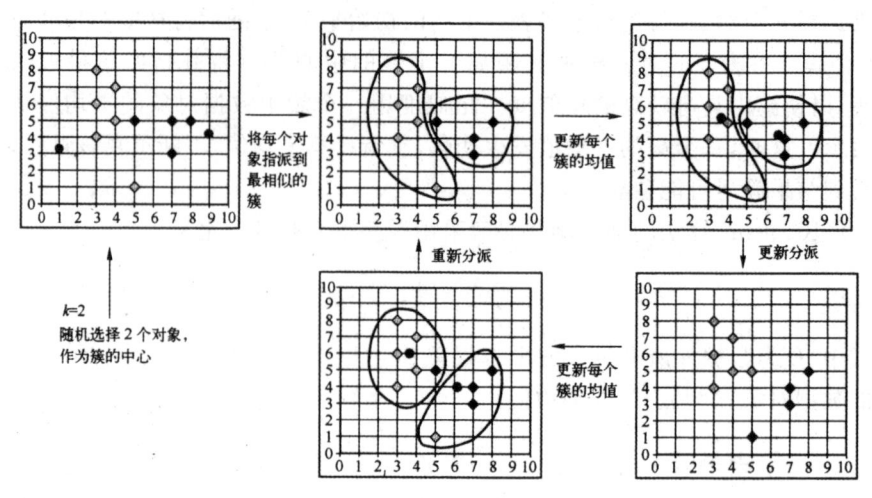

图 4-3　K-平均算法流程图

2. 算法的性能分析

K-平均算法是聚类任务使用非常频繁的一类算法,具有描述简单、实现容易等优点,但也存在不足,具体如图4-4所示。

K-平均算法的优缺点：

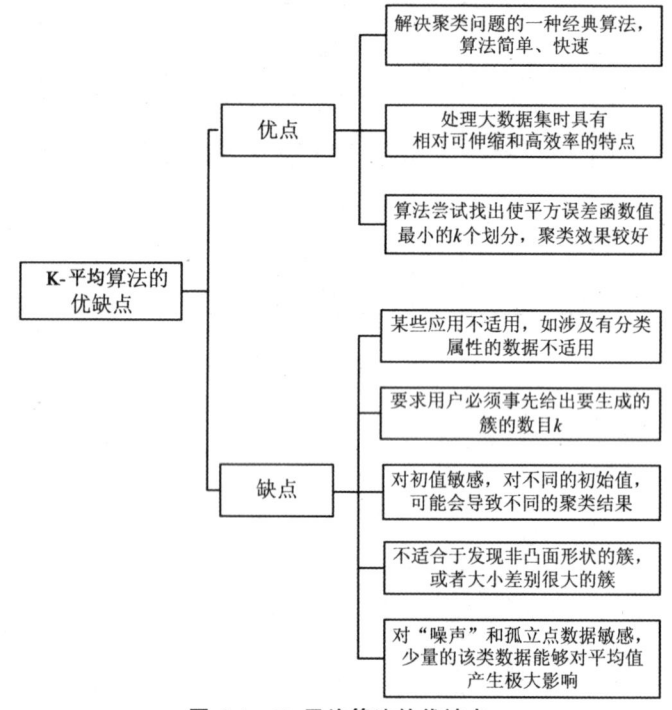

优点
- 解决聚类问题的一种经典算法,算法简单、快速
- 处理大数据集时具有相对可伸缩和高效率的特点
- 算法尝试找出使平方误差函数值最小的k个划分,聚类效果较好

缺点
- 某些应用不适用,如涉及有分类属性的数据不适用
- 要求用户必须事先给出要生成的簇的数目k
- 对初值敏感,对不同的初始值,可能会导致不同的聚类结果
- 不适合于发现非凸面形状的簇,或者大小差别很大的簇
- 对"噪声"和孤立点数据敏感,少量的该类数据能够对平均值产生极大影响

图 4-4　K-平均算法的优缺点

3. 算法执行示例

【例 4-1】 下面给出一个样本事务数据库(见表 4-1),并对它实施 K-平均算法。

表 4-1 样本事务数据库

序号	属性1	属性2	序号	属性1	属性2
1	1	1	5	4	3
2	2	1	6	5	3
3	1	2	7	4	4
4	2	2	8	5	4

根据表 4-1 中数据执行 K-平均算法(设 $n=8, k=2$),算法的执行过程如下:

(1) 第一次迭代:任意选取两个数据对象,假定将序号 1 和序号 3 作为选取的对象,找到离两点最近的对象,分别产生两个簇{1,2}和{3,4,5,6,7,8}。

对产生的两个簇分别计算平均值,分别为(1.5,1)和(3.5,3)。

(2) 第二次迭代:根据第一次迭代产生的平均值,对剩下的数据的对象重新分类,即以(1.5,1)、(3.5,1)为新的平均值进行分配,得到两个新的簇:{1,2,3,4}和{5,6,7,8}。

对新产生的两个新簇重新计算平均值,分别为(1.5,1.5)和(4.5,3.5)。

(3) 第三次迭代:根据第二次迭代产生的平均值,对剩下的数据进行分类,发现重新分配之后的新簇依旧为{1,2,3,4}和{5,6,7,8},且准则函数收敛。

程序迭代结束。

表 4-2 给出了整个过程中平均值计算和簇生成的过程与结果。

表 4-2 样本事务数据库

迭代次数	平均值 (簇1)	平均值 (簇2)	产生的新簇	新平均值 (簇1)	新平均值 (簇2)
1	(1,1)	—1.2	{1,2},{3,4,5,6,7,8}	(1.5,1)	(3.5,3)
2	(1.5,1)	(3.5,3)	{1,2,3,4},{5,6,7,8}	(1.5,1.5)	(4.5,3.5)
3	(1.5,1.5)	(4.5,3.5)	{1,2,3,4},{5,6,7,8}	(1.5,1.5)	(4.5,3.5)

4.2.3 K-中心点算法

K-均值算法对一些数据(如孤立点)非常敏感,这是因为极端数值对平均值的影响非常大,导致整个数据的分布出现偏差。为了解决这个问题,K-中心点(K-medoids)算法选择使用离平均值最近的对象作为簇中心。

K-均值算法对离群数据对象点是敏感的,一个极大值的对象可能在相当大的程度上扭曲数据的分布。

改进的方法:为了减轻 K-均值算法对孤立点的敏感性,K-中心点算法不采用簇中对象的平均值作为簇中心,而是在每个簇中选出一个最靠近均值的实际的对象来代表该簇,其余的每个对象指派到与其距离最近的代表对象所在的簇中。在 K-中心点算法中,每次迭代后的簇的代表对象点都是从簇的样本点中选取,选取的标准就是当该样本点成为新的代表对象点后能提高簇的聚类质量,使得簇更紧凑。该算法使用绝对误差标准作为度量聚类质量的目标函数,其定义如下:

$$E = \sum_{i=1}^{k} \sum_{x \in C_i} d(x, o_i) \quad (4-16)$$

式中:E 为数据集中所有数据对象的绝对误差之和;x 为空间中的点,代表簇 C_i 中一个给定的数据对象;o_i 是簇 C_i 中的代表对象。

如果某样本点成为代表对象点后,绝对误差能小于原代表对象点所造成的绝对误差,那么 K-中心点算法认为该样本点是可以取代原代表对象点的,在一次迭代重新计算簇代表对象点的时候,选择绝对误差最小的那个样本点成为新的代表对象点。通常,该算法重复迭代,直到每个代表对象都成为它的簇的实际中心点,或最靠中心的对象。

PAM(Partitioning Around Medoids,围绕中心点的划分)是最早提出的 K-中心点算法之一,它尝试将 n 个对象划分出 K 类。PAM算法的主要思想:首先为每个簇任意选择一个代表对象,计算其余的数据对象与代表对象之间的距离,将其加入到最近的簇,接着反复尝试用更好的非代表对象点来替代代表数据对象点,对于每个这样的组合,计算聚类结果的质量,对象 o_i 被那个可以使误差值减少最多的对象所取代。聚类结果的质量用代价函数来评估,如果当前的代表对象 o_i 被非代表对象 o_{random} 所取代,代价函数就计算绝对误差值的差。交换的总代价是所有非代表对象所产生的代价之和,如果总代价是负的,实际的绝对误差 E 将会减小,o_i 可以被 o_{random} 取代;如果总代价是正的,则当期的代表对象是可接受的,在本次迭代中没有变化发生。每次迭代中产生的每个簇中最好的对象成为下次迭代的代表对象。

为了确定非代表对象 o_{random} 是否是当前代表对象 o_j 的好的替代,需要根据以下 4 种情况(见图 4-5)对各非代表对象 x 进行检查。

图 4-5(a) 表示若对象 x 当前属于 o_j(所代表的簇),如果用 o_{random} 替换 o_j 作为新簇代表,而使 x 更接近其他 $o_i(i \neq j)$,那么就将 x 重新划分到 o_i(所代表的簇)中。

图 4-5(b) 表示若对象 x 当前属于 o_j(所代表的簇),如果用 o_{random} 替换 o_j 作为新簇代表,而使 x 更接近 o_{random},那么就将 x 重新划分到 o_{random}(所代表的簇)中。

图 4-5(c) 表示若对象 x 当前属于 $o_i(i \neq j)$(所代表的簇),如果用 o_{random} 替换 o_j 作为新簇代表,而 x 仍然最接近 o_i,那么 x 划分不发生变化。

图 4-5(d) 表示若对象 x 当前属于 $o_i(i \neq j)$(所代表的簇),如果用 o_{random} 带换 o_j 作为新簇代表,而 x 更接近 o_{random},那么就将 x 重新划分到 o_{random}(所代表的簇)中。

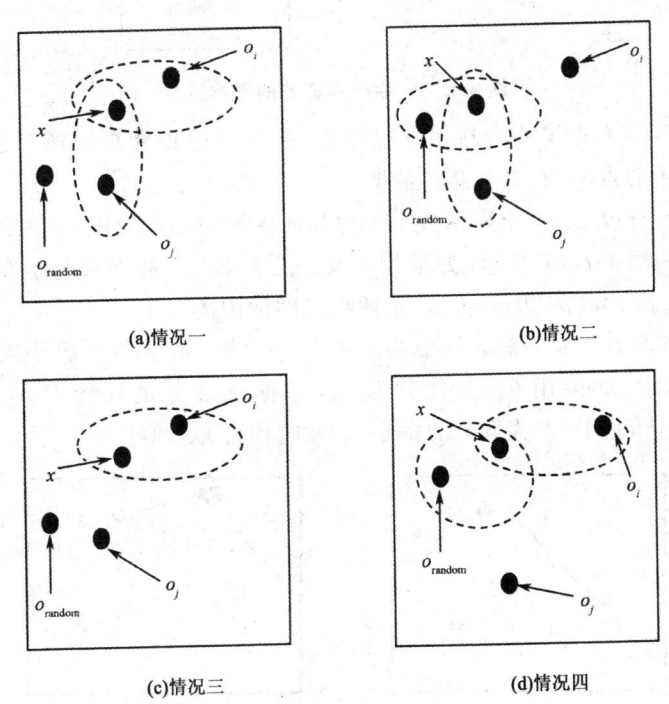

(a)情况一　　　　　　　　　　(b)情况二

(c)情况三　　　　　　　　　　(d)情况四

图 4-5　PAM 围绕中心点划分的四种情况

在 PAM 算法中,可以把过程分为以下两个步骤:

(1) 建立:随机选择 n 个对象点作为初始的簇中心点;

(2) 交换:对所有可能的对象对进行分析,找到交换后可以使误差减少的对象,代替原中心点。

1. 算法描述

K-中心点算法的基本过程如图 4-6 所示。

```
K-中心点算法工作流程
  ├─ 首先 ──→ 选择一个代表对象
  ├─ 其次 ──→ 剩余的对象分配簇
  │         ↓
  │         非代表对象来代替代表对象
  │         ↓ 聚类质量的代价函数为正
  └─ 最后 ──→ 各点对象被重新分配
```

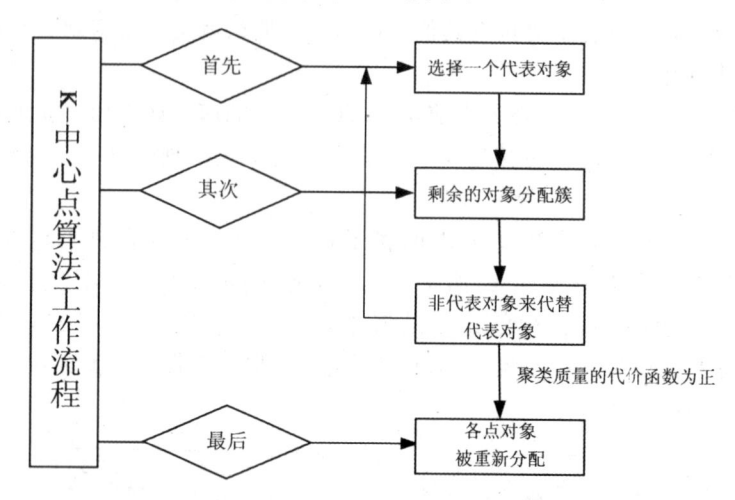

图 4-6 K-中心点算法的基本过程

由 K-中心点算法的基本过程可知,最关键的步骤是选择合适的中心点。选择中心点时,有以下几种情形:

(1) p 与 O_{c_new} 的距离仍然小于与其他各簇中心点的距离,因此 p 仍属于簇 C,如图 4-7(a) 所示。如果用 O_{c_new} 代替 O_{c_old},数据对象 p 的代价为 $d(p,O_{c\_new}) - d(p,O_{c\_old})$,$d$ 表示两点之间的距离。

(2) p 与其他某一簇 r 的中心点的距离最短,则 p 将改属于簇 r,如图 4-7(b) 所示。如果用 O_{c_new} 代替 O_{c_old},数据对象 p 的代价为 $d(p,O_r) - d(p,O_{c\_old})$,其中 O_r 为簇 r 的中心点,此时代价为正值。

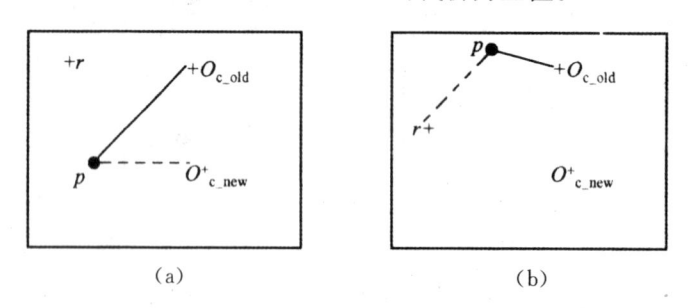

图 4-7 代价示例(1)

类似地,原先簇 C 外的任意数据对象 p 也可能有以下两种情况:

(1) p 与 O_{c_old} 距离最短,则 p 仍将属于原先的簇,如图 4-8(a) 所示。如果用 O_{c_new} 代替 O_{c_old},数据对象 p 的代价不变。

(2) 在所有簇的中心点中，p 与 O_{c_new} 的距离最短，则 p 将改属于簇 O_{c_new}，如图 4-8(b) 所示。如果用 O_{c_new} 代替 O_{c_old}，数据对象 p 的代价为 $d(p, O_{c\_new}) - d(p, O_r)$，其中 O_r 为簇 r 的中心点，此时代价为负值。

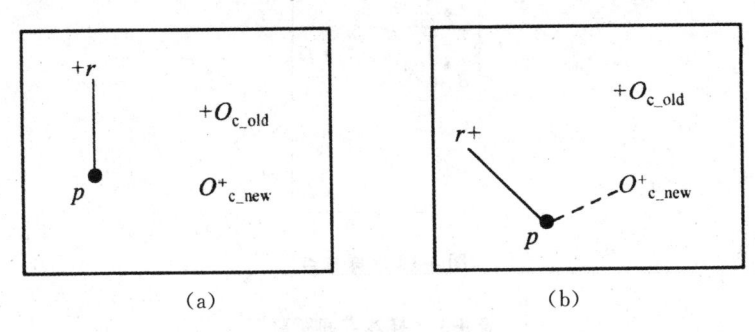

图 4-8 代价示例（2）

p 表示数据对象；O_{c_old} 表示原中心点；O_{c_new} 表示新中心点

总代价定义如下：

$$TC = \sum_{j=1}^{k} \sum_{p \in C_j}^{n} |p - O_j| \tag{4-17}$$

式中，O_j 为簇 C_j 中的代表对象。

下面给出 K- 中心点聚类方法的形式化描述，如图 4-9 所示。

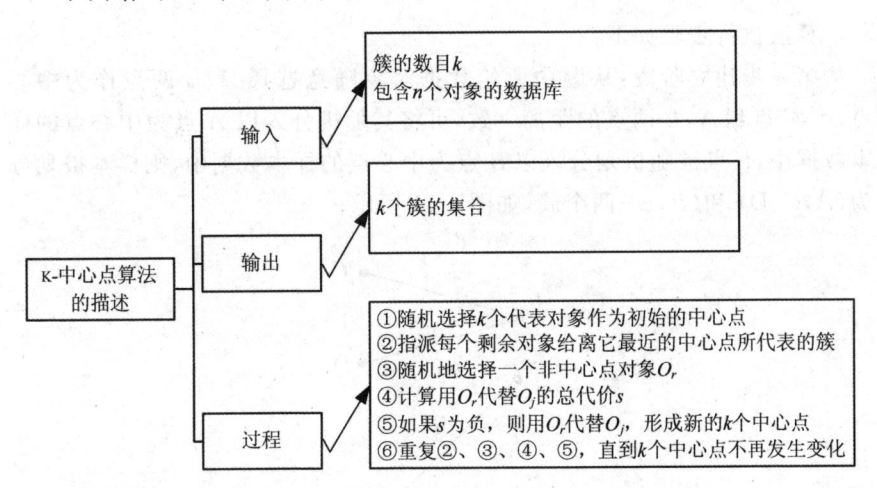

图 4-9 K- 中心点聚类方法的形式化描述

K-中心点算法的描述：
- 输入：簇的数目 k；包含 n 个对象的数据库
- 输出：k 个簇的集合
- 过程：
  ① 随机选择 k 个代表对象作为初始的中心点
  ② 指派每个剩余对象给离它最近的中心点所代表的簇
  ③ 随机地选择一个非中心点对象 O_r
  ④ 计算用 O_r 代替 O_j 的总代价 s
  ⑤ 如果 s 为负，则 O_r 代替 O_j，形成新的 k 个中心点
  ⑥ 重复②、③、④、⑤，直到 k 个中心点不再发生变化

2. 算法实例

假如空间中的五个点（A、B、C、D、E），分布如图 4-10 所示，各点之间的距离关系见表 4-3，根据所给的数据对其运行算法实现聚类划分（设

$k=2$)。

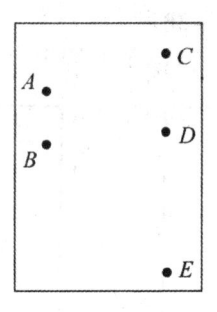

图 4-10 样本点

表 4-3 样本点间距离

样本点	A	B	C	D	E	样本点	A	B	C	D	E
A	0	1	2	2	3	D	2	4	1	0	3
B	1	0	2	4	3	E	3	3	5	3	0
C	2	2	0	1	5						

算法执行步骤如下:

第一步建立阶段:从题中所给数据对象随意选择 A、B 两点作为中心点,因 C 点到 A、B 两点的距离一致,可将其随机分入以 A 点为中心点的样本数据中,E 点被随机划分入以 B 点为中心点的样本数据中,则样本被划分为 (A,C,D) 和 (B,E) 两个簇,如图 4-11 所示。

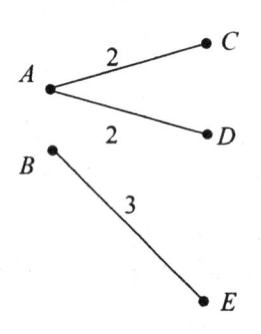

图 4-11 建立阶段

第二步交换阶段:假定中心点 A、B 分别被非中心点 (C,D,E) 替换,根据算法需要计算下列代价 TC_{AC}、TC_{AD}、TC_{AE}、TC_{BC}、TC_{BD}、TC_{BE}。其中 TC_{AC} 表示中心点 A 被非中心点 C 代替后的总代价。下面以 TC_{AC} 为例说明计算过程。

当 A 被 C 替换以后，看各对象的变化情况。

(1) A：C 成为新的中心点，$d(A,B) > d(A,C)$，A 被重新分配进入以 B 点为中心点的样本数据。

$$C_{AAC} = d(A,B) - d(A,A) = 1 - 0 = 1$$

(2) B：B 不受影响，故代价不发生变化。

$$C_{BAC} = 0$$

(3) C：替换后，C 点成为新的中心点，变换后代价发生变化。

$$C_{CAC} = d(C,C) - d(A,C) = 0 - 2 = -2$$

(4) D：替换后，D 点离新的中心 C 点更近。

$$C_{DAC} = d(D,C) - d(D,A) = 1 - 2 = -1$$

(5) E：替换后，E 点离中心 B 点的距离仍然是最近。

$$C_{EAC} = 0$$

因此，

$$TC_{AC} = C_{AAC} + C_{BAC} + C_{CAC} + C_{DAC} + C_{EAC} = 1 + 0 - 2 - 1 + 0 = -2$$

同理，可以计算出 $TC_{AD} = -2$，$TC_{AE} = -1$，$TC_{BC} = -2$，$TC_{BD} = -2$，$TC_{BE} = -2$。在上述代价计算完毕后，我们要选取一个最小的代价，显然有多种替换可以选择，选择第一个最小代价的替换（也就是 A 替换 C），这样，样本被重新划分为 $\{A,B,E\}$ 和 $\{C,D\}$ 两个簇，如图 4-12(a) 所示。

图 4-12(b) 和图 4-12(c) 分别表示了 D 替换 A、E 替换 A 的情况和相应的代价。图 4-13(a) ～ 图 4-13(c) 分别表示了用 C、D、E 替换 B 的情况和相应的代价。

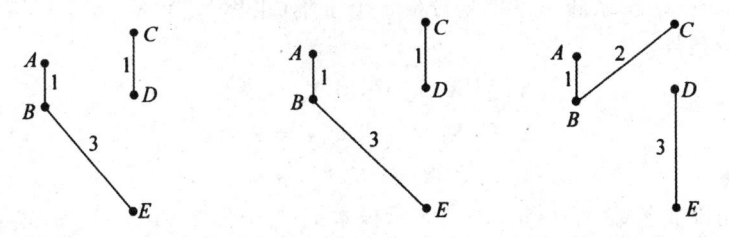

(a) C 替换 A，$TC_{AC} = -2$　　(b) D 替换 A，$TC_{AD} = -2$　　(c) E 替换换 A，$TC_{AE} = -1$

图 4-12　替换中心点 A

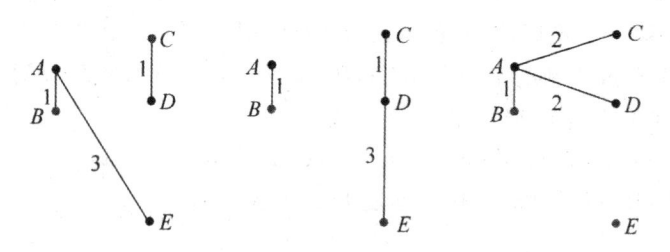

(a) C 替换 B, $TC_{BC}=-2$ (b) D 替换 B, $TC_{BD}=-2$ (c) E 替换 B, $TC_{BE}=-2$

图 4-13 替换中心点 B

通过上述计算,已经完成了算法的第一次迭代。在下一次迭代中,将用其他的非中心点 $\{A,D,E\}$ 替换中心点 $\{B,C\}$,找出具有最小代价的替换。一直重复上述过程,直到代价不再减少为止。

3. 基于遗传算法的 K- 中心点聚类算法

K- 平均值聚类对"噪声"和孤立点数据敏感,收敛到局部最优值。K- 中心点克服了 K- 平均值聚类的缺点,但算法时间复杂度高。基于遗传算法的 K- 中心点聚类算法把遗传算法和 K- 中心点聚类算法相结合,利用它们各自的优点,达到对"噪声"和孤立点数据不敏感,收敛到全局最优值的目的。

(1) 数据集的划分。设 $X=\{x_1,x_2,\cdots,x_n\}\subset \mathbf{R}^s$ 为待聚类样本的全体(称为论域), $\boldsymbol{x}_k=(x_{k1},x_{k2},\cdots,x_{kn})^\mathrm{T}\in \mathbf{R}^s$ 为观测样本 $\boldsymbol{x}_k$ 中对应的数据点,一般为特征矢量或模式矢量, x_{kj} 为特征矢量 $\boldsymbol{x}_k$ 的第 j 维特征取值。

聚类通过对样本进行分析,对其中的相似度进行比较,将 n 个数据样本 $\boldsymbol{x}_1,\boldsymbol{x}_2,\cdots,\boldsymbol{x}_n$ 按亲疏关系把划分成 c 个子集(也称为簇) $\boldsymbol{X}_1,\boldsymbol{X}_2,\cdots,\boldsymbol{X}_c$,并满足如下条件:

$$\left.\begin{array}{l}\boldsymbol{X}_1\bigcup \boldsymbol{X}_2 \bigcup \cdots \bigcup \boldsymbol{X}_n=\boldsymbol{X}\\ \boldsymbol{X}_i \bigcap \boldsymbol{X}_j\neq \phi,1\leqslant i\neq j\leqslant c\\ \boldsymbol{X}_i\neq \phi,\boldsymbol{X}_i\neq \boldsymbol{X},1\leqslant i\leqslant c\end{array}\right\}$$

如果用隶属函数 $\mu_{ik}=\mu_{X_i}(\boldsymbol{x}_k)$ 表示样本 $\boldsymbol{x}_k$ 与子集 $\boldsymbol{X}_i(1\leqslant i\leqslant c)$ 的隶属关系,则

$$\mu_{X_i}(\boldsymbol{x}_k)=\mu_{ik}=\begin{cases}1 & \boldsymbol{x}_k\in \boldsymbol{X}_i\\ 0 & \boldsymbol{x}_k\notin \boldsymbol{X}_i\end{cases}$$

这样硬 c 划分也可以用隶属函数来表示,即用 c 个子集的特征函数值构成的矩阵 $\boldsymbol{U}=[\mu_{ik}]_{c\times n}$ 来表示。矩阵 $\boldsymbol{U}$ 中的第 i 行为第 i 个子集的特征函数,而矩阵 $\boldsymbol{U}$ 中的第 k 列为样本 $\boldsymbol{x}_k$ 对于 c 个子集的隶属函数。于是 $\boldsymbol{X}$ 的硬 c 划分空间为

$$M_{hc} = \{U \in R^{cn} \mid \mu_{ik} \in \{0,1\}, \forall i,k;$$
$$\sum_{i=1}^{c} \mu_{ik} = 1, \forall k; 0 < \sum_{i=1}^{c} \mu_{ik} < n, \forall i\}$$

在模糊划分中,样本集被划分成 c 个模糊子集 $\widetilde{X}_1, \widetilde{X}_2, \cdots, \widetilde{X}_c$,而且样本的隶属函数 μ_{ik} 从 $\{0,1\}$ 二值扩展到 $[0,1]$ 区间,从而把硬 c 划分概念推广到模糊 c 划分,因此 X 的模糊 c 划分空间为

$$M_{fc} = \{U \in R^{cn} \mid \mu_{ik} \in [0,1], \forall i,k;$$
$$\sum_{i=1}^{c} \mu_{ik} = 1, \forall k; 0 < \sum_{i=1}^{c} \mu_{ik} < n, \forall i\}$$

(2) 聚类目标函数。在硬划分时,聚类准则是最小平方误差和。假设 $U = [\mu_{ik}]_{c \times n}$ 为硬划分矩阵,典型样本集 $P = \{p_1, p_2, \cdots, p_c\} \subset R^s$,$p_i = (p_{i1}, p_{i2}, \cdots, p_{is})^T \in R^s$ ($i = 1, 2, \cdots, c$) 表示第 i 类的代表(典型)矢量或聚类原型(Clustering Prototype)矢量,对应样本特征空间任意一点。则硬聚类分析的目标函数为

$$\begin{cases} J_1(U, R) = \min\left\{\sum_{k=1}^{n}\sum_{i=1}^{c} \mu_{ik}(d_{ik})^2\right\} \\ s.t. \ U \in M_{hc}; P \subset R^s \end{cases} \quad (4\text{-}18)$$

式中,d_{ik} 为第 i 类中样本 x_k 与第 i 类的典型样本 p_i 之间的欧氏距离。

聚类准则变为在满足约束 $\mu_{ik} \in M_{hc}$ 和 $P \subset R^s$ 条件下,寻求最佳组合 (U, P) 使得 $J_1(U, P)$ 最小。

(3) 聚类问题的编码方式。由聚类的目标函数 $J_m(U, R)$ 可知,聚类是在目标函数最优的条件下获得样本集 X 的划分矩阵 U 和聚类原型 P,而 U 和 P 是相关的,即已知其一则可求另一个。因此,可以有两种编码方案。

① 对划分矩阵 U 进行编码。设 n 个样本要分成 c 类,使用硬划分方法,用基因串

$$\alpha = \{\alpha_1, \alpha_2, \cdots \alpha_i, \cdots, \alpha_n\} \quad (4\text{-}19)$$

来表示某一分类结果,其中 $\alpha_i \in \{1, 2, \cdots, c\}, i = 1, 2, \cdots, n$。当 $\alpha_i = k(1 \leqslant k \leqslant c)$ 时,表示第 i 个样本属于 k 类。假设使用模糊划分方法,则式(4-19)中的 $\alpha_i \in [0,1], i = 1, 2, \cdots, n$。

② 对聚类原型矩阵 P 进行编码,把 c 组表示聚类原型的参数连接起来,根据各自的取值范围,将其量化值(用二进制串表示)编码成基因串

$$b = Ec\{p_1, p_2, \cdots, p_c\}$$
$$= \{\underbrace{\beta_{11}, \beta_{12}, \cdots, \beta_{1k}}_{Ec(p_1)}, \cdots \underbrace{\beta_{i1}, \beta_{i2}, \cdots, \beta_{ik}}_{Ec(p_i)}, \cdots \underbrace{\beta_{c1}, \beta_{c2}, \cdots, \beta_{ck}}_{Ec(p_c)}\} \quad (4\text{-}20)$$

其中,每一个聚类原型 p_i 都有一组参数与之对应。例如,对于 HCM 和 FCM

聚类来说,就是对聚类中心点号进行量化编码。

在数据量较大时,第一种编码方案的搜索空间就会很大,第二种编码方案则只与聚类原型 p_i 参数数目 k(特征数目)和类数 c 有关,而与样本数无直接关系,搜索空间往往比第一种方案要小得多。因而,使用遗传算法来解决聚类问题一般采用第二种编码方案。

(4)划分矩阵 U 和聚类原型 P 的关系。假设给定聚类类别数 $c, 1 \leqslant c \leqslant n$,$n$ 是数据个数,$x_k = (x_{k1}, x_{k2}, \cdots, x_{ks})^T \in R^s$ 为观测样本 x_k 的特征矢量或模式矢量,$U = [\mu_{ik}]_{c \times n}$ 为划分矩阵,$P = \{p_1, p_2, \cdots, p_c\}$ 为聚类原型。

对于硬划分方法,则 U 和 P 之间的函数关系如下:

$$\mu_{ik} = \begin{cases} 1, \text{if } d_{ik} = \min\{d_{1k}, d_{2k}, \cdots, d_{ck}\} \\ 0, \text{else} \end{cases} \tag{4-21}$$

式中,d_{ik} 为样本点是与聚类原型 p_i 间的距离。

$$p_i = \frac{\sum_{k=1}^{n} \mu_{ik} \cdot x_k}{x_k} \tag{4-22}$$

对于模糊划分方法,U 和 P 之间的函数关系如下:

$$\mu_{ik} = \begin{cases} \left\{ \sum_{j=1}^{c} \left[\left(\frac{d_{ik}}{d_{jk}} \right)^{\frac{1}{m-1}} \right] \right\}^{-1}, \text{if } d_{ik} > 0 \\ 1, \text{if } d_{ik} = 0 \text{ 且对于 } j \neq i \text{ 有 } \mu_{jk} = 0 \end{cases}$$

$$p_i = \frac{\sum_{k=1}^{n} \mu_{ik}^m \cdot x_k}{\sum_{k=1}^{n} \mu_{ik}^m}$$

划分矩阵 U 和聚类原型 P 之间的关系是遗传算法解决基于目标函数的聚类问题的关键因素。当然由于基于目标函数的聚类方法的不同,它们之间的关系是不同的。

4.3 层次聚类算法

层次方法是通过递归地对数据对象进行合并或者分裂,直到某种终止条件满足为止。根据层次分解是自底向上(合并)还是自顶向下(分裂)形成,层次方法可以进一步分为凝聚层次聚类方法和分裂层次聚类方法。代表算法有 BIRCH 算法、CURE 算法、CHAMELEON 算法等。

4.3.1 概述

层次聚类算法是将数据对象组成一棵树,按照自底向上(合并)还是自顶向下(分裂)的策略将算法分为凝聚算法和分裂算法。

凝聚算法在初始时每一个数据对象都是一个单独的簇,依据某种原则,在迭代过程中,将相互邻近的簇进行合并,直到满足条件为止。

分裂算法在初始时将所有的数据对象看作一个簇,在接下来的迭代过程中,根据某种原则,将簇进行分裂,直到最终的新簇只包含一个对象或满足条件为止。

在实际应用中,凝聚算法应用更为广泛一些。层次凝聚的代表是AGNES(AGglomerative NESting)算法,层次分裂的代表是DIANA(Divisive Analysis)算法。

AGNES算法由Kaufmann的Rousseeuw首先提出,AGNES算法使用单链接方法和差异度矩阵。首先将每个对象作为一个簇,然后合并那些具有最小差异度的节点,最后所有的对象合并形成一个簇。

在初始状态下,每个对象作为一个单独的簇。首先将距离最近的对象合并为一个簇,再将临近的簇进一步合并.当满足一定条件时算法终止。AGNES算法示意图如图4-14～图4-16所示。

DIANA算法首先由Kaufmann的Rousseeuw提出,是AGNES算法的逆过程,最终每个新的簇只包含一个对象。DIANA算法示意图如图4-17～图4-19所示。

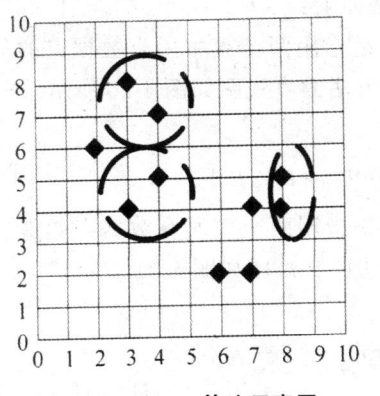

图4-14 AGNES算法示意图一

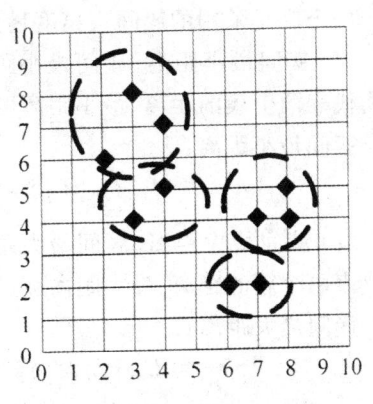

图4-15 AGNES算法示意图二

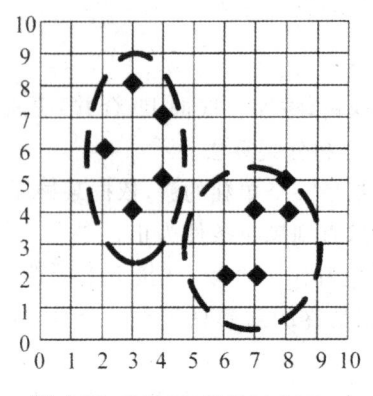

图 4-16　AGNES 算法示意图三

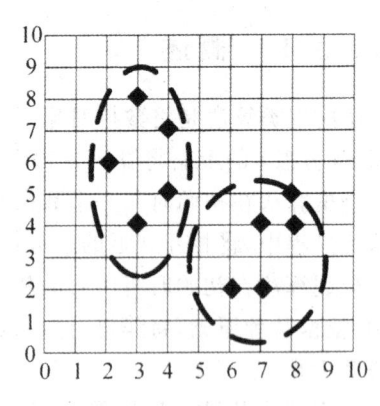

图 4-17　DIANA 算法示意图一

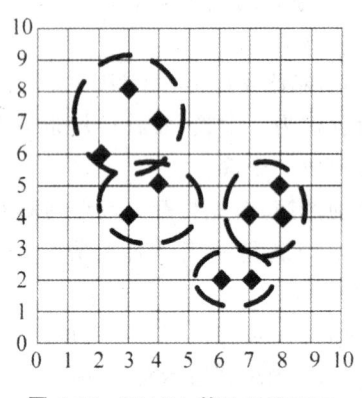

图 4-18　DIANA 算法示意图二

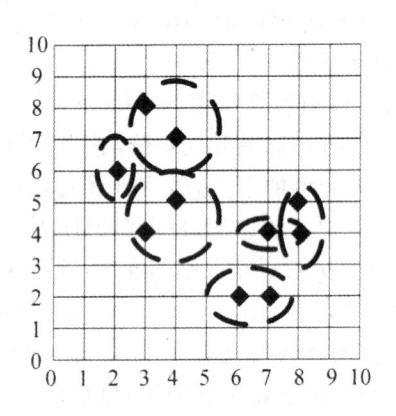

图 4-19　DIANA 算法示意图三

四个广泛采用的簇间距离度量方法如下：

（1）簇间最小距离。簇间最小距离是指用两个簇中所有数据点的最近距离代表两个簇的距离。最小距离度量方法的直观图如图 4-20 所示。

簇间最小距离：

$$d_{\min}(C_i, C_j) = \min_{p \in C_i, p' \in C_j} |p - p'| \tag{4-23}$$

（2）簇间最大距离。簇间最大距离是指用两个簇所有数据点的最远距离代表两个簇的距离。最大距离度量方法的直观图如图 4-21 所示。

簇间最大距离：

$$d_{\max}(C_i, C_j) = \min_{p \in C_i, p' \in C_j} |p - p'| \tag{4-24}$$

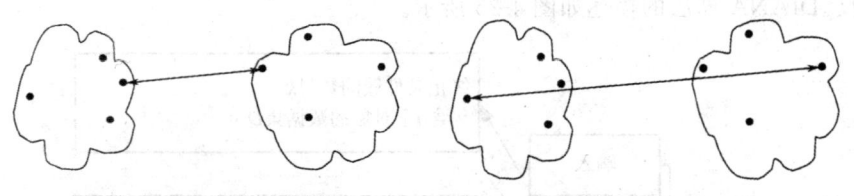

图 4-20　簇间最小距离　　　　图 4-21　簇间最大距离

（3）簇间均值距离。簇间均值距离是指用两个簇各自中心点之间的距离代表两个簇的距离。簇间均值距离度量方法的直观图如图 4-22 所示。

簇间均值距离

$$d_{mean}(C_i, C_j) = |m_i - m_j| \quad (4-25)$$

（4）簇间平均距离。簇间平均距离是指用两个簇所有数据点间的距离的平均值代表两个簇的距离。簇间平均距离度量方法的直观图如图 4-23 所示。

簇间平均距离

$$d_{avg}(C_i, C_j) = \frac{1}{n_i n_j} \sum_{p \in C_i} \sum_{p' \in C_j} |p - p'| \quad (4-26)$$

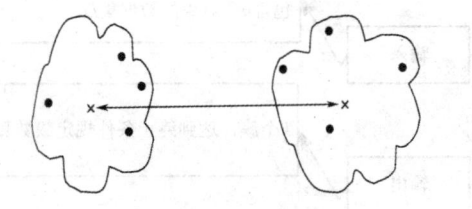

图 4-22　簇间均值距离

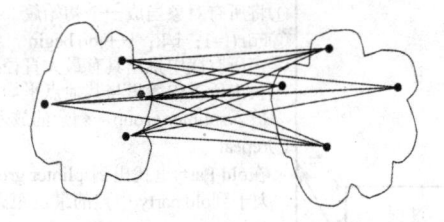

图 4-23　簇间平均距离

式中：$|p - p'|$ 为两个对象或点 p 和 p' 之间的距离；m_i 是簇 C_i 的均值；n_i 是簇 C_i 中对象的数目。

AGNES 算法最初将每个对象作为一个簇，然后这些簇根据某些准则被一步步地合并，直到得到期望的簇数目才会停止。

AGNES（自底向上凝聚算法）算法的描述如图 4-24 所示。

DIANA 算法属于分裂的层次聚类，它的执行策略与凝聚的层次聚类相反。DIANA 算法的描述如图 4-25 所示。

AGNES算法的描述

- 输入：终止条件簇的数目 k；包含 n 个对象的数据集 D
- 输出：k 个簇的集合，达到终止条件规定簇数目
- 过程：
  ① 将每个对象当成一个初始簇
  ② repeat
     根据两个簇中最近的数据点找到最近的两个簇
     合并两个簇，生成新的簇的集合
  ③ until 准则：达到定义的簇的数目

图 4-24 AGNES 算法的描述

DIANA算法的描述

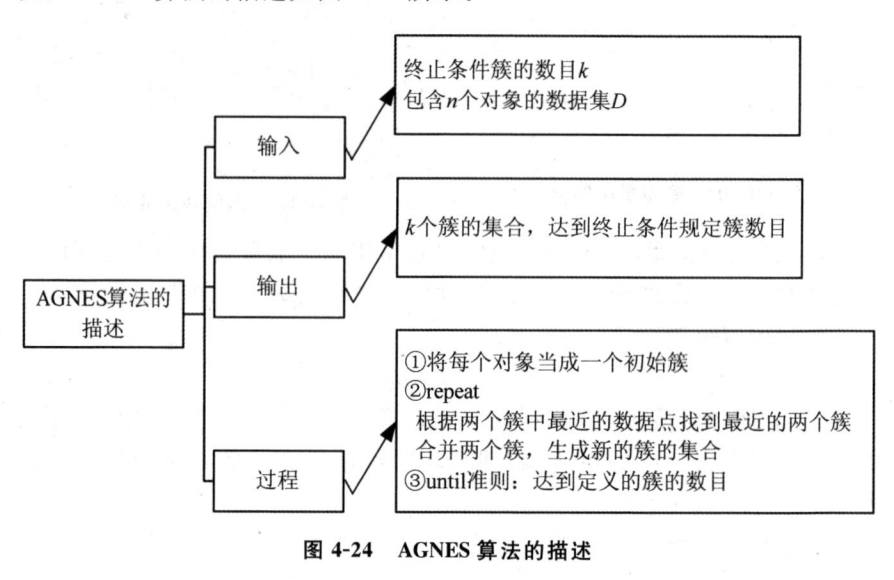

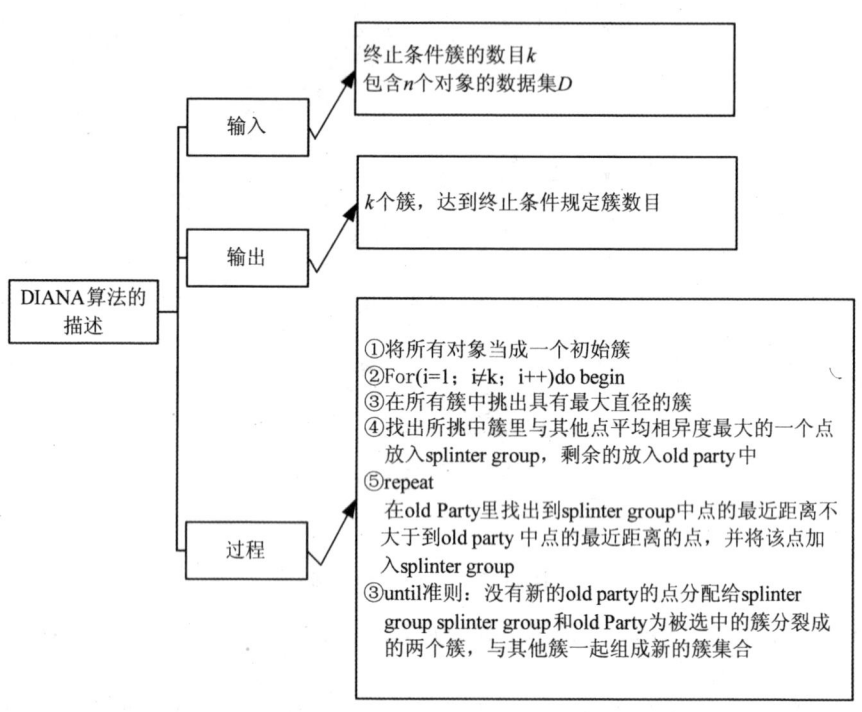

- 输入：终止条件簇的数目 k；包含 n 个对象的数据集 D
- 输出：k 个簇，达到终止条件规定簇数目
- 过程：
  ① 将所有对象当成一个初始簇
  ② For(i=1；i≠k；i++)do begin
  ③ 在所有簇中挑出具有最大直径的簇
  ④ 找出所挑中簇里与其他点平均相异度最大的一个点
     放入 splinter group，剩余的放入 old party 中
  ⑤ repeat
     在 old Party 里找到 splinter group 中点的最近距离不大于到 old party 中点的最近距离的点，并将该点加入 splinter group
  ⑥ until 准则：没有新的 old party 的点分配给 splinter group；splinter group 和 old Party 为被选中的簇分裂成的两个簇，与其他簇一起组成新的簇集合

图 4-25 DIANA 算法的描述

4.3.2 改进层次聚类方法

层次聚类方法还可与其他聚类方法结合形成多阶段聚类,一般有 BIRCH、CURE、Chameleon 三种方法,都基于这一想法。

1. BIRCH 聚类算法

BIRCH(Balanced Iterative Reducing and Clustering using Hierarchies)算法,首先用树结构对数据对象进行层次划分,其中叶节点或低层次的非叶节点可以看作由分辨率决定的"微簇",然后使用其他的聚类算法对这些微簇进行宏聚类。BIRCH 算法最大的特点是能利用有限的内存资源完成对大数据集高质量地聚类,通过单遍扫描数据集最小化 I/O 代价。

BIRCH 算法主要采用树结构描述记录对象子聚类信息,并在此基础之上与其他聚类方法结合得到聚类结果。

BIRCH 算法为了便于描述簇的整体特征,引入了聚类特征(CF)和聚类特征树(CF 树)的概念。这二者不仅能够促使聚类方法在大型数据库中取得好的速度和伸缩性,而且使其能够有效地处理在线聚类和动态聚类。

(1) 聚类特征。给定簇中 n 个 d 维的数据对象或点,可以用以下公式定义该簇的质心 x_0,半径 R 和直径 D。

$$x_0 = \frac{\sum_{i=1}^{n} x_i}{n} \tag{4-27}$$

$$R = \sqrt{\frac{\sum_{i=1}^{n}(x_i - x_0)^2}{n}} \tag{4-28}$$

$$D = \sqrt{\frac{\sum_{i=1}^{n}\sum_{j=1}^{n}(x_i - x_0)^2}{n(n-1)}} \tag{4-29}$$

式中:R 为成员对象到质心的平均距离;D 为簇中成对的平均距离。R 和 D 都反映了质心周围簇的紧凑程度。

聚类特征是一个三维向量,将对象簇的信息全部汇总。在给定簇中,n 个 d 维对象或点 $\{x_i\}$,则该簇的 CF 定义如下:

$$CF = [n, LS, SS]$$

式中:n 为簇中点的数目;LS 为 n 个点的线性和(即 $\sum_{i=1}^{n} x_i$);SS 为数据点的平方和(即 $\sum_{i=1}^{n} x_i^2$)。

聚类特征具有可加性,定理如下:

假设 $CF_1 = [n_1, LS_1, SS_1]$ 与 $CF_2 = [n_2, LS_2, SS_2]$ 分别为两个簇的聚类特征,合并后新簇的聚类特征为 $CF_1 + CF_2 = (n_1 + n_2, LS_1 + LS_2, SS_1 + SS_2)$。

假定在簇 C_1 中有三个点 $(2,5)$、$(3,2)$ 和 $(4,3)$。C_1 的聚类特征如下:

$$CF_1 = [3, (2+3+4, 5+2+3), (2^2+3^2+4^2, 5^2+2^2+3^2)]$$
$$= [3, (9,10), (29,38)]$$

假定 C_2 是与 C_1 不相交的簇,$CF_2 = [3, (35,36), (417,440)]$。$C_1$ 和 C_2 合并形成一个新的簇 C_3,其聚类特征便是 $CF_1 + CF_2$,即

$$CF_3 = [3+3, (9+35, 10+36), (29+417, 38+440)]$$

聚类特征所汇总的信息是经高度压缩处理过的,其存储的信息量因此要比簇的实际信息量小。与此同时,CF 的三维结构使得簇与簇之间的差异、距离的计算变得十分容易。

(2)聚类特征树。聚类特征树具有高度平衡的特点,具有分支因子和阈值 T 两个参数。分支因子包括两个参数:非叶节点 CF 条目最大个数 B 和叶节点中 CF 条目的最大个数 L。这两个参数影响结果树的大小,其目标是通过参数调整,将 CF 树保存在内存中。每个非叶节点最多容纳 B 个形为 $[CF_i, Child_i](i=1,2,\cdots,B)$ 的 CF 条目,$Child_i$ 是一个指向它的第 i 个子节点的指针,CF_i 是由这个 $Child_i$ 指向的子节点所代表的子聚类的 CF。一个叶节点最多容纳 L 个 CF 条目。每一个叶节点中包含两个指针:prev、next,分别指向前面节点和后面节点,由此形成数据链表,数据扫描非常方便。CF-tree 图形具体如图 4-26 所示,具体当 $B=5, L=6$ 时的一棵 CF-tree 的图形如图 4-27 所示。

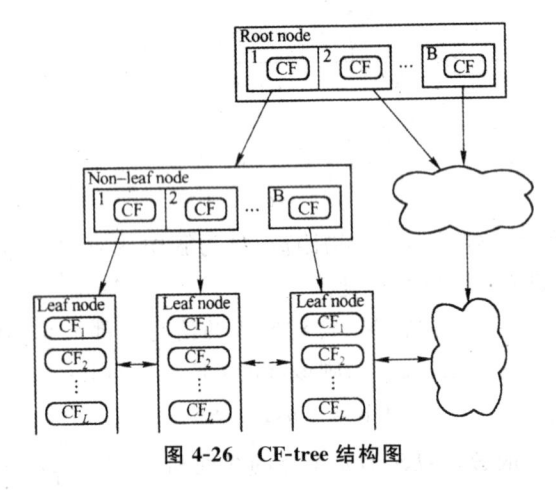

图 4-26 CF-tree 结构图

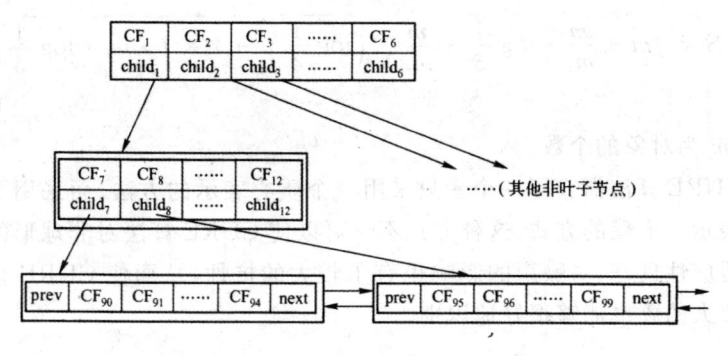

图 4-27 $B=5, L=6$ 的 CF 树结构图

2. CURE 聚类算法

CURE 算法主要利用已固定数目的对象代表子簇,并按照预定分数以聚类中心为依托进行收缩,通过此方法区别非球状簇和尺寸不同的簇。CURE 方法在很大程度上解决了对孤立点敏感的问题,对一些非相似大小的聚类也可进行有效的处理。

CURE 算法流程如图 4-28 所示。

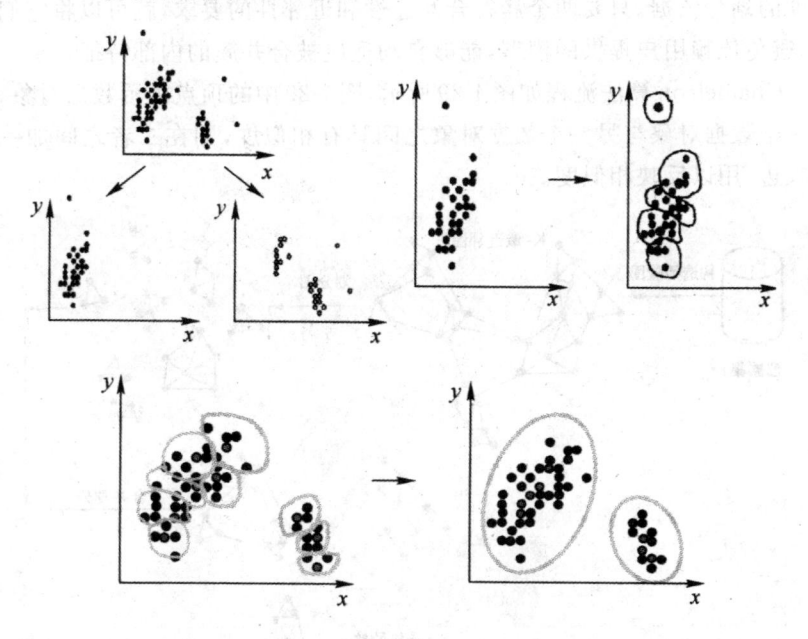

图 4-28 CURE 算法流程示意图

设 f 是一个分数,$0 \leqslant f \leqslant 1$。对于大小为 m_i 的簇 C_i,以概率 $1-\delta$($0 \leqslant \delta \leqslant 1$)从簇 C_i 得到至少 $f \cdot m$ 个对象,样本的大小 S 由式(4-30)给出。

$$S = fm + \frac{m}{m_i} \cdot \log \frac{1}{\delta} + \frac{m}{m_i} \sqrt{\left(\log \frac{1}{\delta}\right)^2 + 2 \times f \cdot m_i \cdot \log \frac{1}{\delta}}$$

(4-30)

式中,m 为对象的个数。

CURE算法摒弃了一个簇只采用一个质心表示的方法,而采用了多个点可表示一个簇的方式。这种方式不仅可以使CURE算法对非球形的几何形状适应性良好,对噪声的影响也有了较大的抗性,从而使CURE算法对变化较大的簇也能够很好地识别。

3. Chameleon算法

Chameleon(Hierarchical clustering using dynamic modeling,利用动态模型的层次聚类)由 G. Karypis、E. H. Han 和 V. Kumar 于1999年提出,是一种在层次聚类中采用动态模型的聚类算法。Chameleon算法是基于对CURE 和 ROCK 的缺点的观察提出的。它采用图划分算法将数据对象分为一定数量的子簇,后采用凝聚层次算法进行合并,由此得到真正的簇。

在Chameleon算法中,簇中的连接情况以及簇与簇之间的近邻性是相似度的划分依据。只要两个簇符合互连性和近邻性的要求,就可以将它们合并,避免依赖用户提供的模型,能够自动适应被合并簇的内部特征。

Chameleon算法流程如图4-29所示,图4-29中的顶点表示数据对象,如果一个数据对象与另一个数据对象之间具有相似度,则在二者之间加一条加权边,用以反映相似度。

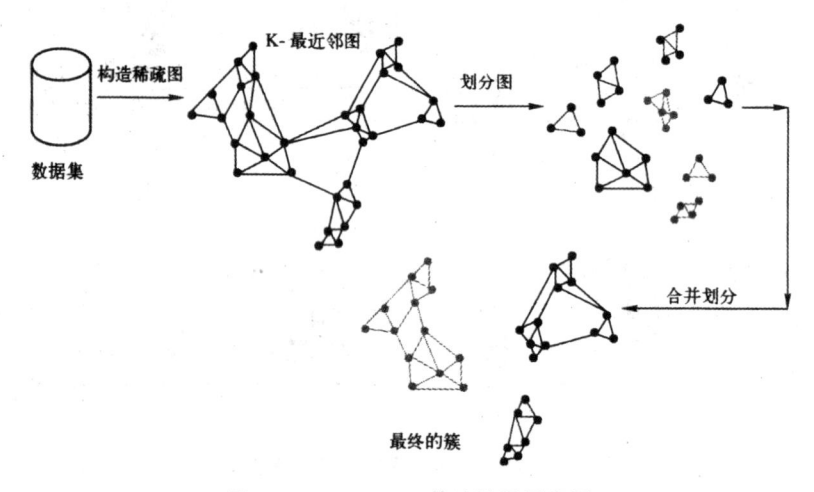

图 4-29 Chameleon算法流程示意图

Chameleon算法中,簇间相似度的决定因素有两点:相对互连度

$RI(C_i,C_j)$ 和相对接近度 $RC(C_i,C_j)$。

相对互连度 $RI(C_i,C_j)$ 定义为 C_i 和 C_j 之间的绝对互连度关于两个簇的内部互连度的规范化，即

$$RI(C_i,C_j) = \frac{|EC_{\{C_i,C_j\}}|}{\frac{1}{2}(|EC_{C_i}|+|EC_{C_j}|)} \quad (4\text{-}31)$$

式中：$EC_{\{C_i,C_j\}}$ 为包含 C_i 和 C_j 的簇分裂为 C_i 和 C_j 的割边；EC_{C_i}（或 EC_{C_j}）为它的最小截断等分线的大小。

相对接近度 $RC(C_i,C_j)$ 定义为 C_i 和 C_j 之间的绝对接近度关于两个簇的内部接近度的规范化，即

$$RC(C_i,C_j) = \frac{\overline{S}_{EC_{\{C_i,C_j\}}}}{\frac{|C_i|}{|C_i|+|C_j|}\overline{S}_{EC_{C_i}} + \frac{|C_j|}{|C_i|+|C_j|}\overline{S}_{EC_{C_j}}} \quad (4\text{-}32)$$

式中：$\overline{S}_{EC_{\{C_i,C_j\}}}$ 为连接 C_i 和 C_j 顶点的边的平均权值，$\overline{S}_{EC_{C_i}}$ 为 C_i 的最小二等分的边的平均权值。

由以上分析过程可知，Chameleon 算法对高质量的任意形状的聚类具有更强大的处理能力，缺点是处理所需的时间代价较大。

4.4 基于密度和网格的子空间聚类算法

4.4.1 基于密度的子空间聚类算法

由于层次方法和划分方法往往只能发现"类圆形"的聚类。为弥补这一缺陷，发现各种任意形状的聚类，提出基于密度的方法，该类方法认为在整个样本空间点中，各目标类簇是由一群稠密样本点组成的，而这些稠密样本点被低密度区域（噪声）分割，此方法的目的就是要过滤低密度区域，发现稠密样本点。基于密度的方法以数据集在空间分布上的稠密程度为依据进行聚类，无须预先设定簇的数量，特别适合对于未知内容的数据集进行聚类。基于密度的方法的基本思想是：只要一个区域中点的密度大于某个阈值，就把它加到与之相近的聚类中去，对于簇中每个对象，在给定的半径 ε 的邻域中至少要包含最小数目（MinPts）个对象，代表算法有 DBSCAN、OPTICS、DENCLUE 算法等。

1. DBSCAN 算法

DBSCAN(Density-Based Spatial Clustering of Applications with Noise)算法是一种利用高密度连接区域划分簇的密度聚类算法。在该算法中,簇具有密度相连的点的最大集以及高密度区域等特征。在了解高密度相连的含义之前,需先理解以下定义。

(1) 邻域。给定一个对象 p,p 的 N_ϵ 邻域 $N_\epsilon(p)$ 定义为以 p 为核心、以 ϵ 为半径的 d 维超球体区域,即

$$N_\epsilon(p) = \{q \in D \mid dist(p,q) \leqslant N_\epsilon\}$$

式中:D 为 d 维实空间上的数据集;$dist(p,q)$ 为 D 中的 2 个对象 p 和 q 之间的距离。

(2) 核心点与边界点。对于对象 $p \in D$,给定一个整数 MinPts,如果 p 的 ϵ 邻域内的对象数满足 $|N_\epsilon(p)| \geqslant$ MinPts,则称 p 为 $(\epsilon, \text{MinPts})$ 条件下的核心点;不是核心点但落在某个核心点的 ϵ 邻域内的对象称为边界点。

(3) 直接密度可达。如图 4-30 所示,给定 $(\epsilon = 1\text{cm}, \text{MinPts} = 5)$,如果对象 p 和 q 同时满足如下条件:① $p \in \mathbf{N}_\epsilon(p)$;② $|N_\epsilon(q)| \geqslant$ MinPts(即 q 是核心点)。则称对象 p 是从对象 q 出发,直接密度可达的。

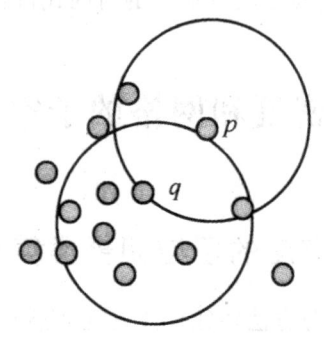

图 4-30 直接密度可达示意图

(4) 密度可达。如图 4-31 所示,给定数据集 D,当存在一个对象链 p_1, $p_2, \cdots, p_n$,其中 $p_1 = q, p_N = p$,对于 $p_i \in D$,如果在条件 $(\epsilon, \text{MinPts})$ 下 p_{i+1} 从 p_i 直接密度可达,则称对象 p 从对象 q 在条件 $(\epsilon, \text{MinPts})$ 下密度可达。密度可达是非对称的,即 p 从 q 密度可达不能推出 q 也从 p 密度可达。

(5) 密度相连。如图 4-32 所示,如果数据集 D 中存在一个对象 o,使得对象 p 和 q 是从 D 在 $(\varepsilon, \text{MinPts})$ 条件下密度可达的,那么称对象 p 和 q 在 $(\varepsilon, \text{MinPts})$ 条件下密度相连。密度相连是对称的。

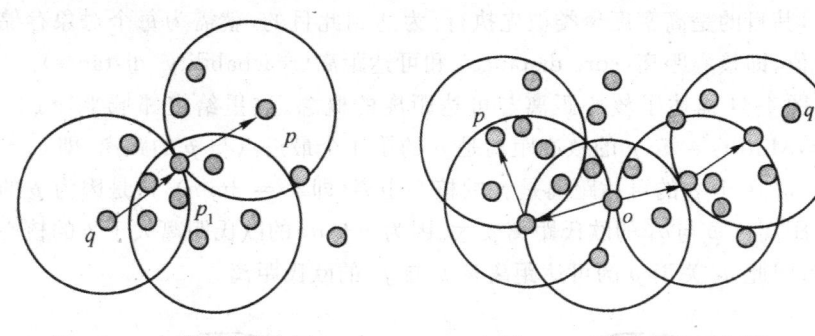

图 4-31　密度可达示意图　　　　图 4-32　密度相连示意图

关于密度可达和密度相连,示例如图 4-33 所示,给定圆的半径 ε,$\text{MinPts} = 3$。

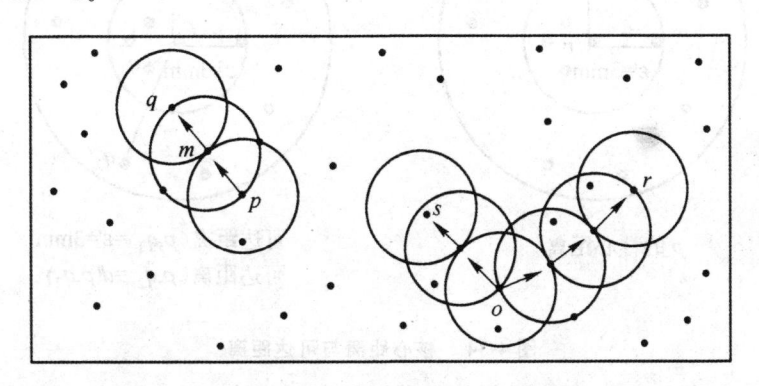

图 4-33　基于密度聚类中的密度可达和密度相连性

在聚类过程中,DBSCAN 将密度相连的最大对象集合作为簇,不包含在任何簇中的对象被认为是"噪声"。

2. OPTICS 算法

由上面分析可知,DBSCAN 算法虽然可以有效地避免"噪声"和孤立点数据的影响,然而,其依然受到参数 ε 和 MinPts 的限制影响。参数 ε 和 MinPts 的值一般由用户依据经验来自行确定,故聚类结果往往不尽如人意。特别是高维数据集合,其数据分布不均,密度差别很大,需要多个参数才能表现出各个局部的聚类结构。在这种情况下,就需采用 OPTICS(Ordering Points To Identify the Clustering Structure)聚类算法。

OPTICS 算法的核心在于能够产生一个簇次序(Cluster Ordering),而并非产生一个簇集。簇次序,可以扩展 DBSCAN 算法,利用它包含的信息,用户能够从一个宽广的参数范围选择参数,使其能对一组参数值同时产生相应的聚类结果。这个次序的选择按照邻域半径参数 ε 从小到大的顺序来进行,其目的是高密度聚类被先执行。为达到此目的,就需为每个对象存储两个值,即核心距离(core-distance)和可达距离(reachability- distance)。

图 4-34 描述了核心距离与可达距离的概念。这里给定邻域半径 $\varepsilon =$ 6mm,MinPts $= 5$。p 的核心距离是 p 的第 4 个最近点与 p 的距离,即 $\varepsilon' =$ 3mm。q_1 关于 p 的可达距离是 p 的核心距离(即 $\varepsilon' = $ 3mm),这是因为 p 的核心距离比 p 与 q_1 的欧氏距离要大。因为 p 与 q_2 的欧氏距离大于 p 的核心距离,因此 q_2 关于 p 的可达距离是 p 与 q_2 的欧氏距离。

p 的核心距离

可达距离$(p, q_1) = \varepsilon' = $3mm
可达距离$(p, q_2) = d(p, q_2)$

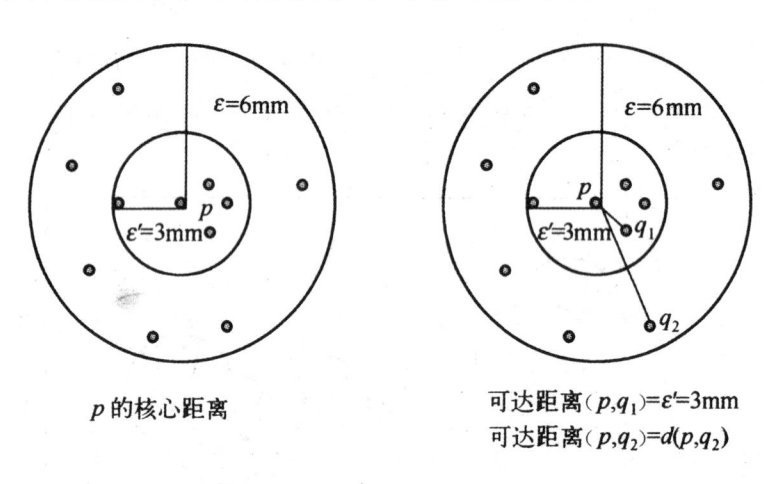

图 4-34 核心距离与可达距离

数据集合上的这种聚类次序可以用图形来表示,以帮助理解。例如,图 4-35 是一个简单的二维数据集合的可达性图,它表达了对数据结构化和进行聚类的一般观点。图 4-35 中,水平轴表示数据对象的簇次序,纵轴表示可达距离。图 4-35 中 3 个明显的凹陷部分反映了数据集中的 3 个簇,如箭头所示,每个凹陷部分对应一个簇。已开发出的一些方法,能够为在不同的细节层次上观察高维数据的聚类结构提供了方便。

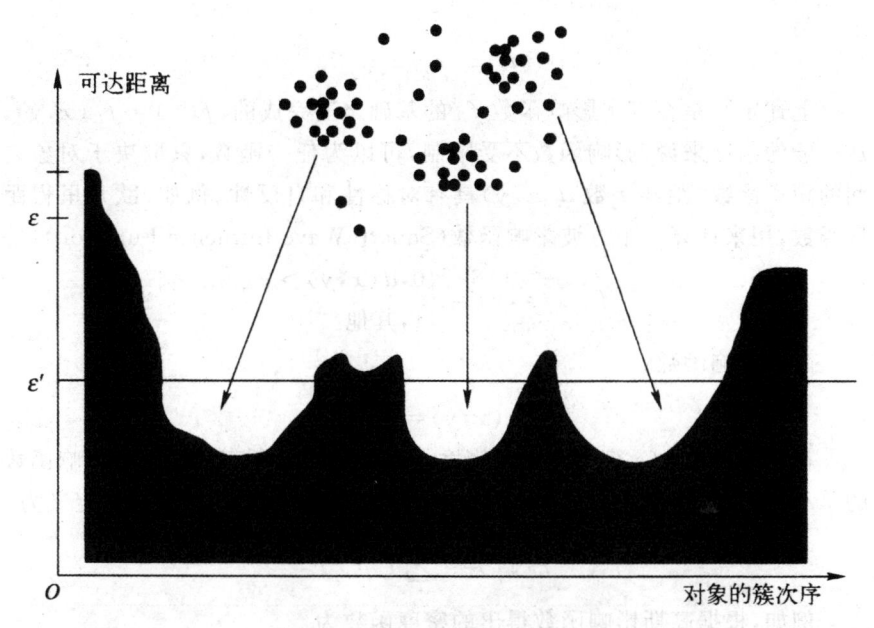

图 4-35　OPTICS 算法中的簇次序

OPTICS 算法与 DBSCAN 算法的结构是等价的,故二者的时间复杂度一般也一致,为 $O(n^2)$。

3. DENCLUE 算法

DENCLUE(DENsity-based CLUstEring) 算法即网格聚类算法是一种基于密度的聚类算法,它是对 K-means 聚类算法的一个推广:K-means 算法得到的是对数据集的一个局部最优划分,而 DENCLUE 得到的是全局最优划分。

该算法基本思想如图 4-36 所示。

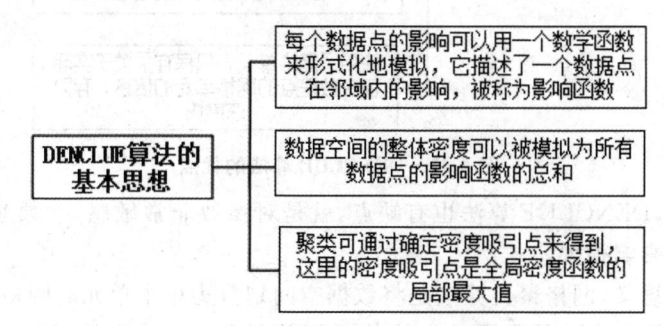

图 4-36　DENCLUE 算法的基本思想

DENCLUE 算法的基本思想：
- 每个数据点的影响可以用一个数学函数来形式化地模拟,它描述了一个数据点在邻域内的影响,被称为影响函数
- 数据空间的整体密度可以被模拟为所有数据点的影响函数的总和
- 聚类可通过确定密度吸引点来得到,这里的密度吸引点是全局密度函数的局部最大值

假设 x 和 y 是 d 维特征空间 B 中的对象。数据对象 y 对 x 的影响函数

定义为
$$f_B^y = f_B(x,y)$$

上述定义是在基本影响函数 f_B 的基础之上完成的，$f(x) = f_B(x,y)$，从一般的角度来说，影响函数不受限制，可以为任一函数，只取决于对象之间的距离函数。距离函数 $d(x,y)$ 具有对称性和自反性。例如，欧几里得距离函数，用来计算一个方波影响函数（Square Wave Influence Function）：

$$f_{square}(x,y) = \begin{cases} 0, d(x,y) > \sigma \\ 1, 其他 \end{cases}$$

高斯影响函数：

$$G_{gaus}(x,y) = e^{-\frac{d(x,y)^2}{2\sigma^2}}$$

在一个对象 $x(x \in F_d)$ 上的密度函数被定义为所有数据点的影响函数的总和。给定 n 个对象，$D = \{x_1, \cdots, x_n\} \subset F_d$，在 x 上的密度函数定义为

$$f_B^D(x) = \sum_{i=1}^{n} f_B^{x_i}(x)$$

例如，根据高斯影响函数得出的密度函数为

$$f_{gaus}^D(x) = \sum_{i=1}^{n} e^{-\frac{d(x,y)^2}{2\sigma^2}}$$

DENCLUE 算法与其他算法相比主要有如图 4-37 所示的优点。

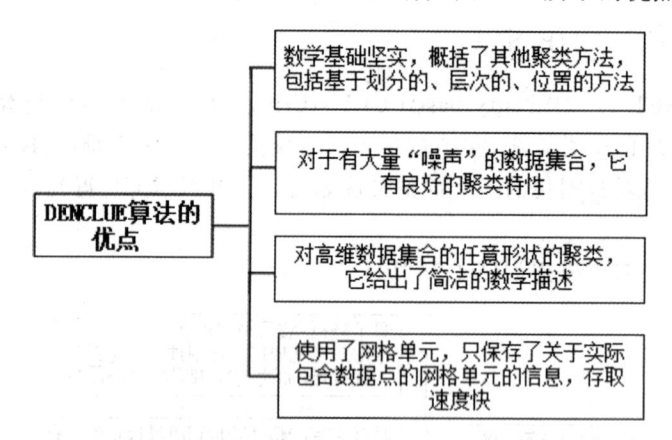

图 4-37 DENCLUE 算法的优点

当然，DENCLUE 算法也有缺点，就是对参数非常敏感，参数对聚类结果的质量影响很大。

顾名思义，网格聚类算法是将数据空间划分为单个单元的网格，网格的数目是有限的，处理数据时直接依托网格结构，以单个单元为对象进行处理。

常见的网格聚类算法有 STING 算法、CLIQUE 算法和

WAVE-CLUSTER 算法三种，网格聚类算法具有非常明显的优点，当然了，它也存在一定的缺点，具体如图 4-38 所示。

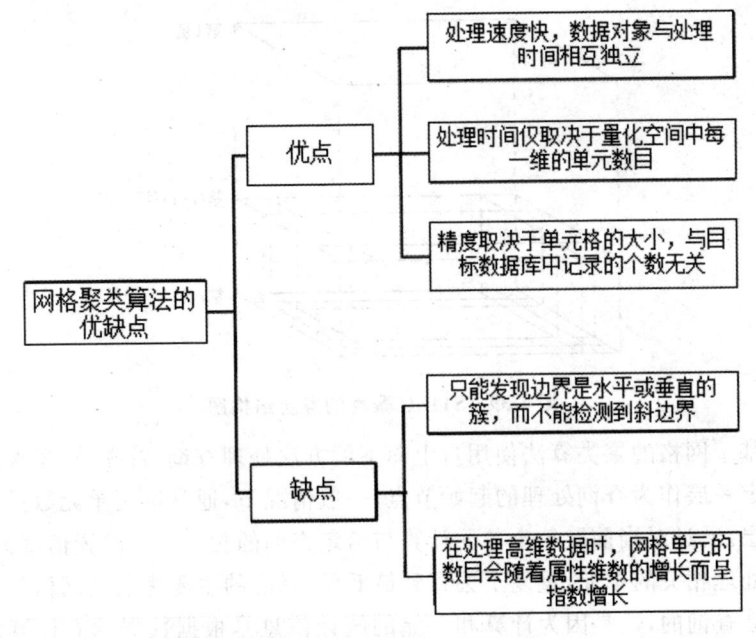

图 4-38　网格聚类算法的优缺点

网格聚类算法的优缺点：
- 优点：
  - 处理速度快，数据对象与处理时间相互独立
  - 处理时间仅取决于量化空间中每一维的单元数目
  - 精度取决于单元格的大小，与目标数据库中记录的个数无关
- 缺点：
  - 只能发现边界是水平或垂直的簇，而不能检测到斜边界
  - 在处理高维数据时，网格单元的数目会随着属性维数的增长而呈指数增长

4.4.2　基于网格的子空间聚类算法

基于网格的聚类方法是利用多维网格数据结构，将空间划分为有限数目的单元。因为将网格作为处理单元，可以避免数据对象数量增多的影响，使算法的处理时间仅仅依赖于量化空间中每一维上的单元数。常用的基于网格的方法主要有 STING、WaveCluster 和 CLIQUE。

1. STING 算法

STING(Statistical Information Grid based Method) 是一类利用存储在网格单元中的统计信息来进行聚类处理的算法，主要依赖于网格的多分辨率聚类技术。分辨率的级别不同，矩形单元的级别也就不同，一般分为多个级别，由此形成一种高层单元作为多个一层单元的层次结构。这种层次结构能够快速方便地得到包括属性无关的参数 count、属性相关的参数 m(平均值)、s(标准偏差)、min(最小值)、max(最大值) 以及该单元中属性值遵循的分布类型等参数值。STING 算法中的计算是独立于查询的，因为每个单元中的统计信息不受汇总信息的影响，算法只需从存储单元中获取信息即可。

图 4-39 显示了 STING 聚类的一个层次结构。

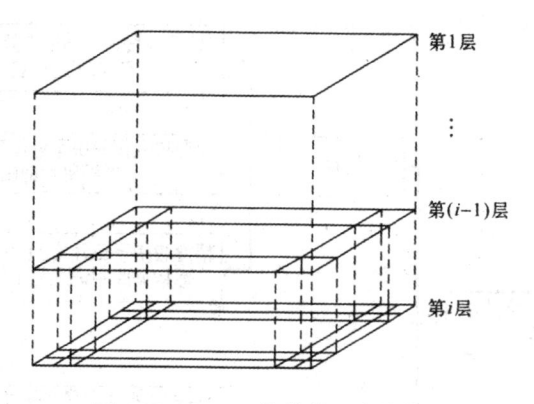

图 4-39　STING 聚类的层次结构图

基于网格的聚类算法使用自上向下的方法处理查询。首先,在层次结构中选定一层作为查询处理的起始节点,一般情况下,通常选用单元数量较少的一层。通过对当前层每个单元计算与给定查询的相关程度的置信度值,进而只处理相关的单元,重复下去直到最低层。算法的主要优点是网格的计算是独立查询的,这是因为计算和存储的统计信息是根据数据独立计算出来的。其次,网格结构有利于并行处理以及增量更新。该方法的计算复杂度为 $O(K)$,k 是最低层网格单元的数量。其缺点主要是只能发现边界是水平或者垂直的聚类,而不能检测到斜边界。

2. CLIQUE 算法

CLIQUE(CLustering In QUEst,聚类高维空间)由 R. Agrawal、J. Gehrke、D. Gunopulos 和 P. Raghavan 于 1998 年提出,它是一种综合了基于密度和基于网格的聚类算法,对于大型数据库中的高维数据的聚类非常有效。

CLIQUE 是系统地发现子空间簇的基于网格的聚类算法。检查每个子空间寻找簇是不现实的,因为这样的子空间的数量特别庞大,是维度的指数。

CLIQUE 算法的基本思想如下:

(1) 给定一个多维数据点的集合,数据点在数据空间中通常不是均衡分布的。CLIQUE 区分空间中稀疏的和密集的区域,以发现数据集合的全局分布模式。

(2) 如果一个单元中所包含的数据点超过了某个输入参数,则该单元是密集的。在 CLIQUE 中,相连的密集单元的最大集合定义为簇。

CLIQUE 算法的优缺点如图 4-40 所示。

CLIQUE 算法的优缺点

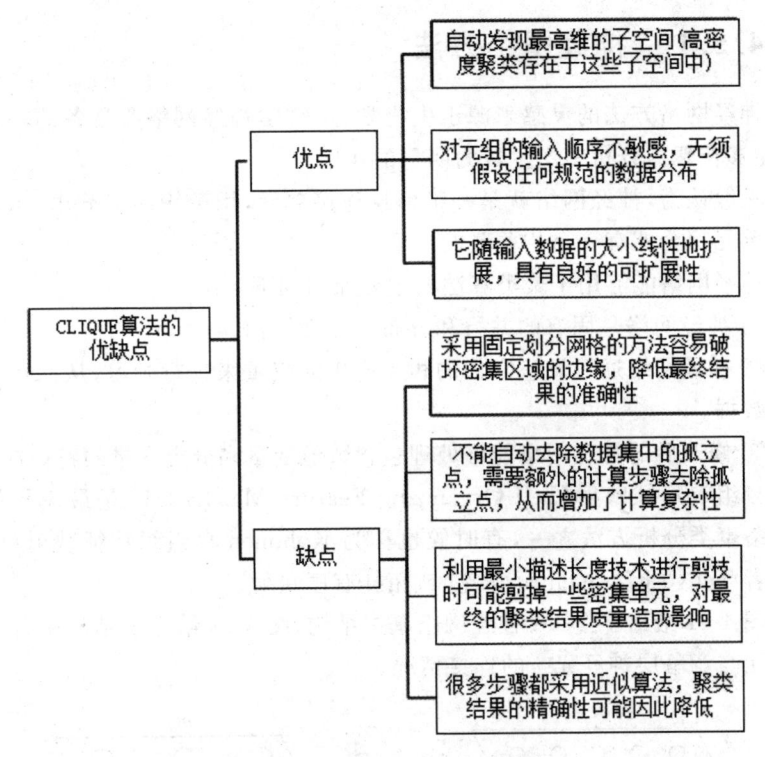

优点：
- 自动发现最高维的子空间(高密度聚类存在于这些子空间中)
- 对元组的输入顺序不敏感,无须假设任何规范的数据分布
- 它随输入数据的大小线性地扩展,具有良好的可扩展性

缺点：
- 采用固定划分网格的方法容易破坏密集区域的边缘,降低最终结果的准确性
- 不能自动去除数据集中的孤立点,需要额外的计算步骤去除孤立点,从而增加了计算复杂性
- 利用最小描述长度技术进行剪枝时可能剪掉一些密集单元,对最终的聚类结果质量造成影响
- 很多步骤都采用近似算法,聚类结果的精确性可能因此降低

图 4-40　CLIQUE 算法的优缺点

3. WAVE-CLUSTER 算法

WAVE-CLUSTER(Clustering Using Wavelet Transformation)是用一种小波变换的方法来进行聚类处理的聚类算法。WAVE-CLUSTER 算法依据小波变换空间特征,找到密集区域,采用多维网格来汇总数据。

在算法中,最核心的部分在于小波变换。小波变化能够将数据的聚类自动地显示,也就是说,它可以提供没有监控的聚类结果,避免周围区域对聚类结果造成影响;还能够自动地排除孤立点。

4.5　基于模型的聚类算法

基于模型聚类方法的基础假设是:数据符合某一种潜在的概率分布。这种方法将聚类问题看作数据拟合某一种分布的优化问题。基于模型的聚类方法主要有神经网络方法和统计学方法。

4.5.1 神经网络方法

神经网络方法的灵感来源于生物学。生物学神经网络所具备的一些特性,能够在聚类分析中产生较为明显的作用。

一般认为,神经网络就是一组信息连接单元,用于输入/输出,每一个连接单元都会拥有一个相关联的权重。

神经网络能够用于聚类算法的主要原因如下:

① 神经网络是固有的并行和分布式处理结构。

② 神经网络通过调整它们的相互连接的权重来进行学习,从而更好地拟合数据。

③ 修改后的神经网络能够处理包含数值变量和分类变量的特征向量。

自组织特征映射(Self-Organizing Feature Map,SOM)是最流行的神经网络聚类分析方法之一,有时候也称为 Kohonen 自组织特征映射(因其创建者 Teuvo Kohonen 而得名)或拓扑有序映射。

图 4-41 给出了 SOM 神经网络基本结构,图 4-42 给出了结构中各输入神经元与竞争层神经元 j 的连接情况。

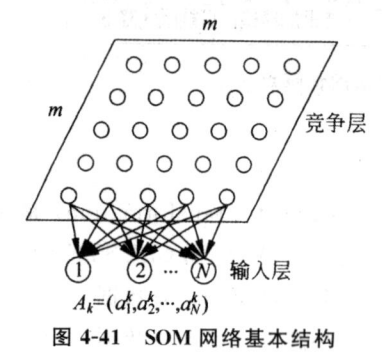

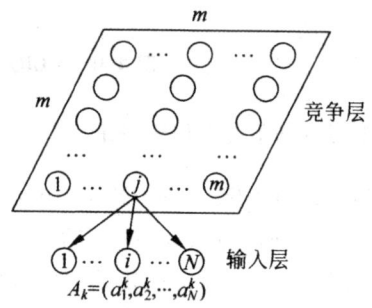

图 4-41 SOM 网络基本结构

图 4-42 输入神经元与竞争层神经元 j 的连接情况

设网络的输入模式为 $A_k = (a_1^k, a_2^k, \cdots, a_N^k)$,$k = 1, 2, \cdots, p$;竞争层神经元向量为 $B_j = (b_{j1}, b_{j2}, \cdots, b_{jm})$,$j = 1, 2, \cdots, m$;其中,$A_k$ 为连续值,B_j 为数字量。网络的连接权为 $\{w_{ij}\}$,$i = 1, 2, \cdots, N; j = 1, 2, \cdots, M$。

SOM 网络寻找与输入模式 A_k 最接近的连接权向量 $W_g = (w_{g1}, w_{g2}, \cdots, w_{gN})$,将该连接权向量 W_g 进一步朝与输入模式 A_k 接近的方向调整,而且还调整邻域内的各个连接权向量 W_j,$j \in N_g(t)$。随着学习次数的增加,邻域逐渐缩小,最终得到聚类结果。

4.5.2 统计学方法

概念聚类是一种基于统计学和人工智能的方法,通过对一组未标记的对象产生对象的一个分类模式,为每组对象发现特征描述。COBWEB 是一种简单的增量概念聚类算法。通过分类树(见图 4-43)的形式创建层次聚类,每个节点代表一个概念,包含对概念的概率描述,概述被分在该节点下的对象。概率描述包括概念的概率和形如 $P(A_i = V_{ij} | C_k)$ 的条件概率,这里 $A_i = V_{ij}$ 是属性-值对,C_k 是概念类。概率 $P(C_k | A_i = V_{ij})$ 表示类间相异性。COBWEB 采用了一种启发式的指标,那就是分类效用,定义如下:

$$C_f = \frac{\sum_{k=1}^{n} P(C_k) \left[\sum_i \sum_j (P(A_i = V_{ij} | C_k))^2 - \sum_i \sum_j (P(A_i = V_{ij}))^2 \right]}{n}$$

式中,n 是在数据点的某个层次上形成的一个划分 $\{C_1, C_2, \cdots, C_n\}$ 的节点、概念或者种类的数目。

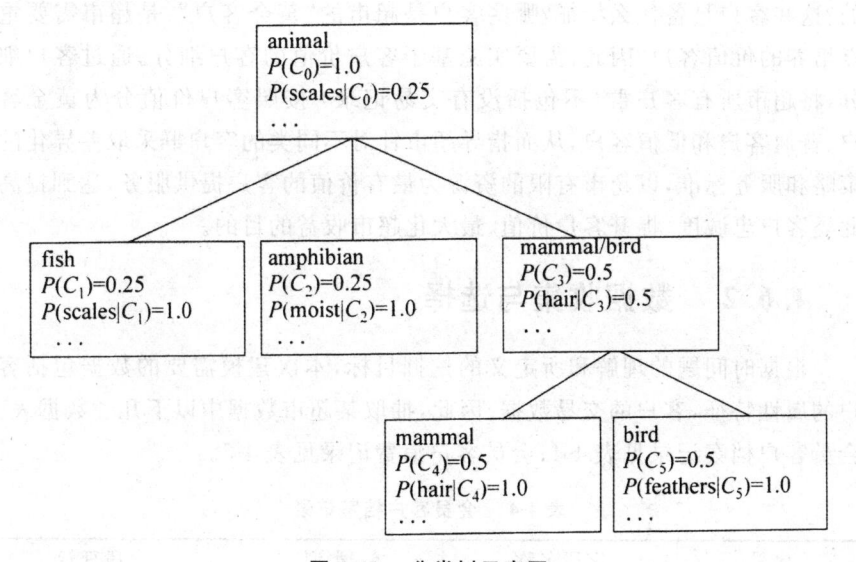

```
animal
P(C₀)=1.0
P(scales|C₀)=0.25
...
```

```
fish                    amphibian               mammal/bird
P(C₁)=0.25              P(C₂)=0.25              P(C₃)=0.5
P(scales|C₁)=1.0        P(moist|C₂)=1.0         P(hair|C₃)=0.5
...                     ...                     ...
```

```
mammal                  bird
P(C₄)=0.5               P(C₅)=0.5
P(hair|C₄)=1.0          P(feathers|C₅)=1.0
...                     ...
```

图 4-43 分类树示意图

4.6 聚类分析应用实例

4.6.1 问题理解与提出

客户细分是数据挖掘在客户关系管理(Customer Relationship Management, CRM)中的一大运用,它是指将一个大的客户群体划分为多个较小的客户群体,在划分后的每个客户群体中,客户在某个或几个属性值上具有高度的相似性,而在不同的群体之间,客户则差别较大。客户细分是企业确定产品和服务的基础,也是建立一对一营销的基础。

本例以某超市的客户为研究对象,以其会员卡的消费记录为数据源,运用 K-means 聚类算法对该超市 VIP 客户进行细分,得到一个细分模型,该模型对企业营销策略的制定具有一定的辅助作用。

本模型中需要解决的问题是:对超市来说,什么样的客户是最有价值的?这些客户具备什么特征?哪些客户是超市的"黄金客户",是超市需要重点培养的价值客户?因此,需要实施基于客户价值的客户细分。通过客户细分,将超市所有客户群(不包括没有交易记录)按照客户价值分为黄金客户、普通客户和低值客户,从而指导超市针对不同类的客户群采取差异化的策略和服务标准,以超市有限的资源为最有价值的客户提供服务,达到提高此类客户忠诚度、提升客户价值、最大化超市收益的目的。

4.6.2 数据收集与选择

根据时间问题的理解和所定义的挖掘目标,本次建模需要的数据包括客户的属性特征,客户的交易数据。因此,抽取某超市数据中以下几类数据表:会员客户档案记录见表 4-4;会员客户消费记录见表 4-5。

表 4-4 会员客户档案记录

序号	字段名称	类型	字段理解
1	Cid	VARCHAR(12)	会员卡号,唯一
2	Salary	Integer	工资
3	Age	Integer	年龄
4	Address	Char	住址
5	Type	Char	类别
…	…	…	…

表 4-5 会员客户消费记录

序号	字段名称	类型	字段理解
1	Cid	VARCHAR(12)	会员卡号,唯一
2	Time	Datetime	消费时间
3	Money	Float	消费金额
...	...	...	...

4.6.3 数据预处理

数据库中的原始数据由于受到人为或物理等因素的影响,会存在噪声数据、空缺数据和不一致数据,在挖掘前要先对数据进行预处理。

本例根据调查选择月消费次数和月消费金额两个属性来对数据进行聚类,但是在原始数据中,没有月消费次数和月消费金额这两个属性,于是需要对原始数据进行预处理。具体步骤为:首先,通过空缺值处理将原始数据的一些空缺值或者一些差异非常大的值去掉;其次,在此基础上进行数据转换,通过会员客户消费记录表中的时间和金额两个属性,通过编程实现数据的转换,得到月消费次数和月消费金额这两个属性数据。

4.6.4 应用 K-means 聚类算法建模

根据前面的定义,将超市客户按照客户价值不同分为黄金客户、普通客户和低值客户 3 类。因此,建模聚类个数 k 设为 3,实验所用数据集为某超市的 1000 个 VIP 会员消费记录数据,预处理后利用 K-means 算法进行聚类,得到的结果见表 4-6,其中 S_1、S_2、S_3 代表聚类得到的 3 个类标号。

表 4-6 聚类结果

类标号	客户数	客户数/%	金额/元	金额/%
S_1	150	15	1360	59.8
S_2	600	60	783	34.4
S_3	250	25	133	5.8

通过对每个聚类中的客户属性进行抽样分析计算,发现类 S_1 中的客户多半是团体客户,也有小部分高收入的个人客户;类 S_2 中的客户具有稳定的收入,有比较固定的购买频率和金额;类 S_3 中的客户多为中低收入者或者住址不在超市附近的客户。表 4-6 显示的聚类结果,不但发现了有意义的

知识,而且也体现了经济学中 20% 的客户带来约 80% 的利润的规律,即少数客户创造大部分的企业价值,因此该模型可以应用于实际案例,为企业经营提供决策支持。

第 5 章　分类与预测

数据库蕴藏大量信息，可以用来作为做出明智决策的依据。分类和预测是两种数据分析形式，可以用于提取描述重要数据类或预测未来的数据趋势的模型。这种分析有助于更好地全面理解数据。分类是预测分类（离散、无序的）标号，而预测是建立连续值函数模型。

5.1　分类和预测基本概念

银行贷款员需要分析数据，搞清楚哪些贷款申请者是"安全的"，银行的"风险"是什么。AllElectronics 的市场经理需要数据分析，以便帮助他猜测具有某些特征的顾客是否会购买一台新的计算机。医学研究者希望分析乳腺癌数据，预测病人应当接受三种具体治疗方案中的哪一种。在上面的每个例子中，数据分析任务都是分类（Classification），都需要构造一个模型或分类器（Classifier）来预测类属标号。分类和数值预测是预测问题的两种主要类型，这两个术语既有一定的区别又有一定的联系。一般情况下，预测是特指数值预测。

数据分类是一个两步过程，分别是学习和分类。图 5-1 所示的贷款应用数据，第一步，建立描述预先定义的数据类或概念集的分类器。这是学习步（或训练阶段），其中分类算法通过分析或从训练集"学习"来构造分类器。训练集由数据库元组和它们的相关联的类标号组成。元组 X 用 n 维属性向量 $\boldsymbol{X} = (x_1, x_2, \cdots, x_n)$ 表示，分别描述元组在 n 个数据库属性 $A_1, A_2, \cdots, A_n$ 上的 n 个度量。假定每个元组 X 都属于一个预先定义的类，由称作类标号属性（Class Label Attribute）的数据库属性确定。

由于提供了每个训练元组的类标号，这一步也称作监督学习（Supervised Learning），即分类器的学习在被告知每个训练元组属于哪个类的"监督"下进行。它不同于无监督学习（Unsupervised Learning）（或称聚类），每个训练元组的类标号是未知的，并且要学习的类的个数或集合也可能事先不知道。

（a）学习

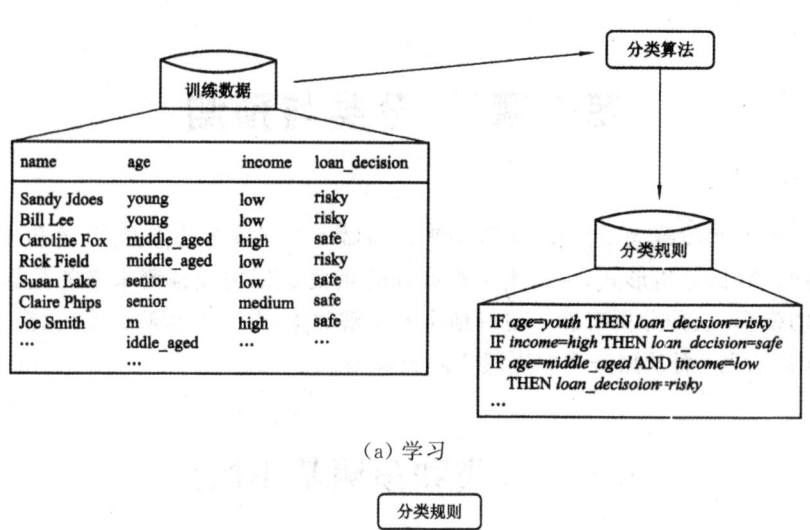

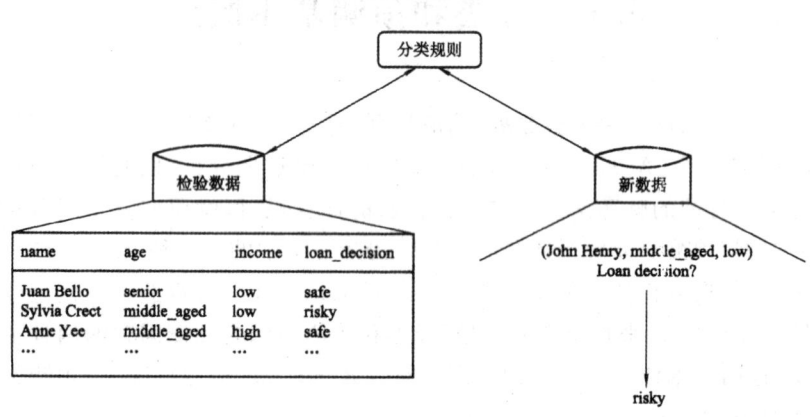

（b）分类

图 5-1　数据分类过程

5.2　决策树分类

5.2.1　基本概念

1. 决策树概述

决策树（decision tree）是一种类似于流程图的树结构，其中每个内部节点（非叶节点）表示在属性上的测试，每个分支表示该测试上的一个输出，而每个叶节点存放一个类标号，树的最顶层节点是根节点。

决策树与其他分类方法相比具有准确性高和速度快的优点。准确度高主要表现在得出的分类规则的正确率比较高,速度快的优点主要表现在计算量比较小,能够快速地形成分类规则。

基于决策树的决策算法的最大优点是:在学习过程中不需要了解很多背景知识,只从样本数据及提供的信息就能够产生一棵决策树,通过树节点的分叉判别可以使某一分类问题仅与主要的树节点对应的变量属性取值相关,即不需要全部变量取值来判别对应的范类。

2. 决策树的用途和特性

基于决策树的决策算法是实用性很好的总结预测算法之一,是一个趋近于非连续型函数值的算法,分类准确率高,方便操作,并且对噪声数据有很好的健壮性,所以成为了应用范围很广且比较受欢迎的数据挖掘算法。决策树在各行各业有着广泛应用,例如在医院的临床决策、人脸检测、故障诊断、故障预警、医疗数据挖掘、案例分析、分类预测的软件系统等方面都有很大的用处。决策树是数据挖掘的有力工具之一。决策树的最佳用途是图解说明如何领会决策与相关事件的相互作用。

决策树的特性是能够直观地体现数据,一般通过简单分析都能理解决策树表达的含义。决策树对于数据要求不是很高,数据的表达形式一般很简单。对于属性的类型是常规型或者是数据型的数据能够同时处理。另外,决策树能够在短时间内对大型的数据源做出有效且可行的分析结果。可以通过静态测试的方法对决策树模型进行测评,并且可以测定模型的可信度。对于某个观察模型,依据它所产生的决策树,能够非常容易地推导出相应的逻辑表达式。

3. 决策树工作原理

决策树是通过一系列规则对数据进行分类的过程。它提供一种在什么条件下会得到什么值的类似规则的方法。决策树分为分类树和回归树两种,分类树对离散变量做决策树,回归树对连续变量做决策树。

决策树也是最常用的数据挖掘算法之一,它的概念非常简单。决策树算法之所以如此流行,一个很重要的原因就是使用者基本上不用去了解机器学习算法,也不用深究它是如何工作的。直观地看,决策树分类器就像判断模块和终止块组成的流程图,终止块表示分类结果(也就是树的叶子)。判断模块表示对一个特征取值的判断(该特征有几个值,判断模块就有几个分支)。

图 5-2 给出了一个商业上使用决策树的例子。

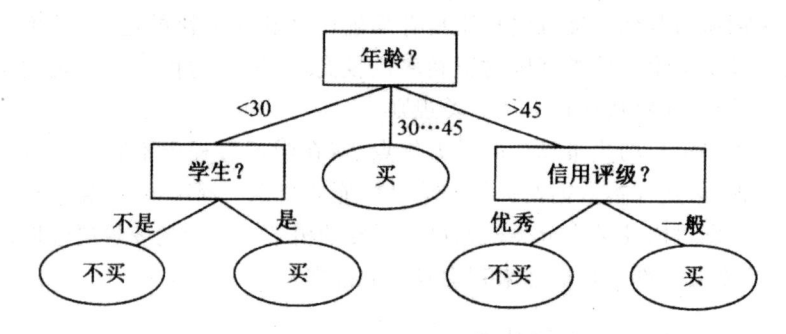

图 5-2 买电脑的决策树

它表示了一个关心电子产品的用户是否会购买电脑,用它可以预测某条记录(某个人)的购买意向。树中包含了三种节点:

(1) 根节点(root rode),它没有入边,但有两条或多条出边。

(2) 子节点(child node),恰有一条入边和两条或多条出边。

(3) 叶节点(leafnode)或终节点(terminal node),恰有一条入边,但没有出边。

在决策树中,每个叶节点都赋予一个类标号。非终节点(non-terminal rode)(包括根节点和内部节点)包含属性测试条件,用以分开具有不同特性的记录。这棵决策树对销售记录进行分类,指出一个电子产品消费者是否会购买一台计算机。每个内部节点(方形框)代表对某个属性的一次检测。每个叶节点(椭圆框)代表一个类:

(买电脑 = 买)或者(买电脑 = 不买)

在这个例子中,样本向量为:(年龄,学生,信用评级;买电脑)

被决策数据的格式为:(年龄,学生,信用评级)

输入新的被决策的记录,可以预测该记录隶属于哪个类。

一旦构造了某一棵决策树,对检验记录进行分类就相当容易了。从树的根节点开始,将测试条件用于检验记录,根据测试结果选择适当的分支。沿着该分支或者到达另一个内部节点,使用新的测试条件,或者到达一个叶节点。到达叶节点之后,叶节点的类称号就被赋值给该检验记录。

4. 决策树构建步骤

建树就是决策树分类算法建模的主体过程,或者说,建树便是主要规则的产生过程。决策树构建的基本步骤如表 5-1 所示。

表 5-1　决策树构建的基本步骤

步骤	内容
1	开始,所有记录看作 N 个节点
2	遍历每个变量的每一种分割方式,找到最好的分割点
3	分割成多个节点 $N_1, N_2, \cdots, N_m$ (m 的数量与当前的属性相关)
4	对 $N_1, N_2, \cdots, N_m$ 分别继续执行第 2~第 3 步,直到每个节点足够"纯"为止 ("纯"的含义是要么全部是"是",要么全部是"否")

决策树的变量有两种:数字型(Numeric)和名称型(Nominal)。

(1) 数字型:变量类型是整数或浮点数,如前面例子中的"年龄"。用">""<"等作为分割条件(排序后,利用已有的分割情况,可以优化分割算法的时间复杂度)。

(2) 名称型:类似编程语言中的枚举类型,变量只能从有限的选项中选取。

5.2.2　ID3 算法原理

1. ID3 算法基本原理

基本决策树构造算法是一个贪心算法,它采用自上向下的递归方法构造决策树,著名的决策树算法 ID3 的基本策略如下。

(1) 树以代表训练样本的单个节点开始。

(2) 如果样本都在同一个类中,则这个节点称为树叶节点并标记为该类别。

(3) 否则算法使用信息熵(称为信息增益)作为启发知识来帮助选择合适的将样本分类的属性,以便将样本集划分为若干子集,该属性就是相应节点的"测试"或"判定"属性,同时所有属性应当是离散值。

(4) 对测试属性的每个已知的离散值创建一个分支,并据此划分样本。

(5) 算法使用类似的方法,递归地形成每个划分上的样本决策树,一个属性一旦出现在某个节点上,那么它就不能再出现在该节点之后所产生的子树节点中。

(6) 整个递归过程在下列条件之一成立时停止。

① 给定节点的所有样本属于同一类。

② 没有剩余属性可以用来进一步划分样本,这时候该节点作为树叶,

并用剩余样本中出现最多的类型作为叶子节点的类型。

③ 某一分支没有样本,在这种情况下以训练样本集中占多数的类创建一个树叶。

ID3算法的核心是在决策树各级节点上选择属性时,用信息增益作为属性的选择标准,使得在每一个非节点进行测试时,能获得关于被测试记录最大的类别信息。

2. 熵和信息增益

为了寻找对样本进行分类的最优方法,我们要做的工作就是使对一个样本分类时需要问的问题最少(即树的深度最小)。因此,需要某种函数来衡量哪些问题将提供最为平衡的划分,信息增益就是这样的函数之一。

设 S 是训练样本集,它包括 n 个类别的样本,这些类别分别用 $C_1,C_2,\cdots,C_n$ 表示,那么 S 的熵(entropy)或者期望信息就为

$$\text{entropy}(S) = -\sum_{i=0}^{n} p_i \log_2 p_i \tag{5-1}$$

式中: p_i 表示类 C_i 的概率。如果将 S 中的 n 类训练样本看作 n 种不同的消息,那么 S 的熵表示对每一种消息编码需要的平均比特数,$|S| \times \text{entropy}(S)$ 就表示对 S 进行编码需要的比特数,其中,$|S|$ 表示 S 中的样本数目。如果 $n=2, p_1 = p_2 = 0.5$,那么,

$$\text{entropy}(S) = -0.5\log_2 0.5 - 0.5\log_2 0.5 = 1$$

如果,$n=2, p_1 = 0.67, p_2 = 0.33$,那么,

$$\text{entropy}(S) = -0.67\log_2 0.67 - 0.33\log_2 0.33 = 0.92$$

可见,样本的概率分布越均衡,它的信息量(熵)就越大,样本集的混杂程度也越高。因此,熵可以作为训练集的不纯度(impurity)的一个度量,熵越大,不纯度就越高。这样,决策树的分支原则就是使划分后的样本的子集越纯越好,即它们的熵越小越好。

从直观上,在没有任何信息的情况下,如果要猜测一个样本的类别,我们会倾向于指定该样本以 0.5 的概率属于类别 C_1,并以同样的 0.5 概率属于类别 C_2,也就是说,在没有反对信息存在的情况下,我们会假设先验概率相等,此时的熵为 1。但是,当我们已知 C_1 的样本数占 67%,C_2 的样本数占 33% 时,熵变为 0.92,也就是说,信息已经有了 0.08 比特的增加。

当样本属于每个类的概率相等时,即对任意 i 有 $p_i = 1/n$ 时,上述的熵取到最大值 $\log_2 n$。而当所有样本属于同一类时,S 的熵为 0。其他情况的熵

介于 $0 \sim \log_2 n$。图 5-3 是 $n=2$ 时布尔分类的熵函数随 p_1 从 $0 \sim 1$ 变化时的曲线。

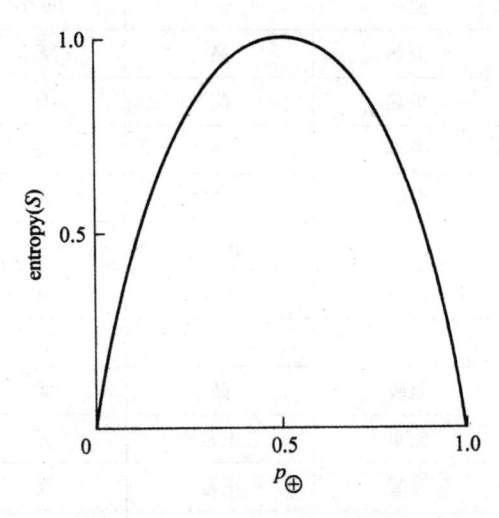

图 5-3 $n=2$ 时布尔分类的熵函数

设属性 A 将 S 划分成 m 份，根据 A 划分的子集的熵或期望信息由下式给出：

$$\mathrm{entropy}(S,A) = \sum_{i=0}^{m} \frac{|S_i|}{|S|} \mathrm{entropy}(S_i)$$

式中，S_i 表示根据属性 A 划分的 s 的第 i 个子集；$|S|$ 和 $|S_i|$ 分别表示 S 和 S_i 中的样本数目。信息增益用来衡量熵的期望减少值，因此，使用属性 A 对 S 进行划分获得的信息增益为

$$\mathrm{gain}(S,A) = \mathrm{entropy}(S) - \mathrm{entropy}(S,A)$$

$\mathrm{gain}(S,A)$ 是指因为知道属性 A 的值后导致的熵的期望压缩。$\mathrm{gain}(S,A)$ 越大，说明选择测试属性 A 对分类提供的信息越多。因为熵越小代表节点越纯，按照信息增益的定义，信息增益越大，熵的减少量也越大，节点就趋向于更纯。因此，可以对每个属性按照它们的信息增益大小排序，获得最大信息增益的属性被选择为分支属性。

在表 5-2 的训练样本中，属于类"适宜"的样本有 9 个，属于类"不宜"的样本有 5 个，于是，对给定样本分类所需的期望信息为

$$\mathrm{entropy}(S) = -\frac{9}{14}\log_2 \frac{9}{14} - \frac{5}{14}\log_2 \frac{5}{14} = 0.94$$

表 5-2 训练样本

天气	温度	湿度	风力	运动要
晴	炎热	高	无	不宜
晴	炎热	高	有	不宜
阴	炎热	高	无	适宜
雨	温暖	高	无	适宜
雨	凉爽	正常	无	适宜
雨	凉爽	正常	有	不宜
阴	凉爽	正常	有	适宜
晴	温暖	高	无	不宜
晴	凉爽	正常	无	适宜
雨	温暖	正常	无	适宜
晴	温暖	正常	有	适宜
阴	温暖	高	有	适宜
阴	炎热	正常	无	适宜
雨	温暖	高	有	不宜

熵值 0.940 反映了对样本集合 S 分类的不确定性,也是对样本分类的期望信息。熵值越小,划分的纯度越高,对样本分类的不确定性就越低。一个属性的信息增益,就是用这个属性对样本分类而导致熵的期望值下降。因此,ID3 算法在每一个节点选择取得最大信息增益的属性。

下面分别对属性天气、温度、湿度和风力计算根据这些属性对训练样本进行划分得到的信息增益。

设训练样本集为 S,天气将 S 划分成三个部分,即天气 = 晴、天气 = 阴和天气 = 雨,我们用 S_v 来表示属性值为 v 的样本集,于是 $|S_{晴}| = 5$,$|S_{阴}| = 4$,$|S_{雨}| = 5$,而在 $S_{晴}$ 中,类"适宜"的样本有 2 个,类"不宜"的样本有 3 个,$S_{晴}$ 的熵为

$$\text{entropy}(S_{晴}) = -\frac{2}{5}\log_2\frac{2}{5} - \frac{3}{5}\log_2\frac{3}{5} = 0.971$$

同理,可以计算出 $S_{阴}$ 和 $S_{雨}$ 的熵分别为 0 和 0.971,因此,使用属性天气划分 S 的期望信息为

$$\text{entropy}(S, 天气) = \frac{5}{14} \times 0.971 + \frac{4}{14} \times 0 + \frac{5}{14} \times 0.971 = 0.694$$

天气的信息增益为

$$\text{gain}(S,\text{天气}) = 0.940 - 0.694 = 0.246$$

同理可得 $\text{gain}(S,\text{温度}) = 0.151$，$\text{gain}(S,\text{温度}) = 0.048$，$\text{gain}(S,\text{风力}) = 0.029$，因为属性"天气"的信息增益最大，所以选择属性天气作为根节点的测试属性，并对应每个值（即晴、阴、雨）在根节点向下创建分支。

3. ID3算法实例分析

【例5-1】 表5-3给出了一个可能带有噪声的数据集合。它有4个属性：天气、温度、湿度和风力。它们分别为否和是两类。通过ID3算法构造决策树将数据进行分类。

表5-3 样本数据集

属性	天气	温度	湿度	风力	类
1	阴	炎热	高	无风	否
2	阴	炎热	高	大风	否
3	阴	炎热	高	微风	否
4	晴	炎热	高	无风	是
5	晴	炎热	高	微风	是
6	雨	温暖	高	无风	否
7	雨	温暖	高	微风	否
8	雨	炎热	正常	无风	是
9	雨	炎热	正常	微风	否
10	雨	炎热	正常	大风	否
11	晴	炎热	正常	大风	是
12	晴	炎热	正常	微风	是
13	阴	温暖	高	无风	否
14	阴	温暖	高	微风	否
15	阴	炎热	正常	无风	是
16	阴	炎热	正常	微风	是
17	雨	温暖	正常	无风	否
18	雨	温暖	正常	微风	否

续表

属性	outlook	temperature	humidity	windy	类
19	阴	温暖	正常	微风	是
20	阴	温暖	正常	大风	是
21	晴	温暖	高	大风	是
22	晴	温暖	高	微风	是
23	晴	炎热	正常	无风	是
24	雨	温暖	高	大风	否

因为初始时刻属于"是"类和"否"类的实例个数均为12个,所以初始时刻的熵值为

$$\text{entropy}(X) = -\frac{12}{24}\log_2\frac{12}{24} - \frac{12}{24}\log_2\frac{12}{24} = 1$$

如果选取"天气"属性作为测试属性,则此时的条件熵为

$$\text{entropy}(X, 天气) = \frac{9}{24}\left(-\frac{4}{9}\log_2\frac{4}{9} - \frac{5}{9}\log_2\frac{5}{9}\right) +$$

$$\frac{8}{24}\left(-\frac{1}{8}\log_2\frac{1}{8} - \frac{7}{8}\log_2\frac{7}{8}\right) +$$

$$\frac{7}{24}\left(-\frac{7}{7}\log_2\frac{7}{7} - 0\right)$$

$$= 0.4643$$

如果选取"温度"属性作为测试属性,则有

$$\text{entropy}(X, 温度) =$$

$$\frac{8}{24}\left(-\frac{4}{8}\log_2\frac{4}{8} - \frac{4}{8}\log_2\frac{4}{8}\right) + \frac{11}{24}\left(-\frac{4}{11}\log_2\frac{4}{11} - \frac{7}{11}\log_2\frac{7}{11}\right) +$$

$$\frac{5}{24}\left(-\frac{4}{5}\log_2\frac{4}{5} - \frac{1}{5}\log_2\frac{1}{5}\right) =$$

$$0.6739$$

如果选取"湿度"属性作为测试属性,则有

$$\text{entropy}(X, 湿度) =$$

$$\frac{12}{24}\left(-\frac{4}{12}\log_2\frac{4}{12} - \frac{8}{12}\log_2\frac{8}{12}\right) + \frac{12}{24}\left(-\frac{4}{12}\log_2\frac{4}{12} - \frac{8}{12}\log_2\frac{8}{12}\right) =$$

$$0.8183$$

如果选取"风力"属性作为测试属性,则有

entropy$(X,$风力$)=$

$$\frac{8}{24}\left(-\frac{4}{8}\log_2\frac{4}{8}-\frac{4}{8}\log_2\frac{4}{8}\right)+\frac{6}{24}\left(-\frac{3}{6}\log_2\frac{3}{6}-\frac{3}{6}\log_2\frac{3}{6}\right)$$
$$+\frac{10}{24}\left(-\frac{5}{10}\log_2\frac{5}{10}-\frac{5}{10}\log_2\frac{5}{10}\right)=$$
$$1$$

可以看出 entropy$(X,$天气$)$最小,即有关"天气"的信息对于分类有最大的帮助,提供最大的信息量,即 gain$(X,$天气$)$最大,所以应该选择"天气"属性作为测试属性。还可以看出 entropy$(X)=$ entropy$(X,$风力$)$最小,即 gain$(X,$风力$)=0$,有关"风力"的信息不能提供任何分类信息。选择"天气"作为测试属性之后将训练实例分为三个子集,生成三个叶节点,对每个叶节点依次利用上面的过程生成如图 5-4 所示的决策树。

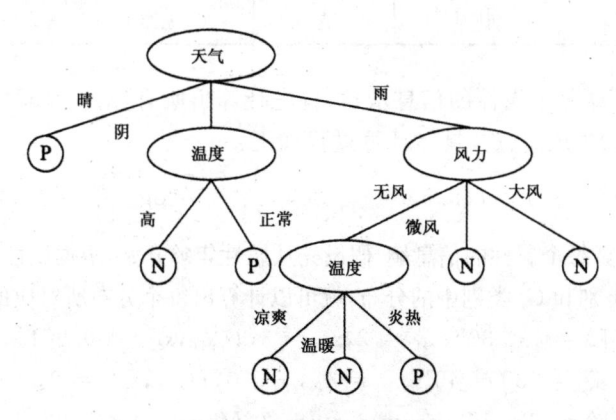

图 5-4 生成的决策树

【例 5-2】 表 5-4 所示为一个商场顾客数据库(训练样本集合)属性。样本集合的类别属性为 buy computer,该属性有两个不同取值,即{yes,no},因此就有两个不同的类别$(m=2)$。设 C_1 对应 yes 类别,C_2 对应 no 类别。C_1 类别包含 9 个样本,C_2 类别包含 5 个样本。

表 5-4 一个商场顾客数据库

项目	年龄	收入	学生	信用评分	购买电脑
1	<30	高	否	一般	否
2	<30	高	否	优秀	否
3	30~40	高	否	一般	是
4	>40	中等	否	一般	是
5	>40	低	是	一般	是

续表

项目	年龄	收入	学生	信用评分	购买电脑
6	>40	低	是	优秀	否
7	30~40	低	是	优秀	是
8	<30	中等	否	一般	否
9	<30	低	是	一般	是
10	>40	中等	是	一般	是
11	<30	中等	是	优秀	是
12	30~40	中等	否	优秀	是
13	30~40	高	是	一般	是
14	>40	中等	否	优秀	否

为了计算每个属性的信息增益,首先计算出所有(对一个给定样本进行分类所需要)的信息量,具体计算过程如下:

$$I(s_1, s_2) = I(9,5) = -\frac{9}{14}\log_2\frac{9}{14} - \frac{5}{14}\log_2\frac{5}{14} = 0.94$$

接着需要计算每个属性的信息熵。假设先从属性年龄开始,根据属性 age 中每个取值在 C_1 类别和 C_2 类别中的分布,就可以计算出每个分布所对应的信息。

对于年龄 = "<30"; $s_{11} = 2, s_{21} = 3, I(s_{11}, s_{21}) = 0.971$。

对于年龄 = "30~40"; $s_{12} = 4, s_{22} = 0, I(s_{11}, s_{21}) = 0$。

对于年龄 = ">40"; $s_{13} = 3, s_{23} = 2, I(s_{11}, s_{21}) = 0.971$。

然后就可以计算出若根据属性年龄对样本集合进行划分,所获得的对一个数据对象进行分类而需要的信息熵,由此获得利用属性年龄对样本集合进行划分的信息增益为

$$\text{gain}(年龄) = I(s_1, s_2) - E(\text{age}) = 0.245$$

类似可以获得

$$\text{gain}(收入) = 0.0029$$
$$\text{gain}(学生) = 0.151$$
$$\text{gain}(信用评分) = 0.048$$

显然选择属性年龄所获得的信息增益最大,因此被作为测试属性用于产生当前分支节点。这个新产生的节点被标记为年龄;同时根据属性年龄的三个不同取值,产生三个不同的分支,当前的样本集合被划分为三个子集,如图 5-5 所示。其中落入年龄 = "30~40" 子集的样本类别均为 C_1 类别,因此在这个分支末端产生一个叶节点并标记为 C_1 类别。根据如表 5-4 所示的训

练样本集合,最终产生一个如图 5-5 所示的决策树。

收入	学生	信用评分	类别
高	否	一般	否
高	否	优秀	否
中等	否	一般	否
低	是	一般	是
中等	是	优秀	是

收入	学生	信用评分	类别
高	否	一般	是
低	是	优秀	是
中等	否	优秀	是
高	是	一般	是

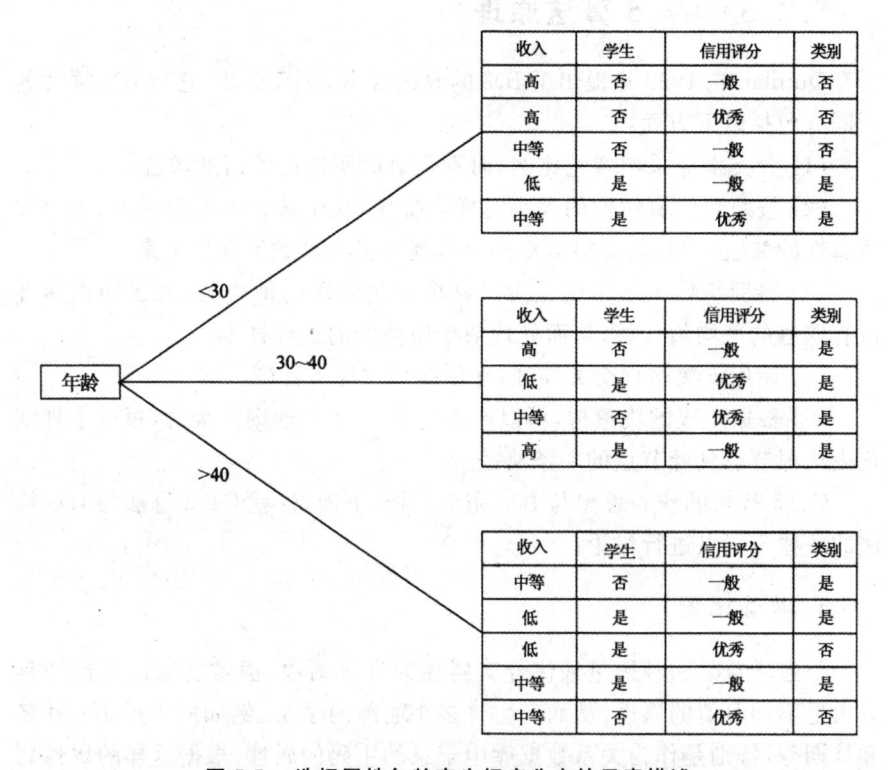

收入	学生	信用评分	类别
中等	否	一般	是
低	是	一般	是
低	是	优秀	否
中等	是	一般	是
中等	否	优秀	否

图 5-5 选择属性年龄产生相应分支的示意描述

从图 5-5 中可以看出,年龄 = "30 ~ 40"的子集样本的类别相同,均为是,故该节点将成为一个叶子节点,并且其类别标记为是。

接下来,对是节点的不纯分支子节点进一步完成与上述步骤类似的计算,最后得到的决策树如图 5-6 所示。

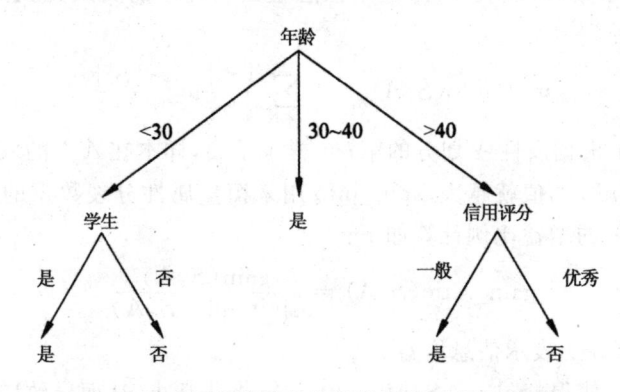

图 5-6 是否买计算机的分类与预测决策树示例

5.2.3　C4.5算法原理

Quinlan 在 1993 年提出了 ID3 的改进版本 C4.5 算法。它与 ID3 算法的不同点包括以下方面：

(1) 分支指标采用增益比例，而不是 ID3 所使用的信息增益。

(2) 按照数值属性值的大小对样本排序，从中选择一个分割点，划分数值属性的取值区间，从而将 ID3 的处理能力扩充到数值属性上来。

(3) 将训练样本集中的位置属性值用最常用的值代替，或者用该属性所有取值的平均值代替，从而处理缺少属性值的训练样本。

(4) 使用 k 次迭代交叉验证，评估模型的优劣程度。

(5) 根据生成的决策树，可以产生一个 if-then 规则的集合，每一个规则代表从根节点到叶节点的一条路径。

C4.5 算法的核心思想与 ID3 完全一样，下面，仅就 C4.5 算法与 ID3 算法的一些不同点进行讨论。

1. 增益比例

信息增益是一种衡量最优分支属性的有效函数，但是它倾向于选择具有大量不同取值的属性，从而产生许多小而纯的子集。例如病人的 ID、姓名和日期等，特别是作为关系数据库中记录的主码的属性，根据这样的属性划分的子集都是单元集，对应的决策树节点当然是纯节点了。因此，需要新的指标来降低这种情况下的增益。Quinlan 提出使用增益比例来代替信息增益。

首先，考虑训练样本关于属性值的信息量（熵）$\text{split\_info}(S,A)$，其中，S 代表训练样本集；A 代表属性，这个信息量是与样本的类别无关的，它的计算公式如下：

$$\text{split\_info}(S,A) = -\sum_{i=1}^{m} \frac{|S_i|}{|S|} \log_2 \frac{|S_i|}{|S|}$$

式中，S_i 表示根据属性 A 划分的第 i 个样本子集，样本在 A 上的取值分布越均匀，split_info 的值就越大。split_info 用来衡量属性分裂数据的广度和均匀性。属性 A 的增益比例计算如下：

$$\text{gain\_ratio}(S,A) = \frac{\text{gain}(S,A)}{\text{split\_info}(S,A)}$$

式中，$\text{gain}(S,A)$ 表示信息增益。

当存在 i 使得 $|S_i| = |S|$ 时，split_info 将非常小，从而导致增益比例异常大，C4.5 为解决此问题，进行了改进，它计算每个属性的信息增益，对于

超过平均信息增益的属性,再进一步根据增益比例来选取属性。

一个属性分割样本的广度越大,均匀性越强,该属性的 split_info 越大,增益比例就越小。因此,split_info 降低了选择那些值较多且均匀分布的属性的可能性。

例如,含 n 个样本的集合按属性 A 划分为 n 组(每组一个样本),A 的分裂信息为 $\log_2 n$。属性 B 将 n 个样本平分为两组,B 的分裂信息为 1,若 A、B 有同样的信息增益,显然,按信息增益比例量度应选择 B 属性。采用增益比例作为选择属性的标准,克服了信息增益量度的缺点,但是算法偏向于选择取值较集中的属性(即熵值最小的属性),而它并不一定是对分类最重要的属性。

2. 数值属性的处理

C4.5 处理数值属性的过程如下:
(1) 按照属性值对训练数据进行排序。
(2) 用不同的阈值对训练数据进行动态划分。
(3) 当输入改变时确定一个阈值。
(4) 取当前样本的属性值和前一个样本属性值的中点作为新的阈值。
(5) 生成两个划分,所有的样本分布到这两个划分中。
(6) 得到所有可能的阈值、增益和增益比例。
每一个数值属性划分为两个区间,即大于阈值或小于等于阈值。

3. 未知属性值的处理

C4.5 处理样本中未知属性值的方法是将未知值用最常用的值代替,或者用该属性所有取值的平均值代替。另一种解决办法是采用概率的办法,为属性的每一个取值赋予一个概率,在划分样本集时,将未知属性值的样本按照属性值的概率分配到子节点中去,这些概率的获取依赖于已知的属性值的分布。

在表 5-2 的例子中,属性"天气"有三个不同取值,其中值为"晴"的样本有 5 个,值为"阴"的样本有 4 个,值为"晴"的样本有 5 个,总共 14 个已知属性值的样本。因此,如果存在一个未知"天气"属性值的样本,那么根据属性"天气"分支时,分配到"天气"="晴"的样本数为 5+5/14 个,分配到"天气"="阴"的样本数为 4+4/14 个,分配到"天气"="雨"的样本数为 5+5/14 个。

4. k 次交叉验证

交叉验证是一种模型评估方法,它将使用学习样本产生的决策树模型应用于独立的测试样本,从而对学习的结果进行验证。如果对学习样本进行分析产生的大多数或者全部分支都是基于随机噪声的,那么使用测试样本进行分类的结果将非常糟糕。

如果将上述的学习—验证过程重复 k 次,就称为 k 次迭代交叉验证。首先,将所有的训练样本平均分成 k 份,每次使用其中的一份作为测试样本,使用其余的 $k-1$ 次作为学习样本;其次选择平均分类精度最高的树作为最后的结果。通常,分类精度最高的树并不是节点最多的树。除了用于选择规模较小的树外,交叉验证还用于决策树的修剪。k 次迭代交叉验证非常适用于训练样本数目比较少的情形。但是由于要构建 k 棵决策树,它的计算量非常大。

5. 规则的产生

C4.5 还提供了将决策树模型转换为 if-then 规则的算法。规则存储于一个二维数组中,每一行代表一个规则。表的每一列代表样本的一个属性,列的值代表了属性的不同取值,例如,对于分类属性来说,0、1 分别代表取属性的第一、第二个值,对于数值属性来说,0、1 分别代表小于等于和大于阈值。如果列值为 -1,则代表工作中不包含该属性。

6. C4.5 算法实例分析

【例 5-3】 下面通过对毕业生就业信息的分析加以理解。这个分析结果能够帮助教育者寻找到可能影响毕业生就业的信息,从而在今后的教学过程中进行改进,使得毕业生在就业时更具竞争力。

表 5-5 的数据是经过预处理的数据集,从表 5-5 中可以得到类标号属性"就业情况"有两个不同的值("已""未"),因此有两个不同的类。其中对应于类值"已"有 14 个样本,类值"未"有 8 个样本。

表 5-5 毕业生就业信息表

学号	性别	学生干部	综合成绩	毕业论文	就业情况
2000041134	男	是	70～79	优	已
2000041135	女	是	80～89	优	已
2000041201	男	不是	60～69	不及格	未

续表

学号	性别	学生干部	综合成绩	毕业论文	就业情况
2000041202	男	是	60~69	良	已
2000041203	男	是	70~79	中	已
2000041204	男	不是	70~79	良	未
2000041205	女	是	60~69	良	已
2000041209	男	是	60~69	良	已
2000041210	女	是	70~79	中	未
2000041211	男	不是	60~69	及格	已
2000041215	男	是	80~89	及格	已
2000041216	男	是	70~79	良	已
2000041223	男	不是	70~79	及格	未
2000041319	男	不是	60~69	及格	已
2000041320	男	是	70~79	良	已
2000041321	男	不是	70~79	良	未
2000041322	男	不是	80~89	良	未
2000041323	女	是	70~79	良	已
2000041324	男	不是	70~79	不及格	未
2000041325	男	不是	70~79	良	未
2000041326	女	是	60~69	优	已
2000041327	男	是	60~69	良	已

首先,计算训练集的全部信息量。

$$\text{entropy}(就业情况) = \text{entropy}(14,8) =$$
$$-\frac{14}{22}\log_2\frac{14}{22} - \frac{8}{22}\log_2\frac{8}{22} =$$
$$0.945\,663\,64$$

其次,需要计算每个属性的信息增益比,以属性"性别"为例。

$$\text{entropy}(男) = \text{entropy}(10,7) =$$
$$-\frac{10}{17}\log_2\frac{10}{17} - \frac{7}{17}\log_2\frac{7}{17} =$$
$$0.977\,394\,12$$

$$\text{entropy}(女) = \text{entropy}(4,1) =$$
$$-\frac{4}{5}\log_2\frac{4}{5} - \frac{1}{5}\log_2\frac{1}{5} =$$
$$0.72192809$$

由公式有
$$\text{entropy}(性别) = \left(\frac{17}{22}\right) \times \text{entropy}(男) + \left(\frac{5}{22}\right) \times \text{entropy}(女) =$$
$$0.91935197$$

求出这种划分的信息增益。
$$\text{gain}(性别) = \text{entropy}(就业情况) - \text{entropy}(性别) =$$
$$0.02630833$$

再次,根据公式求出在该属性上的分裂信息。
$$\text{split\_Info}(性别) = -\frac{17}{22}\log_2\frac{17}{22} - \frac{5}{22} \times \log_2\frac{5}{22} =$$
$$0.77322667$$

最后,求出在该属性上的增益比。
$$\text{gain\_ratio}(学生干部) = 0.41171446$$
$$\text{gain\_ratio}(综合成绩) = 0.08839108$$
$$\text{gain\_ratio}(毕业成绩) = 0.10167158$$

由上述计算结果可知"学生干部"在属性中具有最大的信息增益比,取"学生干部"为根属性,引出一个分支,样本按此划分。对引出的每一个分支再用此分类法进行分类,再引出分支,最后所构造出的判定树如图 5-7 所示。

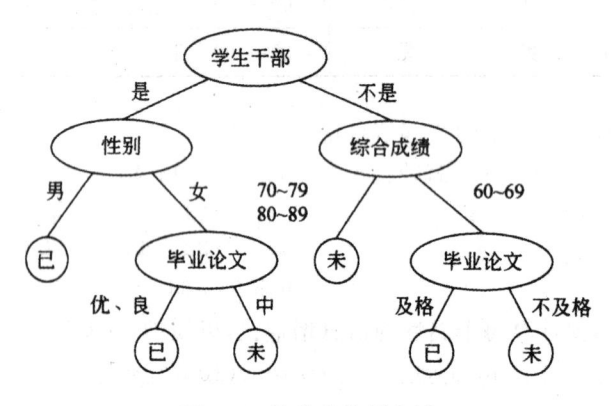

图 5-7 构造出的判定树

5.3 贝叶斯分类

5.3.1 贝叶斯定理

贝叶斯定理解决了现实生活里经常遇到的问题:已知某条件概率,如何得到两个事件交换后的概率,也就是在已知 $P(A|B)$ 的情况下如何求得 $P(B|A)$。

这里先解释什么是条件概率:表示事件 B 已经发生的前提下,事件 A 发生的概率,称为事件 B 发生下事件 A 的条件概率。其基本求解公式为

$$P(A|B) = \frac{P(AB)}{P(B)}$$

贝叶斯定理之所以有用,是因为在生活中经常遇到这种情况:可以很容易直接得出 $P(A|B)$,$P(B|A)$ 则很难直接得出,但人们往往更关心 $P(B|A)$,贝叶斯定理打通了从 $P(A|B)$ 获得 $P(B|A)$ 的道路。

下面不加证明地直接给出贝叶斯定理:

$$P(B|A) = \frac{P(A|B)P(B)}{P(A)}$$

贝叶斯定理是概率论中的一个结果,它和随机变量的条件概率及边缘概率分布有关。在有些关于概率的解释中,贝叶斯定理(贝叶斯更新)能够告知如何利用新证据修改已有的看法。

通常,事件 A 在事件 B(发生)的条件下的概率,与事件 B 在事件 A 的条件下的概率是不一样的;然而,这两者是有确定的关系的,贝叶斯定理就是这种关系的陈述。

5.3.2 朴素贝叶斯分类原理与流程

朴素贝叶斯分类是贝叶斯分类的一种,朴素贝叶斯分类和贝叶斯分类都有着坚实的数学理论基础,朴素贝叶斯分类与贝叶斯分类相比,后者需要花很大的时间和空间复杂度去计算类条件概率,然而,各条件属性之间的相关性也无法得知,这更加增大了计算的难度,基于这种情况,朴素贝叶斯分类就被提出来了,相比于贝叶斯分类,朴素贝叶斯分类增加了一个条件假设,即类条件独立性假设,该假设假定所有的条件属性在类条件已知的情况下是完全相互独立的,这就大大简化了条件概率的计算复杂性,也使得朴素

贝叶斯分类得以快速地推广。

朴素贝叶斯分类器(Naive Bayes Classifier,NBC)是众多高效的分类器之一,有时也称为朴素贝叶斯模型,它基于贝叶斯理论和贝叶斯网理论,最大的特点是简单高效。

1. 朴素贝叶斯分类原理

朴素贝叶斯的思想基础是这样的:对于给出的待分类项,求解在此项出现的条件下各个类别出现的概率,哪个最大,就认为此待分类项属于哪个类别。通俗来说,你在街上看到一个黑皮肤的人,让你猜他来自哪里,你十有八九猜来自非洲。因为黑皮肤的人中非洲人的比率最高,当然他也可能是亚洲人或美洲人,但在没有其他可用信息下,会选择条件概率最大的类别,这就是朴素贝叶斯的思想基础。

朴素贝叶斯分类的正式定义如下:

(1) 设 $x = \{a_1, a_2, \cdots, a_m\}$ 为一个待分类项,而每个 a 为 x 的一个特征属性。

(2) 有类别集合 $C = \{y_1, y_2, \cdots, y_n\}$。

(3) 计算 $P(y_1|x), P(y_2|x), \cdots, P(y_n|x)$。

(4) 如果 $P(y_k|x) = \max\{P(y_1|x), P(y_2|x), \cdots, P(y_n|x)\}$,则 $x \in y_k$。

如何计算上述(3)中的各个条件概率?

首先,找到一个已知分类的待分类项集合,这个集合称作训练样本集。

其次,统计得到在各类别下各个特征属性的条件概率估计。即

$$P(a_1|y_1), P(a_2|y_1), \cdots, P(a_m|y_1);$$
$$P(a_1|y_2), P(a_2|y_2), \cdots, P(a_m|y_2); \cdots;$$
$$P(a_1|y_n), P(a_2|y_n), \cdots, P(a_m|y_n)$$

最后,如果各个特征属性是条件独立的,则根据贝叶斯定理有如下推导

$$P(y_i|x) = \frac{P(x|y_i)P(y_i)}{P(x)}$$

因为分母对于所有类别为常数,只要将分子最大化皆可。又因为各特征属性是条件独立的,所以有

$$P(x|y_i)P(y_i) = P(a_1|y_i), P(a_2|y_i), \cdots, P(a_m|y_i)P(y_i)$$
$$= P(y_i) \prod_{j=1}^{m} P(a_j|y_i)$$

2. 朴素贝叶斯分类流程

整个朴素贝叶斯分类可分为三个阶段:

第一阶段是准备工作阶段,这个阶段的任务是为朴素贝叶斯分类做必要的准备,主要工作是根据具体情况确定特征属性,并对每个特征属性进行适当划分,然后由人工对一部分待分类项进行分类,形成训练样本集。这一阶段的输入是所有待分类数据,输出是特征属性和训练样本。这一阶段是整个朴素贝叶斯分类中唯一需要人工完成的阶段,其质量对整个过程将有重要影响,分类器的质量在很大程度上由特征属性、特征属性划分及训练样本质量决定。

第二阶段是分类器训练阶段,这个阶段的任务就是生成分类器,主要工作是计算每个类别在训练样本中的出现频率及每个特征属性划分对每个类别的条件概率估计,并将结果进行记录。其输入是特征属性和训练样本,输出是分类器。这一阶段是机械性阶段,可以由程序自动计算完成。

第三阶段是应用阶段。这个阶段的任务是使用分类器对分类项进行分类,其输入是分类器和待分类项,输出是待分类项与类别的映射关系。这一阶段也是机械性阶段,由程序完成。

根据上述分析,朴素贝叶斯分类的流程图可以由图5-8表示。

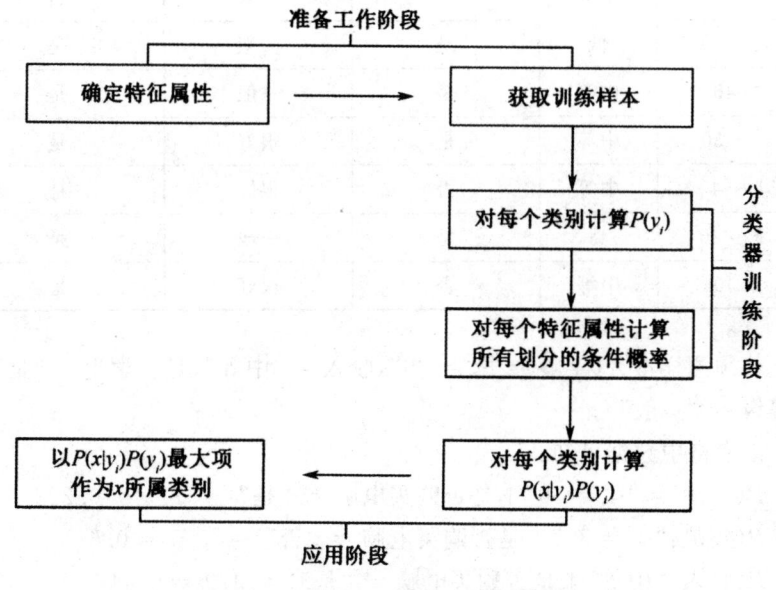

```
准备工作阶段
确定特征属性 → 获取训练样本
                    ↓
              对每个类别计算 $P(y_i)$          分
                    ↓                        类
              对每个特征属性计算                器
              所有划分的条件概率                训
                    ↓                        练
以 $P(x|y_i)P(y_i)$ 最大项 ← 对每个类别计算      阶
作为 x 所属类别           $P(x|y_i)P(y_i)$      段
应用阶段
```

图 5-8 朴素贝叶斯分类的流程图

3. 朴素贝叶斯分类应用实例

朴素贝叶斯分类在实际生活中的应用很广,如天气预报、金融投资、保险业等。下面介绍朴素贝叶斯分类在商业中的应用,训练样本如表 5-6 所

▲ 数据挖掘及其在金融信息处理中的应用

示,该应用中收集的数据是关于客户购买电脑的可能性,通过对客户有用指标的统计,并利用朴素贝叶斯分类模型进行计算和分析,得出相应的结果。训练样本有4个关键属性:$A = \{$年龄,收入,是否学生,信用评级$\}$,类标签属性C为是否会购买电脑,C有两个不同的值,分别为"是"和"否"。

表5-6 "电脑购买预测"的训练样本

年龄	收入	是否学生	信用等级	是否购买电脑
<=30	高	否	一般	否
<=30	高	否	一般	否
31~40	高	否	一般	是
>40	中等	否	很好	是
>40	低	是	一般	是
>40	低	是	很好	否
31~40	低	是	很好	是
<=30	中等	否	一般	否
<=30	低	是	一般	是
>40	中等	是	一般	是
<=30	中等	是	很好	是
31~40	中等	否	很好	是
31~40	高	是	一般	是
>40	中等	否	很好	是

待预测样本X(年龄="<=30",收入="中等",是否学生="是",信用等级="一般")。

由表格中数据可知:

P(年龄="<=30" | 是否购买电脑="是") = 2/9 = 0.222

P(年龄:"<=30" | 是否购买电脑="否") = 3/5 = 0.6

P(收入:"中等" | 是否购买电脑="是") = 4/9 = 0.444

P(收入="中等" | 是否购买电脑="否") = 2/5 = 0.4

P(是否学生="是" | 是否购买电脑="是") = 6/9 = 0.667

P(是否学生="是" | 是否购买电脑="否") = 1/5 = 0.2

P(信用等级="一般" | 是否购买电脑="是") = 6/9 = 0.667

P(信用等级="一般" | 是否购买电脑="否") = 2/5 = 0.4

$P(X|C_i)$：

$P(X |$ 是否购买电脑 $=$ "是"$) = 0.222 \times 0.444 \times 0.667 \times 0.667 = 0.044$

$P(X |$ 是否购买电脑 $=$ "否"$) = 0.6 \times 0.4 \times 0.2 \times 0.4 = 0.019$

$P(X|C_i) \times P(C_i)$：

$P($是否购买电脑 $=$ "是"$) = 9/14 = 0.643$

$P($是否购买电脑 $=$ "否"$) = 5/14 = 0.357$

$P(X |$ 是否购买电脑 $=$ "是"$) \times P($是否购买电脑 $=$ "是"$) = 0.044 \times 0.643 = 0.028$

$P(X |$ 是否购买电脑 $=$ "否"$) \times P($是否购买电脑 $=$ "否"$) = 0.019 \times 0.357 = 0.007$

X 属于类"是否购买电脑'是'"。

在现实生活中，类似这样的例子还有很多。只要分好预测样本，运用好贝叶斯定理，就可取得相应的结果。

5.3.3 贝叶斯分析

贝叶斯分析的思路对于由证据的积累来推测一个事物发生的概率具有重大作用，它告诉我们，当要预测一个事物，需要的是首先根据已有的经验和知识推断一个先验概率，然后在新证据不断积累的情况下调整这个概率。整个通过积累证据来得到一个事件发生概率的过程称为贝叶斯分析。

贝叶斯分析中的三要素，即贝叶斯统计三要素，一要素是先验概率 $P(A)$，二要素是条件概率 $P(A|B)$，最终得到三要素即后验概率 $P(B|A)$。在不同的问题中通常有侧重点，很多时候都在忽略先验概率的作用，比如描述一个人很书呆子气让你判断他是大学老师还是销售员的经典案例（要看先验大学老师和销售员哪个多）。但是有时候也不理解条件概率，比如著名的辛普森案，为了证明辛普森有杀妻之罪，检方说辛普森之前家暴，而辩护律师说，美国有 400 万名女性被丈夫或男友打过，而其中只有 1432 人被杀，概率是 2800 分之一。这其实是误用了后验概率，这里的条件是被杀且有家暴，而要推测的事件是凶手是男友（事实上概率高达 90%），这才是贝叶斯分析的正当用法，而辩护律师却完全在混淆条件与要验证的假设。

理解贝叶斯分析最好的方法即图像法，如图 5-9 所示。这里的 A（圈 AB 的左边为 A）的面积即先验，后验是阴影占圈 B（圈 AB 的右边为 B）的百分比。

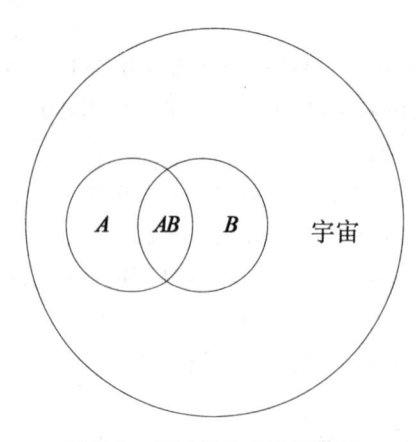

图 5-9　贝叶斯分析的图像法

贝叶斯分析可以瞬间理解一些常用的理论,如幸存者偏差,你发现一些没读过书的人很有钱,事实是你发现时他们就已经是幸存者了(对应图 5-9 中圈 A)。还有阴谋论,阴谋论的特点是条件很多、很复杂,但是条件一旦成立,结论几乎成立,一旦考虑了先验,这些条件成立本身就很困难,阴谋论就不攻自破了。

注意:图中圈 A 和圈 B 的面积,很少在开始就知道,这才是应用中的难点。

此处贝叶斯分析的框架也在教导我们如何处理特例与一般常识的规律。如果太注重特例(完全不看先验概率),很有可能会误把噪声看作信号,而奋不顾身地跳下去。而如果恪守先验概率,就会成为无视变化而墨守成规的人。

5.3.4　贝叶斯决策

在贝叶斯统计分析的基础上,可引出一个更核心的概念 —— 贝叶斯决策。贝叶斯决策主要包含四个部分:数据(D)、假设(W)、目标(O) 和决策(S)。

此处的数据即证据,假设是要验证的事实,目标是最终要取得优化的量,决策是根据目标得到的最后行为。贝叶斯决策步骤如表 5-7 所示。

表 5-7　贝叶斯决策步骤

步骤	内容
1	厘清因果链条,确定哪个是假设,哪个是证据
2	给出所有可能假设,即假设空间
3	给出先验概率
4	根据贝叶斯概率公式求解后验概率,得到假设空间的后验概率分布
5	利用后验概率求解条件期望,得到条件期望最大值对应的行为

贝叶斯决策如果一旦变成自动化的计算机算法，它就是机器学习。用贝叶斯决策诠释一个最简单的机器学习分类算法，这就是朴素贝叶斯。

5.4 人工神经网络

5.4.1 人工神经网络的基本概念

大脑的一个重要成分是神经网络。神经网络由相互关联的神经元组成。每一个神经元由内核（Body）、轴突（Axon）和晶枝（Dendrite）组成。晶枝形成一个非常精密的"毛刷"环绕在内核周围。轴突可以想象为一根又长又细的管道，其终点分为众多细小分支，将内核的信息传递给其他内核的晶枝。这些细小分支的头，即那些又长又细管道的终点，称为突触（Synapse），它们的主要功能是接触其他内核的晶枝。

图 5-10 所示为生物学中神经网络的简图。

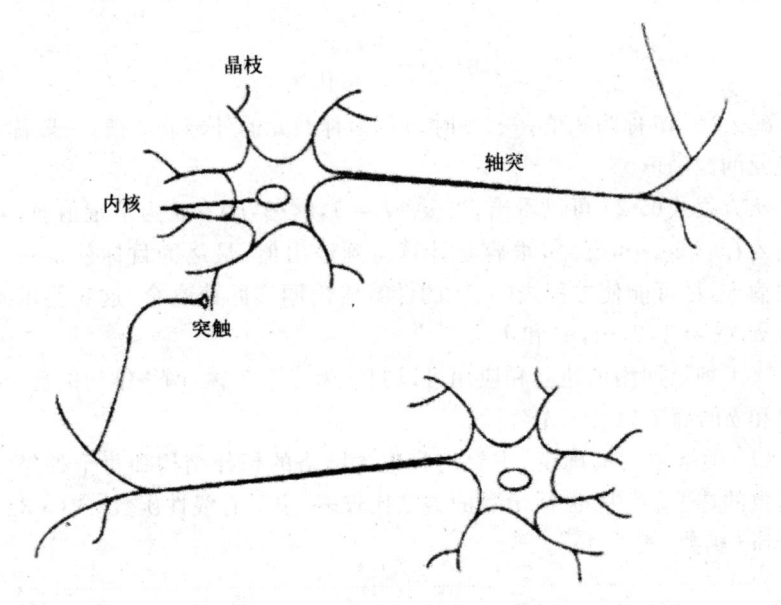

图 5-10　生物学中神经网络的简图

简单模拟上面原理的人工神经网络是 McCulloch-Pitts 认知网络。假设一个神经元通过晶枝接收到 n 个信息，McCulloch-Pitts 认知网络如图 5-11 所示。

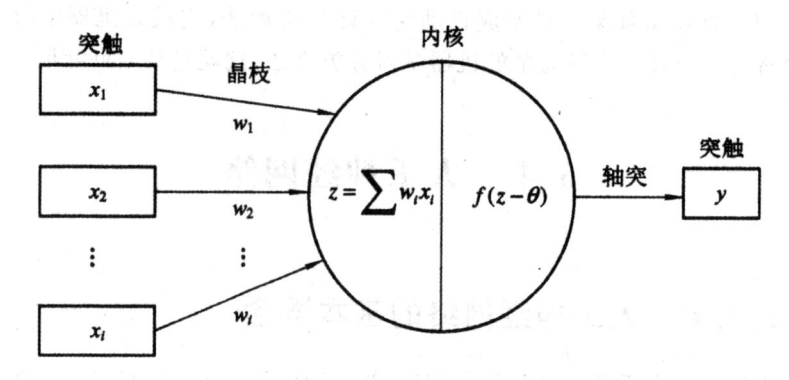

图 5-11 McCulloch-Pitts 认知网络

在图 5-11 中，w_i 为关联权，表示神经元对第 i 个晶枝接收到信息的感知能力。f 称为输出函数或激活函数（Activation Function），$y = f(z-\theta)$ 为输出神经元的输出值。McCulloch-Pitts 输出函数定义为

$$y = f(z-\theta) = \text{sign}\left(\sum_{i=1}^{n} w_i x_i - \theta\right) \tag{5-2}$$

式中

$$\text{sign}(x) = \begin{cases} 1, & x \geq 0 \\ 0, & \text{其他} \end{cases}$$

$\theta \geq 0$ 时，θ 称为阈值；$\theta < 0$ 时，θ 称为神经元的外部刺激值；一般称 θ 为神经元的激励值。

从方程式(5-2)可以看出，当 $w_i(i=1,2,\cdots,n)$ 和 θ 为给定值时，对一组输入 $(x_1,x_2,\cdots,x_n)^\mathrm{T}$，很容易计算得到输出值。最终的目标就是对于给定的输入，尽可能使方程式(5-2)的计算输出同实际值吻合。这就要求确定参数 $w_i(i=1,2,\cdots,n)$ 和 θ。

人工神经网络的建立和应用可以归结为三个步骤：网络结构的确定、关联权和 θ 的确定以及工作阶段。

（1）网络结构的确定。主要内容包含网络的拓扑结构和每个神经元激活函数的选取。其中，激活函数的类型比较多，主要有线性函数[式(5-3)]和 Sigmoid 函数[式(5-4)]。

$$f(x) = ax + b \tag{5-3}$$

式中，a 和 b 是实常数。

$$f(x) = \frac{1}{1+e^{-x}} \tag{5-4}$$

Sigmoid 函数又称 S 形函数，如图 5-12 所示。

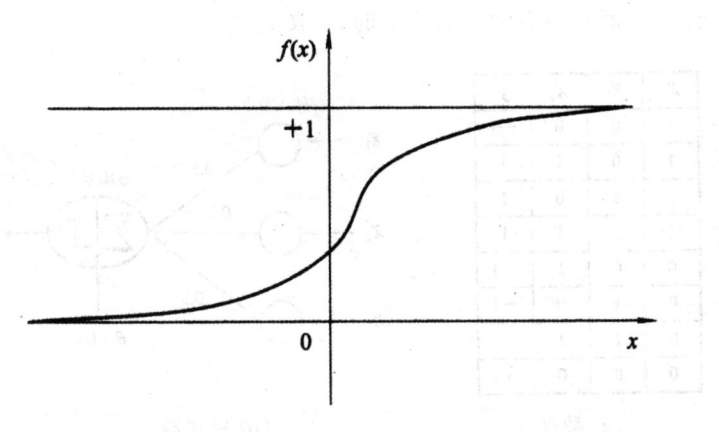

图 5-12　Sigmoid 函数

（2）关联权和 θ 的确定。关联权和 θ 是通过学习（训练，Train）得到的，学习分为有指导学习和无指导学习两类。

（3）工作阶段（Simulate）。在权数 w_i 和 θ 确定的基础上，用带有确定权数的神经网络去解决实际问题的过程称为工作。

图 5-13 是前向型人工神经网络的计算流程。第一个阶段如图 5-13(a) 所描述，它的主要步骤是在选择网络结构模型和学习规则后，根据已知的输入和理想输出数据，通过学习规则确定神经网络的权数。犹如一个医学院的学生，通过教科书中病例的发病症状和诊断结果来学习诊断。第二个阶段如图 5-13(b) 描述，它的主要步骤是根据第一个阶段确定的模型和得到的权数 w_i 和 θ，在输入实际问题的输入数据后，给出一个结论。犹如一个医学院的毕业生，在遇到病人后，根据医学院学到的诊断方法给病人一个诊断。

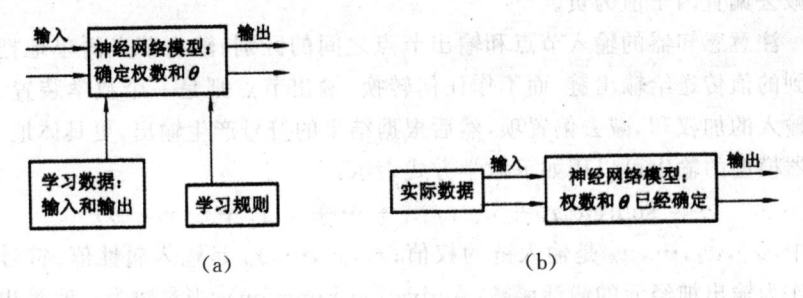

图 5-13　前向型人工神经网络的计算流程

5.4.2　感知器

考虑图 5-14 中的图和表。图 5-14(a) 所示的表显示一个数据集，包含三个布尔变量 (x_1, x_2, x_3) 和一个输出变量 y，当三个输入中至少有两个是 0

时，y 取 -1，而至少有两个大于 0 时，y 取 1。

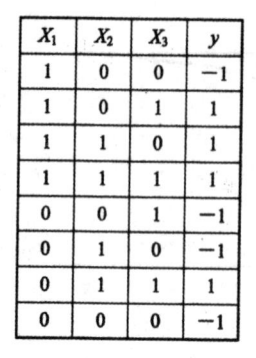

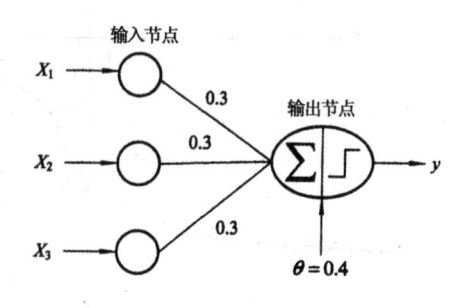

X_1	X_2	X_3	y
1	0	0	-1
1	0	1	1
1	1	0	1
1	1	1	1
0	0	1	-1
0	1	0	-1
0	1	1	1
0	0	0	-1

(a) 数据集　　　　　　　(b) 感知器

图 5-14　使用感知器模拟一个布尔函数

图 5-14(b) 展示了一个简单的神经网络结构——感知器。感知器包含两种节点：输入节点，用来表示输入属性；一个输出节点，用来提供模型输出。

感知器对输入加权求和，再减去偏置因子 θ，然后考察结果的符号，得到输出值 y。图 5-14(b) 中的模型有三个输入节点，各节点到输出节点的权值都等于 0.3，偏置因子 $\theta = 0.4$。

模型的输出计算公式如下：

$$\hat{y} = \begin{cases} +1, & 0.3x_1 + 0.3x_2 + 0.3x_3 - 0.4 > 0 \\ -1, & 0.3x_1 + 0.3x_2 + 0.3x_3 - 0.4 < 0 \end{cases}$$

例如，如果 $x_1 = 1, x_2 = 1, x_3 = 0$，那么 $\hat{y} = +1$，因为 $0.3x_1 + 0.3x_2 + 0.3x_3 - 0.4 > 0$。另外，如果 $x_1 = 0, x_2 = 1, x_3 = 0$，那么 $\hat{y} = -1$，因为加权和减去偏置因子值为负。

注意感知器的输入节点和输出节点之间的区别。输入节点简单地把接收到的值传送给输出链，而不作任何转换。输出节点则是一个数学装置，计算输入的加权和，减去偏置项，然后根据结果的符号产生输出。更具体地，感知器模型的输出可以用如下数学方式表示：

$$\hat{y} = \text{sign}(w_d x_d + w_{d-1} x_{d-1} + \cdots + w_2 x_2 + w_1 x_1 - \theta)$$

式中，$w_1, w_2, \cdots, w_d$ 是输入链的权值；$x_1, x_2, \cdots, x_d$ 是输入属性值。符号函数作为输出神经元的激活函数（Activation Function），当参数为正时输出 $+1$，参数为负时输出 -1。感知器模型可以写成下面更简洁的形式：

$$\hat{y} = \text{sign}(w_d x_d + w_{d-1} x_{d-1} + \cdots + w_2 x_2 + w_1 x_1 + w_0 x_0) = \text{sign}(W \cdot X)$$

(5-5)

式中，$w_0 = -\theta$；$x_0 = 1$；$W \cdot X$ 是权值向量 W 和输入属性向量 X 的点积。

在感知器模型的训练阶段,权值参数 W 不断调整,直到输出和训练样例的实际输出一致。

公式(5-5)中所示的感知器模型是关于参数 W 和属性 X 的线性模型。设 $\hat{y} = 0$,得到的感知器的决策边界是一个把数据分为 -1 和 $+1$ 两个类的线性超平面。图 5-15 显示了把感知器学习算法应用到图 5-14 中的数据集上所得到的决策边界。对于线性可分的分类问题,感知器学习算法保证收敛到一个最优解(只要学习率足够小)。如果问题不是线性可分的,那么算法就不会收敛。图 5-16 给出了一个由 XOR 函数得到的非线性可分数据的例子。感知器找不到该数据的正确解,因为没有线性超平面可以把训练实例完全分开。

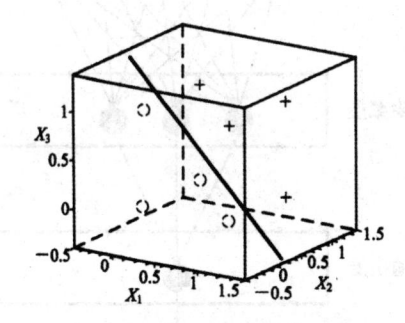

图 5-15　图 5-14 中的数据的感知器决策边界

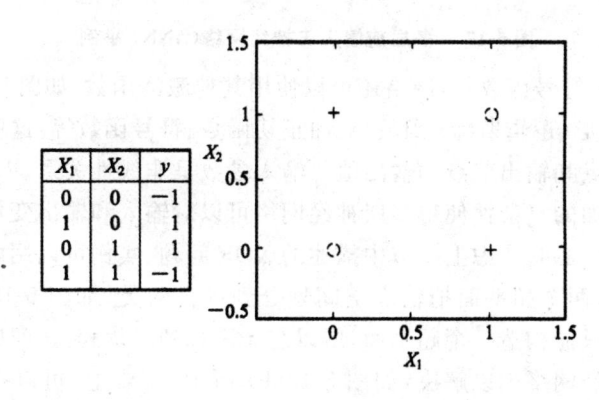

X_1	X_2	y
0	0	-1
1	0	1
0	1	1
1	1	-1

图 5-16　XOR

5.4.3　多层人工神经网络

人工神经网络结构比感知器模型更复杂。这些额外的复杂性来源于多个方面。

(1)网络的输入层和输出层之间可能包含多个中间层,这些中间层叫作隐藏层(Hidden Layer),隐藏层中的节点称为隐藏节点(Hidden Node)。这种结构称为多层神经网络(图 5-17)。在前馈(Feed-Forward)神经网络中,每一层的节点仅和下一层的节点相连。感知器就是一个单层的前馈神经网络,因为它只有一个节点层 —— 输出层 —— 进行复杂的数学运算。在递归(Recurrent)神经网络中,允许同一层节点相连或一层的节点连到前面各层中的节点。

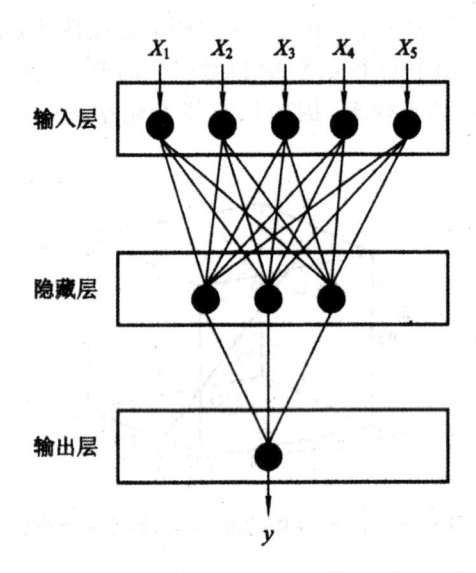

图 5-17 多层前馈人工神经网络(ANN)举例

(2) 除了符号函数外,网络还可以使用其他激活函数,如图 5-18 所示的线性函数、S形(逻辑斯缔)函数、双曲正切函数、符号函数等。这些激活函数允许隐藏节点和输出节点的输出值与输入参数呈非线性关系。

这些附加的复杂性使得多层神经网络可以对输入和输出变量间更复杂的关系建模。例如,考虑上一节中描述的 XOR 问题。实例可以用两个超平面进行分类,这两个超平面把输入空间划分到各自的类,如图 5-19(a) 所示。因为感知器只能构造一个超平面,所以它无法找到最优解。该问题可以使用两层前馈神经网络加以解决,如图 5-19(b) 所示。直观上,可以把每个隐藏节点看作一个感知器,每个感知器构造两个超平面中的一个,输出节点简单地综合各感知器的结果,得到的决策边界如图 5-19(a) 所示。

(a) 线性函数   (b)S形函数

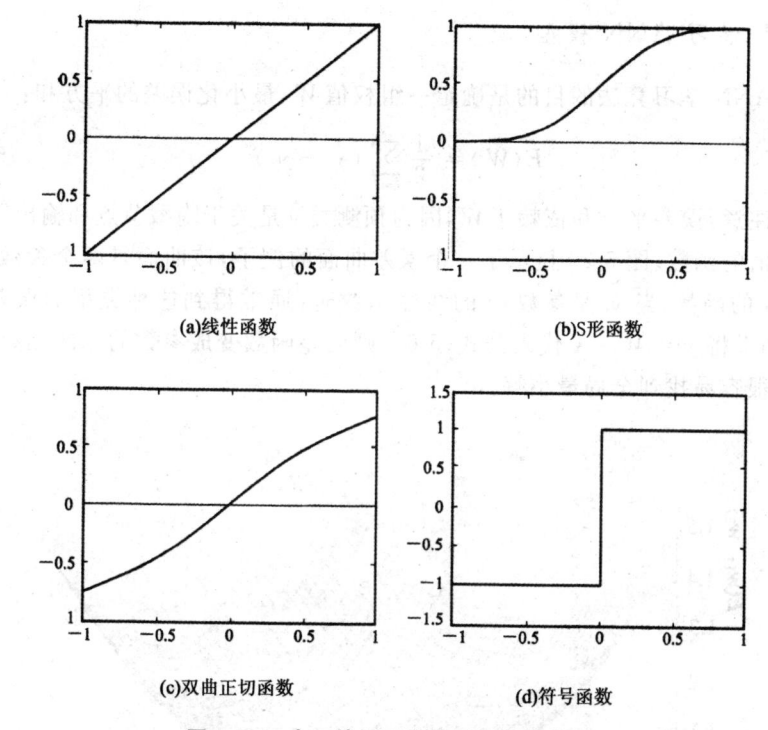

(c)双曲正切函数   (d)符号函数

图 5-18　人工神经网络激活函数的类型

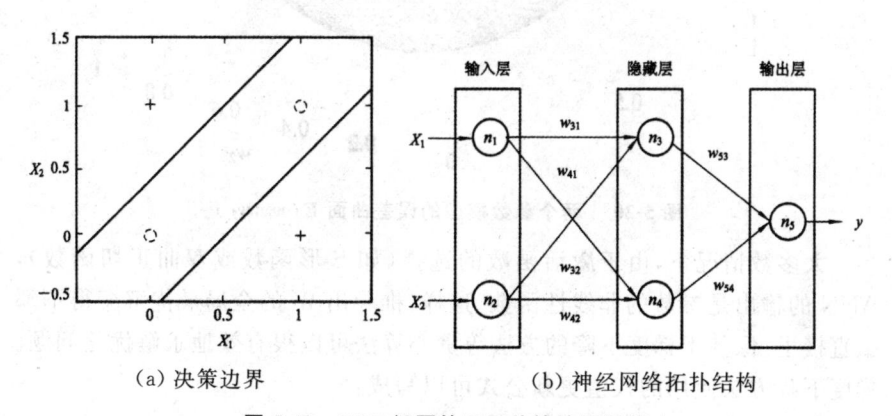

（a）决策边界　　　　（b）神经网络拓扑结构

图 5-19　XOR 问题的两层前馈神经网络

要学习 ANN 模型的权值,需要一个有效的算法,该算法在训练数据充足时可以收敛到正确的解。一种方法是把网络中的每个隐藏节点或输出节点看作一个独立的感知器单元,使用与公式(5-5)相同的权值更新公式显然行不通,因为缺少隐藏节点的真实输出的先验知识。这使得很难确定各隐藏节点的误差项($y-\hat{y}$)。下面介绍一种基于梯度下降的神经网络权值学习方法。

1. 学习 ANN 模型

ANN 学习算法的目的是确定一组权值 W，最小化误差的平方和：

$$E(W) = \frac{1}{2}\sum_{i=1}^{N}(y_i - \hat{y}_i)^2 \tag{5-6}$$

注意：误差平方和依赖于 W，因为预测类 $\hat{y}$ 是关于隐藏节点和输出节点的权值的函数。图 5-20 显示了一个误差曲面的例子，该曲面是两个参数 w_1 和 w_2 的函数。当 $\hat{y}_i$ 是参数 w 的线性函数时，通常得到这种类型的误差曲面。如果将 $\hat{y} = W \cdot X$ 代入公式(5-6)，则误差函数变成参数的二次函数，就可以很容易找到全局最小解。

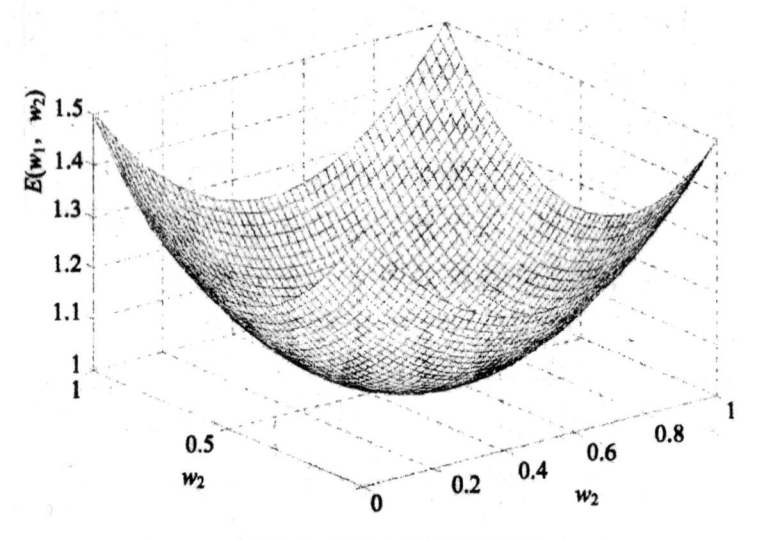

图 5-20　两个参数模型的误差曲面 $E(w_1, w_2)$

大多数情况下，由于激活函数的选择（如 S 形函数或双曲正切函数），ANN 的输出是参数的非线性函数。这样，推导出 W 的全局最优解变得不那么直接了。像基于梯度下降的方法等贪心算法可以很有效地求解优化问题。梯度下降方法使用的权值更新公式可以写成：

$$w_j \leftarrow w_j - \lambda \frac{\partial E(W)}{\partial w_j}$$

式中，λ 是学习率。式中第二项说的是权值应该沿着使总体误差项减小的方向增加。然而，由于误差函数是非线性的，因此，梯度下降方法可能会陷入局部最小值。

2. ANN 学习中的设计问题

在训练神经网络来学习分类任务之前,应该先考虑以下设计问题:

(1) 确定输入层的节点数目。每一个数值输入变量或二元输入变量对应一个输入节点。如果输入变量是分类变量,则可以为每一个分类值创建一个节点,也可以用 $|lbk|$ 个输入节点对 k 元变量进行编码。

(2) 确定输出层的节点数目。对于 2-类问题,一个输出节点足矣;而对于 k-类问题,则需要 k 个输出节点。

(3) 选择网络拓扑结构,例如,隐藏层数和隐藏节点数,前馈还是递归网络结构。注意,目标函数表示取决于链上的权值、隐藏节点数和隐藏层数、节点的偏置以及激活函数的类型。找出合适的拓扑结构不是一件容易的事。一种方法是开始的时候使用一个有足够多的节点和隐藏层的全连接网络,然后使用较少的节点重复该建模过程。这种方法非常耗时。另一种方法是不重复建模过程,而是删除一些节点,然后重复模型评价过程来选择合适的模型复杂度。

(4) 初始化权值和偏置。随机赋值常常是可取的。

(5) 去掉有遗漏值的训练样例,或者用最合理的值来代替。

3. 人工神经网络的特点

人工神经网络的一般特点概括如下:

(1) 至少含有一个隐藏层的多层神经网络是一种普适近似(Universal Approximator),即可以用来近似任何目标函数。由于 ANN 具有丰富的假设空间,因此对于给定的问题,选择合适的拓扑结构来防止模型的过分拟合是很重要的。

(2) ANN 可以处理冗余特征,因为权值在训练过程中自动学习。冗余特征的权值非常小。

(3) 神经网络对训练数据中的噪声非常敏感。处理噪声问题的一种方法是使用确认集来确定模型的泛化误差;另一种方法是每次迭代把权值减少一个因子。

(4) ANN 权值学习使用的梯度下降方法经常会收敛到局部最小值。避免局部最小值的方法是式中加上一个动量项(Momentum Term)。

(5) 训练 ANN 是一个很耗时的过程,特别是当隐藏节点数量很大时。然而,测试样例分类时非常快。

5.5 支持向量机

支持向量机(Support Vector Machine,SVM),是非常强大且流行的算法,在一些情况下,能面向一些复杂的非线性问题提供比逻辑回归或神经网络要更加简洁的解决方案。这种技术具有坚实的统计学理论基础,可以很好地应用于高维数据,避免了维数灾难问题。这种方法具有一个独特的特点,它使用训练实例的一个子集来表示决策边界,该子集称为支持向量(Suppot Vector)。

目前,在模式识别方面,SVM 已被应用于手写数字识别、语音鉴定、目标识别和照片人脸识别等分类中;在回归估计方面,SVM 被应用到一系列预测结果的基准实践中。在多数情况下,SVM 的表现都优于其他机器学习方法的表现。尤其是在密度估计和方差分析(Analysis of Variance,ANOVA)分解中的应用,更加表现出了 SVM 的优势。

为了解释 SVM 的基本思想,首先通过对比逻辑回归引出了 SVM 的优化目标,然后介绍了支持向量机的最大判定边界,并通过介绍核函数将 SVM 方法扩展到非线性可分的数据上。在此基础上,引出了支持向量回归的建模方法。

5.5.1 优化目标

以逻辑回归为例展开讨论,回顾逻辑回归模型:

$$h_\theta(x) = \frac{1}{1+e^{-\theta^T x}}$$

我们分 $y=1$ 和 $y=0$ 两种情况讨论:

(1) $y=1$ 时,希望假设 $h_\theta(x)$ 预测的值尽可能接近1,即希望 $z=\theta^T x$ 尽可能地大。

(2) $y=0$ 时,希望假设 $h_\theta(x)$ 预测的值尽可能接近0,即希望 $z=\theta^T x$ 尽可能地小。

从代价函数来看,回顾逻辑回归模型的代价函数为

$$J(\theta) = -\frac{1}{m}\left\{\sum_{i=1}^{m} y^{(i)} \lg h_\theta[x^{(i)}] + (1-y^{(i)}) \lg[1-h_\theta(x^{(i)})]\right\}$$

针对任何训练集中任何一个实例,对总的代价的影响为

$$-[y\lg h_\theta(x)+(1-y)\lg(1-h_\theta(x))]=$$
$$-y\lg\frac{1}{1+e^{-\theta^T x}}-(1-y)\lg\left(1-\frac{1}{1+e^{-\theta^T x}}\right)$$

为了使每一个实例造成的代价都尽可能地小,分 $y=1$ 和 $y=0$ 两种情况讨论,最佳的情况是代价为 0,但是由曲线可以看出,代价始终存在而非 0,如图 5-21 所示。

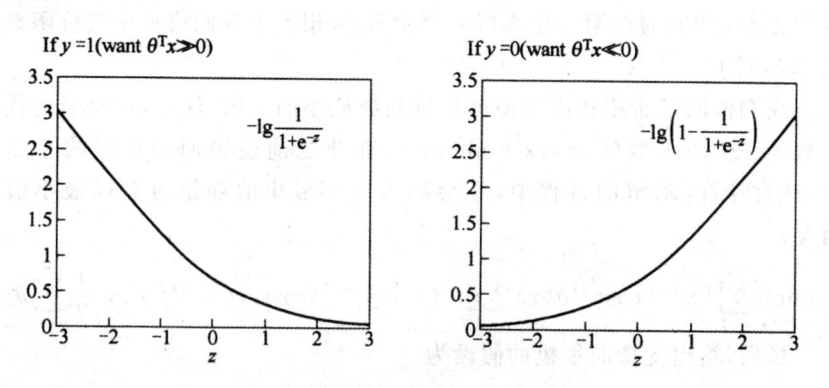

图 5-21 逻辑回归模型的代价函数

在支持向量机中,我们将曲线的代价函数转变成由两条线段构成的折线,如图 5-22 所示。

(1) 当 $y=1$ 时,我们希望构建新的代价函数如 $\text{cost}_1(z)$ 所示,当 $z \geqslant 1$ 时,$\text{cost}_1(z)=0$。

(2) 当 $y=0$ 时,我们希望构建新的代价函数如 $\text{cost}_0(z)$ 所示,当时 $z \leqslant -1$,$\text{cost}_0(z)=0$。

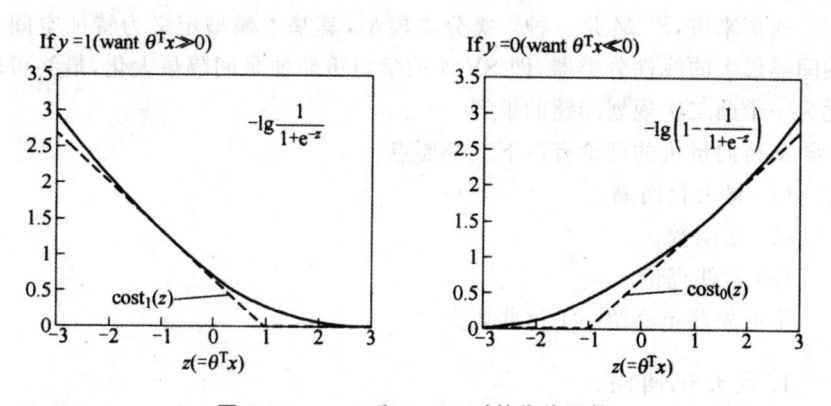

图 5-22 $y=1$ 和 $y=0$ 时的代价函数

用这两个新构建的代价函数代替原本逻辑回归的代价函数,得到

$$\frac{1}{m}\left[\sum_{i=1}^{m}y^{(i)}\text{cost}_1(z)+(1-y^{(i)})\text{cost}_0(z)\right]+\frac{\lambda}{2m}\sum_{j=1}^{n}\theta_j^2$$

对上面这个代价函数稍作调整：

(1) 因为 $1/m$ 实际上不影响最优化的结果，将其去掉。

(2) 因为归一化参数 λ 控制的是归一化的这一项在整个代价函数中占的比例，对于支持向量机，我们想要控制的是新构建的代价函数部分，因此我们去掉 λ 的同时给第一项乘以一个常数 C，相当于我们将整个代价函数除以了 λ，且 $C=1/\lambda$。

我们依旧是希望找出能使该代价函数最小的参数。注意，调整后的代价函数是一个凸函数(Convex Function)，而非之前逻辑回归那样的非凸函数。这意味着，求解的过程中，不会陷入局部最小值而错过全局最小值的情况：

$$\min_{\theta}C\sum_{i=1}^{m}\left[y^{(i)}\text{cost}_1(\theta^T x^{(i)})+(1-y^{(i)})\text{cost}_0(\theta^T x^{(i)})\right]+\frac{1}{2}\sum_{i=1}^{n}\theta_j^2$$

最后，给出支持向量机的假设为

$$h_\theta(x)=\begin{cases}1 & \theta^T x \geq 0 \\ 0 & \theta^T x < 0\end{cases}$$

注意到，我们给出的支持向量机假设在预测时是以 z 与 0 大小关系作为依据的，然而在训练函数时，我们是以正负 1 为依据的，这是支持向量机与逻辑回归的一个关键区别，且导致了下面要介绍的支持向量机的特性。

5.5.2 支持向量机基础理论

通俗来讲，SVM 是一种二类分类模型，其基本模型定义为特征空间上的间隔最大的线性分类器，即 SVM 的学习策略便是间隔最大化，最终可转化为一个凸二次规划问题的求解。

支持向量机的理论有以下三个要点：

(1) 最大化间隔。

(2) 核函数。

(3) 对偶理论。

下面先简单介绍一下这些要点。

1. 最大化间隔

在样本线性可分的情况下，可行的分类超平面可能会有很多，如图 5-23 中的 L_1、L_2 和 L_3。

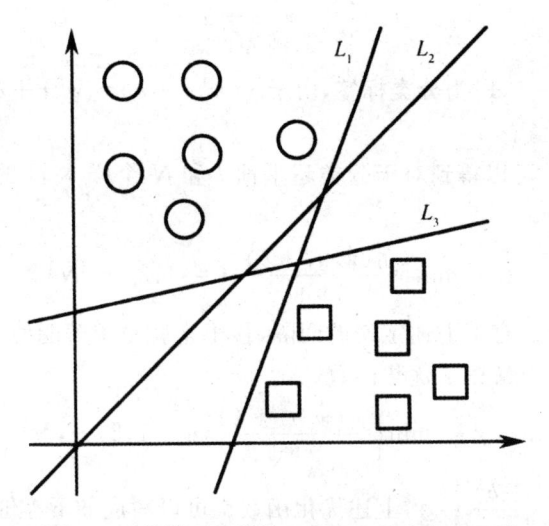

图 5-23 线性可分的情况下可行的分类超平面

从图 5-23 可以直观地看出,L_2 比另外两条分界线要更好,这是因为 L_2 离样本的距离更远一些,让人觉得确信度更高。这好比人(相当于样本)站得离悬崖边(分类边界)越远,人就会感到越安全(分类结果是安全还是危险)。从统计的角度讲,由于正负样本可以看作从两个不同的分布随机抽样而得,分类边界与两个分布的距离越大,抽样出的样本落在分类边界另一边的概率就会越小。

SVM 正是基于这种直观思路来确定最佳分类超平面的:通过选取能够最大化类间隔的超平面,得到一个具有高确信度和泛化能力的分类器,即最大间隔分类器。

(1) 间隔。既然 SVM 的目标是最大化间隔,便要先对"间隔"进行定义。所谓间隔,就是分类超平面与所有样本距离的最小值,表示为

$$\gamma = \min\{\text{dist}(l, x_i) | i = 1, 2, \cdots, N\}$$

式中,l 表示分类超平面;N 表示样本个数;x_i 表示第 i 个样本。接下来还需要定义样本到超平面的"距离"$\text{dist}(l, x)$。

假设任意一个样本点 x_0,其在分类超平面上的投影记作 $\widehat{x_0}$。对于分类超平面 $(w^T x + b) = 0$,知道它的法向量是 w,法向量的方向可以由法向量除以其模长所得:$\dfrac{w}{\|w\|}$。将 $\text{dist}(l, x_i)$ 记为 $d (d \geqslant 0)$,则可以得到

$$x_0 - \widehat{x_0} = d \frac{w}{\|w\|}$$

等式两边同时左乘 w^T 并加上 b,并且利用超平面上的点 $w^T \widehat{x_0} = 0$ 的性质,可以得到

$$d = \frac{\mathbf{w}^\mathrm{T} x + b}{\|\mathbf{w}\|}$$

记 $y \in \{-1, 1\}$ 为分类标签,由于 $y(\mathbf{w}^\mathrm{T} x + b) = \mathbf{w}^\mathrm{T} x + b$,可以以此消去上式的绝对值。

综上所述,可以得到对于分类超平面 l 和 N 个样本 x_i 的"间隔"的表达式:

$$\gamma = \min \left\{ \frac{y_i(\mathbf{w}^\mathrm{T} x_i + b)}{\|\mathbf{w}\|}, i = 1, 2, \cdots, N \right\}$$

(2) 最大化。有了上述定义的间隔,接下来就是求解能使间隔最大化的参数 w 和 b,即求解以下优化函数:

$$\max_{w,b} \gamma = \min \left\{ \frac{y_i(\mathbf{w}^\mathrm{T} x_i + b)}{\|\mathbf{w}\|}, i = 1, 2, \cdots, N \right\}$$

令 $\frac{y_0(\mathbf{w}^\mathrm{T} x_0 + b)}{\|\mathbf{w}\|} = \gamma$,上述优化函数也可以写成如下等价的形式:

$$\max_{w,b} \frac{y_0(\mathbf{w}^\mathrm{T} x_0 + b)}{\|\mathbf{w}\|}$$

$$s.t.\ y_i(\mathbf{w}^\mathrm{T} x_i + b) \geqslant y_0(\mathbf{w}^\mathrm{T} x_0 + b), i = 1, 2, \cdots, N$$

其中的约束条件是为了满足对"间隔"的定义。

2. 核函数

核函数的定义如下。

设 s 是输入空间(欧氏空间或离散集合),H 为特征空间(希尔伯特空间),如果存在一个从 s 到 H 的映射 $\varphi(x): s \to H$。使得对所有的 $x, z \in s$,函数 $K(x, z) = \varphi(x) \cdot \varphi(z)$,则称 $K(x, z)$ 为核函数,$\varphi(x)$ 为映射函数,$\varphi(x) \cdot \varphi(z)$ 为 x, z 映射到特征空间上的内积。由于映射函数十分复杂,难以进行计算,在实际中,通常都是使用核函数来求解内积,其计算复杂度并没有增加,映射函数仅仅作为一种逻辑映射,表征着输入空间到特征空间的映射关系。

常用的核函数主要有以下几种:

(1) 线性(Liner)核函数:

$$k(x, z) = \mathbf{x}^\mathrm{T} y$$

(2) 多项式(Polynomial)核函数:多项式核函数经常表示非线性的特征映射,常用的形式为

$$k(x, z) = (\mathbf{x}^\mathrm{T} y + c)^q, q \in \mathbf{N}, c \geqslant 0$$

(3) 高斯(Gaussian)核函数(又称为径向基函数,RBF):在支持向量机的研究与应用中最常用的一个核函数。

$$k(x,z) = \exp\left(-\frac{x-y^2}{2\delta^2}\right), \delta > 0$$

$$k(x,z) = \exp(-\lambda x - y^2), \lambda > 0$$

(4) 指数型径向基核函数：

$$k(x,z) = \exp\left(-\frac{x-y}{2\delta^2}\right), \delta > 0$$

当所讨论的问题是不连续的，即离散点时，它所表示的便可应用于产生一个线性的分段解。

(5) Sigmoid(或 2 层感知机)：

$$k(x,z) = \tanh[a(x,z) + v], a > 0, v > 0$$

式中，a 是一个标量；v 为位移参数。此时，SVM 是包含一个隐层的多层感知器，隐层节点数由算法自动确定。

(6) 傅里叶(Fourier)核函数：

$$k(x,z) = \frac{(1-q^2)(1-q)}{2[1-2q\cos(x-y)+q^2]}, 0 < q < 1$$

此外，还有条件正定核函数(CD 核函数)：

$$k(x,z) = -x - y^q + 1, 0 < q \leqslant 2$$

它并不满足 Mercer 条件，但却可以用于核学习方法中。另外，还有样条核函数及张量积核函数等。

3. 对偶理论(Duality Theory)

1947 年，美籍匈牙利数学家冯·诺依曼创立了对偶理论。线性规划(Linear Programming, LP)是运筹学中研究较早、发展较快、应用广泛、方法较为成熟的一个重要分支，它是辅助人们进行科学管理的一种数学方法，是研究线性约束条件下线性目标函数的极值问题的数学理论和方法。线性规划中普遍存在配对现象，即对每一个线性规划问题，都存在另一个与它有密切关系的线性规划问题，其中之一称为原问题，而另一个称它的对偶问题。对偶理论就是研究线性规划中原问题与对偶问题之间关系的理论。对偶问题有许多重要的特征，它的变量能提供关于原问题最优解的许多重要资料，有助于原问题的求解和分析。对偶问题与原问题之间存在的具体关系见表 5-8。

表 5-8　对偶问题与原始问题之间的关系

	关系
1	目标函数对原问题是极大化,对对偶问题则是极小化
2	原问题目标函数中的收益系数是对偶问题约束不等式中的右端常数,而原问题约束不等式中的右端常数则是对偶问题中目标函数的收益系数
3	原问题和对偶问题约束不等式的符号方向相反
4	原问题约束不等式系数矩阵转置后即为对偶问题约束不等式的系数矩阵
5	原问题的约束方程数对应于对偶问题的变量数,而原问题的变量数对应于对偶问题的约束方程数
6	对偶问题的对偶问题是原问题,这一性质被称为原问题和对偶问题的对称性。对偶定理包括弱对偶定理、强对偶定理、最优准则定理、互补松弛定理、松弛定理等

原 - 对偶优化方法如下:

(1) 凸优化问题。

$$\min f(x)$$
$$s.t. \omega_i(x) \leqslant 0, i=1,2,\cdots,m; v_j = 0; j=1,2,\cdots,p$$

对于以上线性优化问题,若 $f(x)$、$\omega(x)$ 是凸函数,可行解集合 x 是可行域 F 上的凸集,则称这类优化问题为凸优化问题。

凸优化问题是线性规划中一种重要的特殊情形,它具有很好的性质。如果凸规划的目标函数是严格凸函数,又存在极小点,那么它的极小点是唯一的,局部极小点就是全局极小点。

(2) 原 - 对偶算法。网络问题一般被视为具有特殊限制式结构的线性规划问题。因此,一般用来求解线性规划问题的方法也可被应用于求解网络问题。原 - 对偶算法(Primal-Dual Algorithm)作为一种解决复杂调度和整数规划问题的有效方法,已经被成功应用于网络调度问题。它的灵活性为许多问题提供适当的解决方案,已成为如整数规划、线性规划、组合优化和非线性规划等最优化问题的一个最好的解决工具。应用原 - 对偶算法的前提条件是待求解优化问题必须是严格的凸优化问题。其核心思想是设计算法通过求解原优化问题的。

采用子梯度算法来求解对偶问题,现对算法基本流程表述如下。

① 用拉格朗日松弛法对造成原问题不易解决的约束条件进行松弛,并使得目标函数仍保持线性,令 λ、η 为拉格朗日乘子,其中要求满足 $\lambda \geqslant 0$,则

对原问题松弛后的拉格朗日函数如下：

$$L(x,\lambda,\eta) = f(x) + \sum_{i=1}^{m} \lambda_i \omega_i(x) + \sum_{\eta=1}^{p} \eta_i v_i(x)$$

② 求原问题的对偶问题，并推知 $x^*(\lambda,\eta) = \arg\inf_{x \in D} L(x,\lambda,\eta)$，对偶问题为：

$$\max g(\lambda,\eta)$$
$$\text{s.t.} \lambda \geqslant 0$$

③ 子梯度法求解对偶问题。

和其他数学优化方法相比，原-对偶算法具有一些不可比拟的优点。最突出的特点是通过使用拉格朗日乘法原则放松了原数学模型中的约束条件，这样可以把原问题中耦合在一起的原变量分离，把复杂的原问题分成几个独立且易解决的子问题进行求解，降低算法的复杂度，能够实现分布式计算。

接下来介绍损失函数和结构风险最小化。

4. 几种常用的损失函数

(1) l_p 损失函数。

$$l(f,y) = \|f(x) - y\|_p$$

式中，$p \geqslant 1$，$\|\cdot\|_p$ 表示 l_p 范数。显然常用的平方损失和绝对值损失是 l_p 损失函数的特例。在回归问题中，平方损失因其光滑性有着广泛的应用（如最小二乘法估计）。而近年来，由于计算能力的改进，绝对值损失也因其良好的稳健性而逐渐成为热点（如最小一乘法估计）。

(2) $\in$-不灵敏损失函数。

$$l(f,y) = \max(|f(x) - y| - \in, 0)$$

支持向量机（SVM）就是采用上述损失函数的一种处理高维问题的学习算法。

(3) logistic 损失函数。

$$l(f,y) = \ln[1 + e^{-yf(x)}]$$

logistic 损失函数多用于分类问题的研究。近期研究发现，AdaBoost 可以看作采用上述损失函数的函数空间的梯度下降算法。

5. 结构风险最小化

结构风险最小化思想：首先，把函数集分解为一个函数子集序列，使各个子集能够按照复杂性大小排列，也就是按照 VC 维（Vapnik-Chervonenkis Dimension）大小排列，这样在同一个子集中置信范围就相同。其次，在每个子集中寻找最小经验风险,通常它随着子集复杂度的增加而减少。最后,选择最小经验风险与置信范围之和最小的子集,就可以达到期望风险的最小,这个子集中使经验风险最小的函数就是要求的最优函数。

结构风险最小化原则为我们提供了一种不同于经验风险最小化的更科学的学习机器设计原则。但是,实施这一原则却非常困难,关键是如何构造函数子集结构。遗憾的是,目前尚无关于如何构造预测函数子集结构的一般性理论。支持向量机是一种比较好的实现结构风险最小化思想的方法。

5.5.3 支持向量机原理

支持向量机(SVM)是一种分类算法,通过寻求结构化风险最小来提高学习机泛化能力,实现经验风险和置信范围的最小化,从而达到在统计样本量较少的情况下,也能获得良好统计规律的目的。

也可以这么表达,SVM 是一种以统计学习理论为基础,具有较好的分类能力和泛化能力的分类算法。SVM 主要有以下 3 种情况。

1. 线性可分情况

设训练集 $T = \{(x_1 \cdot y_1), \cdots, (x_i \cdot y_i)\} \in (x \times y)^l$,其中,$x_i \in x \in \mathbf{R}^n, y_i \in y \in \{-1, 1\}, i = 1, 2, \cdots, l$,如果存在 $w \in \mathbf{R}^n, b \in \mathbf{R}$ 和正数 ξ,使得对于所有使 $y_i = 1$ 下标 i,都有 $(w \cdot x_i) + b \geq \xi$。而对于所有使 $y_i = -1$ 的下标 i,都有 $(w \cdot x_i) + b \leq \xi$,那么称该训练集 T 是线性可分的,其对应的分类问题也是线性可分的,如图 5-24 所示。

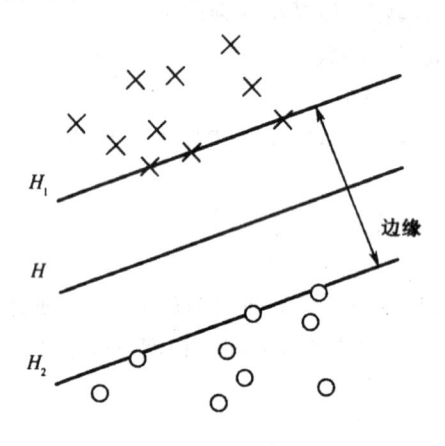

图 5-24 线性可分情况

图 5-24 中的圈和叉代表待分类的两类样本,H 就是要求的最优分类超平面,H_1 和 H_2 是与最优分类面平行的直线,且分别通过这两类样本里距

离 H 最近的样本点。从图 5-24 可以看出,在 H_1 和 H_2 之间可以有很多条直线与它平行,但是能够保证两类样本之间距离最大化的却只有最优分类超平面。

SVM 是一种有监督的机器学习算法,即需要通过对训练样本进行训练得到 SVM,获得最优分类超平面,然后根据训练结果进行分类。由图 5-24 可知,有分类能力的平面表述如下:

$$(w \cdot x) + b = 0$$
$$s.t. (w \cdot x_i) + b \geqslant 0, y_i = 1$$
$$(w \cdot x_i) + b < 0, y_i = -1$$

可以看出,分类间隔是 $\frac{2}{\|w\|}$,要使得分类间隔最大,那么需要 $\|w\|$ 尽可能小,因此最优分类超平面可以通过求解下式得到:

$$\min \frac{1}{2} \|w\|^2$$
$$s.t. [y_i(w \cdot x_i) + b] \geqslant 1, i = 1, 2, \cdots, l$$

将其转化成对偶形式:

$$\min \frac{1}{2} \sum_{i=1}^{l} \sum_{j=1}^{l} y_i y_j a_i a_j (x_i \cdot x_j) - \sum_{j=1}^{l} a_j$$
$$s.t. \sum_{i=1}^{l} y_i a_i = 0$$
$$a_i \geqslant 0, i = 1, 2, \cdots, l$$

求解得到拉格朗日系数的值 a^*,则 $w^* = \sum_{i=1}^{l} y_i a_i^* x_i$,选取 a^* 的一个正分量 a_j^*,并据此计算 $b^* = y_j - \sum_{i=1}^{l} y_i a_i^* (x_i \cdot x_j)$,此时的分类函数为

$$f(x) = \text{sgn}[(w^* \cdot x) + b^*]$$

2. 线性不可分情况

线性可分就是在样本存在的空间中,可以找到可能正确划分训练样本的最优分类超平面。但在现实世界中,得到的样本所组成的训练样本集往往都无法找到这样一个使得所有训练样本关于分类超平面的间隔都是正值的分类超平面。然而仍然希望找到一个超平面,那么就必须适当软化条件,允许存在不满足约束条件 $[y_i(w \cdot x_i) + b] \geqslant 1$ 的样本。因此,最优分类超平面的求解就表述为

$$\min \frac{1}{2} \|w\|^2 + c \sum_{i=1}^{l} \xi_i$$

$$s.t. \left[y_i(w \cdot x_i) + b\right] \geqslant 1 - \xi_i$$
$$\xi_i \geqslant 0, i = 1, 2, \cdots, l$$

将其转化为对偶形式为

$$\frac{1}{2}\sum_{i=1}^{l}\sum_{j=1}^{l} y_i y_j a_i a_j (x_i \cdot x_j) - \sum_{j=1}^{l} a_j$$

$$s.t. \sum_{i=1}^{l} y_i a_i = 0$$

$$0 \leqslant a_i \leqslant c, i = 1, 2, \cdots, l$$

求解得到拉格朗日系数的值 a^*,则 $w^* = \sum_{i=1}^{l} y_i a_i^* x_i$,选取 a^* 的一个小于 c 的正分量 a_j^*,并据此计算 $b^* = y_j - \sum_{i=1}^{l} y_i a_i^*(x_i \cdot x_j)$,此时的分类函数为

$$f(x) = \text{sgn}\left[(w^* \cdot x) + b^*\right]$$

对于那些需要软化的条件,将它们分为两类:一类是虽不满足 KKT(Karush-Kuhn-Tucker) 条件但是可以被正确划分的点;另一类是不满足 KKT 条件也不能被正确划分的点。对于第一类点,通过调整惩罚参数 c 来使松弛变量 ξ_i 不取太大的值;对于第二类点,由于该类点往往无法对提高分类器性能提供任何帮助,还会使得分类器的计算负担大大增加,造成过学习现象,因此应该剔除掉。

遇到线性不可分时,常用做法是把样例特征映射到高维空间中去,如图 5-25 所示。

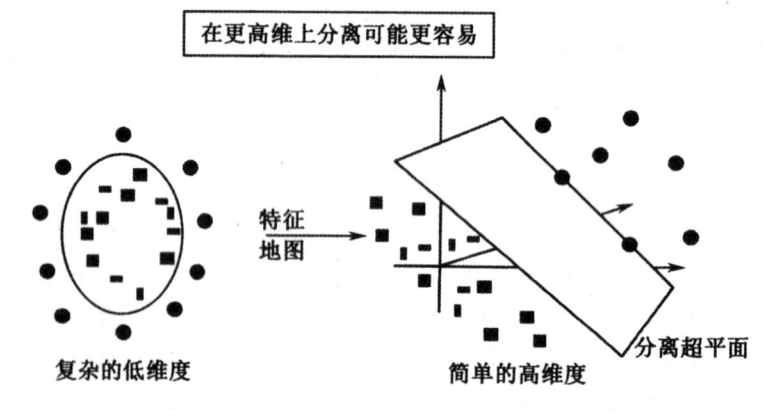

图 5-25 样例特征映射到高维空间

线性不可分映射到高维空间,可能会导致维度大小高到可怕的程度,导致计算复杂。核函数的价值在于它虽然也是将特征从低维到高维转换,但核

函数事先在低维上进行计算,而将实质上的分类效果表现在了高维上,这避免了直接在高维空间中的复杂计算。

3. 非线性可分情况

即便是引入了松弛变量,用直线划分有些问题还是存在很大的误差,即输入空间中不存在该问题的线性分类超平面,这种问题叫非线性可分问题。处理这类问题时,通过某种映射使得训练样本线性可分,即将输入空间映射到高维空间中后,通过训练支持向量机得到该问题在高维空间中的最优分类超平面,解决该类分类问题。

设原问题对应输入空间 R^n 的训练集为
$$T = \{(x_1 \cdot y_1), \cdots, (x_i \cdot y_i)\}$$
则对应的高维空间的新训练集为
$$T = \{(\varphi(x_1 \cdot y_1)), \cdots, (\varphi(x_i \cdot y_i))\}$$
于是相应特征空间的原问题为
$$\min \frac{1}{2} \|w\|^2 + c\sum_{i=1}^{l} \xi_i$$
$$s.t. \ [y_i(w \cdot x_i) + b] \geq 1 - \xi_i$$
$$\xi_i \geq 0, i = 1, 2, \cdots, l$$
转化为对偶问题为
$$\min \frac{1}{2} \sum_{i=1}^{l} \sum_{j=1}^{l} y_i y_j a_i a_j K(x_i \cdot x_j) - \sum_{j=1}^{l} a_j$$
$$s.t. \sum_{i=1}^{l} y_i a_i = 0$$
$$0 \leq a_i \leq c, i = 1, 2, \cdots, l$$
式中,$K(x_i \cdot x_j) = \varphi(x_i) \cdot \varphi(x_j)$。

求解得到拉格朗日系数的值 a^*,则 $w^* = \sum_{i=1}^{l} y_i a_i^* x_i$,选取 a^* 的一个正分量 a_j^*(支持向量),并据此计算 $b^* = y_j - \sum_{i=1}^{l} y_i a_i^* K(x_i \cdot x_j)$。

5.5.4 支持向量机实例分析

将支持向量机用到成矿的定性预测上。下面介绍思路:成矿预测是一项理论和实践紧密结合的探索性极强的综合研究工作,预测理论和方法是提高找矿效果的首要条件,传统的成矿预测模型如人工神经网络,它作为高度非线性动力系统,具有非线性映射、容错性好和自学习适应强等特征。特别是 BP 神经网络,在遥感图像分类与识别、资源预测等地学领域均有广泛应用。神经网络的关键技术是网络结构、权值参数及学习规则的设计,但目前神经网络的结构需要事先指定或应用启发式算法在训练过程中寻找,并且网络系数的调整和初始化方法没有理论指导,训练过程易于陷入局部极小、过学习、收敛速度慢。SVM 是一种新兴的机器学习方法,它具有强有力的非线性建模能力和良好的泛化性能,能解决小样本、非线性、高维数和局部极小点等实际问题。算法最终转化为二次寻优问题,从理论上得到全局最优解,有效避免了局部极值问题,同时通过非线性变换和核函数巧妙解决了高维数问题,使得算法复杂度与样本维数无关,加速了训练学习速度;另外,它能根据有限样本信息在模型的复杂型和学习能力之间寻求最佳折中,保证其有较好的泛化能力。下面以一个例子来验证,算法流程如图 5-26 所示。

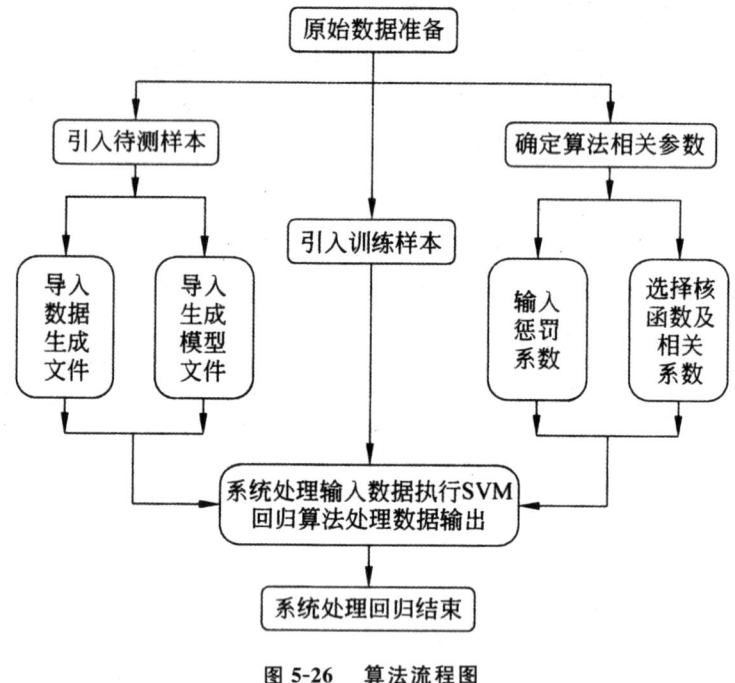

图 5-26 算法流程图

第一步,原始数据准备。

成矿作用的复杂性决定了成矿信息往往具有多解性和隐含性,以云南某地质采样综合数据为研究对象,将基于 SVM 的模型引入地质数据的处理和解释。实际资料表明,该地区银、砷、钡、铋、铜、铅、锌、汞组合异常能够较好地指示矿化富集带,选取此地空间中 8 个化学元素中具有代表性的元素作为输入数据,选择矿化程度作为输出。

第二步,数据预处理。

在数据准备阶段主要完成对预测指标的选定和已有的历史数据资料的收集工作,并确定成矿因素的输入和输出量。

(1) 输入向量 x'_i 的属性及含义:建模时对样本中的因子进行归一化处理(减少各个因子之间的量级差别),使用 $x'_i = \dfrac{x_i - \min(x_i)}{\max(x_i) - \min(x_i)}$ 将样本归一化到区间 $[0,1]$,x'_i 代表 Zn 元素的含量。

(2) 对应的输出 Y 为两类,有矿与无矿,用 1 代表有矿,0 代表无矿,见表 5-9。

表 5-9　数据预处理阶段

标号	Zn	矿化(Y)	标号	Zn	矿化(Y)
1	x'_1	1	6	x'_6	1
2	x'_2	1	7	x'_7	0
3	x'_3	0	8	x'_8	1
4	x'_4	0	9	x'_9	1
5	x'_5	1	10	x'_{10}	1

通过某矿 m 的前 k 矿物的历史数据来预测 m 矿物的矿化程度,即对下面的函数进行预测:$y_m = f(x_{m-1}, x_{m-2}, \cdots, x_{m-k})$(这其实是一个回归模型),其过程就是:依据自变量和因变量的历史统计资料进行计算,在此基础上建立回归分析方程,即回归分析预测模型。

第三步,SVM 成矿预测模型。

因为构造 SVM 的基础是 Mercer 定理,所以建立支持向量机的核函数必须满足 Mercer 定理条件。在该例子中采用 RBF 核函数作为基本函数建立 SVM 回归模型。

RBF 核函数的形式为:$K(\boldsymbol{x}, \boldsymbol{x}_i) = \exp(-\gamma \|\boldsymbol{x} - \boldsymbol{x}_i\|^2)$,$\gamma > 0$,在构建 SVM 回归模型的过程中,$C$、$\gamma$ 和 ε 这三个参数需自主决定,C 是惩罚常数,γ 为高斯核函数的参数,ε 为不敏感区域的宽度,模型参数选取使用交叉验证方法,利用 Libsvm 库文件实现参数的选取。当选取合适的 C、γ 和 ε 三个参数后,对 SVM 模型进行训练样本训练和预测,按理论给出表 5-10。

表 5-10　建立 SVM 成矿预测模型阶段

标号	实际值	SVM 预测值	标号	实际值	SVM 预测值
1	X_1	Y_1	6	X_6	Y_6
2	X_2	Y_2	7	X_7	Y_7
3	X_3	Y_3	8	X_8	Y_8
4	X_4	Y_4	9	X_9	Y_9
5	X_5	Y_5	10	X_{10}	Y_{10}

X_i、Y_i($i=1,2,3,4,5,6,7,8,9,10$)分别是训练样本的实际值(标准值)和待测样本的 SVM 预测值(经过分类器输出的值)。X_i、Y_i 均是 Zn 元素的含量,只不过前者是标准值,后者是待测样本的 SVM 预测值,此处用了 10 个样本,本表一是可以看出分类器的预测效果;二是可以通过预测值判断该样本是属于有矿的一类还是无矿的一类。

5.6　遗传算法

遗传算法(Genetic Algorithm,GA)借鉴了自然进化的基本思想。遗传算法学习过程说明如下:

(1) 创建一个由随机产生的规则组成的初始群体。每条规则可以用一个二进制串表示。举一个简单例子:一个给定训练样本可以用两个布尔属性 A_1 和 A_2 以及两个类别 C_1 和 C_2 来描述,那么规则"IF A_1 AND NOT A_2 THEN C_2"可以表示为"100"位串;其中左边两位分别表示属性 A_1 和 A_2,最右边一位表示类别。类似地,规则"IF NOT A_1 AND NOT A_2 THEN C_1",就可表示为"001"。若一个属性具有个 k 个取值($k>2$),那么就可以使用 k 个二进制位对相应属性值进行编码。同样也可以对类别进行编码。

(2) 基于适者生存的原则,根据当前群体中最适合的规则产生新的群体以及这些规则的后代。规则的合适度是通过对一组训练样本的分类准确率来确定的。

(3) 后代通过交叉和变异等遗传操作来创建。在交叉操作中,来自规则对的子串进行交换以形成新的规则对。在变异操作中,随机选择一个规则的位串编码进行求反,从而得到一个新规则。

(4) 基于先前群体(规则集)来不断产生新群体(新规则),直到群体"进化"到某个阶段,即群体中的每个规则均满足预先设置的一个阈值。

遗传算法很容易实现并行运算,也可以用于分类等优化问题的求解。在数据挖掘中,可用于对其他算法的适应度进行评估。

5.7 粗糙集方法

粗糙集理论可以用于分类问题,以帮助发现不准确或噪声数据中所存在的结构关系。它只能处理离散量,因此连续量必须首先进行离散化后方可使用。

粗糙集理论基于给定训练数据内部的等价类的建立,形成等价类的所有数据样本是不加区分的,即对于描述数据的属性,这些样本是等价的。在给定的现实世界数据中,通常有些类不能被可用的属性所区分。粗糙集可以用来近似或"粗略地"定义这种类。

对于一个集合(类别)C的粗糙集定义就是:通过两个集合,一个C的下近似集合和C的上近似集合来描述。C的下近似集合包含那些肯定属于C的数据样本,而C的上近似集合则是那些不能肯定不属于C的数据样本。

可以利用粗糙集来进行属性消减、相关分析等操作,从给定数据集中找出可以描述相应数据特征概念的最小属性集合本身就是一个 NP 问题,但是人们提出了一些可以帮助减少其计算复杂度的算法,其中一种方法就是利用可分辨矩阵,该矩阵存有两个数据样本之间属性的取值之差。运用这种方法,只需搜索该矩阵,就可以发现冗余属性。

5.8 分类预测应用实例

由于现实中的很多问题都可以转化为分类预测问题,因此分类预测技术已经应用到越来越多的行业,在政府管理决策、商业经营、科学研究和工业企业决策支持等各个领域都可以找到分类预测技术的用武之地。

下面介绍分类预测在银行不良贷款信用风险评估中的应用。本例采用基于数据挖掘的决策树方法,充分利用银行数据库中拥有的客户历史数据建立模型,对申请贷款客户进行科学归类,从而帮助银行提高对贷款信用风险的控制能力。

5.8.1 样本选取

本例样本来自某个商业银行的500个样本,随机抽取200个样本作为检验样本,剩余300个样本作为训练样本,训练样本中210个没有拖欠贷款,90个拖欠贷款。经过数据预处理之后,确定与挖掘任务相关的3个属性:是否有房、婚姻状况和年收入。

为了确保模型的准确率,我们随机选择总数样本的2/3进行分析建模,剩余的1/3数据用来测试模型的准确率。

5.8.2 建立预测模型

1. 确定年收入的最佳分割点

根据连续属性的最佳分割点的划分方法,对划分点分别计算不纯性度量指标Entropy(熵),见表5-11。找出最小Entropy值对应的划分点。

表5-11 年收入不同值分割指标Entropy

年收入/元	Entropy
65 000	0.85
72 000	0.72
80 000	0.70
87 000	0.86
92 000	0.84
97 000	0.60
110 000	0.67
122 000	0.72
172 000	0.85
230 000	0.87

其中,Entropy=0.6是最小值,对应于年收入为97 000元,因此选年收入97 000元为年收入的分割点,即年收入分为年收入<97 000元或年收入≥97 000元。

2. 建立决策树

(1) 计算信息增益率，选择划分节点。样本分为两类：c_1 代表没有拖欠贷款者；c_2 代表拖欠贷款者。给定样本分类信息所需的期望信息值为

$$I(c_1, c_2) = -\frac{7}{10}\log_2\frac{7}{10} - \frac{3}{10}\log_2\frac{3}{10} = 0.86$$

设 A 表示属性是否有房；B 表示属性婚姻状况；C 表示属性年收入。

对属性 A：

$$\text{Entrogy}(有房者) = -\frac{0}{90}\log_2\frac{0}{90} - \frac{0}{90}\log_2\frac{0}{90} = 0$$

$$\text{Entrogy}(没房者) = -\frac{120}{210}\log_2\frac{120}{210} - \frac{90}{210}\log_2\frac{90}{210} = 0.93$$

$$\text{Entrogy}(A) = \frac{90}{300} \times 0 + \frac{210}{300} \times 0.93 = 0.65$$

$$\text{Split Info}(A) = -\frac{3}{10}\log_2\frac{3}{10} - \frac{7}{10}\log_2\frac{7}{10} = 0.86$$

$$\text{Gain ratio}(A) = \frac{0.86 - 0.65}{0.86} = 0.24$$

对属性 B：

$$\text{Entrogy}(已婚) = -\frac{0}{120}\log_2\frac{0}{120} - \frac{120}{120}\log_2\frac{120}{120} = 0$$

$$\text{Entrogy}(单身) = -\frac{60}{120}\log_2\frac{60}{120} - \frac{60}{120}\log_2\frac{60}{120} = 1$$

$$\text{Entrogy}(离异) = -\frac{30}{63}\log_2\frac{30}{63} - \frac{30}{63}\log_2\frac{30}{63} = 1$$

$$\text{Entrogy}(B) = \frac{120}{300} \times 0 + \frac{120}{300} \times 1 + \frac{60}{300} \times 1 = 0.6$$

$$\text{Split Info}(B) = -\frac{120}{300}\log_2\frac{120}{300} - \frac{120}{300}\log_2\frac{120}{300} - \frac{60}{300}\log_2\frac{60}{300} = 1.55$$

$$\text{Gain ratio}(B) = \frac{0.86 - 0.6}{1.55} = 0.17$$

对属性 C：

$$\text{Entrogy}(< 97\,000) = -\frac{90}{180}\log_2\frac{90}{180} - \frac{90}{180}\log_2\frac{90}{180} = 1$$

$$\text{Entrogy}(\geqslant 97\,000) = -\frac{0}{120}\log_2\frac{0}{120} - \frac{120}{120}\log_2\frac{120}{120} = 0$$

$$\text{Entrogy}(C) = \frac{180}{300} \times 1 + \frac{120}{300} \times 0 = 0.6$$

$$\text{Split Info}(C) = -\frac{180}{300}\log_2\frac{180}{300} - \frac{120}{300}\log_2\frac{120}{300} = 0.97$$

$$\text{Gain ratio}(C) = \frac{0.86 - 0.6}{0.97} = 0.27$$

其中,属性 C 的信息增益率最高,因此选择客户年收入为第1个节点的测试条件。

在年收入 $<$ 97 000 元的一支中仍含有两个类的记录,需进一步细分。针对年收入 $<$ 97 000 元记录重复以上算法,依次确定节点的测试条件有房者、婚姻状况。

(2) 建立决策树。根据以上分析建立决策树模型如图 5-27 所示。

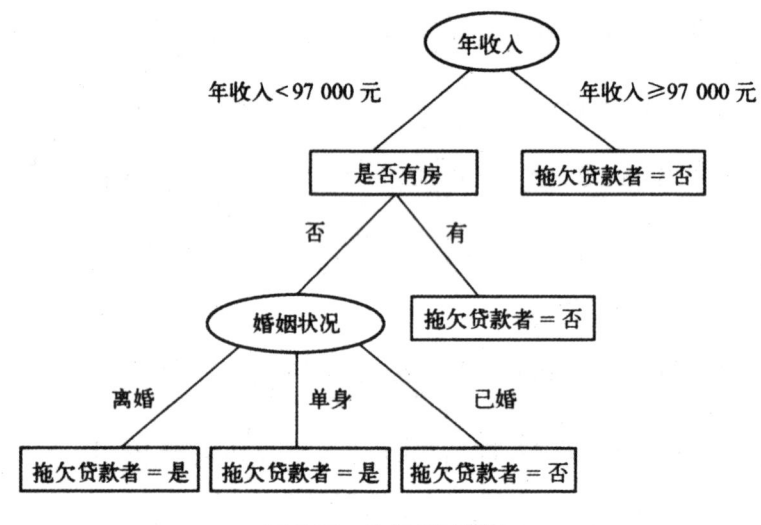

图 5-27 决策树示意图

5.8.3 模型评估

利用检测样本对所建决策树进行评估,以识别客户是否会拖欠贷款。为此可以用灵敏性和特效性来度量:

$$\text{sensitivity} = \frac{TP}{P}$$

$$\text{specificity} = \frac{TN}{N}$$

式中:TP 为被正确地按此分类的"不拖欠贷款"的样本数;P 为"不拖欠贷款"的样本数;TN 为被正确地按此分类的"拖欠贷款"的样本数;N 为"拖欠贷款"的样本数。正确率(Accuracy)是 sensitivity 和 specificity 度量的函数。

$$\text{Accuracy} = \text{sensitivity} \frac{P}{P+N} + \text{specificity} \frac{N}{P+N}$$

将检测样本纳入建立的决策树中,得出所建决策数的准确率为

$$\text{Accurac} = \frac{118}{120} \times \frac{120}{120+60} + \frac{58}{60} \times \frac{60}{120+60}$$
$$= 97.7\%$$

从 97.7% 的准确率来看,所建模型基本合理。

5.8.4 实用价值

基于所建模型,当新客户出现时,银行可以使用这一分类规则对客户是否会拖欠贷款进行分类预测;对预测结果中出现拖欠贷款情况的客户,拒绝其贷款申请;对预测结果中不会出现拖欠贷款情况的客户,同意其贷款申请。这样不但节省银行审批贷款的时间,而且大大减少了不良贷款情况的发生,从而降低了银行不良贷款的信用风险。

第 6 章　Web 数据挖掘

随着 Internet 技术的发展和 Web 的全球普及，Web 上信息越来越丰富。然而 Web 的数据资源是多种类型的，文档结构性差，Web 数据多为半结构化或非结构化，因此不能清楚地用数据模型来表示。Web 挖掘就是将传统的数据挖掘技术和 Web 结合起来，进行 Web 知识的提取，从 Web 文档和 Web 活动中抽取感兴趣的潜在的有用模式和隐藏的信息。Web 挖掘可以在很多方面发挥作用，如对搜索引擎的结构进行挖掘、确定权威页面、Web 文档分类、WebLog 挖掘、智能查询、建立 Meta-Web 数据仓库等。

6.1　Web 挖掘概述

6.1.1　Web 数据挖掘定义

Web 数据挖掘就是传统数据挖掘技术在互联网领域中的应用，它的目标是从海量的、含噪声的、无结构化的网络数据中提取出潜藏在背后的、有价值的知识。Web 数据挖掘主要包含基于网页内容的挖掘、基于用户使用习惯的挖掘和基于网页结构的挖掘。它们所使用的算法和应用领域是不同的。

典型的 Web 挖掘的处理流程如下：

(1) 查找资源。从目标 Web 文档中得到数据，这里的信息资源包括在线 Web 文档和其他信息资源，如电子邮件、网站日志数据、Web 交易数据库中的数据等。

(2) 信息选择和预处理。从取得的 Web 资源中剔除无用信息和将信息进行必要的整理。

(3) 模式发现。自动进行模式发现。可以在同一个站点内部或在多个站点之间进行。

(4) 模式分析。验证、解释上一步骤产生的模式。可以是机器自动完成，也可以是与分析人员进行交互来完成。

6.1.2 Web 数据挖掘分类

Web 数据挖掘根据研究的对象不同,可以分为基于网页内容的挖掘、基于用户使用习惯的挖掘和基于网页结构的挖掘三类。它们各自应用的算法和应用领域如图 6-1 所示。

```
                         Web数据挖掘
              ┌──────────────┼──────────────┐
     基于网页内容的挖掘   基于用户使用习惯的挖掘   基于网页结构的挖掘
              │              │              │
           聚类            聚类         XML(DTD)挖掘
         关联规则         关联规则       HTML文档挖掘
         语义Web          个性化服务       导航
        网页内容挖掘       商务智能
         搜索结果挖掘      客户分析
          文本挖掘        用途分析
         多媒体挖掘      系统改善建议
                         电子商务
                         入侵检测
                         Web代理
```

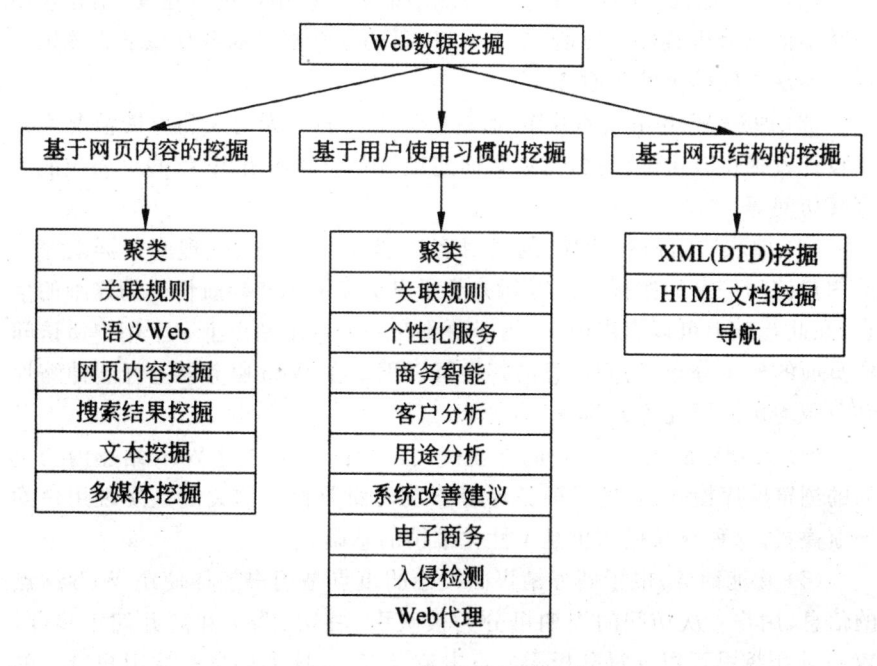

图 6-1 Web 数据挖掘的分类

1. 基于网页内容的挖掘

Web 内容挖掘是指对 Web 页面内容进行挖掘,从 Web 文档的内容信息中抽取知识。Web 内容挖掘的对象包括文本、图像、音频、视频、多媒体和其他各种类型的数据。Web 内容挖掘的重点是文本的特征、分类和聚类。Web 挖掘的一个研究热点是针对无结构化文本进行的文本挖掘;Web 多媒体数据挖掘正成为另一个研究热点。

2. 基于用户使用习惯的挖掘

Web 使用挖掘即 Web 使用记录挖掘,是数据挖掘技术在 Web 使用数据上的应用。利用 Web 使用挖掘技术,可以通过 Web 缓存改进系统设计、Web 页面预取、Web 页面交换;认识 Web 信息访问的本质;理解用户的反映和动机。这些分析还有助于建立针对个体的个性化 Web 服务。Web 使用挖掘在新兴的电子商务领域有重要意义。

Web 使用挖掘主要涉及两个关键问题：一是如何进行数据的预处理；二是如何挖掘出有价值的知识。根据数据来源、数据类型、用户数量、数据集合中的服务器数量等将 Web 使用挖掘分为以下五类：

(1) 个性挖掘。针对单个用户的使用记录对该用户进行建模,结合该用户基本信息分析其使用习惯、个人喜好,目的是在电子商务环境下为该用户提供与众不同的个性化服务。

(2) 改进 Web 站点的效率。通过挖掘用户的行为记录和反馈情况为站点设计者提供改进的依据,比如页面连接情况应如何组织、哪些页面应能够直接访问等。

(3) 抽取访问信息特性。通过对客户端、服务器端、代理服务器端等不同用户访问信息的挖掘可以得到关于用户交互情况和导航情况的详细的信息。在此基础上可以提出模型,用于预测在一个给定站点上一个用户所访问的页面的概率分布。访问信息的特性可以用于在 Web 服务器上开展伸缩性和负载均衡的研究等方面。

(4) 发现导航模式。用户的导航模式是指群体用户对 Web 站点内的页面的浏览顺序模式。在电子商务环境下发现商业智能的关键是发现用户的导航模式。这种导航模式也是个性化推销的基础。

(5) 智能商务。电子商务销售商关心的重点是用户怎样使用 Web 站点的信息,用户一次访问的周期可分为被吸引、驻留、购买和离开四个步骤,Web 使用挖掘可以通过分析用户点击流等 Web 日志信息挖掘用户行为的动机,以帮助销售商安排销售策略。

3. 基于网页结构的挖掘

Web 结构挖掘主要是通过对 Web 站点的超链接结构进行分析、变形和归纳,将 Web 页面进行分类,以利于信息的搜索。Web 结构挖掘可用于发现 Web 的结构和页面的结构及其蕴含在这些结构中的有用模式;对页面及其链接进行分类和聚类,找出权威页面;发现 Web 文档自身的结构,这种结构挖掘能更有助于用户的浏览,也利于对网页进行比较和系统化。Web 结构挖掘可细分为超链接挖掘、URL 挖掘和内部结构挖掘三种。

6.1.3　Web 数据挖掘的数据源

Web 数据挖掘的数据源一般具有多类型、无规律、无结构和多噪声的特点。数据源的巨大差异性决定我们必须对其进行分类,并加以区别地处理和对待。数据源信息主要包括以下几类。

1. 用户的注册信息

用户的注册信息是最直接、最简单的数据源信息,它一般是用户注册的时候主动留下来的信息,通常包括性别、居住地、姓名、职业、收入、邮箱和兴趣爱好等。这些信息通常和用户的访问日志一起使用,来定位用户所属的群体,描述用户的大概背景情况。

2. 网页内容信息

网页内容信息主要包括文档信息和多媒体信息两类,再细分下去就包括文章、图片、音频、视频、广告、评论等内容。Web数据挖掘通常会对这些不同的信息进行提取标签和单词向量,以便描述内容的种类,方便进行聚类、分类或相似度比较,网页内容信息是推荐系统最常用的数据源。

3. 网页站点结构信息

网页站点结构信息是Web数据挖掘最主要的对象之一,它包括网站之间的引用和链接关系,网站的组织结构信息等。通过研究网页站点结构信息可以发现用户的浏览规律和习惯,可以帮助我们优化网页站点的组织结构,提高超链接的合理性,形成清晰的站点导航视图。

4. 用户搜索数据

用户在互联网上的行为已经离不开搜索引擎(包括站内搜索和互联网搜索)。搜索引擎可以帮助用户快速地找到他们感兴趣的信息,达到他们上网的目的,所以用户每次提交给搜索引擎的查询信息会反映用户的兴趣、偏好和上网目的等。通过对这些搜索数据信息的分析和挖掘,我们就可以更加了解用户的需求和使用习惯,并通过挖掘搜索的关键字,来优化内容的标签和单词向量,提高搜索的准确性。

5. 网页日志信息

网页日志信息是记录用户访问站点情况的数据信息,它一般保存在网页服务器或代理服务器中。网页服务器又包含服务器和客户端,保存在客户端的网页日志文档就是cookie logs,而保存在服务器的网页日志就包含error logs和server logs两种,例如常用的日志格式是Apache的扩展日志格式(ECLF)。

6. 代理服务器数据

代理服务器是用来缓存用户与站点服务器之间交互数据的中介服务器,其目的是缓解网络压力,提高网页浏览的速度。在代理服务器端一般存储了所有用户访问网站的记录信息,通过对这些数据进行挖掘就能有效地得到用户的访问模型信息,为用户提高个性化的推荐和营销策略。

6.1.4　Web 数据挖掘中知识的分类

总体来说,Web 中的知识可以分为三类。第一类知识叫作隐性知识,它一般存在于非结构化的文本当中,比如用户发表的留言和博文等;第二类知识是显性知识,它显性地以结构化的方式存在于网页中的,如用户资料、标签和评分等;第三类知识是衍生知识,是指对收集到的数据进行挖掘得到的知识,是隐性知识和显性知识衍生出来的知识,如图 6-2 所示。

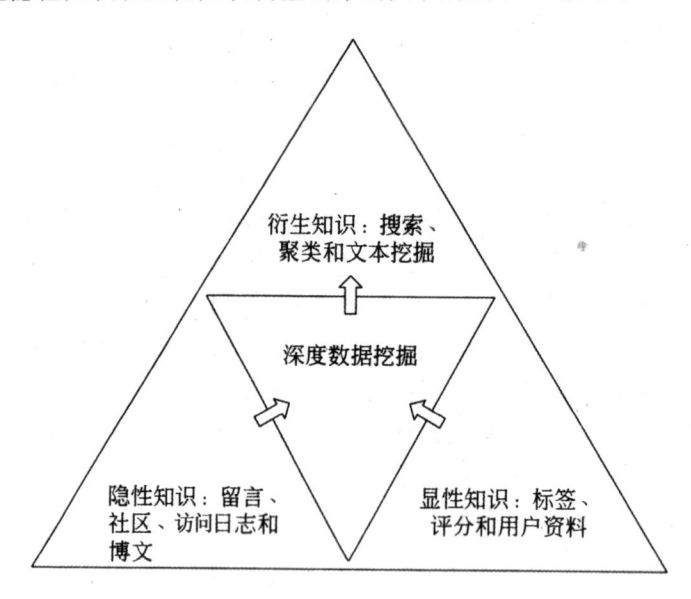

图 6-2　Web 数据挖掘知识分类

1. 隐性知识

隐性知识是以非结构化的形式隐藏在站点中或站点外的知识,它一般包括博文、社区、论坛、访问日志和留言板等内容。隐性知识的非结构特性决定了其一般不能被直接使用,需要事先对其进行相应的数据预处理才能做进一步的深度数据挖掘。

2. 显性知识

显性知识一般是用户直接传递给站点的结构化的知识,一般包括评论、评分、投票、标签、推荐和用户资料等内容。这些数据的结构化特性方便了网站研究人员的进一步分析处理,一般只要对其做些相应的数据收集和整理工作就可以作为后续深度数据挖掘的材料。

3. 衍生知识

衍生知识一般是对隐性知识和显性知识进行进一步深度数据挖掘的成果,它处于数据挖掘"金字塔"的顶端部位,一般包括聚类、预测分析、智能搜索、文本挖掘、推荐引擎和发现模式等内容。衍生知识是数据挖掘过程的最终结果,体现着数据挖掘得到的智慧,研究人员一般都会对衍生知识做进一步的可视化处理,然后对其进行相应的知识部署,提出相应的应用建议,并将知识部署到能解决现实问题的方案中,完成对知识的最终利用。

6.2　Web 日志挖掘

Web 日志挖掘主要是通过分析 Web 服务器的日志文件,以发现用户访问站点的浏览模式,为站点管理员提供各种 Web 站点改进或可以带来经济效益的信息。Web 日志挖掘是一种很重要的信息获取方式,它挖掘的数据一般是在用户和网络交互的过程中抽取出来的第二手的数据。这些数据包括 Web 服务器日志记录、代理服务器的日志记录、客户端的日志记录、用户简介、注册信息等。本文着重对 Web 服务器的日志记录进行挖掘。

Web 日志挖掘可以分为四个阶段:数据采集、数据预处理、数据挖掘和对挖掘出来的模式进行分析。由于 Web 缺少使用数据的精确收集机制,所以使用数据的收集技术是日志挖掘研究的一个重要部分。Web 上的使用数据非常丰富,收集地点有很多,包括客户端、HTTP 代理端、Web 服务器端,甚至底层的网络通路。使用数据的特性与收集方法相关。Web 服务器软件自动记录的 Web 日志是目前最常用的使用数据。

Web 日志挖掘的一般过程如下:

(1) 数据的收集及预处理。对原始 Web 日志文件中的数据进行提取、分解、合并,转化为适合进行数据挖掘的数据格式,保存到关系型数据库表或数据仓库中。

(2) 模式发现。对数据预处理所形成的文件,利用数据挖掘的一些有效算法(如关联规则、聚类、分类、序列模式等)来发现隐藏的模式和规则。

(3) 模式分析。针对实际应用,对挖掘出来的模式、规则进行分析,过滤掉无用的规则或模式,把客户感兴趣的规则或模式转化成知识,应用到具体领域中。

Web日志挖掘得到的结果可以用于重构Web站点的页面之间的链接关系,及Web站点的拓扑结构,发现相似的客户群体,开展个性化的信息服务和有针对性的电子商务活动,应用信息推拉技术构建智能化Web站点。

Web日志挖掘的具体过程如图6-3所示。

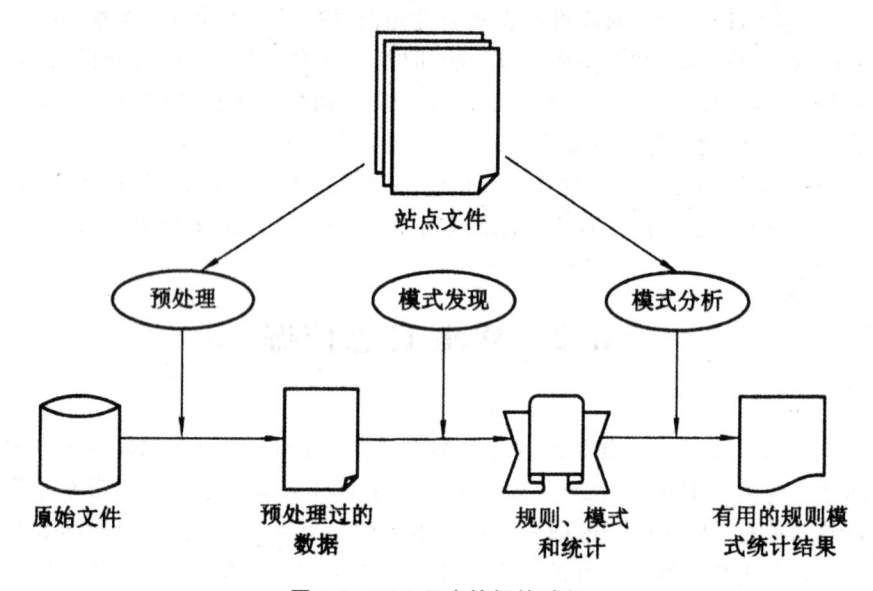

图6-3 Web日志挖掘的过程

6.3 Web内容挖掘

Web内容挖掘可以认为是基本的Web检索工作的延伸。有许多不同的技术可以用于检索因特网信息。例如,大多数搜索引擎采用关键词匹配技术。Web内容挖掘建立在信息检索基础之上,它通过采用概念层次、用户概貌、页面链接技术等对传统的搜索引擎进行改进。我们知道,传统的搜索引擎通过爬虫去检索网页和收集信息,采用索引技术来存储信息,在查询阶段则给用户提供快速且准确的信息。因此,数据挖掘技术可以帮助搜索引擎提供更高效、规模更大的服务。

一种Web挖掘的分类方法把Web内容挖掘分为代理人方法和数据库

方法。

(1) 代理人方法。使用软件系统(代理)来完成内容挖掘。在最简单的情况下,检索机制也属于这一类,包括智能检索代理、信息过滤和个性化 Web 代理等。智能检索代理超越了简单的检索机制,它通过关键词之外的技术来完成检索。例如,可以利用用户模板或其关心的知识领域。信息过滤利用信息检索技术、连接结构的知识和其他方法来分析和分类文档。个性化 Web 代理使用有关用户喜好的信息来指导它们的检索。

(2) 数据库方法。将所有的 Web 数据描述为一个数据库。意味着 Web 是一个多级的数据库并有多种查询语言指向 Web。

Web 内容挖掘的基本技术是文本挖掘。文本挖掘的方式是有层次的系统,图 6-4 给出了一个文本挖掘的层次示意,顶端功能最简单,底层功能最复杂。

图 6-4 文本挖掘体系示意

6.3.1 爬虫与 Web 内容挖掘

爬虫(Crawler)是一个用来分解 Web 中超文本结构的工具。爬虫开始访问的这页(或者组页)称作种子 URL。从一个网页开始,通过查阅和记录这个网页的所有链接并把它们排列起来,然后再从找到的新页面继续开始重复工作,这种工作可以收集到每个页面的信息(例如提取关键词和存储索引)。爬虫可能在访问一定数量的页面后停止搜索,产生索引,这个索引将覆盖旧的索引,上述爬虫叫作定期爬虫(periodic crawler)。增量式爬虫(incremental crawler)是最近研究的一种新技术,它不是完全重建索引,而是在旧索引的基础上仅仅增加一些新索引。

由于 Web 的数量相当巨大,一种兴趣爬虫(focused crawler)技术被提出。它仅访问与主题相关的页面,一旦发现一个页面与主题无关或者一个链接不必被继续跟踪,则很多从这个页面(或链接)开始的其他链接就不再访问了。由于聚焦用户感兴趣的页面,因此在有限的资源下可以获得更多感兴趣的页面信息,使内容的覆盖面更大,内容挖掘的信息含量增大。

这种兴趣爬虫技术有下面一些重要方面:

(1) 利用超文本链接结构进行页面内容分类,使搜索引擎检索的页面符合用户的兴趣。

(2) 有些页面包含很多链接,而这些链接的页面是用户感兴趣的,因此它们需要被检索。注意,这些页面也许不包含与主题有关系的信息,但它们对继续搜索有非常重要的意义。

(3) 采用合理而高效的方法对所选择的页面进行内容分析和挖掘。

6.3.2 虚拟的 Web 视图

一个有效地处理在 Web 中的大量无结构数据的方法是在这些数据之上建立一个 MLDB(Multiple Layered Database)。这个数据库是多层次的,每一层都比它上面一层数据库有更显著的特点,最高层有着完善的结构并可以通过类似 SQL 的查询语言进行访问或挖掘。MLDB 提供一个被称为 VMV(Virtual Web View) 的视图机制,Web 中的一部分感兴趣的结构被抽象和浓缩在这个视图中。

MLDB 的每层索引都比它的下一层要小并且指向它。对于最底层来说,需要了解 Web 文档的结构并转换成标准格式(如 XML),把这些结构信息用专门的提取工具从 Web 页面中提取出来,再把信息摘要插入第一层 MLDB 中。

更高的层次随着其等级的提高而具有较少的细节和更多的描述。所以需要一个归纳工具,并且等级概念(如近义词组、词汇和语义联系等)将帮助归纳过程来架构更高层的 NILDB。

6.3.3 个性化与 Web 内容挖掘

另一个 Web 内容挖掘的例子体现在个性化领域。通过个性化,网页的内容和访问方式将修改以更适合用户的需要。这些应用包括为每个特定用户定制网页,或者根据用户的需要决定哪些网页会被检索到。

通过个性化,基于用户所关心内容的广告会被发送到潜在的用户。通过个性化,当一个特别的用户访问一个站点时,会有一个特别为他定制的广告出现,这对那些可能购买的用户来说是一个极大的诱惑。例如,张三经常在一个网站上购物,每次当他访问这个站点的时候,他必须先使用 ID 进行登录,这个 ID 可以用于跟踪他的消费行为和他所访问的网页,通过 Web 挖掘可以形成张三的用户描述信息,这个描述就可以用于定制他的个性化广告。

因此,当他登录时就会直接访问包含他所感兴趣的商品的广告。

Web 内容挖掘的目的之一是基于页面内容相似度进行用户分类或聚类,个性化的建立是通过用户过去的检索内容分析而建立起来的。自动的个性化技术可以通过过去的需要和相似用户的需要来预知特定用户将来的需要。

6.3.4　Web 页面内容的预处理

Web 页面内容预处理的目的是把包括文本(Text)、图片(Image)、脚本(Script)和其他一些多媒体文件所包含的信息转换成可以实施 Web 挖掘算法的规格化形式。一般而言,分类或聚类是预处理的常用方法。

Web 页面本身的设置目的是不同的,常见的页面有如下几种:

(1) 首页(Head Page)。站点的主页,用户对该站点进行访问的起始点。

(2) 内容页(Content Page)。Web 站点的设计者在这种页面上向访问者提供详细的内容信息。

(3) 导航页(Navigation Page)。该类页面的目的是提供超链接给用户以帮助用户到达内容页。

(4) 内容导航页(Content & Navigation Page)。页面上既包含较为详细的内容信息也包含到达其他内容页或内容导航页的信息。这种页面在站点中的比例最高。

(5) 查找页(Look up Page)。帮助用户查找站点内的特定内容。

(6) 数据入口页(Data Entry Page)。用于从用户那里收集信息。

Web 页面内容预处理的首要工作是对页面的分类。分类信息或者可以由站点的设计者人工指定,或者由监督学习方法在对人工指定的训练集进行训练后自动进行。如果分类信息由人工指定,就意味着增加用户负担,有时由于网站设计者和挖掘系统设计者的利益点不同,很难实现 Web 挖掘。因此,自动化完成页面分类就是 Web 挖掘的基础性工作。具体采用的算法可以是 C4.5 或者朴素贝叶斯算法。另外,XML 语言也可以提供较为详细的分类知识。

虽然 Web 页面内容挖掘的主要信息源是无结构或半结构的 Web 页面,但与其他信息的结合可以得到好的效果。同时它和 Web 访问信息挖掘和 Web 结构或链接挖掘可以相互补充。

(1) 当 Web 结构挖掘得到站点的结构图后,每个 HTML 文件可以用页面内容挖掘算法进行相应的处理,以得到更有用的信息。

(2) 在 Web 访问信息挖掘的环境下,内容挖掘的结果有助于改进访问信息挖掘的成果。例如,内容分类算法的结果有助于限制导航模式发现算法的结果,使得发现的模式只包含特定的主题或特定的产品。

(3) 根据主题(Topic)和用户访问信息对页面视图进行分类或聚类,得到的结果可以更好地改进 Web 站点的访问效率。

6.4　Web 使用挖掘

越来越多的企业利用 Internet 进行商务活动,对企业来说,访问信息挖掘是一种很重要的信息获取方式。用户在 Web 站点上的商业活动和浏览访问信息都记录在 log 文件中,Web 日志挖掘就是从服务器的 log 文件或其他数据中分析用户的访问模式。Web 使用挖掘有助于网络信息的合理组织和服务质量的改进。Web 使用挖掘的主要手段有关联规则挖掘、路径分析、聚类分析和序列模式挖掘等。

(1) 关联规则挖掘。通过关联分析挖掘出隐藏在数据间的相互关系,发现用户浏览时的相关页面。最常用的方法是 Aprior 算法,从事务数据库中挖掘出最大频繁访问项集,这个项集就是关联规则挖掘出来的用户访问模式。

如通过对 Web 站点服务器的日志进行关联规则的挖掘,发现访问室内排球页面的用户,其中的 45％ 也访问手球页面。访问羽毛球和跳水页面的用户,其中的 59％ 也访问桌球页面。

进行 Web 挖掘,利用在 Web 上的关联规则的发现,构建关联模型,可以针对客户动态调整站点的结构,使用户访问的有关联的文件间的连接能够比较直接。减少用户过滤信息的负担,如果网站具有这样的便利性,能给用户留下好的印象,增加下次访问的概率,也就为电子商务的开展提供了先机。

(2) 路径分析。路径分析可用于发现 Web 站点中最经常被访问的路径,从而调整站点的结构。

将网站上的页面定义成节点,页面之间的超级链接定义成图中的边,这样就形成网站结构图,从图中确定最频繁的访问路径。如一个网站,它包括页面{A,B,C,D,E,F,G},这些页面之间通过超链接相连,其中 A 为这个网站的主页。网站的访问记录中有大量的不同访问者的访问路径数据,通过数据挖掘发现有许多用户在连接主页 A 后都会沿着 A－B－C－D－E 的访问路径访问 E,网站就应该在主页 A 上增加一个直接到 E 页面的链接,以方便用户的使用。通过路径分析,可以改进页面及网站结构的设计。

(3) 聚类分析。聚类分析不同于分类,其输入集是一组未标记的记录,也就是此时输入的记录还没有进行任何分类。聚类分析是把具有相似特征的用户或数据项归类,在网站管理中通过聚类具有相似浏览行为的用户,使管理员更多地了解用户,为用户提供更满意、更个性化的服务。

例如,有一些用户经常浏览 TOFEL、GRE、application 和 visa 的信息,经过分析这些用户被聚类为一组,就可以知道这是一组 expecting overseas student 用户。这样,Web 可自动给这个特点的用户聚类群发送新信息邮件,及时调整页面及页面内容,使网站管理活动能够在一定程度上满足用户的需求,使此 Web 站点活动更有意义和价值。

(4) 序列模式挖掘。序列模式是指在时序数据集中发现在时间上具有先后顺序的数据项。它与关联挖掘都是从用户访问的日志中寻找用户普遍访问的规律,关联挖掘更注重事务内的关系,序列模式挖掘则注意事务间的关系。在 Web 日志挖掘中,序列模式识别是指寻找用户会话中在时间上有先后关系的页面请求。

例如,在线订购计算机的用户,60% 的人会在 3 个月内订购打印机。发现序列模式能够便于电子商务的决策者预测客户的访问模式,对客户提供个性化服务。网站管理员可利用发现的序列模式预测用户即将可能请求的页面,这样就可以针对特定用户在页面中放置不同的广告来增加广告点击率。

Web 日志挖掘可分为三个阶段:数据预处理、数据挖掘和对挖掘出的模式进行分析。数据预处理将原始的日志文件经过一系列的数据处理转化成事务数据库,以供数据挖掘阶段使用,主要包括数据清洗和事务识别两个部分。数据清洗主要是对无关记录的删除、判断是否有重要的访问没有被记录、用户的识别等。事务识别是将页面访问序列划分为代表 Web 事务或用户会话的逻辑单元。数据挖掘阶段对数据预处理所形成的事务数据库,利用数据挖掘的一些有效算法来发现隐藏的模式、规则,然后主要是对挖掘出来的模式、规则进行分析,找出用户感兴趣的模式。

6.5 Web 结构挖掘

6.5.1 Web 结构挖掘的局限性

Web 结构挖掘即挖掘 Web 潜在的链接结构模式,它是从 WWW 的组织结构和链接关系中推导知识。在 Web 空间里,对人们有用的知识不仅包含在 Web 页面内容中,而且也包含在页面的结构之中。Web 结构挖掘的主要方法有 Page Rank 和 CLEVER。Web 结构挖掘通过分析一个网页链接和被链接的网页数量和对象,建立 Web 自身的链接结构模式,这种模式可以用于进行网页分类、总结网站和网页的结构,由此获得有关不同网页间相似度及关联度的信息,并由此获得有关不同页面间相似度和关联度的信息。

Web 结构挖掘也有助于发现权威的 Web 页面,这样可以进行页面等级的划分。在搜索某个给定问题的 Web 页面时,我们希望搜索到的页面能够对该问题具有权威性。超链接含有大量人类潜在的注释,权威性就隐藏在这些链接中,当一个 Web 页面指向另一个页面时,可以看作该页面的作者对另一个页面的注释,页面的重要性也可以通过收集该页面的来自不同作者的注释来反映。

Web 链接结构的局限性如下:

(1) 不是每个超链接都具有认可的性质。有些是为了其他目的而创建的,如为了导航或付费广告等,这些不具有认可性质的超链接不能用于权威判断。

(2) 在当今激烈的商业竞争下,很少有 Web 页面指向其竞争领域的权威页面。

(3) 权威页面很少是描述性的,例如,雅虎网页不包含任何自我描述,如搜索引擎。

6.5.2 Web 结构挖掘方法

在设计搜索引擎等服务时,对 Web 页面的链接结构进行挖掘以得出有用的知识是提高检索效率的重要手段。Web 页面的链接类似学术上的引用,因此一个重要的页面可能会有很多页面的链接指向它。也就是说,如果有很多链接指向一个页面,那么它一定是重要的页面。

1. 页面重要性的评价方法

在搜索引擎中存储了数以亿计的页面,因此需要寻找一种好的利用链接结构来评价页面重要性的方法。PageRank 方法是目前搜索引擎和 Web 挖掘中流行的技术。

设 u 为一个 Web 页, F_u 为所有 u 指向的页面的集合, B_u 为所有指向 u 的页面的集合。设 $N_u = |F_u|$ 为从 u 发出的链接的个数, $c(<1)$ 为一个归一化的因子(因此所有页面的总的 PageRank 为一个常数),那么 u 页面的 PageRank 被定义为

$$R(u) = c \sum_{v \in B_u} \frac{R(v)}{N_v}$$

一个页面对应的 PageRank 值被分配到所有它所指向的页面中,在计算时可以从任何一个页面开始,通过上面的公式反复计算直到其收敛。

2. 页面等级

设计页面等级技术可以提高搜索机制的效率和提高它们的有效性。Google 成功示范了这个方法的有效性。页面的页面等级值是通过指向这个页面的链接数量来计算的,即通过指向向后链接数来计算的。向后链接是指向这个页面的链接减去它指向外面的链接。计算量不是简单地向后链接的数量加和,而是要考虑向后链接的页面的重要性。

给定一个页面 p,使用 B_p 作为指向一系列指向 p 的页面,并且用 F_p 是 p 指向外面的链接,则

$$R(p) = c \sum_{q \in B_u} \frac{R(q)}{N_q}$$

这里的 $N_q = |F_q|$。常量 c 是一个介于 0 和 1 之间的数,用于标准化。

这里有一个循环分级的问题。当计算一个页面的页面等级时,如果发生循环则产生这个错误(页面 A 指向页面 B,页面 B 同时指向页面 A),此时 PR 值随这些页面增加。可以通过另一个公式解决:

$$R'(p) = c \sum_{q \in B_p} \frac{R(q)}{N_q} + cE(v)$$

式中,c 是最大值;$E(v)$ 是一个矢量,存储人工链接的次数。它是模拟一个用户不随着链接访问其他页面,而是随机跳到一个新的页面。$E(v)$ 考虑了每对节点可能存在的链接。

页面等级技术不同于其他检查链接的方法,它并不计算相同的链接数量,是规范化的网页链接数目的值。

3. 权威页面和中心页面

IBM 最近开发的 Clever 系统能够发现权威页面和中心页面。所谓权威页面是指包含需求信息的最佳资源页面。所谓中心页面是一个包含权威页面连接的页面。Clever 系统通过计算权重来定义权威页面和网络中心,而系统的功能定位在于寻找最佳中心和权威页面。

由于网站中的文档是分布世界各地,而且无人监控。所以没有办法知道包含在网页中的信息是否是正确的。目前,还没有一种有效的方法能够防止用户制造一个错误百出的网页。但是,有一些网页的质量是比其他网页高

的。这些网页经常被访问,因此被称作是最有权威性的网页。注意,这个概念和相关性有所不同。一个页面可能绝对相关,但是却包含很多错误,用户实际上并不希望检索到它。在传统的信息检索中,"权威"这个术语并没有被涵盖。

HITS(Hyperlink-Induced Topic Search)是寻找权威页面和中心页面的典型方法。HITS技术由以下两部分组成。

(1) 基于一组给定的关键字,可以找到相关的页面(有可能相当多)。

(2) 权威页面和中心页面与上述页面有关,具有最高权重的页面被返回。

HITS在算法6-1中具体描述。一个搜索引擎 SE 用来寻找一个小的集合,即页面的根集合 R。q 是给出的查询请求。通过增加来自 R 或到 R 的页面链接将 R 扩展为一个更大的集合 B,称为基本集合。这是为了导出关于网站的一个子图,以便用于找出权威和中心页面。在算法中,我们用符号 $G(B, L)$ 表示子图,G 由顶点 B(实际为页面)和边 L(实际为链接)组成。权重 x_p 和 y_p 分别用来寻找权威页面和中心页面。在相同站点中的页面经常是互相链接的,我们不能通过这些网页之间链接的结构来寻找权威页面和中心页面,因此算法删除了这些链接。中心网页应该指向一些优秀的权威页面,并且权威页面需要被很多中心网页所链接。上述情况构成了计算权重的思想基础,权重计算常用的方法是采用了邻接矩阵,反复计算权重直到收敛为止。权重被归一化,也就是平方和为1。一般地,相联系的权威页面和网络中心在 $5\sim10$ 之间。

算法6-1 HITS

输入:把WWW看作一个引导图 W。

查询请求 q;

支持 s。

输出:权威页面的集合 A。

中心页面的集合 H。

(1) R = SE(W,q);   // 利用 q 得到页面的根集合 R

(2) B = R ∪ {指向 R 的链接} ∪ {来自 R 的链接};

(3) G(B,L) = 由 B 导出的 W 的子图;

(4) $G(B,L^1)$ = 删除 G 中相同站点的链接;

(5) $x_p = \sum_q Y_q$;   // 得到权威页面的权重

(6) $y_p = \sum_q X_q$;   // 得到中心页面的权重

(7) A = {p | p 为具有最高 x_p 值的页面};

(8) H = {p | p 为具有最高 y_p 值的页面};
(9) END;

4. Web 站点结构的预处理

W3C 国际组织已经为 Web 访问信息定义了一些基本概念。在这些概念的基础上,一些扩展的概念构成了开展 Web 访问信息挖掘研究的基础。由于这些概念是我们讨论 Web 访问信息挖掘的基础,所以我们先对它们加以介绍。

定义 6-1 用户(User):用户被定义为一个通过浏览器访问一个或者多个 Web 服务器的访问者。对服务器而言,即使通过 Cookie 也很难唯一和重复地识别一个用户。例如,一个用户通过几台 PC 访问 Web;或者在一台机器上使用多个浏览器;或者几个用户使用一台机器上的一个浏览器进行浏览。

定义 6-2 页面文件(Page File):一个页面文件是通过 HTTP 请求发给用户的文件。页面文件一般静态存在于 Web 服务器上。一些动态页面文件源于数据库或 javascript,由 Web 服务器动态生成响应用户的请求。

定义 6-3 页面视图(Page View):一个页面视图由一个页面文件的集合组成,在用户浏览器上同时显示。页面视图通常与一个用户的行为相关(如一次鼠标点击)。它通常由一些文件组成,如框架(frame)、图片和 script。

定义 6-4 客户端浏览器(Client Browser):是指具有一个独立 IP 地址的,用户通过其访问 Web 服务器的浏览器软件。客户端包括代理服务器软件。

定义 6-5 Web 服务器(Web Server):是指运行在互联网服务提供方主机上的 WWW 服务软件,目的是响应客户端发来的 HTTP 请求。

定义 6-6 点击流(Click Stream):也称连续 HTTP 请求序列,是指从客户端浏览器上,由用户连续发出的 HTTP 请求序列。

定义 6-7 一次访问用户(One User at a Time):是指某一个通过一个客户端浏览器发出连续 HTTP 请求序列的对一个 Web 服务器进行访问的访问者。如果一个真实的用户每隔一段较长的时间对一个 Web 服务器发出一个连续 HTTP 请求序列,那么对该 Web 服务器而言就有多个一次访问用户进行了访问。如果一个真实的用户通过不同的客户端对一个 Web 服务器发出一个连续 HTTP 请求序列,那么对该 Web 服务器而言就有不同的一次访问用户进行了访问。该概念的提出将一个真实的用户和该用户的一次访问用户进行了分离。

定义 6-8 用户访问会话(User Session):是指由一个用户发出的对

Web世界的一次连续HTTP请求序列。

定义6-9 服务器用户访问会话(Server Session)：简称用户访问事务(User Transaction)，是指一次访问用户的对一个Web服务器的一次访问。由该一次访问用户所请求的页面序列顺序组成。

定义6-10 访问片段(Episode)：任何有意义的用户访问会话或用户访问事务的子集，称为访问片段。

随着Web页面框架的引入，Web站点的拓扑结构分为以下两种：

(1) 页面文件之间的超链接关系。这种关系反映的是页面文件之间的静态关系。

(2) 页面视图之间的超链接关系。由于页面框架的存在，这种关系反映的是用户所看到的页面文件的组合关系。

这两种Web站点的拓扑结构可以用于导航模式发现和改进Web站点的效率上。例如，如果两个页面本身就连在一起，那么发现的模式必然包括这两个页面文件的链接，这样的知识没有明显的意义。如果引入Web站点的拓扑结构，那么在发现的结果集中减去拓扑结果，那么剩下的就必然是有用的知识。

一个Web站点的结构相关于下面的对象：
$M = <P, L_{pageLink}, L_{pageViewLink}>$;
$P = \{Page\_View_1, Page\_View_2, \cdots, Page\_View_n\}$;
$L_{pageViewLink} = \{PageViewLink_1, PageViewLink_2, \cdots, PageViewLink_p\}$;
$L_{pageLink} = \{PageLink_1, PageLink_2, \cdots, PageLink_q\}$;
$Page\_View_i = \{Frame_{i1}, Frame_{i2}, \cdots, Frame_{im}\}$;
$Frame_j = \{Page\_File_h\}$;
$PageLink_k = <Page_i, Page_j>$;
$PageViewLink_k = <Page\_View_i, Page\_View_j>$;

其中，M为一个Web站点的拓扑结构，它由三个元素组成。P为所有页面视图(Page_View)的集合。一个页面视图由一组框架组成，其中每个框架由一个页面文件组成。如果两个页面之间具有超链接关系，那么它们具有一个PageLink。如果两个页面视图之间具有超链接关系，那么它们具有一个PageViewLink。$L_{PageLink}$为全部页面之间超链接关系的集合。$L_{PageViewLink}$为全部页面视图之间超链接关系的集合。这里不考虑页面文件为图形、图像的情况。

在给出上述公式和定义后，就可以通过相应的搜索算法对Web网站进行遍历以找到PageLink、PageViewSet、PageViewLink的集合。算法6-2给出了生成PageViewSet和PageViewLink的算法。

第6章 Web数据挖掘

算法 6-2 GPVS(Generating Page view Set)

输入：index.htm

输出：PageViewSet,PageViewLinkSet

(1) PageViewSet = GetFirstPageView(/index.htm);

(2) PageViewLinkSet = NULL;

(3) FOR each pageview ∈ PageViewSet DO BEGIN

(4) PageSet = GetAllPage(pageview);

(5) FOR each p ∈ PageSet DO BEGIN   // 每个pageview由一些页面组成

(6) LinkSet = GetAllHyperLink(p);

(7) FOR each l ∈ LinkSet DO BEGIN   //l 必须为站点内的地址

(8) newpageview = Substitute(pageview,l);// 根据超链接得到一个新的pageview

(9) PageViewSet = PageViewSet ∪ {newpageview};

(10) PageViewLinkSet = PageViewLinkSet ∪ {<pageview,newpageview>};

(11) END

(12) END

(13) END//PageViewSet 集合增量递增,每次从 PageViewSet 集合中变量

//pageview 只取新的值

第 7 章 复杂类型数据挖掘及应用

传统数据挖掘技术与算法主要针对的是关系型数据。然而，随着数据采集设备和科学技术的发展，知识不仅以传统数据库的结构化数据形式出现，它还以各种各样的半结构化或非结构化数据形式存储和表现，诸如文本数据、空间数据、多媒体数据、Web 页面等。复杂结构的数据源中存在着大量的知识，其分析挖掘方法和流程不同于传统关系型数据，其相应的数据源、处理流程和挖掘技术也是各有特点。

就目前情况来看，将来的几个热点包括文本数据挖掘、多媒体数据挖掘、空间数据挖掘以及网络舆情挖掘。下面就这几个方面加以简单介绍。

7.1 文本数据挖掘

随着互联网的大规模普及和企业信息化程度的提高，由来自各种数据源的大量文档组成的信息席卷而来。文本数据的数量急剧增长，使得人们迫切地需要研究出一种能简单、快速提取出符合需要的文本信息，而文本挖掘就是为解决这个问题而研发出来的。

文本挖掘模型结构如图 7-1 所示。

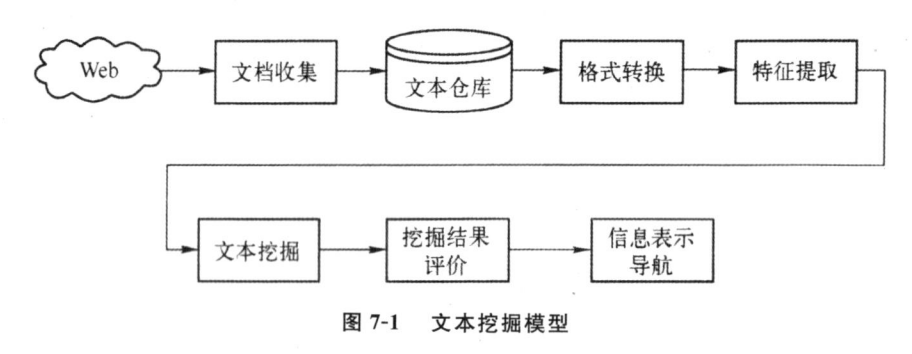

图 7-1 文本挖掘模型

7.1.1 文本挖掘的过程

文本挖掘的一般过程如图 7-2 所示，主要步骤分为文本预处理、文本挖掘和模式评估这三个方面。文本挖掘能够从大量冗长的信息中迅速发现有用的信息,但是有时在文本集中会包含一些没有意义但使用频率较高的词汇,因此文本预处理成为文本挖掘的中间枢纽。在完成预处理之后,可以利用数据挖掘和模式识别等方法提取面向特点应用目标的知识或模式,再通过评估判断获取的知识或模式是否符合要求。

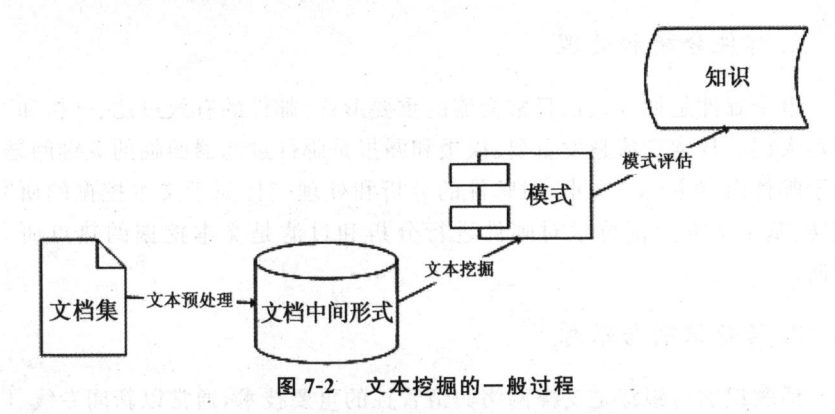

图 7-2 文本挖掘的一般过程

当将文本内容简单地看作由基本语言单位组成的集合时,这些单位被称为项(term)。由于中文与英文的文档存在着间隔符等差异,因此中、英文文档内容特征的提取有所差别,其步骤如图 7-3 所示。

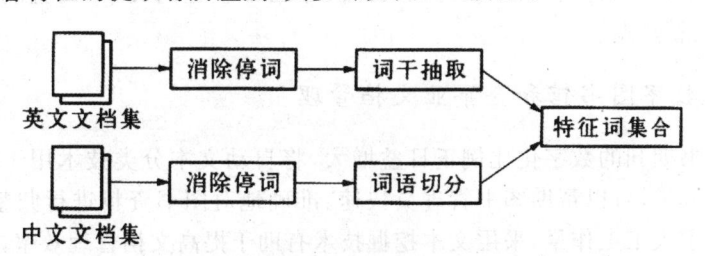

图 7-3 文本内容特征的提取步骤

7.1.2 文本数据挖掘的应用

文本挖掘技术在专利分析、邮件分析和处理、话题识别与跟踪、数字图书馆和企事业文档管理、信息过滤和个性化推荐等各个专业领域所发挥的作用日益重要。

1. 专利分析

人们通过对专利说明书、专利公报等文档中大量的专利信息进行加工、组合和分析,以寻找可借鉴的竞争情报。然而,专利分类是知识产权部门一项非常繁重的工作,仅靠人工难以及时完成。通过先进的文本挖掘技术,既可以减少审查员的工作量、提高工作效率,也可以有效减少人为分类的不确定性和错误。因此,许多研究人员在机器学习、统计方法以及其他相关领域积极探索适合专利文本分析的文本挖掘方法,以便找到适合不同企业团体需要的有用信息,最终转化成具有统揽全局并具有预测指标作用的情报和知识。

2. 邮件分析和处理

电子邮件是如今人们日常交流的重要形式。邮件的有效过滤、分析和处理对人们的日常交流越发重要。误报和漏报是邮件过滤器面临的关键问题。由于邮件内容主要是文本,对邮件的分析和处理同样属于文本挖掘的研究范畴。基于文本挖掘技术对邮件进行分析和过滤是文本挖掘的热点研究方向。

3. 话题识别与跟踪

话题识别与跟踪是支撑网络舆情管控的重要技术,通常以新闻专线、广播、电视等媒体信息流为处理对象。识别和追踪热点话题的发展历程和趋势,对热点话题进行监控,并将涉及热点话题的报道合理地组织起来。聚类以及增量式的聚类算法不仅可以找出关于已知主题的文本,而且能够挖掘新主题、新热点。

4. 数字图书馆和企事业文档管理

图书期刊的数字化比例正日益增大,将自动文本分类技术用于期刊和图书的分类,可以帮助图书管理员快速、准确地对图书资料进行归整,极大地减少了人工工作量。采用文本挖掘技术有助于提高文档管理效率,如自动对文档进行聚类划分,对文档进行摘要总结等。

5. 信息过滤和个性化推荐

在信息过滤和个性化推荐服务中,文本聚类可通过对用户浏览器缓存中的网页进行聚类,发现用户的兴趣模式。也可以应用文本聚类技术,对由搜索引擎等工具获取的文档进行组织,或用于引导文档集合浏览。

7.2 多媒体数据挖掘

多媒体数据挖掘是指从大量的图像、视频、音频等多媒体数据集中,通过分析视听特征语义,发现隐含的、有效的、有价值的、可以理解的模式,为用户提供问题层次的决策支持能力。

7.2.1 多媒体数据挖掘的分类

按处理的多媒体数据类型进行分类,如图 7-4 所示。

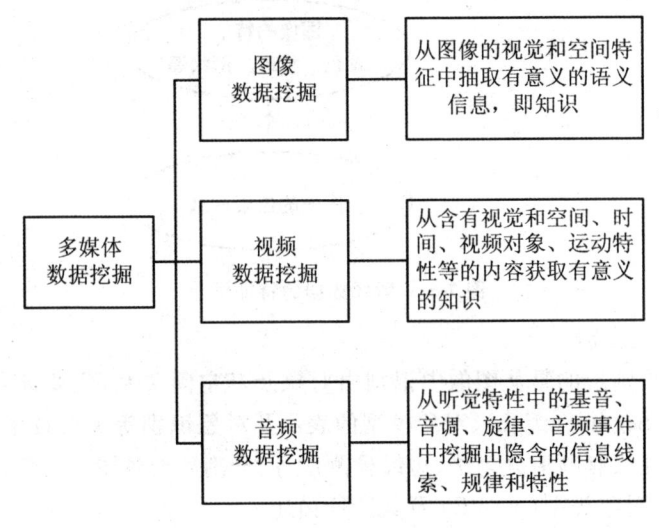

```
                    ┌─图像数据挖掘──从图像的视觉和空间特征中抽取有意义的语义信息,即知识
多媒体数据挖掘──────┼─视频数据挖掘──从含有视觉和空间、时间、视频对象、运动特性等的内容获取有意义的知识
                    └─音频数据挖掘──从听觉特性中的基音、音调、旋律、音频事件中挖掘出隐含的信息线索、规律和特性
```

图 7-4 多媒体数据挖掘的分类

7.2.2 图像数据挖掘

1. 图像数据预处理

图像数据的预处理过程主要包括特征提取、对象识别、多维分析和数据规约等。

1) 特征提取

图像数据的特征提取主要包括视觉特征、统计特征和语义特征的提取。视觉特征是指具有直观意义的图像形状和颜色特征。统计特征是对图像像素、纹理等特征的统计。语义特征描述的是图像对象高层语义信息。特征提取的对象可以是整幅图像,也可以是某个区域的内容对象。图像数据的特征层次如图 7-5 所示。

常见的图像数据的统计特征有直方图。例如,颜色可用颜色直方图进行描述——记录了图像对象中每种颜色的像素的比例。图像数据的语义特征包括文本注释、人物、对象、行为、时间、地点、原因等。

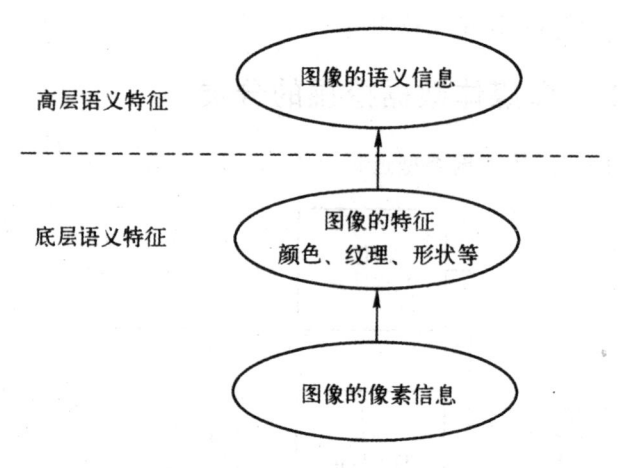

```
                    ┌──────────────┐
高层语义特征         │ 图像的语义信息 │
                    └──────▲───────┘
─ ─ ─ ─ ─ ─ ─ ─ ─ ─ ─ ─ ─│─ ─ ─ ─ ─ ─ ─
                    ┌──────┴───────┐
底层语义特征         │  图像的特征  │
                    │颜色、纹理、形状等│
                    └──────▲───────┘
                           │
                    ┌──────┴───────┐
                    │ 图像的像素信息 │
                    └──────────────┘
```

图 7-5　图像数据的特征层次

2) 对象识别

对象识别指的是从图像中识别出对象及其空间关系，主要涉及图像分割（Image Segmentation）、对象模型的表示及对象识别等关键技术。图像分割的传统算法有阈值分割法、边缘检测法等。分割后的各图像对象使用唯一标识（ID）、对象类型（TYPE）及其特征描述。

其中，边缘检测法就是通过边缘检测找出具有相同纹理特征的区域或由边缘点组成的闭合曲线围成的区域。大多数边缘检测方法都是查找图像上灰度的不连续点或灰度变化剧烈的地方，因为在这些边缘点附近，信号具有空间域的高频分量。然而，边缘点附近的信号具有空间域的高频分量，很难与噪声区分开。

3) 多维分析

此外，图像数据预处理还涉及图像数据的多维分析。图像数据多维分析通常采用的是数据立方体的思想和方法。图像数据立方体包含针对图像信息的维和度量，如颜色、纹理等。构造高维的图像数据立方体是很困难的，这是因为许多图像属性是集合值而不是单值。若维度表示的图像属性太细微，会导致立方体的维数太高；若图像的属性粒度过大，则会造成图像数据立方体过于粗糙。

4) 数据规约

数据规约主要包括维规约和数据压缩，其目的是降低图像数据的维数并提高图像数据挖掘的质量和效率。常用的数据规约方法有主成分分析法和特征聚类法。

2. 图像数据挖掘系统模型

目前的图像数据挖掘系统模型可分为功能驱动模型和信息驱动模型两种。

1) 功能驱动模型

加拿大西蒙弗雷泽大学在前人的基础上,研发了一个基于图像内容的图像数据挖掘软件原型——多媒体挖掘器(Multimedia-miner)。Multimedia-miner 系统就属于功能驱动模型。Multimedia-miner 系统实现了利用多维分析技术创建多媒体数据立方体、知识的发现(总结型知识、分类知识、关联规则知识等)等功能。

Multimedia-miner 系统主要由图像采掘器(Excavator)、预处理器(Pre-processor)、检索引擎(Search Engine)、知识发现模块(Knowledge Discovery Module)4 个功能模块组成,如图 7-6 所示。

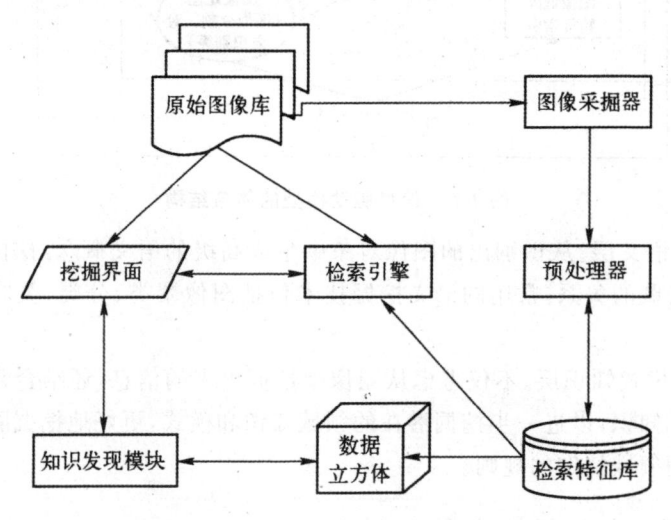

图 7-6 Multimedia-miner 系统的体系结构

2) 信息驱动模型

信息驱动模型将图像表示信息分为 4 个层次,各层次信息在图像数据挖掘中起到不同的作用,如图 7-7 所示。

(1) 像素层。像素层主要由原始图像信息组成,如像素点。原始图像特征包括颜色、纹理、形状特征以及相关文本信息等。显然,仅仅通过这些低级特征难以取得满意的检索结果,无法满足特定图像对象的检索需求。

(2) 对象层。对象层的主要任务是识别图像对象。通常通过人工构建图像对象模型,并赋予其相应的标签,然后通过对象识别模块实现标签与图像的匹配,进而判断该图像是否含有标签标识的图像对象。

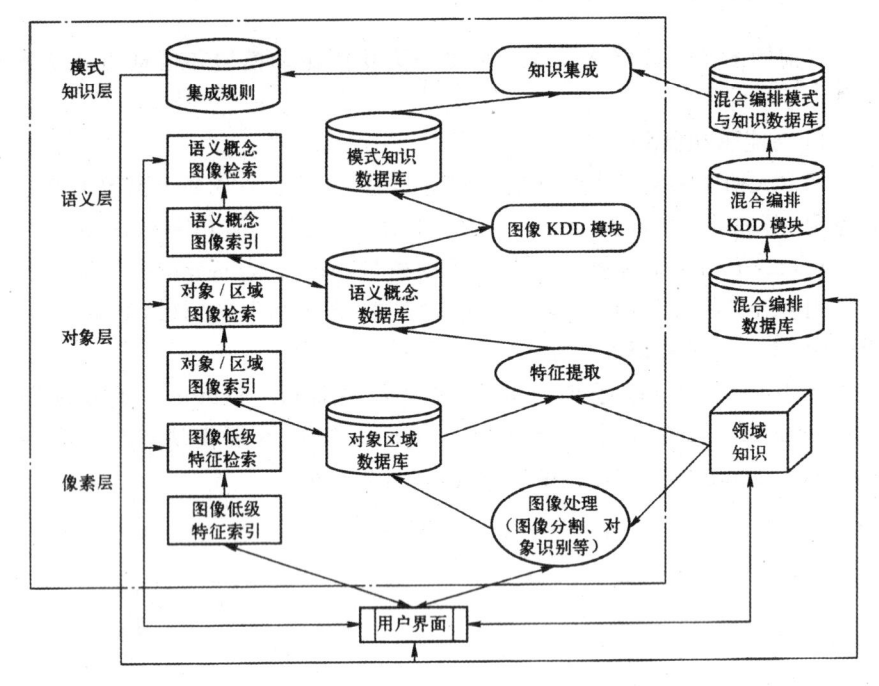

图 7-7　信息驱动模型的体系结构

（3）语义层。从识别出的图像对象中生成高级的语义概念,挖掘抽象概念之间隐藏的关系。常用的语义挖掘技术包括图像聚类、分类、关联规则挖掘等。

（4）模式知识层。不仅考虑从图像中挖掘出来的信息,还结合领域相关的信息和知识,以进一步挖掘潜在的领域知识和模式,更好地挖掘隐藏于各图像之间领域特定的规则。

3. 图像数据挖掘的应用

目前,图像数据挖掘与其他数据(如地面和天气信息)的结合已初步应用于科学研究、农业、医学、生物、气象、资源勘探、自然灾害预测、监测与防灾减灾等领域。图像数据挖掘的主要应用有气象卫星图像挖掘、天文图像识别及火山图像识别等。

1）气象卫星图像挖掘

美国亚拉巴马州立大学亨茨维尔分校数据挖掘研究中心针对气象卫星图像开发了一套地学空间数据挖掘软件原型——ADaM,将所挖掘出的气象知识应用到飓风预报监测、气旋的识别、积云的检测、闪电检测等气象预报中。该研究中心还与美国航空航天局(NASA)合作,将图像数据挖掘技术应用到了全球气候变化的研究工作中。

2) 天文图像识别

20世纪90年代中期,Usama M. Fayyad 提出了图像数据挖掘的理论,使图像数据挖掘思想初见雏形。由他带领的团队研究了多媒体数据挖掘的相关理论和技术,并开发出一套针对天文学图像数据的知识挖掘系统——天体图像目录编辑和分析工具(Sky Image Cataloging and Analysis Tool,SKICAT)。SKICAT 系统采用决策树和统计优化分析等方法对天文图像中的对象进行分类,能够有效识别天文图像中的模糊星体。

3) 火山图像识别

Magellan 通过分析火星表面大约30 000个高精度的雷达图像开展了火山识别研究。他研制的识别系统由3个基本部分组成:数据聚焦组件、特征抽取组件和分类学习组件。数据聚焦组件通过将区域中心像素点的密度和估计的与其相邻像素点的密度的平均值作比较,识别出图像中可能包含火山的部分,用于提高系统整体效率。特征抽取组件将包含火山图像的矩阵分解为特征向量,采用特征值作为火山的描述属性。分类学习方法采用的是决策树,以区别火山和非火山对象。

7.2.3 语音识别挖掘

1. 语音信号预处理

语音信号预处理包括数字化、预加重、分帧、加窗、语音信号处理和特征提取等过程,如图 7-8 所示。

图 7-8 语音信号预处理系统框图

1) 数字化

数字化是将连续的模拟信号转换成离散的数字信号的过程,即模数转换(Analog to Digital Conversion, A/D),包括采样和量化。采样是将时间上连续的语音信号离散化为一个样本序列

$$x(n) = x_a(nT), \quad -\infty < n < +\infty \quad (7-1)$$

式中:n 为整数;T 为采样周期;$x_a(nT)$ 为原始模拟语音信号。语音信号主要

集中在 300～3 400Hz 之间。数字化时的采样频率多取 8kHz。量化过程是将整个幅度值分割为有限个区间,给落入同一区间的样本都赋予相同的幅度值。量化后的信号值 $y(n)$ 与原信号 $x(n)$ 之间的差值称为量化噪声,用 $e(n)$ 表示

$$y(n) = x(n) + e(n) \tag{7-2}$$

2) 预加重

受声门激励和口鼻辐射的影响,语音信号的平均功率谱按 6dB/oct 跌落,因此频率越高,语音信号频谱相应的成分越小,语音信号的高频分量幅度较低。预加重的目的就是为了提高语音信号中的高频成分,使得整个信号的频谱在低频至高频的整个频带中比较平坦,同时能抑制随机噪声。

3) 分帧

在分帧过程中,通常采用交叠分段的方法将一段较长的语音信号分成很多帧,每秒的帧数约为 33～100 帧,每帧时长约 30ms。分帧后,原信号变成分段信号,相当于对时域内的原始信号加上了矩形窗。时域内的原始信号与矩形窗相乘也就相当于频域内信号频谱与矩形窗的傅里叶变换进行卷积。

4) 加窗

加窗过程中常用的窗函数包括矩形窗(Rectangular Window)和汉明窗(Hamming Window)两种。假设 N 为帧长,则矩形窗和汉明窗分别如下所示:

矩形窗:

$$\omega(n) = \begin{cases} 1, & 0 \leqslant n \leqslant N-1 \\ 0, & \text{else} \end{cases} \tag{7-3}$$

汉明窗:

$$\omega(n) = \begin{cases} 0.54 - 0.46\cos[2\pi n/(N-1)], & 0 \leqslant n \leqslant N-1 \\ 0, & \text{else} \end{cases} \tag{7-4}$$

矩形窗和汉明窗的比较结果见表 7-1。

表 7-1 矩形窗和汉明窗的比较

窗类型	主瓣宽度	旁瓣峰值	最小阻尼衰减
矩形窗	$4\pi/N$	-13	-21
汉明窗	$8\pi/N$	-41	-53

2. 语音识别技术

语音识别原理如图 7-9 所示。

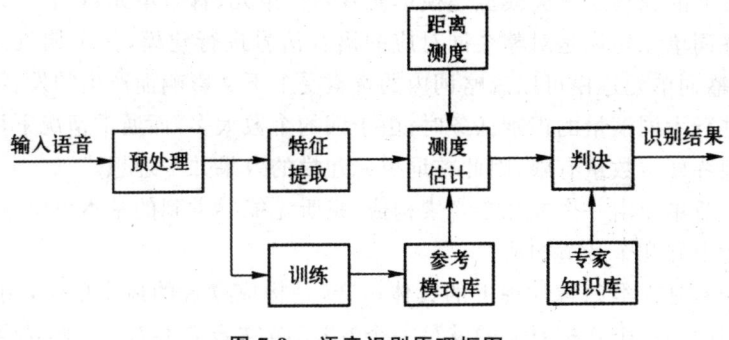

图 7-9　语音识别原理框图

语音识别中应用的常用技术包括动态时间规整、模式匹配和隐马尔可夫模型。

1) 动态时间规整

动态时间规整(Dynamic Time Warping,DTW)是一种将时间规整与失真测度(即距离测度)结合起来的非线性规整技术。假设参考模板 R 共有 M 帧矢量,待测语音参数 T 共有 N 帧矢量,且 $M \neq N$,则 DTW 的任务是寻找一个时间规整函数 $j = \omega(i)$,且该函数应满足下式:

$$D = \min_{\omega(i)} \sum_{i=1}^{M} d[T(i), R(\omega(i))] \quad (7-5)$$

式中:i 和 j 分别为待测矢量和参考模板的时间轴;$d[T(i), R(\omega(i))]$ 为第 i 帧待测矢量 $T(i)$ 和第 j 帧模板矢量 $R(j)$ 之间的距离测度;D 为两矢量之间最优时间规整情况下的匹配路径。

2) 模式匹配

模式匹配是语音识别系统中最常用到的,也就是将待测语音的模式与已知语音的参考模式逐一进行比较,选取最佳匹配的参考模式作为识别结果。语音识别系统的基本结构包括特征提取、模式匹配和参考模式库 3 个基本单元。

3) 隐马尔可夫模型

在隐马尔可夫过程中,人们在每一时刻得到的观测值是由所处状态相关的一个随机过程决定的,某一时刻处于什么样的状态由一个随机过程决定,某个状态下能产生什么样的观测值则由另外一个随机过程决定。

隐马尔可夫模型的主要参数包括状态数目、观测值数目、状态转移概率、状态观测概率、初始状态分布等。具体来说,状态转移概率矩阵可分为任意状态可达型和左右型,产生观测值的方式可分为离散型隐马尔可夫模型和连续型隐马尔可夫模型。

常见的隐马尔可夫模型建模单元有整词单元、音节单元、音素单元等。

整词单元建模是对整个词对应的语音信号进行建模，一个词就是一个单元。整词单元建模可以忽略词内的音素受上下文影响而产生的发音变化。但在进行大词汇量的识别任务时，由于词的个数太多，而通常情况下可以获得的训练样本数量有限，因此整词单元建模的效果并不理想。

音节单元由一个或几个音素构成，是听觉能感觉到的基本单位。一个单词可能由好几个音节构成。

音素是人类语言物理上的具体声音，是构成读音的最小单位，例如，英文单词中的一个音标对应的就是一个音素，英文音素共有 48 个。音素单元建模获取的训练数据很多，但是易受一句话中的前后文的影响，而且同一音素在不同上下文、环境下的发音也会有差别。

隐马尔可夫模型进行小词汇量的孤立词识别效果较好，这是因为词汇量不多，且一段语音中每个字的界限都很明显，建模相对简便。另外，隐马尔可夫模型也可以进行连续语音识别。

3. 语音识别技术的应用

语音识别在人机交互、语音控制和身份认证 3 个方面得到了广泛应用。

1) 人机交互

利用语音识别技术可以直接将人们输入的语音信号转换为文本，可以代替烦琐耗时的键盘输入，从而大大提高数据输入效率。潜在的人机交互应用包括个人数字助理、工业控制和医疗领域人机交互等。研究人员相信，随着语音识别技术的不断提高，语音在不久的将来一定会成为 PDA 最主要且最佳的人机交互手段。

2) 语音控制

语音识别技术还可实现自动控制功能，控制某个机器设备或者机器人的运行和工作。例如，在手机应用中，通过语音可以实现语音拨号功能，在汽车驾驶中，通过语音可对汽车进行控制。语音控制的实现可以大大提高人们的工作效率。

潜在的语音控制应用有家电遥控、电话语音拨号、智能玩具、汽车的语音控制等。智能玩具的市场潜力很大，随着语音芯片成本的降低，智能玩具的发展势必更加迅猛。正在研发过程中的智能玩具包括智能娃娃以及具有智能语音锁功能的电子看门狗等。在汽车语音控制中，汽车能够自动识别主人发出的"发动""停止""左转""右转""加速""减速"等驾驶命令，以及对门、窗、空调、照明与音响等设备的控制命令。

3) 身份认证

正如指纹识别及人脸识别一样,语音识别技术也可用于身份认证,例如,重要场所使用的门禁系统可以采用语音来进行身份的确认,增强安全防护能力。

7.2.4 视频数据挖掘

1. 视频数据预处理

视频数据预处理主要包括关键帧提取、镜头切分和特征提取3个步骤。

1) 关键帧提取

将视频所包含的视觉信息转化为图像流序列,其中包含的每一帧均为一幅图片。视频中包含帧的数目很多,同时,相邻帧间具有极高的重复度,所以我们往往需要对视频采取结构化处理,也就是将视频划分为不同的镜头集合,然后提取每一镜头中的"关键帧"来代表此镜头。关键帧提取是视频理解、视频摘要生成等更高层次视频处理的基础。

2) 镜头切分

把一个镜头进行分割处理,使其成为一个镜头序列,这一过程即为镜头切分,也称作镜头边界检测。进行该过程主要是为了找到镜头切换的位置。

进行镜头切分主要有两种方法:一种为骤变法,也就是直接由一个镜头切换至另一个镜头,不存在丝毫过渡;另一种为渐变法,如溶化、淡入、淡出等编辑手法。常用的镜头切分方法包括基于灰度、边缘、直方图、块匹配、聚类、模型、压缩域等多种方法。

3) 特征提取

具体的镜头特征类型如图7-10所示。

镜头特征
- 镜头静态特征（颜色、纹理、形状等）
- 镜头一般特征（开始时间、结束时间、镜头长度、镜头内容描述等）
- 镜头运动特征（相机运动、对象运动、内容变化快慢等）
- 伴随视频的音频特征

图 7-10　具体的镜头特征

视频挖掘需要用到视频信息检索的一些技术来解决视频数据的特征提

取、内容描述等问题,但并不能深入到"挖掘"的层次。

2. 视频数据挖掘技术

1) 视频分类

视频分类主要有视频对象分类和对象行为分类两种。

视频对象分类就是把一组视频对象(包括镜头、关键帧、场景、提取出的目标对象、文本等)按照相似性分成若干类。

视频分类的主要技术包括视频分割方法、视频特征提取和数据处理以及视频分类方法3个步骤。具体的视频对象分类方法包括统计方法、机器学习方法和神经网络方法等。其中,统计方法包括贝叶斯法和非参数法(近邻学习或基于事例的学习)。机器学习方法包括决策树法和规则归纳法等。

对象行为分类方法一般有两大类:跟踪模型方法和稀疏分布的行为部件方法。

跟踪模型方法通常假定预先能将活动主体与背景正确地分割开来,跟踪获取对象的运动轨迹,并在此基础上进行行为识别。由此可见,跟踪模型方法的鲁棒性很大程度上取决于分割和跟踪系统。

行为部件方法通过从视频序列中的特征点上提取时空块来实现行为识别。视频对象的行为可采用单元块作为描述的基本单元,任何一个行为所在区域可以被看作邻近的若干单元块的联合。如此,任何一个行为就可以表示成包含若干个单元块的时空体。在时空体内,可以根据行为自身的特点选取部分时空体进行组合来描述行为。Schuldt等研究学者设计了一种在三维的Harris角点上提取时空块。为了保证行为分类的正确率,行为部件需要分析不同时空块的时空位置关系。

2) 视频聚类

视频聚类是根据视频镜头的颜色直方图、视频对象的运动特征或其他视频语义描述,把一组视频对象按照类别的概念描述分成若干类,从而将相似性高的视频对象划分至同一类。与分类方法不同,聚类的数目预先不确定。与一般聚类不同的是,视频数据聚类具有时间特征,需要在常规聚类算法中增加时间约束。

视频摘要生成就是聚类技术的主要应用。视频摘要生成最常见的一类方法是:先运用聚类方法对视频镜头进行聚类,然后从中挖掘出最能代表原始视频的镜头。视频摘要生成中采用的聚类方法有K-means、AP聚类和多视频摘要生成等。最简单的K-means聚类(或者类似的K-medoids聚类)首先选取特征来表示关键帧,并基于这种特征计算两关键帧之间的相似性,计算出所有关键帧之间的相似性之后,利用K-means聚类将这些帧聚成后类。相比 K-means 方法，AP 聚类方法可以自动确定聚类的数目，并提升图像分类与聚类的效果。多视频摘要生成方法则可以是对文本和视觉两种信息分别进行摘要聚类生成。

3）视频关联挖掘

视频关联挖掘将视频对象或其特征值看作数据项，从中挖掘不同视频对象、视频镜头变换以及视频类型之间的关联，以分析其中的语义含义。关联可以是视频关键帧对象之间的，也可以是从高层抽取的诸如导演与电影类型之间的或者高层事件之间的。视频关联规则也可以反映不同视频对象间的高频率模式。

4）视频运动挖掘

视频运动挖掘是指在运动特征的提取、分析、处理基础上，挖掘视频对象的运动模式、特点以及运动对象之间的关联等，进而获取知识，以支撑实时视频的监控、报警等。

3. 视频数据挖掘的应用

视频数据挖掘主要包括视频结构挖掘和视频语义分析两个方面的工作。视频数据挖掘的成果有利于视频的组织与管理、基于内容的个性视频推荐以及完善视频摘要系统。

视频结构挖掘获取的知识有助于实现用户在视频、场景、镜头、关键帧等多个层次对视频的组织与管理。从视频结构中发现的结构语法和结构语义知识可用来指导视频分析和视频处理，提高处理精度。视频结构挖掘获取的视频结构语法和结构语义可以更好地满足人们对视频内容选取的需求，完善视频摘要系统。

视频挖掘的主要应用方向有多媒体挖掘、电影视频挖掘、医学视频结构和事件挖掘、新闻视频挖掘以及体育视频精彩镜头挖掘等。

1）多媒体挖掘

研究人员在 DBminer 系统和 C-BIRD 系统上研发了 MulitiMediaMiner 原型系统。MultiMediaMiner 通过构建多媒体数据立方体，使多媒体数据的多维分析变得简便。在数据立方体基础上，MultiMediaMiner 能够挖掘各类知识，如在图像和视频数据库中进行概括、分类和关联分析。MuhiMediaMiner 多媒体挖掘原型系统由 MM-Characterizer、MM-Associator 和 MM-Classifier 等三大功能模块组成。MM-Characterizer 模块从多个抽象层次描述多媒体数据的特征，提供多层次的数据观察视角以及上卷和下钻的功能。MM-Associator 模块从图像或视频数据集中挖掘关联规则，能够体现数据集中的频繁模式。MM-Classifier 模块基于已知类标记对多媒体数据分类，同时给出类的描述。

2）电影视频挖掘

Yuya Matsu 等研究人员通过使用数据挖掘技术，综合考虑镜头的大小（远景、中景和特写）、相机运动（固定、摇动、推拉和镜头的持续时间），采用时间窗挖掘视频中的频繁模式和周期模式，挖掘出了不同导演、视频类型、场景内容的编辑偏好。

3）医学视频结构和事件挖掘

美国 Purdue 大学的研究人员基于一个视频数据库管理框架和视频内容结构挖掘及事件挖掘的策略研制了一个医学视频结构挖掘工具——ClassMiner。ClassMiner 将视频流分割成物理单元——镜头，并选择出关键帧。接下来利用聚类方法，从下到上地将镜头聚类成镜头组，将镜头组聚类成场景，并构造出场景的组织层级结构。

4）体育视频精彩镜头挖掘

MERL（Mitsubishi Electric Research Laboratories）是日本三菱电子公司的主要研究开发组织。MERL 使用高斯混合模型近似的每个声音类型的 MFCC 特征值和 MPEG-7 运动行为描述子的组成直方图，这两种音/视频标签的分布状态作为统计值，用一小段时间视频的局部统计值来比较全局统计值，可以检测出正常事件的分离点。MERL 采用了结合有监督的音频分类和无监督的异常事件挖掘的精确检测技术，并将该技术应用到商业广告词检测、体育精彩片段提取中。

7.3 空间数据挖掘

空间挖掘在近年来的发展中显得越来越重要。对空间挖掘技术的理解需要相关的空间数据结构知识，而这些知识对于初学者来说并不是一件简单的事。

7.3.1 空间数据挖掘的定义与特点

空间数据挖掘（Spatial Data Mining），也称基于空间数据库的数据挖掘，是指从空间数据库中提取隐含的、用户感兴趣的空间和非空间模式、普遍特征、规则和知识的过程。由于空间数据的复杂性，空间数据挖掘不同于一般的事务数据挖掘，它有以下一些特点。

（1）数据源十分丰富，数据量非常庞大，数据类型多，存取方法复杂；

（2）涉及领域十分广泛，凡与空间位置相关的数据，都可对其进行

挖掘;

(3) 挖掘方法和算法非常多,而且大多数算法比较复杂,难度大;

(4) 知识的表达方式多样,对知识的理解和评价依赖于人对客观世界的认知程度。

7.3.2 空间数据挖掘的过程

从空间数据库中发现知识是一个多步骤的处理过程,在处理过程中可能会有很多次反复。空间数据挖掘是空间数据知识发现过程中的一个重要步骤。空间知识发现过程如图 7-11 所示。

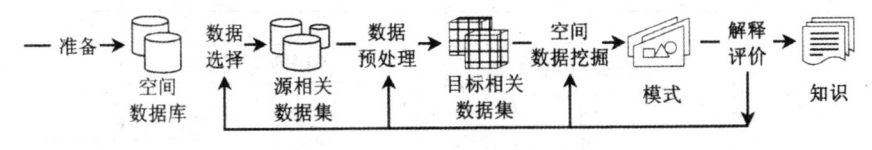

准备 → 空间数据库 → 数据选择 → 源相关数据集 → 数据预处理 → 目标相关数据集 → 空间数据挖掘 → 模式 → 解释评价 → 知识

图 7-11　空间知识发现过程图

1. 准备

了解空间数据挖掘(spatial data mining,SDM)的相关情况,熟悉有关背景知识,弄清用户的需求。

2. 数据选择

根据用户的要求从空间数据库(spatial data bases,SDB)中提取与 SDM 相关的数据,构成源相关数据集。

3. 数据预处理

检查数据的完整性和一致性,对其中的噪声数据进行处理,对丢失的数据利用统计方法进行填补,得到目标相关数据集。

4. 空间数据挖掘

首先,根据用户的要求,确定 SDM 要发现的知识类型。其次,选择合适的知识发现算法,包括选取合适的模型和参数,并使选定算法与整个 SDM 的评判标准相一致。最后,运用选定的知识发现算法,从目标相关数据集中提取用户需要的知识,这些知识可以用一种特定的方式表示,如关联规则。

5. 解释评价

根据某种兴趣度度量,提取用户真正感兴趣的模式,并通过决策支持工具提交给用户。如果用户不满意,则需要重复以上知识发现过程。

7.3.3 空间数据挖掘的体系结构

空间数据挖掘系统可以分为三层结构,如图 7-12 所示。

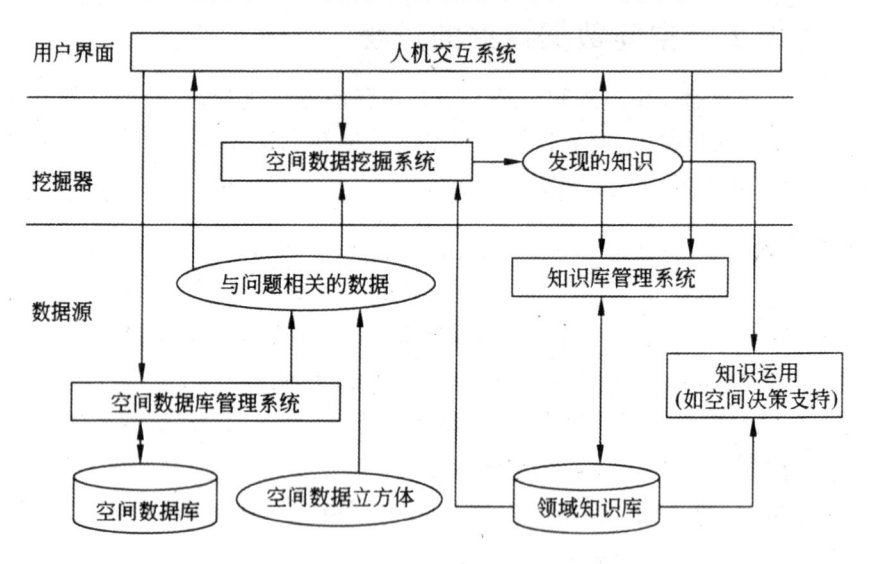

图 7-12 空间数据挖掘的体系结构

第一层是数据源,指利用空间数据库或空间数据库管理系统提供的索引、查询优化等功能获取和提炼与问题领域相关的数据,或直接利用存储在空间数据立方体中的数据,这些数据可称为数据挖掘的数据源或信息库。

第二层是挖掘器,利用空间数据挖掘系统中的各种数据挖掘方法分析被提取的数据,一般采用交互方式,由用户根据问题的类型以及数据的类型和规模,选用合适的数据挖掘方法。

第三层是用户界面,使用多种方式将获取的信息和发现的知识以便于用户理解和观察的方式反映给用户,用户对发现的知识进行分析和评价,并将知识提供给空间决策支持使用。

7.3.4 空间数据挖掘的方法

空间数据挖掘的方法并不是某一种具体的全新的方法,它的许多方法在地理信息系统、地理空间认知、地图数据处理、地学数据分析等领域内早已广泛应用。针对空间数据库的特点,空间数据挖掘的方法主要有以下几种。

1. 统计分析方法(Statistical Analysis Approach)

统计方法一直是分析空间数据的常用方法,有着较强的理论基础,拥有大量的算法,可有效地处理数值型数据。

以变差函数(Variogram)和 Kriging 方法为代表的地学统计(Geostatistics)方法是地学领域特有的统计分析方法,由于考虑了空间数据的相关性,地学统计在空间数据统计和预测方面比传统统计学方法更加合理有效。

2. 空间分析方法(Spatial Analysis Approach)

空间分析方法是 GIS 的关键技术,是 GIS 系统区别于一般数字制图系统的主要标志之一。目前,常用的 GIS 系统的空间分析功能有综合属性数据分析、拓扑分析、缓冲区分析、密度分析、距离分析、叠置分析、网络分析、地形分析、趋势面分析、预测分析等。空间分析往往使应用领域知识产生新的空间数据,所以常作为预处理和特征提取方法与其他数据发掘方法结合起来从空间数据库发现知识。

3. 归纳学习方法(Induction Learning Approach)

归纳学习方法是从大量的经验数据中归纳抽取出一般的规则和模式,其大部分算法来源于机器学习领域,其中最著名的是 Quinlan 提出的 C4.5 算法。C4.5 是一种决策树算法,由 ID3 算法发展而来,采用熵来选择属性,分类速度快,适合于大数据库的学习。

4. 关联规则挖掘方法(Spatial Association Rule Mining Approach)

挖掘关联规则首先由 Agrawal 等人提出,主要是从超级市场销售事务数据库中发现顾客购买多种商品的搭配规律。最著名的关联规则挖掘算法是 Agrawal 提出的 Apriori 算法,其主要思路是统计多种商品在一次购买中共同出现的频数,然后将出现频数多的搭配转换为关联规则。

Koperski 等研究人员将关联分析的概念扩展到空间数据库,并首次提出了在空间数据库中挖掘强空间关联规则的算法。该算法将用户指定的参考特征周边的邻域作为事务,主要应用于与某个布尔空间特征有关的邻域。

图 7-13 是空间数据关联的一个实例。图中的 X 坐标和 Y 坐标描述了原始空间数据中空间对象的二维分布。空间对象包括房屋、小鸟、老鹰、猫头鹰、树木、篝火等。根据空间邻近关系,在支持度为 9 的限制条件下可挖掘出两个明显的频繁空间关联模式:第一个频繁模式是树木和篝火,出现了十余

次;第二个频繁模式是小鸟和房屋,出现了9次。

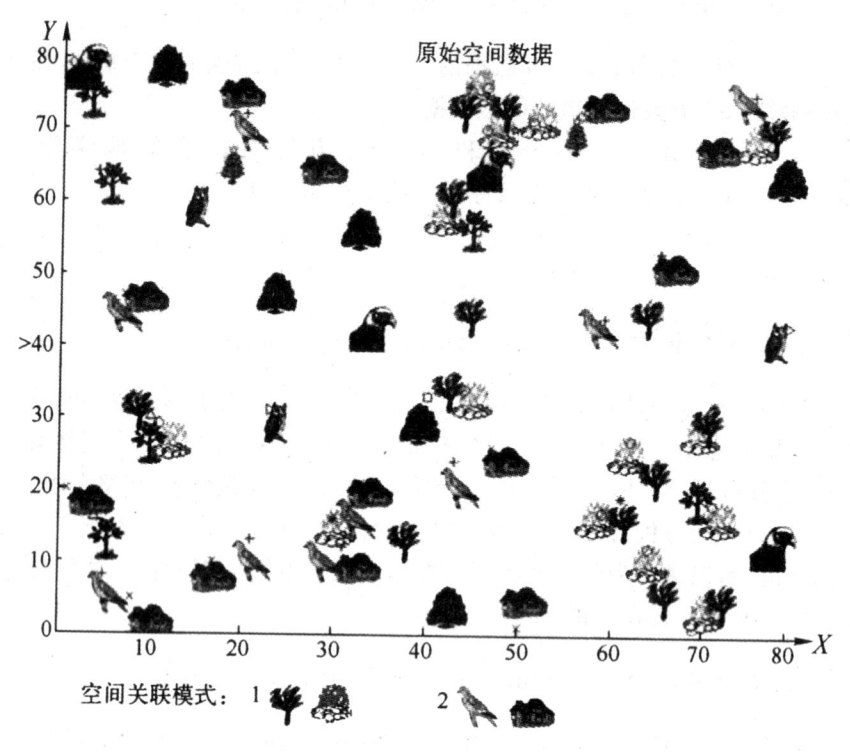

图 7-13 空间数据关联实例

为了便于挖掘多级空间关联规则和进行高效的处理,研究人员提出了空间谓词概念分层的思想,自顶向下,逐步求精。例如,空间谓词的拓扑关系可以用一棵倒置的拓扑树描述,如图 7-14 所示。在空间谓词的拓扑关系基础上,可以采用自顶向下的方式来挖掘多概念层空间关联规则,即逐层搜索频繁空间谓词。如果顶层空间谓词是频繁的,则可以在其子层继续挖掘频繁空间谓词;反之就停止挖掘。

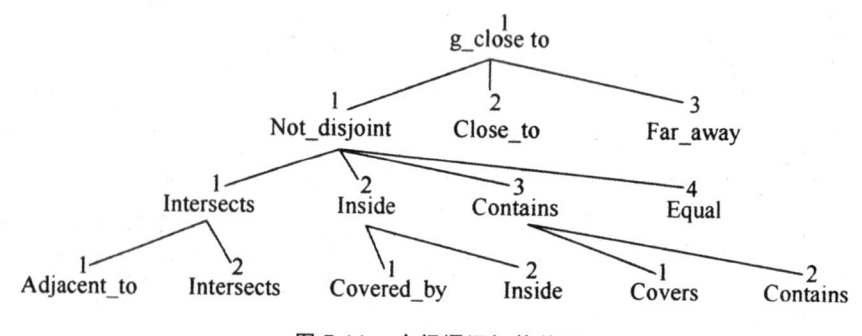

图 7-14 空间谓词拓扑关系

5. 聚类方法(Clustering Approach)

聚类是指按一定的距离或相似性系数将数据分成一系列相互区分的组。常用的经典聚类方法有 K-mmeans、K-mmedoids、ISODAIA 等。

国际上,Tung 等研究人员最早提出空间数据聚类算法 COD_CLARANS,以处理河流、高速公路等阻隔的情况。COD_CLARANS 算法是基于 CLARANS 算法的改进,主要的创新点是用两个点间阻隔距离代替欧氏距离。COD_CLARANS 算法采用了一种 BSP 二分树的空间数据结构,以有效判断在区域 R 中两点 p 和 q 之间是否相互可视(Visible)以及从点 p 到障碍物的所有可视点。COD_CLARANS 算法还采用了微小聚类技术和用代价更低的平方差函数来提高空间搜索效率。

AUTOCLUST+算法也是一种代表性的空间聚类算法,是一种基于 Voronoi 图和 Delaunay 三角剖分基础上的空间障碍聚类算法。AUTOCLUST+算法是 AUTOCLUST 算法的改进版,不需要用户输入参数。

DBCLuC 算法是第一种能够处理障碍物和连接设施的空间聚类算法。DBCLuC 算法的基本思想起源于 DBSCAN 算法。空间障碍聚类 DBRS+算法也能够处理障碍物和连接设施,而且效率较高。

6. 分类方法(Classification Approach)

分类就是假定数据库中的每个对象属于一个预先给定的类,从而将数据库中的数据分配到给定的类中。大多数分类算法用的是决策树方法,它用一种自上而下分而治之的策略将给定的对象分配到小数据集中,在这些小数据集中,叶节点通常只连着一个类。

7. 粗糙集方法(Rough Sets)

粗糙集从集合论的观点出发,在给定论域中以知识足够与否作为实体分类的标准,并给出划分类型的精度。根据利用统计信息与否,现存的粗糙集模型及其延伸可以分为代数型和概率型两大类。粗糙集的基本单位为等价类,类似于栅格数据的栅格、矢量数据的点或影像的像素。等价类划分越细,粗糙集描述实体就越精确,但存储空间和计算时间也越大。

8. 云理论(Cloud Theory)

云理论是用于处理不确定性的一种新理论,由云模型、虚拟云、云运算、云变换和不确定性推理等主要内容构成。云模型将模糊性和随机性结合起来,解决了作为模糊集理论基石的隶属函数概念的固有缺陷,为 DMKD 中定量与定性相结合的处理方法奠定了基础;虚拟云和云变换用于概念层次结构生成和概念提升,云推理用于不确定性预测等。云理论在知识表达、知识发现、知识应用等方面都可以得到充分的应用。

7.4　网络舆情挖掘

舆情是指在一定的社会空间内,围绕中介性社会事件的发生、发展和变化,民众对社会管理者产生和持有的社会政治态度,是较多群众关于社会中各种现象、问题所表达的信念、态度、意见和情绪等表现的总和。随着因特网在全球范围内的飞速发展,网络成为承载社会舆情的主要载体之一,网络媒体已被公认为是继报纸、广播、电视之后的"第四媒体"。网络舆情表达快捷、信息多元且方式互动,具有传统媒体无法比拟的优势,并有着巨大的社会影响力。

网络舆情可以被看作网络对抗中的"超逻辑层次",即网络空间中面向信息的超逻辑形式的对抗。网络舆情的本质是传统的社会行为和舆论在网络上的映射,并最终反作用于社会。通过网络这种特殊的媒体和纽带,网络舆情传播者能够在虚拟的网络空间中更加自由、主动、快捷和便利地发表言论和传播舆情信息,并能够影响现实社会中人的行为。网络舆情的影响如下:

一方面,网络舆情对国家事务、公共事务决策的影响力日益增强。网络舆情能够快速反映社会动态、热点民意、网民心声,能够比较真实地显现民众对现实的情绪态度。

另一方面,网络舆情的开放性特点也使之容易被一些别有用心的人用来散布网络谣言或传播虚假、低级庸俗的信息和言论,一些敌对势力也通过网络制造有害舆论,危害社会治安。

毫无疑问,网络也加大了舆情管理的难度。面对海量、纷繁复杂的舆情信息,传统的舆情信息处理方式效率低下,难以及时消化,难以辨别真假,难以统一处理,更难以提取出有价值的信息并进行深层次的加工,也缺少对动态信息的即时跟踪,缺乏发现机会和风险的能力。政府及相关管理者迫切需要对网络舆情信息进行及时发现、挖掘和分析,才能够把握处理危机事件的最佳时机。由于人工方式难以满足实时性要求,需要采用更高效的信息收集和分析技术,以实时把握网络舆情动态,及时对网络中的热点事件、焦点问题和敏感话题做出反应,进而提高网络突发事件的处理、监管和控制能力。

网络舆情挖掘是新闻学中舆情研究领域最新的舆情研究方式,是有效地对因特网中海量的信息进行信息采集、信息组织、信息分析方法的具体应用。数据挖掘技术对网络舆情信息获取、内容分析、研判、监控与预警等多方面都有极其重要的指导意义。网络舆情系统以自然语言处理技术和数据挖掘技术为基础,采用信息关联分析与共享、先验知识分享与机器自动学习相结合的方式,实现对舆情的综合分析预测。网络舆情系统通常由数据采集和预处理、舆情信息分析和舆情结果上报3个基本模块组成。

7.4.1 舆情特点

网络舆论主要通过新闻网站、论坛、BBS、博客、微博、微信等进行传播。网络的开放性和虚拟性决定了网络舆论具有以下特性。

(1) 直接性。通过BBS、新闻点评和博客网站,网民可以立即发表意见,下情直接上达,民意表达更加畅通。

(2) 突发性。网络舆论的形成往往非常迅速,热点事件加上一种情绪化的意见就可以成为点燃一片舆论的导火索。

(3) 偏差性。网络论坛中发言者身份隐蔽,又缺少规则限制和有效监督,很容易成为网民宣泄情绪的空间,因此更容易出现低俗、偏激的言论。

(4) 平民化。所谓"平民化"是指事件中的主人公大多是现实世界的普通人,而事件本身在传统媒体眼中所呈现的新闻价值也不高。

(5) 交互性。网民的交互性很强,典型代表如"人肉搜索"。

(6) 主观性。由于网民在发表态度和意见时倾注了个体的情感、意志与认识等主观性的因素,因此网络舆论带有一定的主观性。

(7) 自发性。网络舆论是经公众随意自由表达的产物,也是公众自己抒发对事件反映的真实结果。政府传统媒体自上而下传达的网络舆论是对其自发性特征的利用,并没有改变这一特征本身。

(8) 广泛性。社会公众的广泛参与使网络舆论主体具有广泛性。网络舆论主体可以是普通的民众,也可以是某些组织或机构,还可以是其他网络媒体,这些媒体在网络载体上畅谈各自的见解与看法,同时也充分表达出不同领域、不同背景、不同阶层各自的意愿。

7.4.2 网络舆情数据预处理

网络舆情数据挖掘预处理主要包括信息的收集、筛选、有序化和量化等步骤。

1. 信息收集

网络舆情信息收集主要根据网络页面之间的链接关系,从网络上自动获取页面信息,并且随着链接不断向整个网络扩展来实现。

网络爬虫就是信息搜集的典型工具,它能够实时地从主流网站、论坛以及社区上获取最新的网络数据,并能够把网络数据以 HTML(超文本置标语言)源文件的形式下载和存储。传统的网络爬虫从一个或若干初始 URL 开始获得初始网页上的 URL 列表,在抓取网页的过程中不断从当前网页抽取新的 URL 放入待爬行队列,直到满足系统的停止条件。主题网络爬虫则是按照事先给定的主题分析超链接和已经下载的网页内容,分析当前网页与主题相关度,并预测下一个待抓取的 URL,以尽可能多地爬行、下载与主题相关的网页,同时尽可能少地爬行和下载无关网页。网络爬虫的工作流程如图 7-15 所示。

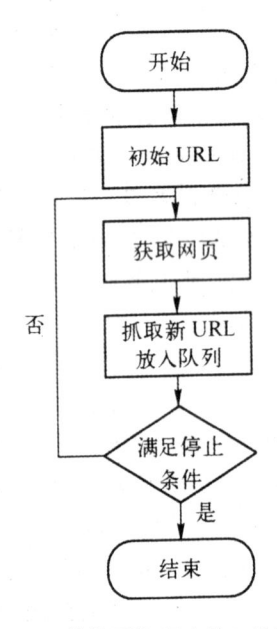

图 7-15 传统网络爬虫的工作流程

2. 信息筛选

网络舆情信息筛选是指根据网络舆情分析的目的和内容选择相应的筛选标准,对收集的网络舆情信息进行过滤,剔除那些重复的、陈旧的、来源不可靠的、与相关网络舆情主题不相关的信息。

3. 信息有序化

网络舆情信息有序化是指针对筛选后保留的网络舆情信息,按照主题、外部形式或内容特征进行有序化处理,从不同的角度进行分类,例如,舆情信息可按内容分类、舆情分类、相关人物、相关机构、相关地区、正负面分类等多个不同维度展现,以显示各维度的分类统计信息。

4. 信息量化

网络舆情信息量化是指将分散的或本身不具备量化特征的网络舆情信息进行综合比较打分、编码标引或加权等量化处理,使不同形式的信息得以统一,方便后续的规范化处理。

7.4.3 网络舆情挖掘技术

网络舆情挖掘的关键技术包括分类、聚类、关联规则挖掘、序列模式挖掘等,这些均属于数据挖掘范畴,并广泛应用于话题识别与跟踪、敏感话题发现、趋势分析、自动摘要等方面。

1. 分类

自动舆情信息分类技术是根据事先定义好的分类准则,借鉴文本分类技术,将网络舆情划分到已知类别中。通过对网页内容的分类分析可以把相关主题网页都划分到同一个类别。

2. 聚类

采用基于相似性算法的自动聚类技术,对未知类别的海量舆情信息进行归类,把内容相近的文档自动归为同一类话题或建立新的话题。应用自动聚类技术还可以根据发言时间密集程度、跟帖数量、转帖数量和程度、新闻出处权威度、评论数量等对网络中的敏感话题、热点话题进行自动识别。聚类分析能够帮助人们快速掌握有用的信息,判断当前网络舆情的热点问题。

3. 关联规则挖掘

应用关联规则挖掘可以从时间或空间角度发现网络舆情相关事件的共性发展规律和趋势,可以发掘舆情信息产生者或舆情信息特征之间的关联性,以便追溯舆情信息的来源。

4. 序列模式挖掘

序列模式挖掘侧重于分析舆情信息的前后序列关系,挖掘网络舆情在产生、发展、消亡的过程中的序列模式规律,发现舆情特征集之间隐含的顺序关系,以预测热点事件的发展趋势。

上述网络舆情挖掘的关键技术主要应用于话题识别与跟踪、敏感信息

▲ 数据挖掘及其在金融信息处理中的应用

监控、倾向性分析、趋势分析和评估预警等。基于 Web 挖掘的舆情信息分析模型架构如图 7-16 所示。

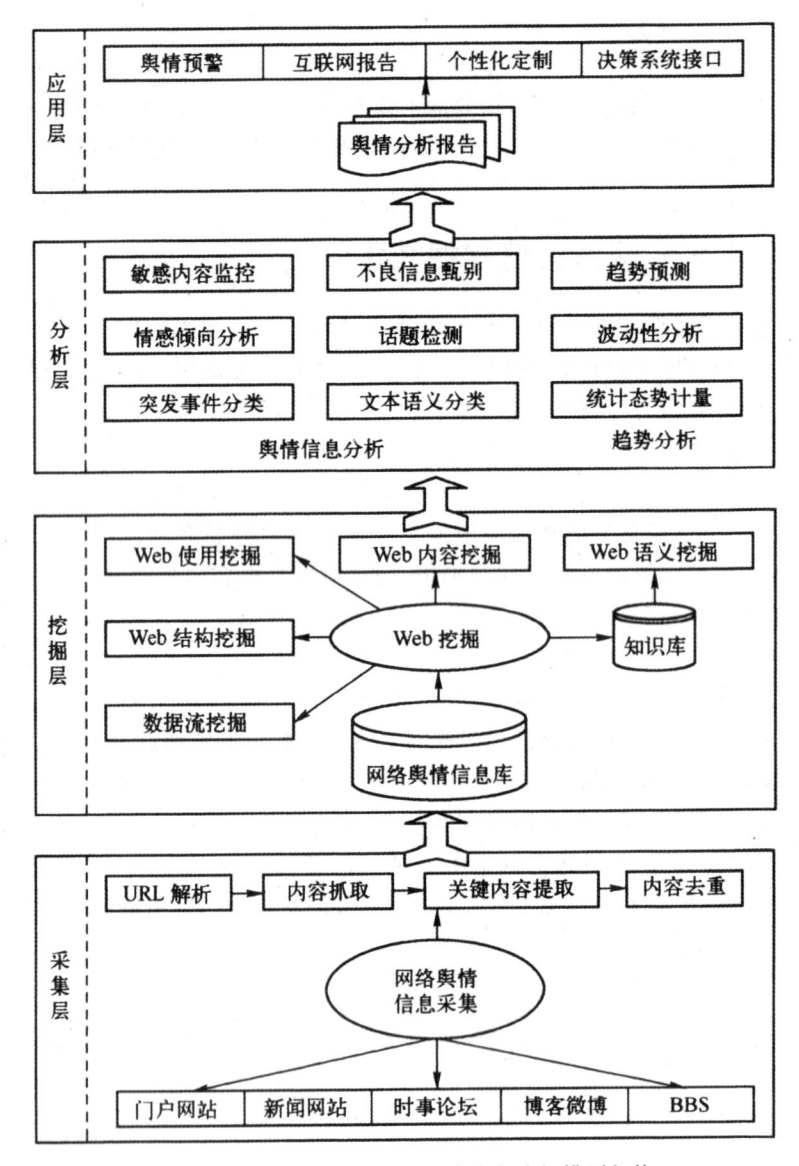

图 7-16 基于 Web 挖掘的舆情信息分析模型架构

1) 话题检测与跟踪

话题检测与跟踪是指在舆情信息的挖掘和分析中,识别和发现热点话题,并对评论较多的话题进行跟踪。

(1) 话题检测。话题检测(Online Topic Detection,OTD)的主要任务是检测新话题与指定目标主题是否相关,组织系统预先未知的话题,并收集后续相关报道。

静态话题检测中,主题相关性的判别一般有两种方式:一种是根据主题相关的关键词来判别;另一种是通过基于标注的训练文本构建分类器的方法判断页面的主题是否和事先标注的文本类别一致,以完成网页主题相关性的判断。

在线话题检测一般采用增量式聚类算法,相应研究主要集中在聚类算法的选择和融合上。在线话题检测将报道流看作一个时间序列,对每篇报道和已有的话题做关联检测,其本质为文本匹配。主题识别技术除了能够分析文章、帖子是否与已有主题相关,还可以在线检测和发现新主题,针对各类主题和倾向性自动生成摘要,总结出热点专题和重点预警事件的分布情况。

网络热点话题检测除了涉及网络话题识别外,还涉及网络话题热度分析。然而,关于网络话题热度分析,国内外尚未形成统一认识。相应的热度分析方法比较零散,仍处于探索阶段,有根据热点特征进行热点话题识别的,也有基于话题关注度和用户浏览行为构建热点话题发现模型的。

(2) 新事件检测。新事件检测(New Event Detection,NED)更侧重于检测新事件,具体地说是侧重于检测出新闻流中关于新话题的第一篇报道。NED中的主流方法是建立一个在线识别系统(OL-SYS)检验报道流中新出现的事件,计算顺序进入OL-SYS系统的各个报道与已知事件模型的相关度,并根据先验阈值判断该报道是否为新事件的首次报道。

(3) 话题跟踪。话题跟踪(Topic Tracking Task,TTT)的目的是监控报道流并发现与已有话题相关的后续报道。话题跟踪主要侧重跟踪与已知热点话题相关的信息片段,跟踪的具体内容包括信息来源、转载量、转载地址、地域分布、信息发布者、倾向性与趋势等。

在话题跟踪任务中,如果已有话题并无明确描述,则需要分析新报道与已有报道在内容上的关联关系与继承关系,或结合特定的领域知识将相关报道进行关联,还可以采用文本分类的方法进行关联判断。

2) 敏感信息监控

敏感信息监控是网络舆情信息挖掘的重要组成部分。及时发现敏感信息,及时对谣言或者不良信息进行处置,避免其扩散,防患于未然,可以在很大程度上避免敏感舆情信息的进一步传播、扩散,减少突发事件的爆发,避免引起严重后果。

3) 倾向性分析

倾向性分析可以大致分为情感信息抽取和倾向性分类两种。其中,情感信息抽取是指按照一定的语法规则,通过句法分析等方法提取情感特征;倾向性分类则是将情感分类转化为文本分类的问题,利用语言学知识或机器学习的方法,对给定的词语、句子、篇章判断其倾向性。目前,倾向性分类主要有语义词典和机器学习两类方法。

基于语义词典的倾向性分析是指利用人工构造由特定的词或其他语言结构构成的知识库进行倾向性分析。常用的语义词典主要有 GI、WordNet、SentiwordNet、HowNet 和《同义词辞林》等。

基于机器学习的倾向性分析技术是指计算机通过自我学习寻找到训练库中区分文本倾向的知识,并利用该知识进行倾向性分析。基于机器学习的倾向性分析方法包括最近邻、朴素贝叶斯、支持向量机等算法,自动学习区分文本情感倾向性的知识。

4) 趋势分析

网络舆论的演化通常都有一个形成、发展和消亡的过程,可以划分成为 3 个演化阶段,即初始传播阶段、迅速扩散阶段和消退阶段。趋势分析是指根据从多种来源所获取的网络舆情信息,建立相应的模型,预测不同网络舆论随时间的发展趋势,以便实现对舆论环境的监测与不良倾向的预警。

趋势分析涉及的关键技术主要包括序列模式挖掘和关联规则挖掘等。趋势分析可借鉴网络信息计量学工具,采用数字、统计学等各种定量方法对网络舆情信息的组织、存储、分布、传递、相互引证和开发利用等进行定量描述和统计分析,以揭示其数量特征和内在规律。趋势分析可采用热点、重点、焦点、敏点、频点等多种分析模式,以及时把握网络舆情的趋势要点。在分析危机事件演变规律时,研究学者提出了指数型、正态型、泊松型、波动型等多种时间演变模型,也采用了变异数分析、相关分析、托宾模型、GARCH 模型和 EGARCH 模型等多种方法和模型。

5) 评估预警

网络舆情态势的量化评价有助于掌握社会稳定情况和定量分析非物化社会现象。网络舆情评估预警的代表性研究方法有单因素舆情预警的 ARMA 模型、多因素评估的多元线性回归模型以及 NISAC 指数方法。目前,网络舆情态势计量研究仍处于起步阶段。

NISAC 指数方法根据关键词列表定期进行包含关键词的因特网页面数量统计,并换算成关键词关联页面数量指数。由于难以准确地统计出因特网上含有特定关键词的页面数量,因此通常以搜索引擎覆盖的因特网页面空间进行近似。NISAC 指数方法假设搜索引擎的覆盖空间包括大多数的用户常用网站,且搜索引擎覆盖网页分布情况和因特网真实网页分布情况基本一致。通过 NISAC 指数的长期监测与分析,我们可以了解到因特网的舆情态势。

第8章 流数据挖掘技术

面对持续到达、速度快、规模宏大的流数据,流数据挖掘的核心技术是在远小于数据规模的内存中维护一个代表数据集的结构——概要数据结构(Synopsis Data Structure)。在此基础上完成各项挖掘任务(包括分类、关联规则挖掘、聚类等),并通过流数据挖掘管理系统把各类流数据挖掘算法应用到实践之中。目前,普遍研究的流数据挖掘内容主要有流数据模型、流数据概要数据结构、流数据挖掘算法、流数据挖掘管理系统。

8.1 流数据挖掘技术概述

所谓流数据挖掘(Streaming Data Mining)是指在"流数据"上发现并提取潜在的、隐含的信息或知识的过程。传统的聚类分析主要基于数据库技术,可以反复读取和存取数据,所以可以通过复杂的计算得到准确的结果。然而,在流数据之下,数据是连续的、快速的、源源不断的,所以反复存取操作变得不可行,其隐含的聚类有可能随着时间的动态变化导致聚类质量的降低,这对流数据算法提出了新的要求:① 快速增量地处理新数据;② 简洁地表示聚类信息;③ 成熟地处理噪声与异常数据。

8.1.1 流数据概念

1998年,Henzinger等人在论文Cornputing on Data Stream中首次将"流数据"作为一种数据处理模型提出来,表达如下:所谓流数据是指以一定的速度连续到达的数据项序列 $x_1, \cdots, x_i, \cdots, x_n, \cdots$,且数据项序列的读取方式是按下标 i 的递增顺序进行的。由于流数据是现象驱动的,所有它的速度与次序无法被控制。通常流数据是潜在的、无限的,并且数据的可能取值是无限的,所以处理流数据的系统无法保存整个流数据。流数据挖掘的对象既可以是单条流数据,也可以是多条流数据。这里挖掘多条流数据主要是为了分析并列到达的流数据间的相关程度。对单条流数据而言,它的挖掘涵盖了分类、频繁模式挖掘、聚类等多项传统数据挖掘中的主要任务。从2000年开始,流数据挖掘的研究成为了数据挖掘的重要方向和研究热点,在各大会议中,如 VLDB、SIGMOD、SIGKDD、ICDE 等都在讨论流数据相关的议题。目前,流数据挖掘的最新成果已经在很多领域得到应用,如金融管理领域、网络监管领域、商品销售领域以及航空航天领域等。

对于流数据,有狭义和广义之分,如图 8-1 所示。

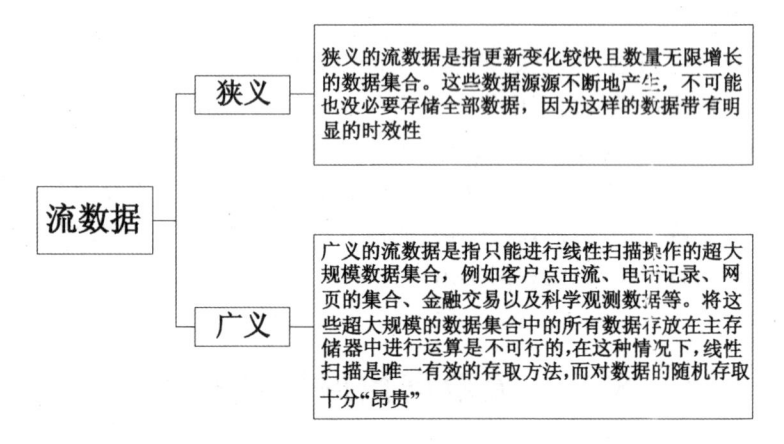

```
流数据 ┬─ 狭义：狭义的流数据是指更新变化较快且数量无限增长的数据集合。这些数据源源不断地产生,不可能也没必要存储全部数据,因为这样的数据带有明显的时效性
       └─ 广义：广义的流数据是指只能进行线性扫描操作的超大规模数据集合,例如客户点击流、电话记录、网页的集合、金融交易以及科学观测数据等。将这些超大规模的数据集合中的所有数据存放在主存储器中进行运算是不可行的,在这种情况下,线性扫描是唯一有效的存取方法,而对数据的随机存取十分"昂贵"
```

图 8-1 流数据的分类

处理广义数据时所受到的限制与处理狭义的流数据基本一致。因此,两者都被认为是流数据的不同存在形式。

8.1.2 流数据模型

流数据研究的领域存在多种流数据模型,不同模型的适用范围不同,因此在算法处理的设计上也有差异。流数据的模型可以按照以下方式进行划分。

1) 按流数据中数据描述现象的方式划分

设流数据中的数据项 $x_1, \cdots, x_i, \cdots, x_n$ 依次按下标顺序到达,它们描述了一个信号 A。按 x_i 描述信号 A 的方式,流数据可分为以下几种模型。

(1) 时序(Time Series)模型。$A_{[i]} = x_i$。此时,流数据中的每个数据项都代表一个独立的信号。

(2) 现金登记(Cash Register)模型。令 $x_i = (j, I_i)$,且 $I_i \geqslant 0$,则 $A_{i[j]} = A_{i-1[j]} + I_i$。此时,流数据中的多个数据项增量式地表达一个 $A_{[j]}$。

(3) 十字转门(Turnstile)模型。令 $x_i = (j, I_i)$,则 $A_{i[j]} = A_{i-1[j]} + U_i$。其中,$U_i$ 可以是正数也可以是负数。此时,流数据中的多个数据项表达一个 $A_{[j]}$。$A_{[j]}$ 随数据的流入,有可能会增加,也有可能减小。

在上述 3 种模型中,十字转门模型最具一般性,适用范围最广,处理难度最大。时序模型主要用于流数据的聚类与分类,它把流数据中的每一数据项看作一个独立的对象。现金登记模型常用于流数据的频繁模式挖掘。当同时存在流数据的插入和删除操作时,应用的流数据模型为十字转门模型。

2) 按流数据元素选取的时间范围划分

由于流数据潜在无限长,在处理流数据时,并不能将流数据所有数据元素作为处理对象,而只能根据应用需求选取某个时间范围内的流数据元素进行处理。按流数据元素选取的时间范围,可将流数据模型分为以下类型。

(1) 快照模型(Snapshot Model)。快照模型的数据处理范围限制在了两个预定义的时间戳之间,即$[s_1,s_2]$,s_1、s_2是已知的两个时间点。

(2) 界标窗口模型(Landmark Window Model)。这一模型处理数据范围是从一个已知的时间点开始到当前时间为止,流数据的处理范围可表示为$(s,n]$,其中s为某已知的时间点,n为当前时间点。

(3) 滑动窗口模型(Sliding Window Model)。处理数据的范围由某个固定大小的滑动窗口W确定,此滑动窗口的终点永远为当前时刻n,即流数据处理范围是$(\max(0,n-W+1),n]$。

(4) 衰减窗口模型(Damped Window Model)。处理数据的范围从初始时间点到当前时间点,查询范围是$(0,n]$。其中,查询范围内的各个元组的权重根据某种衰减函数随时间t不断衰减,即较早到达的元组具有较小权重,较晚到达的元组具有较大权重。

在实际的应用中,这四类窗口模型的选用是由用户决定的。无论采用哪一种窗口模型,其基本框架是相同的,如图8-2所示。

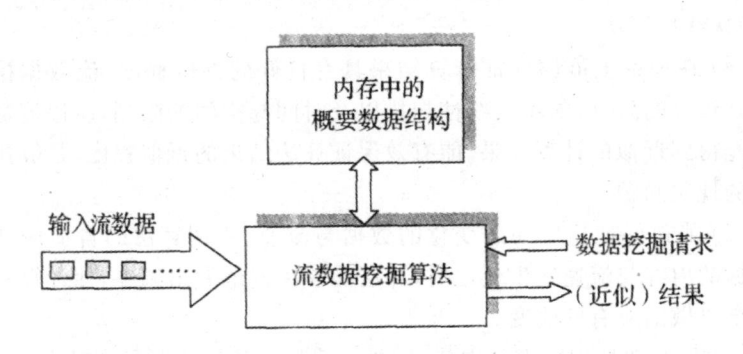

图8-2 流数据挖掘框架模型

该框架中,流数据挖掘算法需在内存中维护一个概要数据结构。流数据挖掘算法从流数据中不断接收新到达的元组,当处理一个新元组时,挖掘算法通过增量计算更新概要数据结构。当接收到挖掘请求时(也可能是连续挖掘请求),挖掘算法从概要数据结构中获取信息,调用概要数据处理过程,最后输出算法所挖掘出的(近似)结果。

8.1.3 流数据挖掘算法特点

1. 流数据挖掘算法的特点

流数据具有实时、连续、有序、快速到达等特点,同时还有在线分析的应用需求,这对于流数据挖掘的算法而言是一大挑战。鉴于此,流数据挖掘算法应具备以下特点。

(1) 单次线性扫描。流数据挖掘在数据读取方面,除非有特别的要求,算法只能按照数据流入的顺序依次读取一次。

(2) 低时间复杂度。流数据挖掘的算法为在线算法,为跟上流数据的流速,算法处理数据时花费的时间不宜过长。算法的时间复杂程度是以每个数据项到来时,完成概要数据或目标数据所花费的时间作为衡量。比较理想的情况是,算法处理每个数据项的时间都为常数。这里的概要数据结构是流数据为了实现目标计算而保存的流数据压缩信息。对于构建概要数据结构的算法,通常没有对在概要数据结构上计算目标函数所需要的时间做严格的要求。

(3) 低空间复杂度。流数据的算法是主存算法,因此其所用的空间是有限的,算法的空间复杂度不会伴随数据量的增长而无限增长,最理想的状态是它与流数据的长度 N 没有关系;然而,对于大多数问题而言,很难找到这样的解。所以,只能做出让步,找到关于空间复杂度为 $O(\text{poly}(\log N))$ 的算法,即次线性算法。

(4) 在理论上能够保证计算结果具有良好的近似程度。流数据挖掘算法受到很多的限制,如单次线性扫描以及时间与空间的限制,所以流数据算法只能得到近似的计算结果。能有效保证算法结果的近似程度,是算法必须考虑的现实问题。

(5) 能很好地适应动态变化的数据与流速。所谓算法的自适应性是指流数据的内容与流速发生变化时,算法能够快速地做出调整,使计算策略与计算结果做出应有的改变。

(6) 能有效处理噪声与空值。这是一个健壮的算法所必须具有的能力。

噪声与空值是必须解决的问题,对于流数据挖掘算法而言,这一问题更为突出。对于静态数据库的数据挖掘而言,挖掘之前常常要对数据做预处理,以消除数据中的噪声与空值。在在线数据挖掘过程中,无法在挖掘前对数据进行预处理。而且,流数据在采集和传输过程中极有可能出现错误,产生噪声与空值。且流数据的动态变化性进一步增加了噪声识别的难度。当产生流数据的现象发生改变时,新的数据不能被现有数据模型所描述,也有可能被误认为是噪声。

（7）能作"on demand"的挖掘。能快速对用户在线提出的问题做出响应。在一些特定的情况下，用户不需要挖掘所有的数据，而是需要对流数据流入过程中的某一时段的数据进行挖掘，能够回答这种请求的算法被称为"具有 on demand 回答能力"的算法。算法常采用具有多窗口的近似技术来解决问题。能对挖掘请求给出"anytime"的回答，同时算法还能够在任意时刻计算出最精确的结果。这就需要算法在每读取一个数据项后，必须更新计算结果。

（8）能作"anytime"的回答。算法在任意时刻都能计算出当前的挖掘结果。有些算法构建的概要数据结构只能用来支持算法的目标计算。有的概要数据结构是对流数据中的数据进行一般性的压缩，还可用来支持其他计算。这样的概要数据结构显然比只能支持当前计算的概要数据结构更为有用。

（9）建立的概要数据结构具有通用性。算法构建的数据结构不但要支持当前的目标计算，同时还能够支持其他类型的计算。

2. 聚类分析流数据

计算资源相对有限的流数据应用，除了对流数据的挖掘算法有共性要求之外，还需对聚类分析提出一些新的挑战。

1）新型的簇表示法

流数据上的簇表示法应同时具备空间节省与时间特征两个方面的特点。

（1）空间节省。传统的数据聚类，特别是针对层次与密度的算法，一般都需要保留簇中的各个数据点或者通过簇中的所有数据点来对簇进行描述。在流数据环境下，这类簇表示法已不再适用。随着新数据点的不断到达，对簇中所有数据点的保留将会带来存储的困难。所以任何的流数据聚类算法，都不可能将所有的数据点保留下来以实现对数据簇的描述。此外，由于流数据聚类的实时性，我们只能利用内存资源处理这些原始数据点，且难以实时地将原始数据点存入其他存储设备，所以流数据的簇表示法必须具备空间节省。

（2）时间特征。传统的数据库处理的是静态的数据，簇的时间特性并不明显；而在流数据库动态环境下，随着时间的变化，新簇不断产生，旧簇不断消失。此外，流数据上的聚类分析是针对于一个时间段的，因为用户关心的是一段时间窗口的簇。因而，流数据聚类算法中的簇表示法应具有时间特征。

2）快速检测并消除"离群点"影响的策略

流数据聚类过程中，常会出现一些新到的点无法被现有的簇吸收的情况。这些数据点又叫作"离群点"。流数据产生离群点的情况主要有以下两种。

(1) 流数据是动态的,所以流数据中的数据分布也会随着时间的变化而变化,所以有数据点无法被现有的簇吸收是常有的。这些无法被吸收的数据点极有可能是新簇的点。

(2) 在流数据应用中,受外界因素的干扰(如电磁波与传感器)会产生随机的噪声,这类噪声同样不会被现有的簇所吸收。

在传统聚类挖掘中,数据集中的簇与离群点是确定且不随时间变化的。然而在流数据环境下,"离群点"却有可能长成为新的簇,例如第一种情况中的"离群点",往往代表一个新簇的出现。第二种情况中的"离群点"才是在流数据环境下真正需要消除其影响的对象。如何快速而准确地检测并处理这两类不同的"离群点",是流数据聚类分析所面临的新挑战。

3) 快速增量处理新到达数据点的策略

这个需求也是由流数据中海量数据高速到达所造成的。在流数据聚类过程中,这往往不是一个容易达到的需求。这是因为,对新数据点的处理往往取决于该数据点与已往数据点的相似程度关系。这种相似度的度量通常基于某种评价函数。该评价函数一般具有两个以下特性。

(1) 对新数据点与旧数据点的相似度评判,要求不应保留旧数据点。

(2) 评价函数应当具有较小的计算复杂度,适合于大数据量的实时在线处理。

第一个特性再次提出了对数据簇表示的空间节省要求,此外,还要求该评价函数有利用当前簇结构进行相似度评判的能力。第二个特性对评价函数的计算复杂度方面提出要求,通常计算复杂度应至多与当前簇结构个数呈线性。

4) 高维流数据聚类分析

即使在传统静态数据集上,高维数据的聚类问题也极具挑战性。高维数据流环境下的聚类分析,需要兼顾"维数"与"大量、快速、无序到达的数据"对于聚类效果的双重影响。这要求在构造低时空复杂度的流数据聚类算法的同时,对高维数据进行维数约减。高维流数据聚类分析是流数据聚类分析领域的一大难点问题。

8.2 流数据挖掘技术分类

根据流数据的聚类算法,流数据挖掘技术可分为概要数据结构、滑动窗口技术、近似技术、多窗口技术与衰减因子。

8.2.1 概要数据结构

通常,流数据的数据量会大于可用的内存,系统无法在有限的内存中保存所有扫描过的数据,流处理系统必须在内存维持一个概要数据结构,以避免代价昂贵的磁盘存取。当前,生成流数据概要数据结构的方法主要有6种,分别是直方图方法、随机抽样方法、小波变化方法、哈希方法和Sketching、Loadshedding 等。

1. 直方图方法

直方图是一类常用的结构表示方法,可用来简单地表达一个数据集合的分布情况。直方图的类型有很多,常见的有等宽直方图(Equi-width Histogram)、V-优化直方图(V-Optimal Histogram)和压缩直方图(Compressed Histogram)等。

(1) 等宽直方图将数据分割成大致相等的部分,每个桶的高度差较小。虽然这种方法易于操作,但是它的误差较大,并不适应所有的应用。

(2) V-优化直方图的基本思想是桶的大小要使每个桶之间的变化的不一致性达到最小,从而可以更好地表述数据的分布。

(3) 我们可以将压缩直方图看作等宽直方图的一种扩充。若数据集中存在于某个区域,采用等宽直方图来表示就会形成较大的误差。由于压缩元素会为热门元素单独创建桶,对其他元素同样采用等宽直方图的方法,因此它更有代表性。

2. 随机抽样方法

为了避免存储整个流数据,可以周期地对流数据进行随机取样。抽样方法是从数据集中抽取小部分能代表数据集合基本特征的样本,并根据该样本集合获得近似查询结果。抽样方法主要有两种,分别是均匀抽样(Uniform Sampling)和偏倚抽样(Biased Sampling)。在均匀抽样方法中,数据集中各元素以相同的概率被选取到样本集合中;在偏倚抽样方法中,不同元素的入选概率可能不同。水库抽样方法(Reservoir Sampling)与精确抽样方法(Concise Sampling)均属于均匀抽样方法,计数抽样方法(Counting Sampling)则属于偏倚抽样方法。

(1) 水库抽样方法单遍地扫描数据集,生成均匀抽样集合。令样本集合的容量为 S 在任一时刻 N,流数据中的元素都以 S/N 的概率被选取到样本集合中去。如果样本集合大小超出 S,则从中随机去除一个样本。该方法的表达效率不高。

(2) 精确抽样方法改进了样本集合的表示方法。对于仅出现一次的元素，仍然用元素代码表示；对于多次出现的元素，则利用结构 < value,count > 表示。其中，value 表示元素代码，count 表示样本集合中该元素的数目，如样本集合(1,1,1,1,1,1,2,2,2,3…) 可表示为(<1,6>,<2,3>,…)。该方法可以大大地节约空间开销。

(3) 在计数抽样方法中，当样本集合溢出时，首先将概率参数 T 提高到 TC。对于其中任意一个元素，首先以概率 T/TC，之后以概率 $1/TC$ 判断是否减去 1。一旦该计数器值降为 0，或者某一次随机判断之后计数器的值没有减小，则终止对该元素的操作。该方法能有效地获得数据集中的热门元素列表。

3. 小波变化方法

小波变化方法(Wavelet)其实是一种数字信号处理技术，小波变化与傅里叶变换基本相似。首先小波分析将输入的模拟信号转换成一系列的小波参数，且少数的小波参数拥有大部分的能量，利用小波参数的这一特性，我们可以选择少数的小波参数近似为原始信号。小波的种类很多，最为常见的是哈尔小波(Haar wavelet)。

小波分析主要应用于数据降维处理、直方图的生成等领域。利用小波分析技术可估算出任一元素的数值或者某一范围内数值的和(Range sum)。

4. 哈希方法

计算机领域常用的方法是先定义一组哈希函数(Hash Function)，然后将数据由一个范围映射到另一个范围中去。流数据的应用中主要有 3 种哈希函数生成概要数据结构的方法，分别是 Bloom Filter 方法、Sketch 方法和 Flajolet-Maitin 方法。

1) Bloom Filter 方法

它是使用一小块远小于数据集数据范围的内存空间表示数据集。假设所申请的内存大小为 m 比特位，创建 h 个相互独立的哈希函数，能将数据集均匀映射到$[1,m]$ 中去。对任何元素，利用哈希函数进行计算，得到 h 个$[1, m]$ 之间的数，并将内存空间中这 h 个对应比特位都置为 1，这样就可以通过检查一个元素经过 h 次哈希操作后，是否所有对应的比特位都被置 1 来判断该元素是否存在。然而这种判断方法可能会产生错误，因为有时某元素并不存在，但是它所对应的 h 个比特位都已经被其他元素所设置了。

2) Sketch 方法

Sketch 方法能解决流数据中的很多问题，如利用 Sketch 方法估计数据集中不同元素的个数、估计数据集的二阶矩大小(数据集自连接的大小)、获得数据集中热门元素的列表等。

3)Flajolet-Martin 方法

Flajolet-Martin 方法是求解数据集中不相同元素的个数(即 F_0)的有力手段。它所采用的哈希函数将一个大小为 M 的数据集映射到范围 $[0, \log(M-1)]$ 中去,且映射到 i 的概率是 $D/(2i+1)$。假设不相同元素的个数是 D,且哈希函数独立随机,则恰有 $D/(2i+1)$ 个不同元素映射到 i。这个性质可以用于估计 D 的值。

8.2.2 滑动窗口技术

所谓滑动窗口技术其实是一种控制技术。起初的网络通信中,通信双方不会考虑到网络中的拥挤情况,由于网络的实际状况大家都一无所知,因此只顾着发送数据,这就造成了网络中间节点的堵塞,最后导致整个网络陷入困境,任何人都无法发送数据,因此人们用滑动窗口机制来解决上述问题。滑动窗口技术的主要思想是保存滑动窗口内的所有数据,当某个数据滑出窗口时,将从计算结果中删除这个数据的值。另一种方法是使用小于滑动窗口内数据体积的空间,这种方法支持滑动窗口上计算的增量式更新,减小滑动窗口内数据所占用的空间,但需要以降低滑动窗口上的计算精度为代价,如 StaStream 算法。

1. 指数直方图技术

指数直方图技术最早用来生成滑动窗口模型的概要数据结构。传统的方法是经数据集划分成等宽的桶,相邻桶之间的元素值是连续的;指数直方图则不同,它是按照元素到达的次序而建立的桶。桶的容量呈指数式增加,每一级别桶的个数均不超过一个预定的门槛值。每"看到"流中的一个元素,就根据应用需求决定是否创建一个最低级别的桶。指数直方图技术能够解决的问题很多,如基本计数(Basic Counting)问题、求和问题以及方差问题等。

2. 基本窗口技术

基本窗口技术是将大小为 W 的窗口依据时间的次序分为 k 个等宽的子窗口,我们将这些子窗口称为基本窗口,每个基本窗口含有 W/k 个元素,且由一个小结构表示基本窗口的特征。如果窗口包含的信息已经过期,则删除表征这个基本窗口的小结构。用户可以基于这些未过期的小结构得到查询结果。这种方法还可以用于获得数据集中的热门元素列表。

3. 链式抽样(Chain-sampling)技术

链式抽样可以获得在滑动窗口上均匀抽样的样本集合。假设窗口大小是 W，则在任何时间点 n，数据流中的元素以概率 $1/\min(n,W)$ 被添加到样本集合中去。当元素被选择到样本集合中去时，必须同时决定一个备选元素，以便当这个元素过期时，利用备选元素代替该元素。因为流数据无法预测未来的数据，所以只需要从 $[n+1, n+W]$ 中随机抽取 1 个数作为备选元素的时间戳 t。当到达时间点 t 时，这个备选元素才最终被确定。备选元素以后也会过期，因此也需要为它选择一个备选元素，方法同上。不难看出，样本集合中的每一个元素，均有一个备选元素的"链"，元素过期后，马上用"链"上的下一个元素取代它。

8.2.3 多窗口和衰减因子技术

所谓多窗口技术是指保存在内存或磁盘上多个窗口内存数据的概要信息。多窗口技术能将数据流划分为多个固定长度的段，每个段都会形成一个窗口。当内存中的窗口数量达到一定的数量后，合并窗口，从而形成了概要层次更高的窗口。每个窗口相当于一个数据流上两个预定义的时间戳之间数据的快照。另一类多窗口算法中，窗口中的数据存在重叠，窗口的范围都是从数据流起始点到窗口建立的时刻点。

衰减因子用来消除历史数据对当前计算结果的影响，从而获得更准确的结果。每个数据项被乘以一个随时间减小的衰减因子后再参与到运算之中。这里衰减因子用一个随时间的变化而递减的指数函数来表示。数据项对计算结果的影响随着时间的变化而减小，体现出当前数据的重要性，不断删除时间久远的数据，从而节省了存储空间。

流数据衰减窗口模型，将数据流中的每个数据乘以一影响因子，离当前时刻越远的数据，其影响因子越小。通常影响因子可通过衰减函数来表示，例如指数衰减函数、线性衰减函数等。

Cohen 和 Kopelowit 等人利用衰减函数进行聚集量(Aggregation)的计算。聚集量是流数据应用所要获得的值，也可以认为是流数据的一种概要结构。Cormode 等人设法计算指数衰减的聚集量。Palpanas 等人提出了一类关于流数据中衰减特性的处理方法，并且他们的方法能够处理任意用户定义的衰减函数。Zhao 等人提出了一种框架结合了数据的表达方法和数据重要性的可变性，但这个方法是以全部流数据可多次读取为前提，数据衰减的速度不受用户应用场合需求控制。Bulut 等人设计了一种称为 SWAT 的基于小波的树形结构，动态地维护一组流数据上的小波系数，具有表达遗忘特性的能力,但同样其数据衰减的速度是不可控制的,且 SWAT 结构用于小波概要。Potamias 等人设计了一种类似的称为 AmTree 的树形结构。Aggarwal 等人采用金字塔时间窗口(Pyramidal Time Frame)的方式中用倾斜时间窗口(Tilted Window)方式来保存流数据的概要信息,用于流数据的分类等处理,这种方式对较远的数据采用更粗的粒度,同样具有数据衰减的特性。

8.2.4 近似技术、自适应技术和子空间技术

1. 近似技术

近似技术说明了数据在聚类过程中不可避免地会出现损失,数据的还原也只能是近似地还原。基于多窗口技术和衰减因子的算法等也都是近似算法。

2. 自适应技术

由于流数据是动态变化且具有时序,所以处理流数据的算法也必须根据数据点的分布以及流数据的流速而做出相应的调整。在流数据聚类中,所用到的自适应技术主要为调整阈值参数,根据系统 CPU 和内存的使用情况来调整聚类的粒度,实时反馈聚类的结果,从而获得最理想的结果。

1) 自适应内存的技术

自适应内存的技术根据所需内存的容量大小来改变微簇界限半径 R(LimitingRadius)的方法实现。这样可以促进或者阻碍新微簇的形成:增大阈值会防止新微簇的形成,减少阈值会促使新微簇的形成。

2) 自适应 CPU 负载的技术

自适应 CPU 负载的技术是使用根据 CPU 负载情况选择分配簇的方法实现的。在 CPU 高负载的情况下,仅剩比较少的计算能力时,一个新数据点到来要为其分配微簇时,不是检查所有的微簇,而是仅检查当前微簇中欲指定的一部分。当 CPU 处于低负载情况下,CPU 的利用率很低,剩比较多的计算能力时,确定新来数据点簇的分配时需要检查所有的微簇,簇选择因子为 100%。随着负载的增加,簇选择因子也会随之减小,即选择的微簇数减少,只选择当前微簇中的一部分来分配新来的数据点。通过减小聚类过程中被检查微簇的数目来减小 CPU 负载。当然,有可能出现离新到数据点最近的微簇未被选中可能导致不理想的分配。而且随着 CPU 负载的增加,簇选择因子变得更小,这种情况发生的可能性就更大。但即使这种情况发生,数据点也将会合理地分配到距离较近的微簇中,聚类精度不会受到太大的

影响。

3. 子空间技术

应用子空间聚类的关键是怎样利用某个聚类及与之相关的空间。所谓子空间聚类是在高维数据空间中对传统的聚类算法进行有效扩展,这是高维数据聚类的方法之一。子空间聚类主要是试图在相同数据集的不同子空间上发现聚类。子空间聚类算法在低维下就能够实现聚类,这是解决高维数据"稀疏性"的有效途径之一,并且每个簇的相关维集是根据数据流的进化不断更新的,从而提高了聚类的精度。

8.3 流数据挖掘关键技术

现在,流数据挖掘已经成为数据库挖掘的重要方向。对于流数据挖掘技术而言,若要挖掘出流数据中的潜在的、隐含的知识,就必须进行更加深入的研究。流数据挖掘的关键技术主要有:① 流数据频繁模式挖掘技术;② 流数据相似性搜索技术;③ 流数据任意形状聚类技术;④ 流数据分类技术。

1. 流数据频繁模式挖掘技术

所谓流数据频繁模式挖掘技术是指在有限的计算和存储条件下,通过近似处理的模式进行计数,可以支持这种满足几个条件频繁模式的频率。根据挖掘结果的完整性,可将挖掘问题分为以下四类:(1) 最大频繁项集挖掘;(2) 闭频繁项集挖掘;(3) 完全频繁项集挖掘;(4)Top-k 频繁项集挖掘。依据相对误差计数频率范围内的随机挖掘算法则可分为两类:(1) 基于概率的近似算法;(2) 确定误差区间的近似算法。

总的来说,流数据的频繁模式挖掘技术可以有效利用流数据的时效性与流中心的偏移特性,使界标窗口与时间衰减这两种模型完美结合。频繁模式的主要特点是通过一个动态体系来形成整体模式支持数,然后根据时间衰减模型对每一个模式进行合理的统计,最后得出窗口模式的频繁程度。该算法具有较高的挖掘精度,同时其内存开销很小,因此对于高速流数据处理的要求也能够满足,同时它还能够对不同数量的交易、不同的服务以及不同的最大潜在频繁模式的流数据平均长度进行有效挖掘。

2. 流数据相似性搜索技术

相似性搜索技术可表示为在设置一些功能的基础上找到相似的序列，并给定一个查询序列的子集在序列集合的措施。虽然这一技术早已提出，但是关于它的研究并不多。通常，流数据的子序列相似性量度与之相匹配，在相似性量度中，主要有 LP 范数、动态扭曲距离以及最长公共子序列距离这三种相似性量度函数。其中，LP 范数对时间扭曲的标准是很敏感的，同时只限于相等长度的序列之间的比较；动态扭曲距离对局部时间位移的处理效果较佳，但复杂性过高且容易受孤立点的干扰；而最长公共子序列距离能够克服很多缺陷和不足之处，而且其相似性搜索标准是最长公共子序列的长度。针对流数据上难以建立索引结构的特征，可以利用动态时间扭曲距离函数，充分运用数学中的分段、填充元和行列约束度等基本概念，构造一组适应不同场景的流数据相似性量度函数及其配套的上下界精化函数，这样可以得出相应的流数据相似性搜索算法，因此这种算法在数据流相似性搜索中的应用前景非常广阔。

3. 流数据任意形状聚类技术

当前流数据的聚类技术还不成熟，但是按照目前的发展趋势，它必定会成为流数据挖掘技术的一个重要分支。所谓流数据的任意形状聚类是指通过单遍扫描流数据，将低密度区域与其他簇相分离的技术，这里的密度一般由对象的个数决定。基于密度的集群被认为是包含一个相对高密度连通区域的一组对象的多维空间，在同一群集的数据对象且不同簇之间拥有一个很高的相似度。

流数据任意形状聚类技术主要体现在 4 个方面，分别是分层方法、划分方法、基于密度方法以及基于网络方法。在利用流数据任意形态聚类时，可充分利用流数据的概念漂移与时效性的特点，将滑动窗口与时间衰减完美地结合。在流数据挖掘中，任意形状聚类技术通过时间聚类模型，采用历史的元组密度指数衰减，因此它的速度极快且空间开销小，对各类流数据的自然集群数量的聚类有良好的适应性。

虽然任意形状聚类算法具有一定的优越性，但对于非凸形状的聚类效果不好，所以关于这方面的研究还需要扩展。

4. 流数据分类技术

流数据的分类技术是非常重要的数据挖掘技术，它能够根据现有的数据集构造出一个分类函数，其分类功能可以在一个特定的类别上映射出新的样本。实际上,流数据分类拥有一个独立的单扫描功能,通过流数据和连续使用分类功能的流数据将被映射到一个特定的对象,在一个给定的类别和特定的频率中重新校正功能,以消除旧样本的影响。关于流数据的分类挖掘技术,主要有以下两个步骤:① 根据训练样本建立数据来描述和分类类别之间的区分;② 建立一个分类,使用类标签的测试数据预测一个未知的类,并评估分类精度。

在流数据分类方面,基于核主成分分析算法,可以针对增量化求解方法,构造一种旨在降低分类处理量的维数约减算法。更可以结合 BP 神经网络构造出相应的流数据分类算法。该算法的时间和空间复杂度低,收敛性能稳定,分类精度高,能够较好地满足流数据分类算法的实时处理要求,有效地解决高速数据挖掘的时间、内存和样本对流数据的局限性。

综上,我们从频繁模式、相似性搜索、聚类以及分类技术等四个方面全面研究了流数据挖掘技术,但是要想进一步促进流数据的发展,还需要对其进行更加深入的研究。

8.4 实时数据流挖掘技术

实时数据挖掘的过程是在有效的执行环境,保证数据逻辑的正确性和时间约束的前提下,从大量实时数据中提取有用的、新的、有潜在价值的数据的过程。实时数据挖掘算法需要解决的问题:基于资源约束的自适应实时数据流聚类、高维度实时数据流的聚类、分布式环境下的多数据流实时聚类。在数据流上进行聚类,其基本任务就是要在对当前数据进行聚类的同时,随着新数据的不断流入,动态地调整和更新聚类的结果以真实反映数据流的聚类形态。这种在线的增量聚类使得常规的聚类技术难以在数据流上直接应用,通常,其算法要满足以下三点:

(1)内存限制。由于内存有限,将所有的数据流全部存储下来然后聚类是不可能的。目前,常用的技术是在内存中只维护一个反映当前数据流特征的概要数据结构。

(2)实时性。由于数据流聚类需要在较短的时间内发生响应,因此响应 anytime 用户聚类请求的算法必须具备较快的处理速度。

(3)单遍扫描或者有限次扫描。在对数据流进行聚类时,只能按数据点流入的顺序访问一次或几次。

8.4.1 实时数据挖掘概述

实时数据流实际是一个有序的数据点序列 $X_1, X_2, \cdots, X_k, \cdots$，所对应的一个时间序列 $T_1, T_2, \cdots, T_k, \cdots$，它所表示的是数据点 X_i 在时刻 T_i 到达；同时规定当 $T_i < T_j$ 时，数据点 X_i 比数据点 X_j 先到达。每一个数据点 X_i 是一个 d 维向量，记作 $X_i = (x_i^1, x_i^2, \cdots, x_i^d)$，分别代表数据点 X_i 的 d 个属性值。

实际上，实时数据流代表一类新的数据模型，与传统的关系型数据库相比，其特点主要有以下方面。

(1) 数据量巨大。数据流通常具有非常庞大的数据量，例如，我国发射的"嫦娥一号"探月卫星在绕月飞行过程中，每秒向地面传回等数据流为 3MB，一年共计能够传回 90TB 月球表面数据。

(2) 快速变化。由于数据流是单向传输的，所以不同时刻收到的数据很可能完全不同。

(3) 潜在无限。单从理论出发，数据流永远不会终止，因此它具有无限性。

(4) 高维性。通常现实生活中的数据流都是多维的，且维度较高。

8.4.2 实时数据挖掘方法

实时数据挖掘是为了能够提供一种在线分析的工具；目前的实时数据挖掘主要是将传统的数据挖掘算法优化而得到的更快的挖掘算法，还没有一种算法可以支持相对完整的算法，以帮助开发新的算法。

根据普遍的实时系统的要求，实时数据挖掘的定义如下：实时数据挖掘的过程是在有效的执行环境，保证数据逻辑的正确性和时间约束的前提下，从大量实时数据中提取有用的、未知的或意外的知识。

实时数据挖掘必须具备四个主要特征：实时数据挖掘必须满足"时间约束"；实时数据挖掘必须避免"失败"或做出响应；实时数据挖掘必须对"实时数据"做出响应；相对于非实时系统而言，"环境"在实时系统中的作用更为重要。

实时数据挖掘系统必须处理实时数据，它也可以用于传统的数据挖掘系统处理历史数据。实时数据模型定义为：实时数据是在网上传输的元组序列，这类数据不会被存储到磁盘或者存储器中。

(2) 与传统数据模型相比，实时数据具有以下三个方面的特征。

① 连续性和在线性。

由于数据是从网络上传输的且连续的，所以数据一旦处理完毕，就会被遗弃,能够重新获取的概率很小,除非有缓冲。

② 高度频繁和分布。

数据之间的时间间隔通常很短。

③ 不稳定性。

实时数据并不是一成不变的,往往会随着时间的推移而变化。

(3) 与一般的数据挖掘相比,实时数据挖掘还需要进行适当的改进,具体表现为以下三个方面。

① 实时数据,实时模型。要处理实时数据,模型必须能够反映当前的数据概念与用户要求。对连续和在线数据流实时的知识更新机制是必要的。换句话说,这些模型要以实时的方式获得最新的数据。

② 只有当满足时间的约束时,执行挖掘过程才是可预测的。在这个意义上说,挖掘进程根据时间约束或限制对不同级任务规划进行分段和分层。一个合理的挖掘过程层次结构是过程级、路径级、任务级、算法级和模型级。此外,在实时数据挖掘期间必须分清楚两种关键的时间任务,即周期性实时任务与非周期性任务。所谓周期性实时任务是指外部设备周期性地给计算机发出激励信号,要求它按指定周期循环执行。例如,一个实时预定数目的数据定期分析的例子是使用一个滑动窗口。非周期任务只有当某些事件发生时被激活,但都必须联系着一个截止时间。除此之外,按对截止时间的要求分为硬实时任务和软实时任务。硬实时任务系统必须满足任务对截止时间的要求,不然就会出现不可预测的结果。软实时任务系统也联系着一个截止时间,但不十分严格,偶尔错过了任务的截止时间,对整个系统的影响也是很小的。

③ 冗余模型。一个实时系统即使存在错误也要满足时间约束条件,因此,一个实时冗余模型体系在挖掘系统的性能和可靠性取舍中是最好的选择。

实时数据挖掘环境是指在什么情况下执行实时数据挖掘。实时数据挖掘中的环境比普通数据挖掘的环境在影响性能和正确性方面起着更为重要的作用。直观地说,一旦在短期内快速做出预测或决定后,环境因素的一点波动会大大影响挖掘结果。

④ 实时数据挖掘需考虑到以下七类环境因素的影响。

体系结构为基础的因素。是指分散、集中或综合数据挖掘架构。在集中的环境中,各种环境要素(特别是数据源)位于一个中心位置;而在分布式环境中,存在分布和异构数据源。一个综合的环境结合上述两种架构。

实时输入数据在实时数据挖掘是普遍的。此外,在现实世界,数据流中会有标记和不标记数据。

实时约束。

评估参数。例如在国际清算银行的主要性能指标。

申请要求。在实时数据挖掘中需要一个灵活的数据挖掘系统能适应多变的挖掘要求。

实时数据挖掘过程中的挖掘算法,挖掘任务和挖掘过程的参数和配置。

在实时数据挖掘过程中知识库要包含和表示被发现的知识。

实时数据挖掘中环境要适应一个独特的模型或无组织的模式集合太复杂,并且经常动态变化。因此,一个合理的方法是在知识库中维持多个模型按顺序或动态地改变群体。

8.4.3 实时数据挖掘框架

为了证实上述分类,这里引入一种使用动态数据挖掘过程模型的新的实时数据挖掘框架。建模步骤大致分为两个同步任务:模型更新和模式选择。一旦环境稍微变化,模型更新便启动,更新知识库里的知识,通过模型选择分类选择出包含与当前数据概念最佳匹配的知识。该框架由两个部分组成,分别是环境建模和动态数据挖掘。

1) 环境建模

为了使处理架构成为基础的环境因素,环境又可分为两个层次,分别是局域的和全局的。局域环境主要用来支持分布的数据挖掘,而全局环境则包括许多局部环境。对于每个局部环境,进行局部的实时数据挖掘。而每一个处理环境建模要处理环境之间任何可能的相互作用。这些环境之间的相互作用,包括环境元素传递或同步(特别是在知识库里的知识)。

2) 动态数据挖掘过程

动态数据挖掘过程模型有许多关键点,具体如下:

(1) 启用模式发展(如分类)与模型同步培训。

(2) 支持现有的增量更新知识。

(3) 支持检测和适应概念自动转移。

(4) 除了历史数据,还要处理实时数据。

(5) 在数据挖掘过程中支持连续反馈。

(6) 允许用户控制过程进展。

数据准备步骤提供了基本和简单的对实时数据进行数据预操作的策略。数据预处理分析步骤,需要对输入数据(或块)进行预处理,是用于发现有用数据的方式(如数据的熵)。这些模式在下一步用来帮助知识更新或选择和降低计算成本。例如,滑动窗口、数据加权(如衰减系数)和取样先进的数据。经过数据预处理分析,进行两个平行的过程。第一个过程是模型选择,模型选择是从知识库中选择对于将到来的分析比较好的知识。这种方式主要用于在线分类,通过特定体系选择有价值的模型来分类实时不标签的数据实例。第二个过程包括两个步骤:模型评价和模型更新。模型评价是用来评估挖掘性能和发现概念的;模型更新是根据新知识逐步更新知识库里的知识。最后,知识解释及可视化的步骤用于显示和解释挖掘结果。

3) 实时控制

在框架内,一系列实时控制体系用于协助满足实时要求。

第一,根据时间约束或者最后的期限归类可将实施控制分为五级,分别是过程级、路径级、任务级、算法级和模型级。

(1) 模型级。模型级是最低水平,时间约束是原子性。

(2) 算法级。模型是算法根据各种训练数据和算法参数的实例。该算法的时间约束依赖于不同的输入数据和参数。

(3) 任务级。任务是指在每一个挖掘步骤中具体数据的挖掘操作。例如,在数据预处理分析中数据选择和数据加权。对于相同的功能,很多算法可以用来实现一个任务。例如,要进行数据的选择,有 S.Cheng 的算法和基于 VFDT 的边界黏合算法。因此,任务级的时序约束也多是可变的。

(4) 路径级。挖掘路径比任务有一个较大的粒度,包括一个任务序列组成。通常在过程中有 6 个基本路径:数据准备、数据预分析、模型更新、模型选择、模型评价以及知识的解释和可视化。

(5) 过程级。过程级的时间约束影响整个过程和部分路径,或任务的执行可能无法满足其正常的时间约束。

第二,动态挖掘过程包括周期的和非周期的。在处理实时数据时,它周期性地工作在每一个固定的时间间隔内,而处理其他环境要素时,可能会触发不定期的操作。

第三,该框架能够进行快速的数据挖掘,因此非常满足时间约束:数据准备步骤,在传统的数据挖掘过程中,80% 的工作被简化。模型更新和模型选择能同步知识库中存储的知识。

第四,由于知识库中模型的冗余特性,框架本质上支持容错,基于传统的软件容错技术,如 n 版本编程、测试点、回滚和恢复块,可以很容易地用于模型选择和更新。

第五,环境建模使环境相对有决定性,因此,根据可预测性管理挖掘过程的功能被启用。

8.4.4　实时数据挖掘模型

基于实时数据挖掘框架的模型系统中有 3 个核心部件:环境模型器

(EM)、实时动态数据挖掘器(RDDM)和实时数据挖掘环境描述(RDMED),如图 8-3 所示。

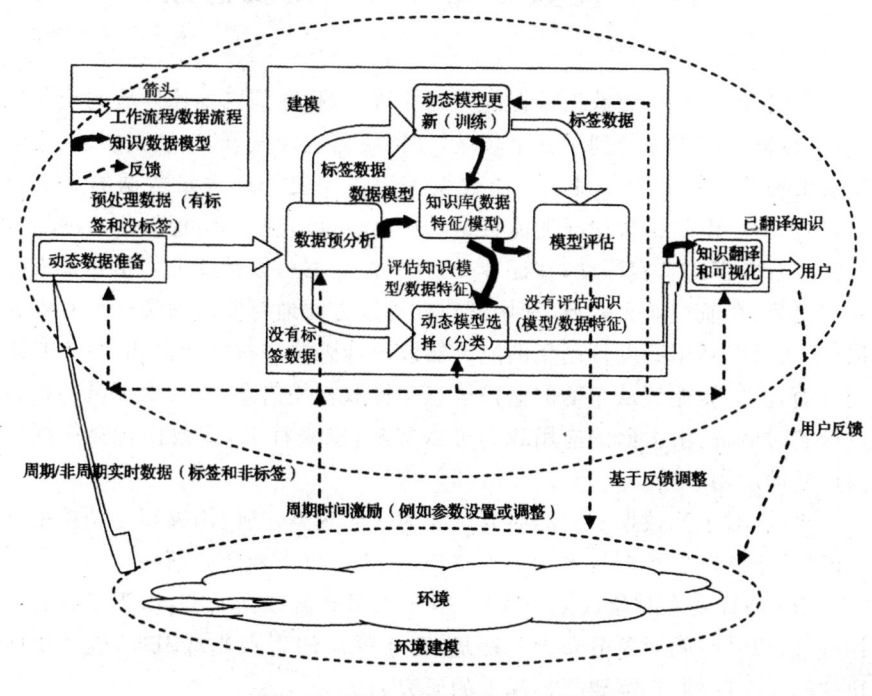

图 8-3 局部实时数据挖掘支持框架

(1)RDMED 是用来描述环境元素的模块。根据统一的描述,其他组件可以有效地了解环境,操作挖掘过程。

(2)EM 是对环境建模的模块。在模块中,环境 Interactor(EI)用于获取局域环境因素并与其他全局环境 EI 沟通。获取的元素通过数据适配器(DA)或应用需求调整适配器(ARA)。DA 处理各种数据源和类型,而 ARA 转换各种应用需求到内部描述。整个过程是由环境管理器(EMr)控制的。

(3)RDDM 在实时环境中操作动态数据挖掘。实时数据挖掘过程机制从外部引入环境因素,调整 EM 中 EMr。它还通过管理数据管理器(DM)、实时控制器(RTC)及参数配置(PC)控制整个挖掘过程。DM 为过程准备未标记和标记的实时数据实例,RTC 确保过程满足时间约束和失败时进行容灾,PC 为过程管理其他环境因素。实时动态挖掘过程由数据准备器、数据预分析器、模型更新器、模型选择器和知识部署器及可视化器完成。它们被定期或不定期地调用。

8.5 流数据挖掘的应用及前景

在实际生活中,流数据挖掘的应用非常普遍,在信息高速发展的现代社会,流数据的应用遍及到了各个领域,如网络监控领域、航空航天领域、证券交易市场及金融市场等。目前,流数据常用于需要处理大量数据的关键部门,如大型超市的销售情况的流数据挖掘,就可以轻松地掌握销售活动的有效性以及顾客的忠实程度;在证券交易中,流数据可以帮助人们预知未来的发展趋势;在航空航天领域,利用流数据可以方便地对实时图像进行有效提取,从而可以利用高度自动化的航天器以及传感器进行空间探测;在交通监控方面,流数据能够从车辆的监控信息中提取相关信息,并对驾驶员的行为进行实时分析。由上面的应用我们可以推断,未来社会,流数据将会得到更为广泛的应用。

当前,对于流数据挖掘的研究已成为一大热点,其应用领域更是越来越广泛。关于流数据挖掘技术的未来趋势,主要有以下两个方面:

(1) 高维度实时流数据的挖掘。对于大多数流数据而言,由于其具有高维性,所以其空间对象分布十分稀疏,对于噪声的识别非常困难,因此要解决这样一个问题,还需要更加深入的研究。

(2) 基于资源约束的自适应实时流数据聚类。这一点主要是针对无线传感网络等资源约束环境进行流数据聚类,这方面涉及的知识范围很广,其研究也处于初级阶段,因此未来还需要多加关注。

总的来说,流数据挖掘还有许多问题有待解决,因此,我们一定要做好准备,继续研究拓展流数据应用的新领域。

第9章 数据挖掘的其他相关技术

随着云计算、物联网、大数据等技术的发展和日益成熟,数据挖掘有了新的发展方向。本章主要阐述数据挖掘可视化技术、物联网数据挖掘技术、分布式数据挖掘技术以及基于云计算的分布式数据挖掘技术。

数据挖掘可视化的目的是在数据挖掘中运用数据可视化技术,使用户能够交互地浏览数据、挖掘过程等。本小节从数据挖掘可视化的过程方法、分类、工具等方面介绍了数据挖掘的可视化。

9.1 数据挖掘可视化技术

9.1.1 什么是可视化

可视化技术的最早提出源于科学计算可视化(Visualization in Scientific Computing,VISC),正式出现于1987年2月美国国家科学基金会召开的研讨会,从1990年起,IEEE开始举办一年一度的可视化国际学术会议。科学计算可视化运用计算机图形学和图像处理技术,将科学计算过程中产生的数据及计算结果转换为图形或图像在屏幕上显示出来,并进行交互处理的理论、方法和技术。

一般来说,数据可视化技术包含以下几个基本概念:

(1) 数据空间。数据空间(Data Space)也称为多维数据空间,是由 P 维属性和 n 个元素组成的数据集所构成的多维空间。

(2) 映射空间。映射空间(Mapping Space)也称为投影空间,是将多维数据按一定的函数或规则转换后得到的低维可视空间。

(3) 多维数据分析。多维数据分析(Multidimensional Data Analysis)是指对多维数据进行切片、切块、旋转等动作剖析数据,从而能多角度多侧面地观察数据。

(4) 多维数据探索。多维数据探索(Multidimensional Data Exploration)是指利用一定的算法和工具对多维数据蕴含的信息进行搜索,得到有用的、新颖的信息。

(5) 多维数据可视化。多维数据可视化（Multidimensional Data Visualization）是指将大型数据集中的数据以图形图像的形式表示，并利用数据分析和挖掘工具开发其中未知信息的处理过程。

9.1.2 数据挖掘可视化的过程

图 9-1 是 Card 等提出的信息可视化简单参考模型的图示。数据挖掘过程中的可视化，主要就是如何实现参考模型中定义的映射、变换和交互控制。可以把各种数据信息可视化看作从数据信息到可视化形式再到人的感知系统的可调节的映射。

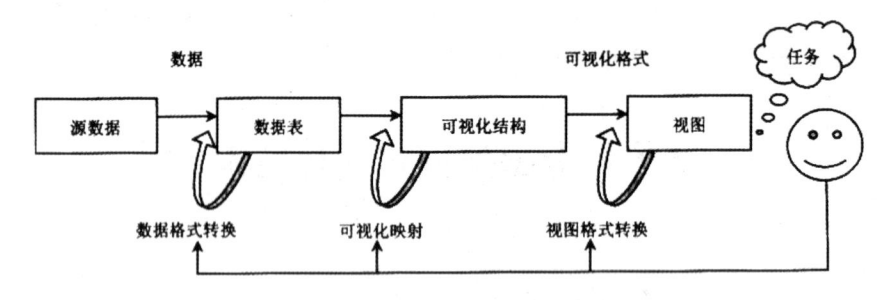

图 9-1　信息可视化参考模型

从该模型可以看出，可视化是一系列的数据变换。用户可以对这些变换进行控制和调整。"数据格式转换"把各种各样的原始数据映射并转换为可视化工具可以处理的标准格式；"可视化映射"运用可视化方法把数据表转换为可视化结构；"视图格式转换"通过定义位置、图形缩放、剪辑等图形参数创建可视化结构的视图，最终服务于要完成的任务。

与数据挖掘可分阶段进行类似，可视化数据挖掘也可以大致分为以下四个主要阶段：

（1）数据收集阶段。确定业务对象开展原始数据收集。这一阶段用到的可视化技术主要是数据可视化。

（2）数据预处理阶段。对源数据进行预处理，是数据挖掘的必要环节。由于源数据可能是不一致的或者有缺失值，因此数据的整理是必需的，以便于下一步数据挖掘的顺利进行。这一阶段同上一阶段一样也是以数据可视化为主。

（3）模式发现阶段。数据挖掘的方法主要包括三大类：统计分析、知识发现、其他可视化方法。这一阶段主要用到的是针对过程和交互进行可视化的工具。

（4）模式可视化阶段。分析、解释模式。使用各种可视化技术，将数据挖掘的结果以各种可见的形式表现出来,并使用各种已知技术手段,对获得的模式进行数据分析,得出有意义的结论。数据挖掘的最终目的是辅助决策,可视化数据挖掘也不例外,而且可以更直观地验证模型的正确性,一旦有必要就可以调整挖掘模型。也就是可以在用户直接参与的情况下不断重复进行挖掘来获得期望或是最佳的结果。这样决策者就能根据挖掘的结果,结合实际情况,调整竞争策略等。

9.1.3 数据挖掘可视化的分类

这里主要介绍按照可视化技术与数据挖掘技术的融合方式所进行的分类形式。

1. 数据可视化

数据可视化能够表现出数据是如何分布的。数据可以用多种可视化形式表示,包括常见的面积图、柱形图、立方体、圆环图、散点图、折线图、帕累托图、雷达图等。若数据是多维数据,则可使用下面几种方法:

(1) 几何投影方法。以发现多维数据集中"有意义"的投影为目标,将多维数据分析转换为只分析感兴趣的少量维度数据。

(2) 基于图标的方法。将一个多维数据项映射成一个图标,可以是线条图、条状图、颜色图等各种各样的图标形式。

(3) 面向像素的方法,其基本思想是将每个数据值映射到一个有色像素上,并将属于某个属性的数据值表示在一个独立的窗口中。

(4) 分层方法。先对 K 维空间进行细分,然后用一种层次的形式表示这些子空间。

以上的可视化方法各有优缺点,而且适用对象也有差异,因此近来涌现出一批新的、综合了多种可视化技术的可视化方法,如 Parobox、数据星座、多景观等。

2. 挖掘结果可视化

挖掘结果可视化是指将数据挖掘后得到的知识和结果用可视化的形式表达、解释和评价,以提高用户对结果的理解,并检验知识的真伪和实用性。

数据挖掘发现的知识和结果与用户所感兴趣的模式类型和采用的挖掘方法或算法有关,因此,数据挖掘要变得有效,数据挖掘系统就应能够以多种形式显示所发现的模式,这些形式包括关联规则、表、交叉表、散列图、盒图、饼图或条形图、报告、决策树、簇、孤立点、概化规则和数据立方体、下卷或上卷。图 9-2 是几种常见的挖掘结果可视化形式。

年龄	收入	类别	金额
年轻	高	A	14 000
年轻	低	B	1 038
年长	高	C	786
年长	低	C	1 374

年龄(X,"年轻")和收入(X,"高")=>类别(X,"A")
年龄(X,"年长")和收入(X,"低")=>类别(X,"B")
年龄(X,"年长")=>类别(X,"C")

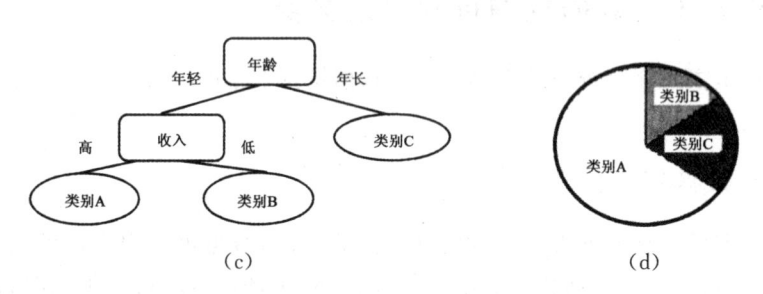

(a)　　　　　　　　　　　　(b)

(c)　　　　　　　　　　　　(d)

图 9-2　模式的几种可视化表示形式

(a) 规则；(b) 表；(c) 决策树；(d) 饼图

允许发现的模式以多种形式表示可以帮助不同背景的用户识别有趣的模式，并与系统交互或指导进一步的发现。用户应当能够指定用于发现模式的表现形式。

3. 挖掘过程可视化

数据挖掘过程可视化是将数据挖掘的整个过程用一种可视化的形式展现在用户的面前。在数据预处理、数据挖掘过程中，展现处理过程的数据可视化，有助于理解所采用的方法和数据挖掘算法，并发现其不足之处。IBM IntelligentMiner、SASEnterpriseMiner、SPSSClementine、InsightfulMiner 等著名商业数据挖掘软件均实现了挖掘过程的可视化。

4. 交互式挖掘可视化

交互式挖掘允许用户聚焦搜索模式，根据返回的结果提出和精练数据挖掘请求。用这种方法，用户可以与数据挖掘系统交互，从不同粒度、不同的角度来观察数据和发现模式，参与并影响数据挖掘模型的建立。

可视化数据挖掘技术不仅应用于分析挖掘过程中，并且在数据挖掘算法执行过程中也能起到重要作用。

交互式数据挖掘也可利用数据挖掘原语和数据挖掘查询语言。数据挖掘查询语言能为建立友好的图形用户界面提供基础，若将二者结合起来，就能实现用户与数据挖掘系统的自由交互。

以上介绍了一种对数据挖掘可视化的分类形式,常用的还有根据源数据集类型来对数据挖掘可视化进行分类。

一维信息可视化是对简单的线性信息的显示。二维数据信息是指包括两个主要属性的信息,如城市地图属于二维信息可视化。三维数据信息的表达不再是以符号化为主,而是以对现实世界的仿真手段为主。多维数据信息是指用户对数据集感兴趣的属性不止三个,它们的可视化就不能简单进行。多维数据可视化通常应用于人口普查、健康状况、现金交易、顾客群、销售业绩等领域。层次数据信息集中的数据常常会和其他数据信息有许多的关联。这样的内部依赖的可视化通常使用图表来表现。如磁盘目录结构、文档管理、图书分类等。网络数据信息是指与其他任意数量的节点之间有联系的节点。因为属性和项目之间的关系可能非常复杂,使得节点与节点之间的关系及其属性数量都是可变的。

9.1.4 多维数据的平行坐标表示法

平行坐标技术是 20 世纪 80 年代提出的一种可视化方法,适用于变化的多维数据集,是一种表达多维空间中数据的几何投影方式。在传统坐标系中,所有轴相互交叉。在平行坐标(Parallel Coordinates)中,所有轴都平行并且等区间。为简化起见,将相邻两轴间距离设为1,轴与轴之间平行,就可将三维以上空间的点、线及平面在平行坐标上表示出来。给出一个六维点 $(-5,3,4,-2,0,1)$,图 9-3 是该点在平行坐标中的表示方法。

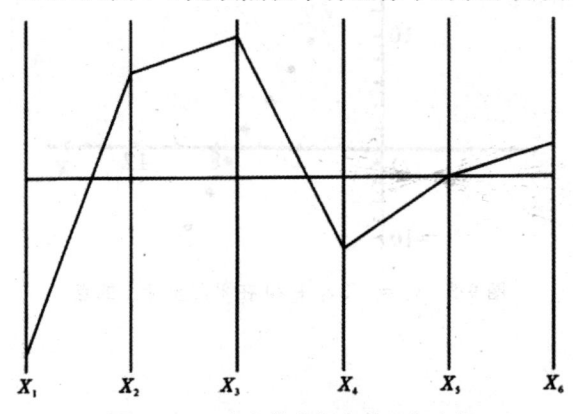

图 9-3　一个六维空间点的平行坐标

图 9-3 中共有 6 条等距离、平行且分别标记为 $X_1 \sim X_6$ 的坐标轴。给出任意点 $(x_1,x_2,\cdots,x_n)$,首先在各自轴上画出点 x_i,再将所有点用线连接起来,图 9-4 是一个具有 7 维数据的平行坐标示意图。

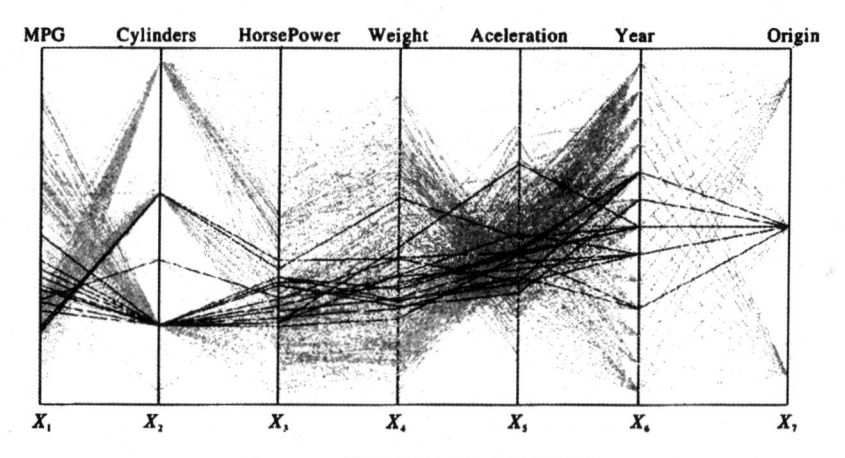

图 9-4 7维数据的平行坐标示意图

为了在二维的平行坐标上画出一条线 $x_2 = -3x_1 + 20$,先给出在平面坐标上该线的点,如图 9-5 所示。图 9-6 是在平行坐标上这些点的表示方法。可以看出,在平行坐标中,所有的"线"(代表点)都汇集在同一点上。通常,若 m 不等于 1,一条二维的线 $x_2 = mx_1 + b$ 在平行坐标中是由点 $(1/(1-m), b/(1-m))$ 表示,若 m 等于 1,在平行坐标该线就无法表示。

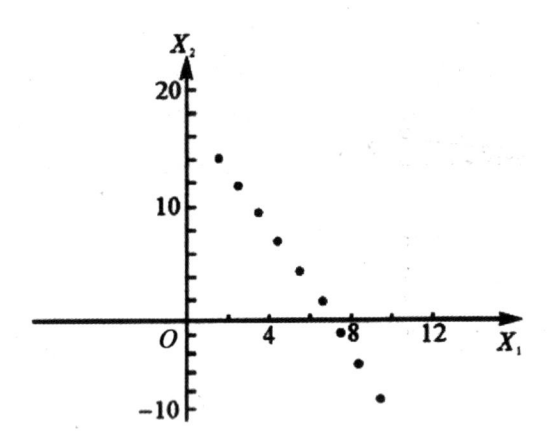

图 9-5 $x_2 = -3x_1 + 20$ 在平面坐标上的点

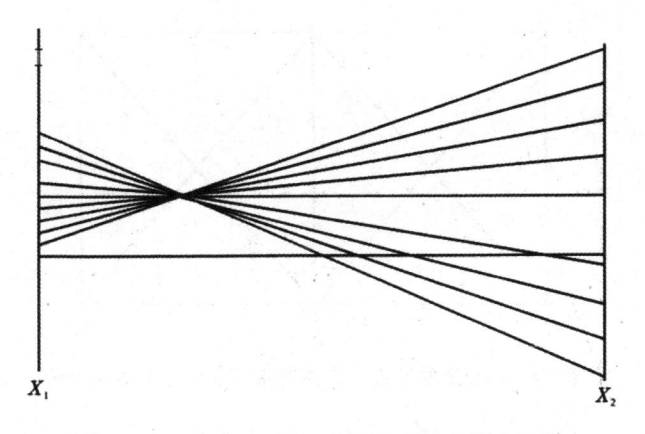

图 9-6 $x_2 = -3x_1 + 20$ 在平行坐标上的表示法

一条 n 维的线可由如下的若干代数式表示：

$$x_i = m_i x_{i-1} + b_i \quad (i = 2, \cdots, n) \tag{9-1}$$

其中,每条线都符合二维线定义,因此,可在平行坐标上由若干个点表示。

图 9-7 是具有 4 个角的二维平面在平行坐标上的表示方法,图 9-8 是具有 8 个角的三维立方体在平行坐标上的画法,图 9-9 是具有 256 个角的八维超立方体在平行坐标上的画法。

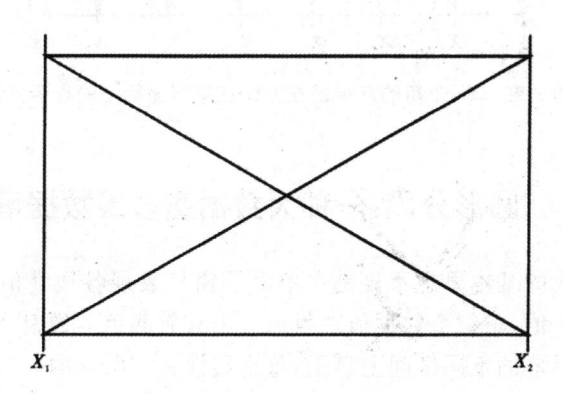

图 9-7 4 个角的二维平面在平行坐标上的表示方法

与传统直角坐标相比,平行坐标所表达的维数决定于屏幕的水平宽度,而不必使用矢量或其他可视坐标。虽然平行坐标可以考察数据相关性,但随着样本数量增加,这种优点被破坏。另外,通过平行坐标不能看出数据分布情况,为此,需要考虑其他的数据可视化方法。

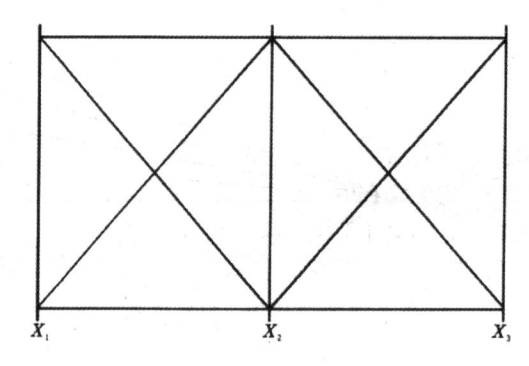

图 9-8　8个角的三维立方体在平行坐标上的表示方法

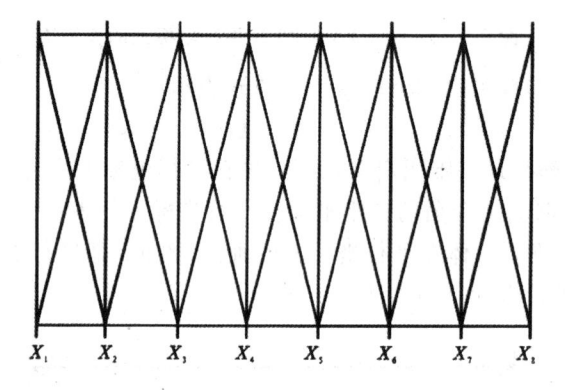

图 9-9　256个角的八维超立方体在平行坐标上的表示方法

9.1.5　圆形分段:一种大数据量多维数据可视化技术

圆形分段的基本思想不再是在单个子窗口表现各属性值,而是每一个像素对应一个值,将每个数据值映射成一个具有颜色的像素,将属于每一维上的数据在屏幕的不同区间上显示,每个属性占有圆环的一段。由于每个数据值由一个像素表示,以往提出的可视化方法中,在屏幕上同时显示的数据项数量很少(在 100～5 000 个数据值的范围),这里给出的可视化技术可以显示的数据项较多(可多达 100 万个数据值)。其问题就是像素如何在屏幕上排列。这里所给出的每一个数据值对应着一个像素,如图 9-10 所示的可视化技术称为圆形分段(Circle Segment)。

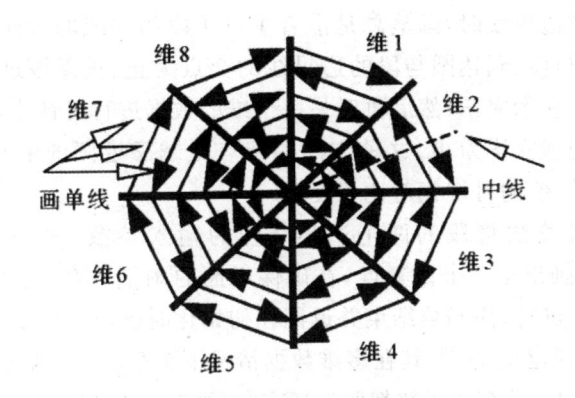

图 9-10 八维数据的圆形分段技术

圆形分段可视化的基本概念就是在圆形的每一个段上显示一维数据。若数据由 k 维组成,将圆形分成 k 段,每一段表示一维数据,在一段内数据项的排列方式沿着称为"画笔"(Draw-line)的方向在段内一来一回排列,该画笔与段的中线正交,圆形分段的算法描述如下所示。

(1) Void fill_segment(line l_1, line l_2)
(2) 输入:边界线 l_1, l_2
(3) 输出:多维数据圆形分段
(4) {int x, y, direction = 1;
(5) int record_count = initial_pixels(l_1, l_2, x, y);
(6) while(record_count < RECORD_ALL)
(7)   {while((point_betw_lines(l_1, l_2, x, y)) && (record_count < RECORD_ALL))
(8)   {record_count++;
(9)   setpixel(x, y, color);
(10)   draw_line.compute_next_point(x, y, direction);
(11)   }
(12)   draw_line.move();
(13)   draw_line.compute_next_point(x, y, direction);
(14)   direction *= -1;
(15)   while(!point_betw_lines(l_1, l_2, x, y))
(16)   draw_line.compute_next_point(x, y, direction);
(17)   }
(18) }

画笔从圆心作为起点,显示像素从段的一端(段的边界线)到另一端。

在画笔遇到段边界线时,画笔总是沿着垂直于段的中线的方向平行移动并不断改变方向直到到达圆与段的边界线的交点为止。重复该过程直到一个维的数据全部显示完毕,然后再对另一个维的数据进行可视化,直到所有维的数据全部处理完毕为止。这种方法的特点是越靠近圆的中心,属性越集中,提高了属性值的可视化对比程度。

圆形分段算法将段的两个边界线作为输入参数。第一步中的函数 initial_pixels 画出第一个像素点,在确保后面的画笔在两个边界线之间至少有一个像素点时,该函数结束并返回在初始化时画出的像素点个数。函数 initial_pixels 是必需的,尤其在多维数据情况下更是必要,因为该算法后半部分的"draw_line"系列函数都假设还有"可画"点。用户可以通过改变维的数据在圆内位置以进一步比较数据特性,这是圆形分段技术的一个方便之处。

圆形分段的另一个特点就是利用像素点的颜色,通过色彩控制,可以实现很多应用。一般情况下,都要将数据点的值映射到像素点的色彩值。

9.1.6 数据挖掘可视化的工具

数据可视化工具帮助创建数据集的图表,使数据易于理解,从而提高认知与洞察的能力。可视化数据挖掘工具则帮助创建可视化的数据挖掘模型,利用这些模型来发现数据集汇总存在的模式,从而辅助决策支持或预测商机。

多数数据可视化工具都具有如下功能:

(1) 数据可视化功能使用户能够阅读、管理、改变和分析多维、多变量数据。

(2) 图像处理功能使用户能够阅读多频段图像数据,提供图像处理函数。

(3) 图形显示功能使用户建立交互的 2D 和 3D 图形显示应用程序。

(4) 标注和图形化功能主要实现让用户建立多维数据的复杂图形,包括标题、箭头、圆、图表(例如条图、饼状图、阶梯图)、图例和数轴等。

(5) 提供数据库功能是为了使用户能够操作数据库中的数据。

(6) 提供与用户界面的接口能使用户方便地建立平台独立的图形用户接口。

随着数据可视化技术的不断发展,出现了许多优秀的可视化数据挖掘工具。我们用图 9-11 来表示可视化数据挖掘工具的这种发展。

第9章 数据挖掘的其他相关技术

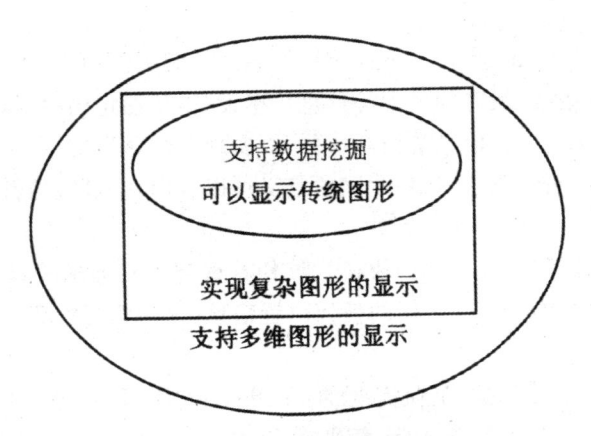

```
┌─────────────────────────────┐
│   支持数据挖掘               │
│   可以显示传统图形           │
│                             │
│   实现复杂图形的显示         │
│   支持多维图形的显示         │
└─────────────────────────────┘
```

图 9-11 可视化数据挖掘工具的发展

从图9-11可以看出，对于绝大多数可视化工具而言，都已经实现了柱形图、条形图、饼图、折线图、散点图和雷达图这些传统的图表类型。而表达决策树、统计和三维散点图这类复杂的图形，在许多的商用可视化数据挖掘工具中也都具备了类似的功能。比如，由SGI公司和美国Standford大学联合开发的多任务数据挖掘系统MineSet就使用了多种数据可视化工具来表现数据和知识。对同一个挖掘结果可以用不同的可视化工具以各种形式表示，用户也可以按照个人的喜好调整最终效果，以便更好地理解。一些可视化数据挖掘工具也可以支持多种数据挖掘技术——预测、分类、相关性检测等。例如，SPSS的相关产品Clementine，而Diamond可以用数据点色彩、形状、角度等形式来突破图形的三维极限，从而在更高的维度传达信息。

有如此多的工具可以使用，该如何选择一个适合的可视化数据挖掘工具呢？一般情况下，选择哪一种可视化数据挖掘工具，主要是由源数据信息集的类型和发现的模型基本结构来决定的。在此前提下，可以对所选工具进行一个测评。综合考虑可产生的模式种类的数量、解决复杂问题的能力、操作性能、数据存取能力、与其他产品的接口这些方面的因素。

9.2 物联网数据挖掘技术

9.2.1 物联网数据挖掘概述

物联网、移动互联网络云计算平台企业提升管理水平创造了良好的条件。

物联网(Internet Of Things,IOT)是通过射频识别(RFID)、红外感应器、全球定位系统、激光扫描器等信息传感设备,按约定的协议,把任何物品与互联网相连接进行信息交换和通信,以实现智能化识别、定位、跟踪、监控和管理的一种网络概念。从物联网的定义可以看出,它最终的目的就是实现管理。

与此同时,移动互联网的快速发展使这些管理对象的管理内容更加细致,每个管理对象在任何时间的任何位置信息、运输状态等都可以被监控和管理。

云计算不仅提供了企业需要的 IT 基础设施,更难能可贵的是,一些 IT 厂商适时推出了基于云计算平台的安全、ERP 等云服务,如图 9-12 所示。

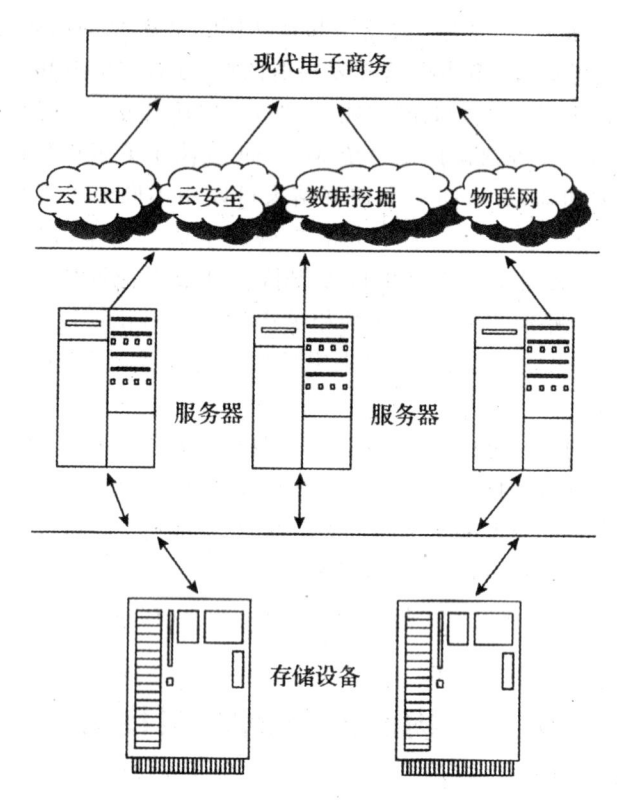

图 9-12　电子商务技术支撑原理

从数据挖掘价值的角度来看,由于现代电子商务的所有信息都直接进入数据库,同时还拥有了网民具体的上网行为,因此,对这些数据的挖掘显

第 9 章　数据挖掘的其他相关技术

然可以带来更高的价值。尽管数据挖掘的意义已经被多数企业认可，但是显然还没有切实地从数据挖掘中获得价值。

在大型的复杂系统中，传感器所蕴含的信息量极为丰富，具有数据容量大、测试对象较多、层次多等特点。针对如此特征的物联网系统，利用数据挖掘技术可以有效地获取感兴趣的知识，发现具有某种特点的知识，实现系统的检测功能，保证其正常运行；同时也能实现系统发生故障后的故障模式分析、故障模式分类，并对故障数据进行数据恢复，使得短时间内正常的数据代替故障数据输出，保证系统的安全生产。此外，根据多传感器产生的海量数据，运用数据挖掘技术从各种各样的、巨量的信息中获取所需的有价值数据，可以实现预测的功能，方便用户做出合理的决策。

物联网是由大量受限设备构成的，因此在研究物联网系统中要关注数据的实时性、移动性、分布性及资源受限的特点。物联网系统现在面临的困难是如何从海量实时数据中快速地进行挖掘、如何将挖掘结果快速地传递到中央服务器端，以及在中央服务器端如何对多组数据进行挖掘结果汇总，得到有效信息。由于数据量及网络节点的不断增长，传统的集中式数据挖掘方式已不适应。随着网络和通信技术的迅速发展和普及，各类企业、个人应用产生了大量自治的、分布式的数据。

运用物联网以及云计算平台的电子商务逻辑模块如图 9-13 所示。

针对物联网规模大、节点资源有限、实时性、移动性和分布式等特点，本节提出了一种物联网挖掘系统——具有资源约束的分布式挖掘方法的物联网系统。该系统是将远端移动节点采集到的信号，先在本地对信号进行局部挖掘，提取有用信息。然后，将分析结果通过 AODVjr 路由的 ZigBee 网络传递到协调器，并存储在与协调器相连的服务器端数据中心的数据库中，再次进行全局挖掘。最后，将分析结果通过可视化方式输出。

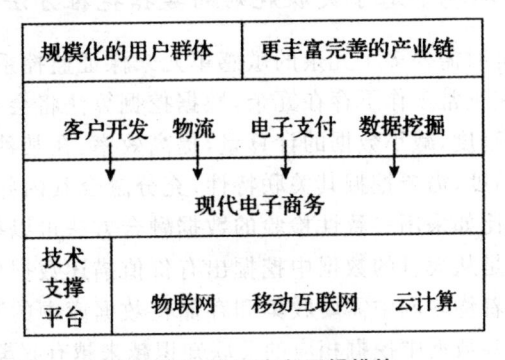

图 9-13　电子商务逻辑模块

9.2.2 物联网数据挖掘技术分类

1. 物联网环境下基于分类的数据挖掘方法

在物联网系统中，大量的传感单元感测的数据隐含着为用户做出各种合理决策所需要的数据。最初的数据挖掘方法大多是基于这些方法所构造的算法，目前的数据挖掘算法更具有优势，主要是有能力处理大规模数据集合且具有可扩展能力。分类就是针对这些测量数据形式进行分析，充分发挥数据挖掘的技术优势，抽取能够描述一些较为有意义的数据集合或者建立预测未来数据趋势的模型。基于数据挖掘技术的一些智能分类方法，用于对数据对象的离散类别划分。各种基于数据挖掘的机器学习、专家系统、统计学和神经生物学等领域的研究人员，已经提出了许多具体的分类方法。

在进行物联网分布式数据挖掘前，首先要准备好需要挖掘的数据。一般是需要对数据进行预处理，以帮助提高分类的效率、准确性和可扩展性。

首先，数据转换。物联网的故障诊断中需要根据故障模式划分不同的故障特征，基于数据挖掘技术提取数据的故障特征，匹配各种特征，实现分类的目的。经典的算法有基于决策树的分类。

其次，数据清洗。这一步主要是去除多个终端采集节点获得的测量数据中的噪声，它能帮助有效减少学习过程中可能出现的互相矛盾的情况，同时是传感器信号处理中极为关键的部分。

最后，相关分析。由于终端节点蕴含的信息是多个物理量的，有些物理量可能与数据挖掘任务本身是无关的，因此需要对数据进行相关分析，以帮助在基于数据挖掘技术的各种智能算法在学习阶段就消除无关或者冗余属性，比如基于主元分析法、粗糙集等方法降维和数据约简。

2. 物联网环境下基于关联规则的数据挖掘方法

物联网中有时需要多个冗余的敏感单元来保证监控系统的安全性，它们之间的信息在正常工作下存在冗余，数据挖掘算法将会对它们进行关联分析，降低冗余程度，减小数据的计算量，提高效率。在某种特殊的场合，为了提高测量的精度，需要挖掘其关联特性，充分融合其内部关系，实现测量分辨率的提高，比如采用一致性检验的数据融合方法可以提高数据的准确程度。关联挖掘是从大量的数据中挖掘出有价值描述数据项之间相互关系的有关知识，随着物联网中需要收集和存储在数据库中的数据规模越来越大，人们对从这些数据中挖掘相应的关联知识越来越有兴趣。物联网终端传感器感测对象是多种的，这些被测量之间总会存在或多或少的信息关联，这些关联信息一直未被充分地利用。这些信息可以反映其测试对象内在关系的实质,可以利用它们作为传感器数据恢复的一个参考量。具体来说,当物联网中局部的敏感单元发生故障时,可以利用数据挖掘技术探索出被测对象的内在关系,建立相应的解析模型,利用该模型实现其发生故障的敏感单元的数据恢复,如此即保证了整个物联网的健康运行。

3. 物联网环境下基于聚类分析的数据挖掘方法

物联网中可以基于这种数据挖掘技术将本次探测的所有传感器数据按照一定的原则,如层次聚类方法、基于密度的方法、基于网格的方法等,通过观测学习进行相似度聚类。它是一种无教师监督的学习方法。

目前,随着物联网中无线传感器网络的迅速发展,为了节省通信带宽,需要动态组簇,这样就需要以无教师监督的方式选择合适的簇首和簇内节点,将它们聚成一起,完成整个物联网的检测任务。聚类分析是将一个数据集划分为若干组或类的过程,使得同一个组内的数据对象具有较高的相似度,而不同组内的数据对象是不相似的。相似不相似的度量基于数据对象描述属性的取值来确定,通常是利用各对象间的距离来进行描述。

4. 物联网环境下基于时间序列分析的数据挖掘方法

为了更深层地了解传感器系统的工作状况或未来趋势,数据挖掘技术将对这些传感器产生的时序数据和序列数据进行趋势分析、相似搜索、挖掘序列模式与周期模式。一个时序数据库包含着随时间变化而发生的数值或事件序列,时序数据库应用也较为普遍,如动态生产过程踪迹、看病医疗过程等。不同类型的传感器将在这些领域发挥重要作用。

时序分析就是研究其中的趋势、循环和无规律的因素,常用的就是曲线拟合方法,如自由方法、最小二乘法和移动平均法。通过观察和学习,可以帮助用户及时了解时序数据的长期或者短期的变化,作出高质量的预测或预报。

如果物联网产生某时序属于序列,相似搜索问题就是发现所有要与查询序列相似的数据序列(或者序列匹配)。相似搜索在实现数据分析中是非常有用的。例如,医疗传感器传递过来的一组时间序列数据,搜索到相似的历史序列数据,可以进行知识挖掘,推算出对应病症,达到医疗诊断的目的。此外,在语音识别中,一段语音特征数据时序搜索到相似性的时序数据,便可达到识别说话人的目的。基于数据挖掘技术的时序分析,在传感器的周期性干预检测方面也发挥着作用。一般在某测试系统会收到工频干扰,这个干扰是周期性的,基于数据挖掘的一些智能算法能实现这个噪声或者干扰的抑制。常用的有小波分析方法、盲源分离方法等。

9.2.3 无线传感器网络中的聚类算法

传感器网络是通过终端节点采集数据，所以传感器网络中的数据是分散到各个网络终端节点。把终端节点的数据全部传送到网络中心节点，集中进行数据挖掘会十分困难。因为传感器网络中的通信带宽有限，终端节点通过电池供电能源有限，终端节点一般由单片机等控制，处理能力有限。因此在传感器网络进行数据挖掘时要考虑这些问题，尽量减少数据传输，减少能量消耗，对传统数据挖掘算法要进行改进。

DKCSN(Distributed K-means Clustering Algorithm In Sensor Networks，基于传感器网络的分布式 K-均值聚类算法）的基本思想，是由网络中心节点协调器向网络终端节点发送 K 个簇中心的初始值，终端节点将数据归到离初始簇中心距离最近的簇中，并将簇中心的数据传送回网络中心节点协调器。协调器根据所有终端节点传回的簇中心进行计算，得到 K 个簇的平均值，然后再往终端节点发送新的 K 个簇中心点，反复重复进行，直到不再产生新的簇平均值为止。最终得到 K 个簇中心聚类结果。

假设数据集中两个对象分别为 $m=(A_{m1},A_{m2},\cdots,A_{mh})$, $n=(A_{n1},A_{n2},\cdots,A_{nh})$。其中每个对象都有 h 个属性。欧几里得距离公式为

$$d(m,n)=\sqrt{|A_{m1}-A_{n1}|^2+|A_{m2}-A_{n2}|^2+\cdots+|A_{mh}-A_{nh}|^2}$$

(9-2)

算法步骤：

输入：结果簇个数 K、包含 N 个对象的数据集合。

输出：K 个簇的集合。

(1) 网络中心节点协调器随机地选择 K 个点作为要划分的 K 个簇的初始值，并将它们发送到各个终端节点传感器上。

(2) 每个终端传感器节点计算本地数据每个点到 K 个质心的距离，并划分成 K 个簇。

(3) 每个终端节点将本地簇的信息发送给协调器节点。

(4) 协调器节点在收到所有终端节点的消息之后，计算本地 K 个簇的信息和收到的簇值平均值，然后将新的 K 个簇中心值发送到各个终端节点；重复(2)的计算，直到不产生新值为止，则该值为最终 K 个簇中心集合，输出。

9.2.4 RA-Cluster 算法

Gaber 等人提出了一种针对资源受限环境下的数据流聚类框架及

RA-Cluster 算法(Resource-aware Clustering Algorithm in Data Stream)。RA-Cluster 算法在资源的充分利用上体现出了很好的性能,通过调整聚类中参数阈值来控制聚类粒度,在一定程度上实现了根据现有计算资源的状况,动态地调整算法的运行。

RA-Cluster 框架有 3 个部分:资源监控部件、算法参数设置部件和挖掘部件。资源监控部件按照一定的时间间隔,周期性地对资源的消耗状况进行实时监控;算法参数设置部件调整聚类中参数阈值来控制聚类粒度;挖掘部件根据设置的参数进行挖掘,如图 9-14 所示。

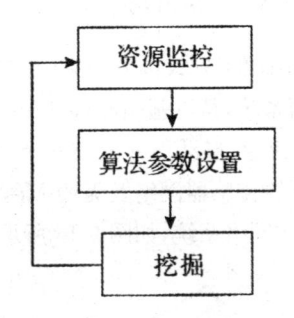

图 9-14 一种资源受限的数据流聚类系统体系结构

RA-Cluster 算法步骤如下:

(1) 在一段时间内对每一个新到达的数据点进行处理,根据设定的参数阈值来确定是归入离它最近的聚类中还是创建一个新聚类。

(2) 计算系统当前可用的资源:内存可用量、CPU 剩余使用率和电池剩余能量。如果内存可用量小于规定的阈值,则增大聚类半径阈值,抑制新聚类的生成;否则,减小聚类半径阈值来促进新聚类的生成。

(3) 如果 CPU 剩余使用率小于规定的阈值,则减小随机化因子来降低对每个新的数据计算量;否则,增大随机化因子,提高对每个新的数据计算量。

自适应聚类算法根据数据点到簇质心的距离更新已形成的微簇结构,实时监测内存和 CPU 的使用情况,自动调节界限半径和簇选择因子,调节聚类的粒度,存储微簇并删除过期的微簇,实现增量的联机聚类查询。

9.2.5 物联网路由算法

物联网中传感器节点体积小,由电池供电,所以电源能力有限成为约束物联网应用的严重问题。无线分布式路由算法是指网络层软件中算法,其负责找到一条路径把收到的数据包转发出去。由于无线分布式网络自身节点多、节点资源有限并且复杂多变的动态特性,基于 ZigBee 技术的物联网系统路由协议的设计仍然是人们关注的热点问题。

本节针对电池等不可恢复资源的约束情况,通过对 Ad hoc 路由算法 AODVjr 及其资源受限数据挖掘算法的研究,结合物联网无线传感器采集终端节点电源能量等有限资源缺乏的特点,提出了一种基于资源受限聚类的物联网路由算法——资源约束按需距离矢量路由算法(Resource-Aware-the Ad Hoc on-demand Distance Vector Simplified Routing Protocol,RA-AODVjr)。该算法根据物联网的相关特性,在终端节点资源受限时通过路由选取最佳邻居节点,在最佳邻居节点上实现网络流量的分流。

1. 无线分布式网络及其路由协议

无线通信网络按其组网控制方式可分为集中式控制和分布式控制。集中式控制系统,如蜂窝移动通信系统,其以基站和移动交换为中心;分布式控制系统,如 Ad Hoc 网络,其能临时快速、自动地将分布式节点组网。无线分布式网络主要分 3 类:Ad Hoc 网络、无线传感器网络及无线 Mesh 网络。现在人们关注比较多的物联网属于无线分布式网络系统,如图 9-15 所示。

图 9-15　物联网时代

在无线分布式网络中,节点移动使得其网络拓扑结构不断变化。怎样迅速地将源节点数据准确地送到目的节点,路由选择很重要。用于无线分布式网络中的路由协议分类方式有以下两种。

1) 根据路由发现的驱动方式

表驱动路由协议和按需路由协议。表驱动路由协议也称为先验式路由协议,是基于路由表的路由协议。网络中节点自己维护一个或多个路由表来记录路由信息,通过周期性地交互路由信息得到其他节点的路由。网络拓扑结构能够从路由表中反映出来,但这种路由协议会浪费网络资源来建立和重建没有被使用的路由。表驱动路由算法包括 DSDV、WRP、GSR 和 TBRPF 等。

2) 根据网络拓扑结构

平面式路由协议和分层路由协议。平面路由协议中节点的逻辑视图是平面结构,所有节点的地位和职责平等,节点移动简单,容易管理。平面结构中节点覆盖范围较小、费用低、路由经常失效。节点将数据以广播方式向邻居节点发送或接收,数据包直到过期或到达目的地才停止传播。该平面结构缺点是扩展性差,只适合于中小型无线分布式网络。平面结构示意如图 9-16 所示。平面式路由算法包括 SPIN、Directed Diffusion、Rumor Routing。分层路由协议中网络由多个簇组成,节点被分成簇,一些节点成为簇头,其他节点为簇成员。簇头负责收集簇内节点的数据后,转发到其他簇头。分层路由协议通过减少参与路由计算的节点数目,减小路由表大小,降低通信开销,扩展性好,适合于大型无线分布式网络。缺点是可靠性和稳定性对协议性能影响较大。分层结构示意如图 9-17 所示。分层路由算法包括 LEACH、PEGASIS、GSEN、EECS、EEUC 和 PEBECS。分层路由协议比平面式路由协议的拓扑管理方便、数据融合简单、能耗少,所以分层路由协议使用比较广泛。

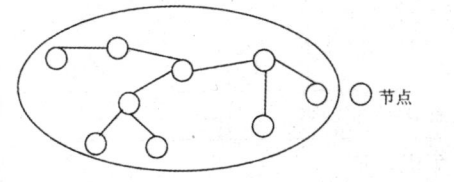

图 9-16　路由协议的平面结构 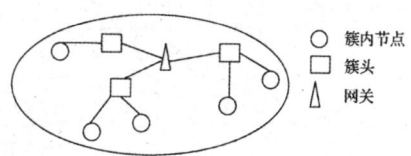　　图 9-17　路由协议的分层结构

2. 物联网路由算法分析

路由选择算法分自适应算法和非适应算法。自适应算法根据拓扑结构、资源变化情况自动改变路由选择,如距离矢量算法和链路状态算法;非适应

算法不根据拓扑结构或资源变化情况改变路由选择,如单源最短路径算法。路由协议衡量指标包括端到端的平均时延、路由开销、丢包率等。在无线分布式网络中,节点在动态变化,网络资源情况也在不断变化,如节点电量变化,因此一般采用自适应算法进行路由选择。

(1) 自适应基本路由算法

(1) 距离矢量路由算法。距离矢量路由算法(Distance Vector Rooting Algorithm, DVA)是自适应路由选择算法,旨在寻找两个节点间最短路径。该算法中每个节点路由器维护一张路由表。路由表中记录了每个目的节点的最佳距离和路径,通过与邻居路由表交换信息来更新路由表。其缺点是收敛速度慢。ford-fulkerson 算法属于距离矢量路由算法。

(2) 链路状态路由算法。链路状态路由算法(Link State Routing Algorithm)也是自适应路由选择算法,其构造一个包含所有邻居列表的链路分组时,每个分组标上序号。当一个路由器包括一整套链路分组时,其可以构造整个网络结构,并可以确定最短路径。OSPF 算法属于链路状态路由算法。

2) AODV 算法及不足分析

(1) AODV 算法。AODV(Ad Hoc On-Demand Distance Vector Routing, Ad Hoc 按需距离矢量路由)算法是一种按需路由协议算法,1997 年提出,是 MANET 标准协议——RFC3561。各节点将动态生成并维护一个路由表,逐跳转发分组。路由表包括目的节点 IP 地址、目的节点序列号、路由跳数、最后有效跳数、下一跳 IP 地址、前向邻居链表、生存期、其他状态路由标志位、请求周期、路由请求数量。AODV 算法包括 3 种主要消息: RREQ(Route Request,路由请求)、RREP(Route Reply,路由应答)和 RERR(Route Error,路由出错)。

RREQ 分组格式如图 9-18 所示。

31~21	20~15	14~9	8	7	6	5	4	3~0
—	跳数	保留	U	D	G	R	J	消息类型
广播 ID									
目的节点 IP 地址									
目的节点序列号									
源节点 IP 地址									
源节点序列号									

图 9-18　RREQ 分组格式

第 9 章 数据挖掘的其他相关技术

RREQ 的消息类型值为 1；J 表示加入标志位；R 表示修复标志位；G 表示 RREP 是否无偿恢复标志位；D 表示目的节点唯一标志位；U 表示未知序列号标志位；保留位为以后扩展预留；跳数初值为 0；广播 ID 唯一标识了一个 RREQ 消息；目的节点序列号表示源节点可接收的到源节点前进路由新旧程度，等于过去接收到的目的节点的最大序列号，节点需要为每一个目的维护一个目的序列号；源节点序列号由源节点维护，用于表示到目的反向路由的新旧程度。RREQ 的作用是节点没有到源节点的活动路由时，向其邻居广播 RREQ 消息用于路由发现。

RREP 分组格式如图 9-19 所示。

31～26	25～16	15～10	9～6	5	4	3～0
—	跳数	保留	前缀 Sz	A	R	消息类型
目的节点 IP 地址							
目的节点序列号							
源节点 IP 地址							
生存期							

图 9-19　RREP 分组格式

RREP 的消息类型值为 2；R 表示修复标志位；A 表示确认标志位；前缀 Sz 表示判断前缀是否为零，用于区别下一跳是不是源节点；保留位为以后扩展预留；跳数初值为 0；生存期以 ms 为单位，表示自收到 RREP 开始计时以保证线路正确。RREP 由源节点产生，如果收到相应的 RREQ 目的节点序列号与目的节点维护的当前序列号相等，则目的节点将自己维护的序列号加 1，否则不变。

RERR 分组格式如图 9-20 所示。

31～26	25～16	15～5	4	3～0
—	不可达目的地址数目	保留	N	类型
不可达目的节点 IP 地址(1)				
不可达目的节点序列号(1)				
更多不可达目的节点 IP 地址(如果需要)				
更多不可达目的节点序列号(如果需要)				

图 9-20　RERR 分组格式

RERR 的消息类型值为 3；N 表示禁止删除标志位，如果链路出错，当本地正在修复时禁止上游节点删除路由；保留位为以后扩展预留；不可达目的地址数目表示消息中包含不可达目的地址的数据，最少设置为 1；不可达目的节点 IP 地址表示由于链路断开而导致目的节点不可达的 IP 地址；不可达目的序列号表示路由表条目到目的地无法达到目的 IP 地址领域。

AODV 路由算法实现过程：当源节点需要向目的节点建立通信但没有有效路径时，会启动路由发现过程。源节点广播一个路由请求消息（RREQ），广播 ID 号加 1。RREQ 沿多条路径传播，中间节点收到 RREQ 时，建立或更新到源节点的有效路由。源节点序列号用来保持到源节点的反向路径的信息的最新序列号。目的节点序列号用来保持到目的节点的路由在被源节点接收前的最新序列号。当节点将 RREP 消息返回到源节点时，从源节点到目的节点反向路由已经建立。如果节点收到多个 RREP 消息，节点会更新路由表，并根据目的节点序列号和跳数更新。当所获新路由信息中的相关序列号比原路由表中相应路由的序列号大，或序列号相同而跳数比原来的小时，则改变相应路由的目的序列号或者跳数，并增加路由的生存时间；若中间节点有 RREQ 所查找的有效路由，则向上一跳节点回发路由应答消息（RREP），RREP 只沿最先到达的路径传回源节点，即时间度量最短路由选择。图 9-21 给出了收到 RREQ 的路径情况，图 9-22 给出了收到 RREP 的路径情况，表 9-1 为 RREQ 路由发现过程，表 9-2 为 RREP 路由发现过程。

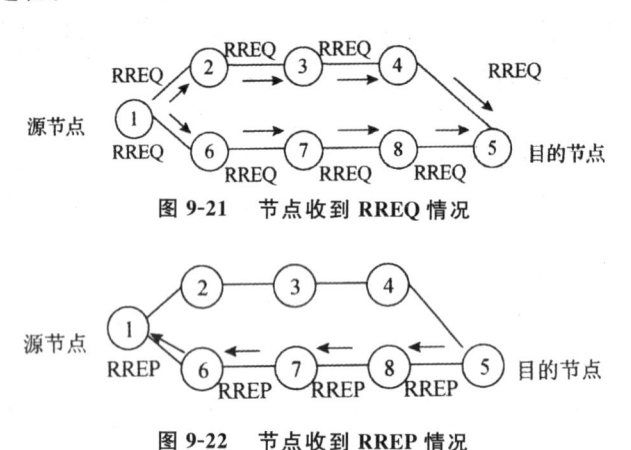

图 9-21 节点收到 RREQ 情况

图 9-22 节点收到 RREP 情况

第9章 数据挖掘的其他相关技术

表 9-1 RREQ 路由发现过程

节点	目的节点 IP	下一跳	节点	目的节点 IP	下一跳
2	1	1	6	1	1
3	1	2	7	1	6
4	1	3	8	1	7

表 9-2 RREP 路由发现过程

节点 1		节点 6		节点 7		节点 8	
目的 IP	下一跳	目的 IP	下一跳	目的 IP	下一跳	目的 IP	下一跳
—	—	1	1	1	6	1	7
5	6	5	7	5	8	5	5

2) AODV 算法的不足

(1) 由于 AODV 路由算法在路由请求消息的广播过程中建立的反向路由,因此要满足双向传输信道网络的要求。

(2) AODV 的分组只带有目的节点的信息,路由算法中节点路由表中仅维护一个到目的节点的路由。当该条路由失效时,源节点需要重新发起路由发现过程。

(3) AODV 路由算法中节点的路由发现机制采用泛洪机制,而在路由回复时只有最早收到请求的节点提供路由回复。

9.3 分布式数据挖掘技术

分布式数据挖掘(Distributed Data Mining,DDM)是指数据源分布在多个站点,使用分布式计算技术来完成数据挖掘任务。分布式环境除了数据源的地理分布地区外不同,还包括用户、硬件和软件在地理上或逻辑上的分散分布。分布式数据挖掘在近年来的数据挖掘的研究进展尤为突出,尤其随着物联网及云计算的发展,越来越多的数据分散在不同的地区或站点,并以几何级数的速度增长。这么多分散的数据,要求数据挖掘系统必须具有分布式挖掘的能力,而且在特定环境下需要考虑资源受限(如能耗、计算能力)的情况,这就需要研究新的分布式数据挖掘算法来快速有效地挖掘分布式信息。

▲ 数据挖掘及其在金融信息处理中的应用

分布式数据挖掘系统框架如图 9-23 所示,其主要过程如下:

(1) 局部数据分析。局部站点可以采用神经网络、决策树、贝叶斯网络等算法生成局部数据模型。

(2) 合并数据。局部站点数据通过网络传送到一个中心站点进行数据合并。

(3) 全局模型分析。通过组合不同站点的局部数据,生成全局数据模型。

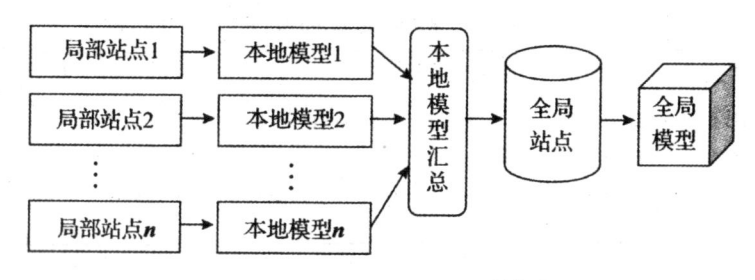

图 9-23　分布式数据挖掘系统框架

近几年,国内数据挖掘及其应用的研究已经初具规模,但研究数据挖掘在分布式企业管理中的应用并不是很多。全局控制点可以通过分布式数据挖掘来更深刻地把握购买者环境、竞争者环境以及共享总体环境和供应者环境、社会公众环境上的创新性的知识,以获得综合性、全局性视野的决策,如图 9-24 所示。

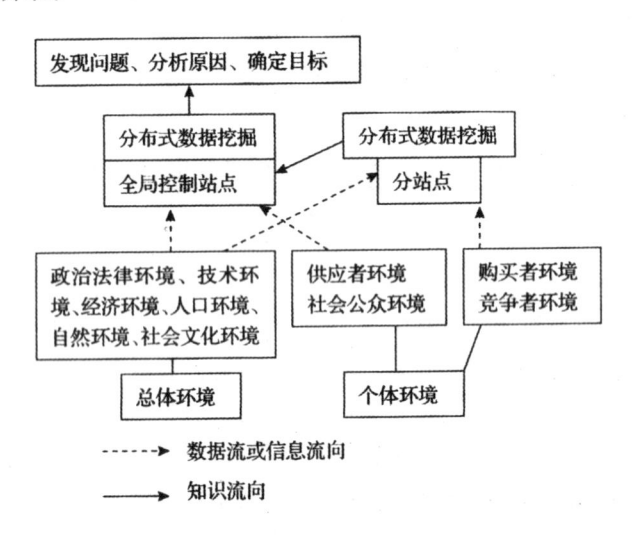

图 9-24　全局控制站点决策模式

9.3.1 分布式 K-means 聚类算法

我们选择 K-means 聚类算法作为具有资源约束的分布式挖掘算法的基础算法。K-means 聚类算法由于每一个聚类可以仅由该类的中心向量和点数表示,实现方便,内存使用率低,所以 K-means 聚类算法适合于在物联网中应用。

K-means 算法是把 N 个数据集划分成 K 个点集,即 K 个簇,每个簇内部相似度高,但簇与簇之间的相似度低。给定 N 个数据点的集合 A,$A = \{A_1, A_2, \cdots, A_N\}$,聚类划分的目标是从集合 A 中找到 K 个聚类 B,$B = \{B_1, B_2, \cdots, B_K\}$,使每一个点 A_i 被分配到唯一的一个聚类 B_j。其中,$i = 1, 2, \cdots, N$,$j = 1, 2, \cdots, K$。

K-means 算法的基本思想是:一个包含 N 个数据的对象,要生成 K 个簇,首先随机选取 K 个对象,每个对象为 1 个簇的初始平均值或中心,然后计算每个聚类中心距离,并把其余数据归到离它最近的簇。对调整后的新簇使用平均法计算新的聚类中心,重复进行计算。如果聚类中心没有任何变化,则算法结束,最后所有的数据对象存放在相应的类 B_j 中。

平方误差准则定义如下:

$$E = \sum_{i=1}^{k} \sum_{x \in B_j} |x - \bar{x}_i|^2 \tag{9-3}$$

式中,E 是数据库中所有对象平方误差的总和;x 是集合中的数据点;$\bar{x}_i$ 是簇 B_j 的平均值。

分布式 K-means 算法分两部分:局部 K-means 和全局 K-means。

算法 9.1 局部 K-means 算法

输入:结果簇个数 K、包含 N 个对象的数据集合。

输出:K 个簇的集合。

算法步骤:

① 随机选取 K 个对象 $A_j \in B$,作为初始簇中心;

② 把每个数据分配到离簇中心距离最近的簇中;

③ 计算新簇的平均值;重复 ②,直到平均值不再改变为止。

在分布式的环境中,先计算分布式环境中各个站点的局部 K-means,得到不同节点的局部 K 个聚类中心。然后将各节点的局部聚类中心广播到分布式环境中的其他站点,在局部站点将原有聚类中心和新的聚类中心进行再次聚类,计算出新的聚类中心点。在计算新的中心点过程中,为了避免任意一个站点出现空集的情况,以估算出的中心点来做数据项。

算法 9.2 全局 K-means 算法

输入：K 个原有簇中心集合和新簇中心集合。

输出：K 个簇的集合。

算法步骤：

(1) 选取原有 K 个簇中心为初始簇中心；

(2) 把新簇中心分配到离簇中心距离最近的簇中；

(3) 计算新簇的平均值；重复 ② 直到平均值不再改变为止。

分布式 K-means 算法的优点是计算速度快，计算方式简洁，能够灵活适应复杂多变的需求；当结果簇是密集的，而簇与簇之间区别明显时，它的效果较好；对处理大数据集，该算法是相对可伸缩的和高效率的。

分布式 K-means 聚类算法的不足：为了达到全局最优，会要求穷举所有可能的聚类，这对于具有资源约束的物联网环境是不利的。在穷举所有可能的聚类时，会耗费大量电池电量，也会占用有限的 CPU 及内存资源，会使物联网中该终端节点很快资源耗尽，处于死机状态。

K-means 简单、易于解释且时间复杂度和数据集大小呈线性关系。当数据集较大时，算法的执行效率比较低，对大数据集的扩展性比较差；但由于 K-means 在计算各数据点和中心点距离时有着固有的并行性，符合分布式聚类思想的要求，因此现有的分布式聚类算法大多是基于 K-means 改进的。

9.3.2 分布式聚类算法 K-DMeans

S. Kantabutra 等人提出的 K-DMeans 算法基于 K-means 划分聚类思想，实现分布式的聚类。该算法可以有效地解决 K-means 算法的扩展性问题，但每一次迭代过程都由中心节点控制，容易造成网络拥塞与单点失效，系统的可靠性较低。

算法 9.3 分布式聚类算法 K-DMeans

输入：局部数据集 $\{DB_1, DB_2, \cdots, DB_p\}$、各站点聚簇个数 $\{k_1, k_2, \cdots, k_p\}$，其中 $k_1 + k_2 + \cdots + k_p = k$。

输出：k 个聚簇。

步骤：

for each site s do
    while E is not stable do   /* 当误差准则函数 E 不满足终止条件 */
        $\{\{c_{i1}, c_{i2}, \cdots, c_{ik_i}\} = \text{K-means}(DB_i, k_i)$

/* 执行 K-means 得到 k_i 个聚簇中心点 $\{c_{i1}, c_{i2}, \cdots, c_{ik_i}\}$ */
Broadcast($\{c_{i1}, c_{i2}, \cdots, c_{ik_i}\}$);　　/* 当向其他站点广播聚簇中心点 */
receive($\{c_{j1}, c_{j2}, \cdots, c_{jk_j}\}$);　　/* 接收其他站点 j 的聚簇中心点 */
　for each data objece $d \in DB_i$ do
{Partition(d, $\{c_1, c_2, \cdots, c_k\}$);
/* 计算 d 与所有聚簇中心的距离,根据最近原则确定 d 所属聚簇 */
if(d?本站点聚簇){Send(d);Delete(d);}
/* 将类别不属于本站点的数据对象 d 传送到所属聚簇存放的站点,并删除 d */
}
receive(d′);　　/* 接收其他站点传送的数据对象 */
computing(E_i);　　/* 计算本站局部目标函数 E_i */
broadcast(E_i);　　/* 将 E_i 广播给其余站点 */
receive(E_j);　　/* 接收其他站点 j 传送的局部目标函数 */
$E = E_1 + E_2 + \cdots + E_p$;/* 计算全局目标函数 E */
}

算法 K-DMeans 实现了分布式聚类,但在每次迭代过程中站点间要传送大量的数据项。由于带宽限制、网络延时等问题导致通信代价很高,尤其在处理大数据集时,通信代价远高于计算代价,算法总体效率很低。

9.3.3　分布式聚类算法 DK-means

郑苗苗等人对 K-DMeans 算法进行了改进,提出了 DK-means 算法。该算法设分布式系统中有 p 个站点,从中任意选定一个站点 S_m 为主站点,其余 $P-1$ 个站点为从站点。首先在主站点随机产生 k 个聚簇中心 $\{c_1, c_2, \cdots, c_k\}$,作为全局初始聚簇中心,并将其广播给所有从站点;各站点根据这些中心确认本站数据对象所属聚簇,并得到局部聚簇中心,同时,从站点将本站点的局部聚簇中心点及相应簇的数据对象总数 $\{(c_{i1}, n_{i1}), \cdots, (c_{ik}, n_{ik})\}(1 \leqslant i \leqslant p)$ 传送给主站点。主站点根据这些聚簇信息计算全局聚簇中心 c_j' 迭代这一过程,直到全局判别函数 E 值稳定,也即全局聚簇中心稳定。

算法 9.4　分布式聚类算法 DK-means
输入:局部数据集 $\{DB_1, DB_2, \cdots, DB_p\}$,聚簇的个数 k。
输出:k 个聚簇。

步骤:

master site S_m : broadcast($\{c_1, c_2, \cdots, c_k\}$);
/* 主站点随机产生 k 个初始聚簇中心并广播 */
While $\{c_1, c_2, \cdots, c_k\}$ is not stable do /* 当未得到稳定的全局聚簇中心 */
{for each slave site $S_i (1 \leqslant i \leqslant p-1) do$
{receive($\{c_1, c_2, \cdots, c_k\}$)   /* 接收聚簇中心 */
for each data objected $d \in DB_i$ do
partition($d, \{c_1, c_2, \cdots, c_k\}$);
/* 计算 d 与所有全局聚簇中心的距离,根据最近原则确定 d 所属聚簇 */
for j = 1 to k do
computing(c_{ij}, n_{ij});   /* 计算 k 个局部聚簇信息 */
send($\{(c_{i1}, n_{i1}), \cdots, (c_{ik}, n_{ik})\}$) to master site;
/* 向主站点传送局部聚簇信息 */
}
master site S_m:
{for each data objected $d \in DB_m$ do
partition($d, \{c_1, c_2, \cdots, c_k\}$);
/* 计算 d 与所有全局聚簇中心的距离,根据最近原则确定 d 所属聚簇 */
for j = 1 to k do

然而,现有的分布式聚类算法都必须存在一个中心节点,作为控制聚类过程及资源分发的核心。在现有的复杂网络环境下,这种集中式网络结构抗毁能力非常弱,一旦中心节点受到攻击,整个系统就会瘫痪。在对等网络的研究领域,拥有中心节点的集中式网络结构已经逐渐被完全对等的全分布式网络结构所替代。

9.4 基于云计算的分布式数据挖掘技术

针对互联网上数量众多的网站带宽资源长期浪费或突发资源短缺、响应时间长、服务器宕机、网站受到黑客攻击等问题,提出了基于"云"的分布式 Web 安全系统及基于云计算的分布式数据挖掘平台架构,并在此基础上提出一种新型的分布式数据挖掘模式和分布式数据挖掘算法。该算法利用云计算技术,可以方便地通过网络获取强大的计算能力和存储能力,将消耗大量计算。资源的复杂计算通过网络路由优化及资源约束自

第 9 章 数据挖掘的其他相关技术

适应策略分布到多节点上进行计算,然后通过组合不同数据站点上的局部数据模型,最终得到全局数据模型。考虑到当前涉及的云计算平台下的分布式算法非常少,因此在借鉴分布式数据挖掘算法的基础上,运用到云计算平台。本节需要调整分布式数据挖掘算法,选择了以分布式 K-means 算法为基础;在此基础上加入优化策略,提出了基于资源敏感的自适应优化云计算平台的分布式数据挖掘算法 CDK-means(Cloud Distributed K-means),包括基于云计算平台的局部挖掘算法设计和基于云计算平台的全局挖掘算法设计。

9.4.1 基于云计算的分布式数据挖掘平台架构

1. 设计理念

首先介绍一下目前的网站托管情况:一个典型的网站用户,购买一台服务器,托管在一家 IDC,然后根据用户的增长情况购买相应的带宽资源,如图 9-25 所示。

一个典型的 IDC,内部托管了几千个上述的典型网站。IDC 为互联网内容提供商(ICP)、企业、媒体和各类网站提供大规模、高质量、安全可靠的专业化服务器托管、空间租用、网络批发带宽以及 ASP、EC 等业务。IDC 是对入驻(Hosting)企业、商户或网站服务器群托管的场所;是各种模式电子商务赖以安全运作的基础设施,也是支持企业及其商业联盟(其分销商、供应商、客户等)实施价值链管理的平台。

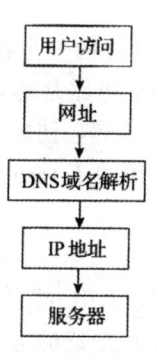

图 9-25 目前网络托管流程

2. 系统架构

云计算已经成为一个泛概念,它包含了 IT 产业的各个方面。云计算是虚拟化(Virtualization)、效用计算(Utility Computing)、IaaS(基础设施即服务)、PaaS(平台即服务)、SaaS(软件即服务)等概念混合演进并跃升的结果。一种新型的云计算互联网平台能够从云计算的两个参与主体(一个是云,一个是端)方面来彻底改变原来的架构,带来云计算各个好处的同时,为互联网网站以及网站访问者带来更高的价值。基于云计算的分布式数据挖掘平台架构,如图 9-26 所示,加入了数据仓库,对数据进行预处理。

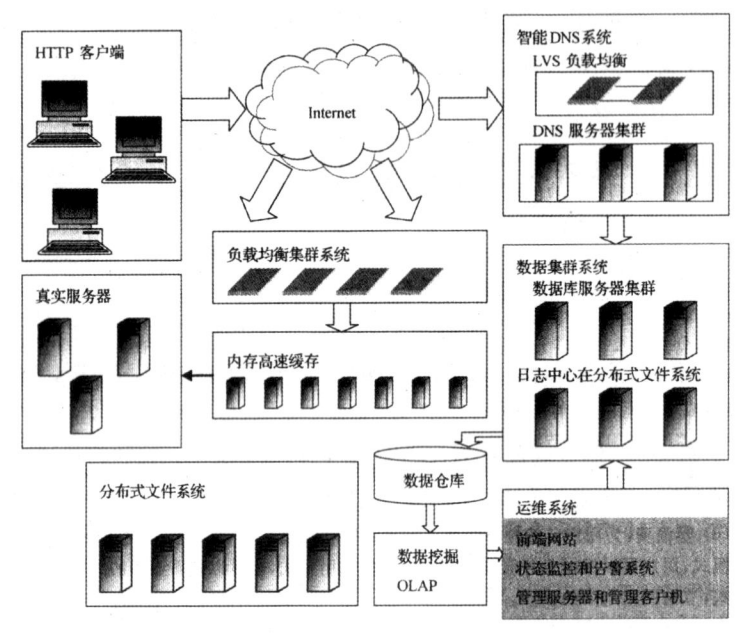

图 9-26 云计算平台架构

1) CDN(内容分发网络)

CDN 被认为是能够实现云计算的一个技术流派。CDN(Content Delivery Network,内容分发网络),其基本思路是尽可能避开互联网上有可能影响数据传输速度和稳定性的瓶颈与环节,使内容传输得更快、更稳定。其目的是使用户可就近取得所需内容,解决 Internet 网络拥挤的状况,提高用户访问网站的响应速度。

CDN 关键技术:

(1) 内容发布:它借助于建立索引、缓存、流分裂、组播(Multicast)等技术,将内容发布或投递到距离用户最近的远程服务点(POP)处。

(2) 内容路由:它是整体性的网络负载均衡技术,通过内容路由器中的重定向(DNS)机制,在多个远程 POP 上均衡用户的请求,以使用户请求得到最近内容源的响应。

(3) 内容交换:它根据内容的可用性、服务器的可用性以及用户的背景,在 POP 的缓存服务器上,利用应用层交换、流分裂、重定向等技术,智能地平衡负载流量。

（4）性能管理：它通过内部和外部监控系统，获取网络部件的状况信息，测量内容发布的端到端性能，保证网络处于最佳的运行状态。

CDN 在一定程度上满足了网站对云计算的要求，也对网站进行了优化，同时根据用户的访问情况进行动态负载均衡；但是有些方面还没有达到理想效果，比如，尽管许多 CDN 产品都是按需付费并承诺为用户节约带宽使用成本，但是目前还远没有做到。从商业模式来讲，CDN 厂商正是把节约出来的这部分带宽转化成为自己的利润，因此，对广大网站用户来说，CDN 产品带来的成本节约并不明显。

从架构上讲，CDN 也只实现了网站层面的调整与优化；而从用户端角度上讲，就几乎没有做任何动作，因此所达到的效果也就可见一斑。

2）DNS 网关级的超级代理

通过这样一个超级代理，可以从目前大家普遍采用的 CS(Client-Server) 结构的两端分别采取智能手段，达到更快速、更智能、更优化的新一代基于云计算的互联网应用平台。DNS 服务器集群采用云计算的方式构建。

3）网站访问日志分析

各个网站都会对访问进行日志记录，一条标准的日志如下：

"源地址 — 访问时间 — 访问方式 — 访问网址 — 返回类型 — 浏览器类型 — 操作系统 — 目的地址"

把所有网站和用户的访问日志加入到数据仓库，对其进行数据挖掘，根据结果来决定网站的新的部署或者内容分发的方式；在用户端，则根据详细的用户行为，定制特定的查询和反馈模式，从而达到更加优化的效果。

4）网站内容的动态分发

除了像新浪、搜狐、百度这样的超级网站，一般的网站都有一定的地域性，即它们服务的用户常常集中在某个区域。这样，就能够根据用户的地域特征动态地分发到网站的新代理。

5）根据用户行为的智能调度

采用数据仓库的形式对用户访问行为进行数据挖掘，在超级代理的架构中，根据用户行为特征进行重新的数据索引。当用户进行访问时，就不需要像原来的方式那样根据 DNS 的解析而跳转多次才能到达目的网站。

6）数据仓库

数据仓库是决策支持系统和联机分析应用数据源的结构化数据环境。数据仓库的特征在于面向主题、集成性、稳定性和时变性。使用数据仓库之后，企业将所有收集来的信息存放在一个唯一的地方 —— 数据仓库。

7) DNS

DNS(Domain Name System,域名管理系统)是计算机域名的缩写,它是由解析器和域名服务器组成的。DNS 命名用于 Internet 等 TCP/IP 网络中,通过用户友好的名称查找计算机和服务。

实际上,DNS 是一个分布式数据库。它允许对整个数据库的各个部分进行本地控制;同时整个网络也能通过客户服务器方式访问每个部分的数据,借助备份和缓存机制,DNS 将更强壮并具有更强的性能。DNS 数据库的结构就像一棵倒挂着的树,如图 9-27 所示。

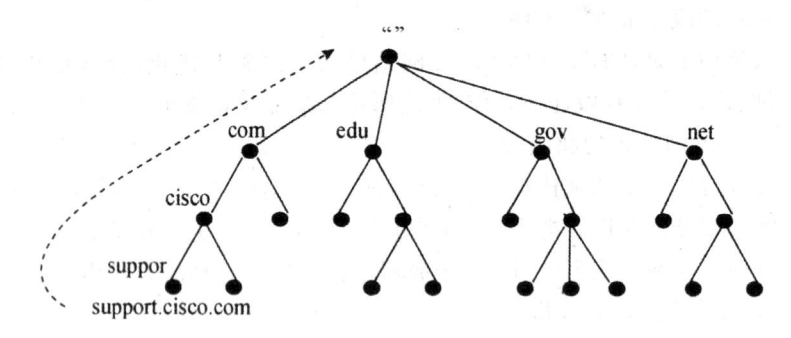

图 9-27 DNS 数据库结构

DNS 工作原理:

当 DNS 客户端需要为某个应用程序查询名字时,它将联系自己的 DNS 服务器来解析此名字。DNS 客户发送的解析请求包含以下 3 种信息:

(1)需要查询的域名。如果原应用程序提交的不是一个完整的 FQDN,则 DNS 客户端加上域名后缀以构成一个完整的 FQDN。

(2)指定的查询类型。指定查询的资源记录的类型,如 A 记录或者 MX 记录等。

(3)指定的 DNS 域名类型。对于 DNS 客户端服务,这个类型总是指定为 Internet[IN] 类别。

9.4.2 基于云计算的分布式数据挖掘算法

CDK-means 是本书提出的新的基于云计算平台的分布式算法。整个分布式数据挖掘程序分为基于地域性路由优化、资源约束自适应策略、局部挖掘(位于各个服务器节点上)、全局挖掘(位于提交任务的机器上)。

1. 分发网站路由优化算法

原来的用户要访问网站信息需通过域名解析找到对应网站的 IP 地址,

然后通过互联网路由的方式访问到数据。这种方式的缺点是：寻找路径时间长，而且一旦终端网站繁忙打开网页速度会很慢。

1）基于地域性路由优化算法

算法9.5　根据地域性特点进行优化算法

一般的网站都有一定的地域性，即它们服务的用户常常集中在某个区域。进行分发网站路由优化也会解决流程瓶颈，改变传统的遍历搜索模式，并采用多轮迭代的方式并行运算，解决了复杂图的数据挖掘问题。

算法描述：

输入：DNS。

输出：优化后的 IP 地址。

(1) 根据地域性将 DNS 解析为就近的云平台里的服务器的 IP 地址。

(2) 如果该 IP 访问量小，则直接输出该 IP。

(3) 如果该 IP 访问量大，则先在本节点内调度，转换为新的 IP，不需要路由，多一跳。

(4) 如果该 IP 还不满足要求，则在临近领域中寻找 IP 进行转换，直到找到合适的为止。

(5) 输出 IP 地址。

2）基于资源敏感的自适应云计算分布式聚类算法

算法9.6　基于资源敏感的自适应云计算分布式聚类算法

根据 CPU、内存资源缺乏及访问量过大等特点，向附近节点转移数据进行优化聚类算法。分布式计算模型中，主要目标是给予一个用户指定的运行时间和收集数据等任务，其目的是使我们的网络能够完成预设的运行时间并生产尽可能准确的结果。另一个目的是，尽量减少在由于资源的低使用率，比如内存存满、CPU 满负荷、访问量过大的情况下，几个节点死亡或停止工作而导致的精确度损失。

我们的做法是：把当前结果从即将死亡的节点移到另一个"最好的"邻居。这样就产生了 3 个主要问题：迁移到哪些邻居？何时迁移？如何迁移（并合并这些收集过的数据）？一般来说，问题可分为 3 个方面：数据迁移、预测动态阈值和云平台网络的问题。

我们介绍了一个新的分布式策略：如果 CPU 负荷下降到低于一个最低门槛，一个节点将迁移它的数据到合适的邻居那里。这里要针对 CPU、内存资源和网站访问流量分别分析和建模。

针对 CPU 和内存资源，使用线性外推法模型来估计动态迁移门槛：

一个节点必须动态地估计该节点在每个时间表内是否能完成运行任务。如果不能，则它可能会把目前的结果迁移到最好的邻居那里。为了回答这个何时迁移的问题,我们用一个简单的线性回归模型去动态并迭代地估计3个阈值的降序排列:自适应阈值、发现最好的邻居阈值、迁移阈值。

自适应阈值是一个触发资源适应过程;然而在一些情况下,自适应资源无法在很大程度上改善这个情况。在这种情况下,我们选择在其死亡之前迁移现有的结果。第二阈值被称为发现最好的邻居阈值。当资源下降到低于这个阈值时,这个节点开始对其邻居广播要求,答复中的信息是剩余的资源水平,链路质量也可以从答复中估算。在这些信息中,一个"最好"的邻居会被标记。最后,当资源达到迁移的阈值时,这只是代表它有足够的能量在它死亡之前把它的数据传送出去,这个节点将把它的数据迁移到已选择的邻居那里。可用启动自适应算法或迁移数据的方法是使用一些预定义的阈值。我们选择使用一个简单的线性外推模型,来估计一个节点是否能够完成其指定的运行时间。它是唯一合适的回归模型,因为非线性回归模型实施起来很复杂,而且会浪费大量的能源和计算资源。

2. 云计算平台的分布式数据挖掘算法

由于每个网站数据会在云平台里存储3个备份,因此在挖掘数据时就要考虑有2个节点的数据是冗余的。

云计算平台的数据挖掘可以挖掘用户端数据,也可以挖掘网站数据,如有哪些地区的用户集中访问哪些网站。

1) 基于云计算平台的局部挖掘算法

算法9.7 基于云计算平台的局部挖掘算法设计

对局部数据进行数据分析,生成局部数据模型。

假设云计算平台即"云"里有 P 个服务器节点,用 N_i 表示,其中 i 取值为 $1,2,\cdots,P$。用户即"端"访问某个网站用 $X^{(i)}$ 表示,其中 i 取值为 $1,2,\cdots,P$。则 $X = X^{(1)} \wedge X^{(2)} \wedge \cdots \wedge X^{(P)}$ 是整个数据集合,其中 $X^{(i)}$ 是 X 的子集,i 取值为 $1,2,\cdots,P$,表示数据在服务器节点 N_i 上的子集。目标是使用算法将每个数据集合 $X^{(i)}$ $(i=1,2,\cdots,P)$ 在云计算平台其中一个备份中划分成 K 个簇 $Y^{(i)}$,与集合 X 的全局聚类保持一致。"云"里有 M 个备份供"端"就近访问,则有 $Y_j = X_i^{(1)} \bigcup X_i^{(2)} \bigcup \cdots \bigcup X_i^{(P)}$。其中 i 取值为 $1,2,\cdots,P$,j 取值为 $1,2,\cdots,K$。

假设 $m=(X_{m1},X_{m2},\cdots,X_{mp})$ 和 $n=(X_{n1},X_{n2},\cdots,X_{np})$ 是数据集合中的两个对象,每个对象都有 P 个属性。那么它们之间的距离为

$$d(m,n) = \sqrt{|x_{m1}-x_{n1}|^2 + |x_{m2}-x_{n2}|^2 + \cdots + |x_{mp}-x_{np}|^2}$$

(9-4)

2) 基于云计算平台的全局挖掘算法

算法 9.8　基于云计算平台的全局挖掘算法设计

组合不同数据站点上的局部数据模型,最终得到全局数据模型。每台 CPU 均有通信链路与其他 CPU 通信,通信操作可以与聚类本身的执行重叠进行。这种系统总运行时间 R 为

$$R = E \cdot \max_{k=1}^{N}\{I_k\} + \frac{C}{2N}\sum_{k=1}^{N}I_k(T-I_k) \tag{9-5}$$

式中,E 为有效计算的执行时间;C 为处理机间的通信等辅助开销时间;N 为 CPU 数;T 为聚类中心点总数;I 为分配给其他 CPU 的聚类中心点数;K 为将 I_k 个聚类中心点分配给第 K 台 CPU。

算法描述:

输入:用户端及访问网站 IP 地址。

输出:全局 k 个簇的质心。

步骤:

(1) 读取用户访问网址,解析 DNS,找到云里最近服务器。

(2) 如果为第一次访问该网站,则从该网站读取网页内容,并同时备份到云里其他主要城市服务器中;如果不是第一次访问,则直接在服务器端将数据返回给用户。

(3) 在每个云服务器中随机选取 K 个对象作为初始聚类中心,开始局部挖掘。

(4) 计算该服务器 CPU、内存资源利用率及访问量。如果访问量过大,大于最高门槛,进行步骤(3)。

(5) 将(3)局部挖掘结果考虑时间复杂度和通信复杂度汇总到中央服务器,进行全局挖掘,输出 K 个簇的质心。

第 10 章　金融数据挖掘

近年来,随着金融信息化的迅速发展,金融机构已经搭建起数据平台,逐步实现数据大集中,形成金融大数据。与此同时,数据挖掘技术在过去几十年里得到了长足的发展,技术与方法日趋完善,应用到了各个领域。金融领域利用数据挖掘技术,不仅可以用数据"说话",为金融决策提供更加有效的支持,而且可以为金融服务提供更准确的信息和知识,为消费者提供有针对性的个性化服务。

10.1　金融领域进行数据挖掘的必要性

金融领域涉及银行、证券、保险及其他相关内容,包括银行信贷、信用评分、市场分析、投资组合、保险风险评价、智能定损、金融欺诈、衍生证券定价等。金融领域的研究内容相当广泛,但不确定性是金融市场的本质,也是金融领域需要研究的核心内容。为了捕捉金融市场的不确定性,更好地提高金融市场效率,需要使用数据建模方法对金融市场进行有效刻画。

在数据挖掘技术产生以前,已经出现了很多数据分析的技术和工具。但由于传统的数据建模方法和数据分析技术基于一些有严格要求的假设,当假设条件不满足时,难以对金融数据进行建模,因此难以把握金融市场规律。随着金融行业的不断发展壮大,银行、证券、保险及其他相关机构不断融合,信息化程度大大提高。而且随着云计算技术的不断发展,金融数据正在逐步实现大集中。在这种情况下,不苛求严格假设的数据挖掘技术与算法在金融数据的支撑下就有了用武之地。相比于其他的技术,数据挖掘技术有两个方面的优势:一是数据挖掘技术将数据库技术与统计分析技术、机器学习技术相融合,提高了处理海量数据的能力,虽然传统的统计工具处理少量数据完全没有问题,但是其对银行信息系统中的海量数据就无能为力了,需要利用数据挖掘技术进行分析;二是数据挖掘技术相比其他数据分析技术而言,其可解释性和可理解性比较好,借助可视化工具的帮助,用户可以比较方便地看到数据中蕴含的知识,从而提高数据分析的效率。因此数据挖掘方法应用在金融领域是可行的,能够为刻画金融市场的规律和趋势提供有效的分析。

目前,数据建模方法已经应用于金融领域,用以把握金融市场的规律和趋势,达到了良好的应用效果。

10.2 金融数据及其可视化

10.2.1 金融数据

1. 金融数据的特点

金融业高度依赖信息技术,是典型的数据驱动行业。金融的核心业务没有类似实物的物理生产、存储、物流等过程,从抽象层面来看,其本身既是数据的生产者,又是数据的分析者、使用者。

与其他领域的数据相比较,金融数据具有多种特点。

(1) 金融数据具有多样性。作为社会经济系统的一部分,金融系统的数据不仅受到物理数据(客户数据、交易数据、经济数据等)的影响,而且受到网络信息、心理行为信息的强烈影响,甚至一些主观数据的变化也会导致金融市场的剧烈波动。

(2) 金融数据的关系复杂。金融市场是一个复杂系统,数据之间的关系有时很难用一个简单的数学公式或线性函数来表示,呈现出高度的复杂性和非线性。

(3) 金融数据具有动态性。金融市场随着时间的推移会发生剧烈变化,但仍受前期市场的影响,呈现出动态特征。为了更好地研究金融市场,需要利用这些物理数据、网络信息及心理行为信息。这些信息是不断变化的,便形成了一个巨大的数据仓库。

2. 研究金融数据的指标

1) 资产收益率

大多数金融研究都是针对资产收益率,而不是资产价格。Campbell等人(1997)给出了使用资产收益率的两个主要原因。首先,对于一个普通的投资者来说,资产收益率代表一个完全的、尺度自由的投资机会的总结和概括。其次,资产收益率序列比价格序列更容易处理,前者有更好的统计特性。然而,资产收益率有多种不同的定义。

设 P_t 是 t 时刻的资产价格,下面给出本书中用到的一些资产收益率的定义。暂时假定该过程资产不支付红利。

(1) 单期简单收益率。假设投资者在一个周期内拥有某种资产，从第 $t-1$ 天到第 t 天，其简单毛收益率为

$$1 + R_t = \frac{P_t}{P_{t-1}} \text{ 或 } P_t = P_{t-1}(1 + R_t) \tag{10-1}$$

相对应的单期简单净收益率(simple net return)或简单收益率(simple return)为

$$R_t = \frac{P_t}{P_{t-1}} - 1 = \frac{P_t - P_{t-1}}{P_{t-1}} \tag{10-2}$$

表 10-1 给出了 2018 年 12 月某公司股票每日收盘价。从表 10-1 中可知，从 2018 年 12 月 8 日到 12 月 9 日，持有某公司股票每日的总收益率为 $1+R_t=393.62/390.66\approx 1.0076$。相应的每日简单收益率为 0.76%，即 $(393.62-390.66)/390.66=0.76\%$。

(2) 多期简单收益率。假设从第 $t-k$ 天到第 t 天，这 k 个周期内持有某种资产，则 k 期简单毛收益率为

$$\begin{aligned} 1+R_t[k] &= \frac{P_t}{P_{t-k}} = \frac{P_t}{P_{t-1}} \cdot \frac{P_{t-1}}{P_{t-2}} \cdot \frac{P_{t-k+1}}{P_{t-k}} \\ &= (1+R_t)(1+R_{t-1})\cdots(1+R_{t-k+1}) \\ &= \prod_{j=0}^{k-1}(1+R_{t-j}) \end{aligned}$$

这样，k 期简单毛收益率是其包含的这 k 个单期简单毛收益率的乘积，称为复合收益率(compound return)。k 期简单净收益率为 $R_t[k]=(P_t-P_{t-k})/P_{t-k}$。

表 10-1 　某公司股票 2018 年 12 月 2 日—12 月 9 日的每日收盘价

单位：元

日期	12/02	12/05	12/06	12/07	12/08	12/09
价格	389.70	393.01	390.95	389.09	390.66	393.60

为了说明这一点，从表 10-1 中提取 12 月 2 日和 12 月 9 日（都是星期五）的数据，计算每周的股票简单毛收益率为 $1+R_t[5]=393.62/389.70\approx 1.0101$，即每周的简单收益率为 1.01%。

在实际中，确切的时间区间对讨论和比较收益率是非常重要的（例如月收益率还是年收益率）。若时间区间没有给出，这里隐含的假定时间区间为一年。如果持有资产的期限为 k 年，则（平均）年度化收益率定义为

$$\text{年度化的}\{R_t[k]\} = \Big[\prod_{j=0}^{k-1}(1+R_{t-j})\Big]^{1/k} - 1$$

这是由它所包含的 k 个单期简单毛收益率几何平均得到的,可用下式计算:

$$\text{年度化的}\{R_t[k]\} = \exp\left[\frac{1}{k}\sum_{j=0}^{k-1}(1+R_{t-j})\right] - 1$$

式中:$\exp(x)$ 为指数函数;$\ln(x)$ 为正数 x 的自然对数。

因为算术平均值比几何平均值计算起来容易,并且单期收益率一般很小,所以我们可用一阶泰勒(Taylor)展开来近似表示年度化的收益率,则有

$$\text{年度化的}\{R_t[k]\} \approx \frac{1}{k}\sum_{j=0}^{k-1}R_{t-j} \tag{10-3}$$

然而,在有些应用中,式(10-3)的近似精确度可能不够。

(3) 连续复利收益率。在引进连续复利收益率之前,先讨论复利收益率的效果。假定银行存款的年利率为 10%,最初的存款为 1 元。如果银行每年支付一次利息,则一年后存款的净值变为 $(1+0.1) = 1.1$ 美元。如果该银行半年付息一次,则 6 个月的利息率为 $10\%/2 = 5\%$,一年后净值为 $1 \times (1+0.1/2)^2 = 1.01025$ 美元。通常,如果银行一年付息 m 次,则每次支付的利率为 $10\%/m$,一年后存款的净值变成了 $1 \times (1+0.1/m)^m$ 美元。

通常,连续复利的资产净值 A 可以表示为

$$A = C\exp(r \cdot n) \tag{10-4}$$

式中:r 为年利率;C 为初始资本;n 是持有资产的年数。

由式(10-4)则有

$$C = A\exp(-r \cdot n) \tag{10-5}$$

式中:C 从现在开始 n 年后价值为 A 的资产的现值;r 为用连续复利表示的年利率。

(4) 连续复合收益率。资产的简单毛收益率的自然对数称为连续复合收益率或对数收益率(log-return):

$$r_t = \ln(1+R_t) = \ln\frac{P_t}{P_{t-1}} = p_t - p_{t-1} \tag{10-6}$$

式中:$p_t = \ln(P_t)$ 与简单净收益率 R_t 相比,连续复合收益率 r_t 有很多优点。对多期收益率,我们有

$$r_t[k] = \ln(1+R_t[k]) = \ln[(1+R_t)(1+R_{t-1})\cdots(1+R_{t-k+1})] =$$
$$\ln(1+R_t) + \ln(1+R_{t-1}) + \cdots + \ln(1+R_{t-k+1}) =$$
$$r_t + r_{t-1} + \cdots + r_{t-k+1}$$

这样,连续复合多期收益率是它所包含的连续复合单期收益率之和。其次,对数收益率具有更容易处理的统计特性。

为了说明这一点,我们再次考虑表 10-1 中某公司股票的日收盘价格。从 12 月 8 日到 12 月 9 日的日对数收益率为 $r_t = \log(393.62) - \log(390.66) \approx 0.75\%$,从 12 月 2 日到 12 月 9 日的周对数收益率为 $r_t[5] = \log(393.62) - \log(389.70) \approx 1.00\%$。显而易见,周对数收益率是该周的 5 个日对数收益率之和。

(5) 资产组合收益率。若一个资产组合由 N 项资产组成,则该资产组合的简单净收益率是它所包含的各项资产的简单净收益率的加权平均,其中每个资产的权重是该资产的价值占资产组合总价值的百分比。设 p 是一个资产组合,它在第 i 项资产上的权重为 w_i,那么 p 在 t 时刻的简单收益率为

$$R_{p,t} = \sum_{i=1}^{N} w_i R_{it}$$

式中,R_{it} 是组合中第 i 个资产的简单收益率。

然而,资产组合的连续复合收益率没有上述方便的性质。如果简单收益率 R_{it} 的绝对值很小,我们有

$$r_{p,t} \approx \sum_{i=1}^{N} w_i r_{it}$$

式中,$r_{p,t}$ 是该组合在 t 时刻的连续复合收益率。经常用这种近似来研究资产组合的收益率。

(6) 红利支付。如果一项资产周期性地支付红利,则我们需要修改资产收益率的定义。设 D_t 是一项资产在第 $t-1$ 天和第 t 天之间支付的红利,P_t 是该资产在第 t 个周期末的价格。这样,红利并没有包含在 P_t 中。则 t 时刻的简单净收益率和连续复合收益率分别为

$$R_t = \frac{P_t + D_t}{P_{t-1}} - 1$$

$$r_t = \ln(P_t + D_t) - \ln(P_{t-1})$$

(7) 超额收益率。一项资产在 t 时刻的超额收益率是该项资产的收益率与某项参照资产的收益率之差。参照资产通常是无风险的,如美国短期国债收益率。简单超额收益率和对数超额收益率分别定义为

$$Z_t = R_t - R_{0t}, z_t = r_t - r_{0t} \tag{10-7}$$

式中,R_{0t} 和 r_{0t} 分别是该参照资产的简单收益率和对数收益率。在金融学文献中,超额收益率被认为是一个套利投资组合的盈利。在这个投资组合中,对某资产持有多头头寸而对其参照资产持有空头头寸,且初始净投资额为零。

下面对上述关系进行总结:

简单收益率 R_t 与连续复合对数收益率 r_t 的关系是

$$r_t = \ln(1+R_t), R_t = e^{r_t} - 1$$

如果收益率 R_t 与 r_t 用百分数表示,则有

$$r_t = 100\ln\left(1+\frac{R_t}{100}\right), R_t = 100(e^{r_t/100} - 1)$$

把收益率进行时间累加,则有

$$1+R_t[k] = (1+R_t)(1+R_{t-1})\cdots(1+R_{t-k+1})$$
$$r_t[k] = r_t + r_{t-1} + \cdots + r_{t-k+1}$$

如果连续复合年利率为 r,则资产现值与资产的未来价值之间的关系为

$$A = C\exp(r \cdot n), C = A\exp(-r \cdot n)$$

【例 10.1】 若某项资产的月对数收益率为 4.46%,则相应的月简单收益率是 $100[\exp(4.46/100)-1] = 4.56\%$。同样地,若某项资产在一个季度内的月对数收益率分别为 4.46%、-7.34% 和 10.77%,则该资产季度的对数收益率为 $(4.46-7.34+10.77)\% = 7.89\%$。

图 10-1 显示了某公司股票的日简单收益率及其对数收益率的时序图,从 2009 年 1 月 2 日到 2017 年 12 月 31 日,共有 2 515 个观测值。从图 10-1 可知,和简单收益率相比,对数收益率更简单。事实上,简单收益率和对数收益率之间的相关系数为 0.999 7。这是可以理解的,因为当 x 接近零时,$\log(1+x) \approx x$。在样本持续期内,IBM 股票的日简单收益率的数额很小。

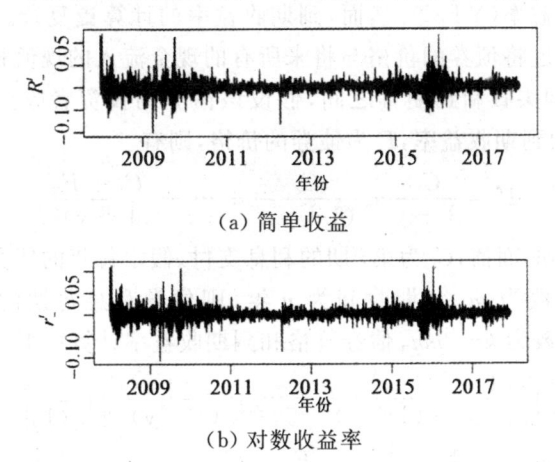

(a) 简单收益

(b) 对数收益率

图 10-1 某公司股票从 2009 年 1 月 2 日到 2017 年 12 月 31 日的日收益率时序图

2) 债券收益和价格

债券是一种金融工具,在到期日,向债券的持有者支付票面价值(或面值)。有些债券根据票面利率(coupon payment)定期支付利息。而零息债券则不需要定期支付利息。债券收益率是持有债券至到期日,投资者将收取的

回报。在金融上,有几种类型的常用债券。这些债券的收益率是指当期收益率和到期收益率(Yield To Maturity,YTM)。

(1) 当期收益率。当期收益率是指每年支付给投资者回报的百分数。从数学上,我们有

$$当期收益率 = \frac{支付的年度利息额}{债券的市场价格} \times 100\%$$

例如,一个投资者购买债券支付 90 美元,债券面值(也称为面值(par value))为 100 元,债券的票面利率为每年 5%,则该债券当期收益率为

$$c_t = (0.05 \times 100)/90 \times 100\% = 5.56\%$$

式中,下标 t 表示收益率通常随时间变化。从定义可知,当期收益率不包含任何投资过程中的资本收益或损失。对于零息债券,收益率的计算方法如下:

$$当期收益率 = \left(\frac{面值}{购买价格}\right)^{1/k} - 1$$

式中,k 指用年度表示的到期时间。举例来说,如果投资者购买零息债券,支付 90 美元,其面值为 100 美元,该债券在 2 年内到期,则该债券的收益率为

$$c_t = (100/90)^{1/2} - 1 = 5.41\%$$

(2) 到期收益率。当期收益率没有考虑货币的时间价值,因为它没有考虑投资者未来收到的债券利息的当前价值。因此,一个较为常用的债券投资收益是到期收益率(YTM)。然而,到期收益率的计算更复杂。简单地说,到期收益率是通过将债券的价格与将来所有的现金流入的现值相等而计算出的收益率。在购买日和到期日之间,假设该债券的投资者收到 k 期利息支付。y 为债券的到期收益率,P 为债券的价格,则有

$$P = \frac{C_1}{1+y} + \frac{C_2}{(1+y)^2} + \cdots + \frac{C_k + F}{(1+y)^k}$$

式中:y 为债券的面值;C_i 为第 i 期的利息支付。假定每年的债券票面利率为 α,每年支付次数为 m,到期时间为 n 年,则债券利息每期的现金流入为 $F\alpha/m$,支付期数为 $k = mn$。债券价格和到期收益率计算如下

$$P = \frac{\alpha F}{m}\left[\frac{1}{1+y} + \frac{1}{(1+y)^2} + \cdots + \frac{1}{(1+y)^k}\right] + \frac{F}{(1+y)^k} =$$

$$\frac{\alpha F}{my}\left[1 - \frac{1}{(1+y)^k}\right] + \frac{F}{(1+y)^k}$$

表 10-2 给出了债券价格和到期收益率的一些结果,这里假设 $F = 100$ 美元,票面利率为 5%,每半年支付一次,到期时间为 3 年。

表 10-2　债券价格和到期收益率的一些结果

到期收益率/%	半年收益率/%	债券价格/元
6	3.0	97.29
7	3.5	94.67
8	4.0	92.14
9	4.5	89.68
10	5.0	87.31

从表 10-2 中可以看到,随着债券到期收益率的增加,债券价格在下降。换句话说,到期收益率和债券价格成反比。在实践中,通过观测到的债券价格,可以计算出到期收益率。一般不容易得到精确的解,但我们可以获得一些精确的近似解。例如,购买债券的投资者支付的价格为 94 美元,则到期收益率在 7% ~ 8%。通过试验—更正错误的试验,得到投资者每年到期收益率约为 7.26%。许多金融机构提供在线程序来计算债券到期收益率及其价格,例如,Fidelity 投资公司。

3) 隐含波动率

股票期权是一种金融合约。股票 A 的看涨期权是这样一种合约,即合约持有者在给定的期间内以约定的价格购买一定数量股票 A 的权利,而不是义务。同时,股票 A 的看跌期权是这样的一种合约,即合约的持有者在给定的期间内以约定的价格卖出一定数量股票 A 的权利,而不是义务。这里约定的价格称为执行价格(strike price),给定的时间期间称为到期日(time to maturity)。在美国,每份股票期权通常包含有 100 股股票。期权在期权市场进行交易,如芝加哥期权交易所(CBOE)。期权有很多种类型。常用的有欧式期权,即只有在到期日才可行使其权利。美式期权,可以在到期日及到期日之前的任何时刻行使其权利。如果期权在立即执行时给其持有人的现金流为正,我们称这种期权为价内期权(in-the-money)。如果期权在执行时,给持有人的现金流为负,我们称其为价外期权(out-of-the-money)。最后,如果期权在执行时给持有人的现金流为零,我们称它为平价期权(at-the-money)。

股票期权价格的影响因素有很多,比如执行价格、无风险利率、当前股价以及股票的波动率。例如,著名的 Black-Scholes 模型。该模型在股票价格服从几何布朗运动的前提下,推导出其解析解。股票的波动率指股票价格的条件标准差。在实践中,我们可以用观测到的股票价格和 Black-Scholes 模型来反向推导出其波动率,这个波动率称为隐含波动率(implied volatility)。

类似于债券到期收益率的实现过程,隐含波动率可以近似得到。

大家都熟知的隐含波动率是芝加哥期权交易所(CBOE)的波动率指数(Volatility Index,VIX)。该指数最初在1993年推出,目的是通过S&P 100平价指数期权价格来度量30天隐含波动率的市场期望值。该指数在2003年由芝加哥期权交易所修订,修订后的指数反映了期望波动率新的度量方法。现在是S&P 500指数(SPX)和估计的期望波动率的加权平均,权重是一个很大范围的执行价格下的S&P 500指数看涨期权及看跌期权的价格。详细信息请参阅CBOE VIX白皮书。新的VIX通常被视为市场恐慌情绪的影响因素,在金融市场上发挥着重要的作用。事实上,波动率指数的期货和期权也在芝加哥期权交易所进行交易。

图10-2显示了从2009年1月2日至2017年11月21日修订后的VIX指数的时序图,共1988个观测值。从图10-2中可知,在2013年年底和2014年年初,金融市场的波动性非常高。

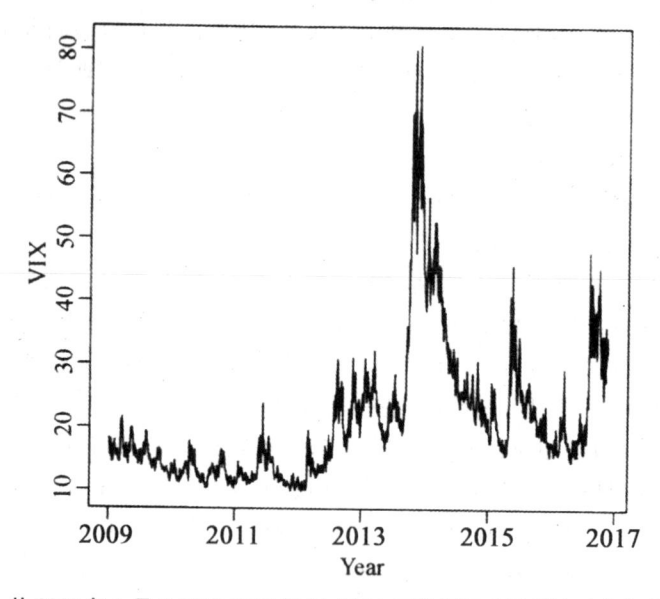

图10-2 从2009年1月2日至2017年11月21日某期权交易所波动率指数的时序图

10.2.2 金融数据的可视化

在分析金融数据时,图示法是一个有用的工具。除了前面显示的时间序列图外,本小节将讨论其他的金融数据制图方法。为了获得更好的资产收益分布率的可视化方法,我们检验这些数据的直方图或经验密度函数。例如,从2007年1月2日至2017年9月30日某公司股票的日简单收益率,共2704

个观测值,图10-3所示为数据的直方图,它通过将数据划分为30个子区间而得到。由图10-3可知,收益率曲线关于它的零均值对称。图10-4中的实线列出了该公司股票收益率的经验密度函数,通过用非参数的平滑方法得到。这些经验密度函数可以视为直方图的一个精确翻版。图10-4中的虚线显示了该公司股票正态分布的密度函数,它们具有相同的均值和标准差,这些时序图提供了该公司股票简单收益率正态假设的可视化过程。和正态分布相比,经验密度函数具有更高的峰值和更厚的尾部。这种现象对于股票收益的日数据来说很常见。一般情况下,实线和虚线之间存在偏差,说明该公司股票的日简单收益率是非正态的。

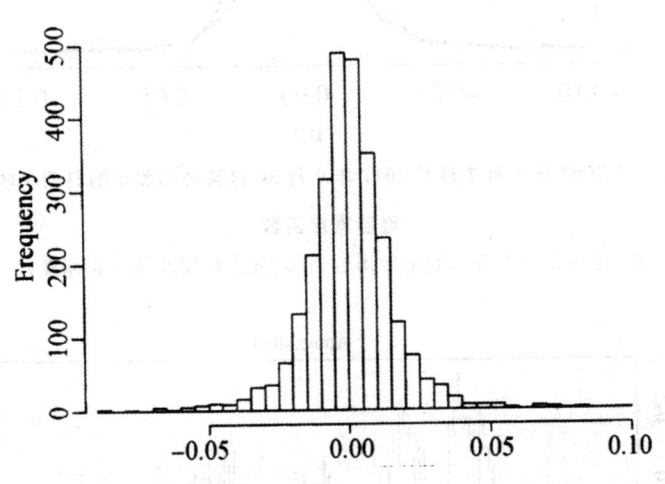

图10-3 从2007年1月2日至2017年9月30日某公司股票的日简单收益率的直方图

为了研究股票的价格波动,我们考虑股票的日开盘价、最高价、最低价和收盘价。图10-5显示某一公司在2017年1月3日至6月30日股票数据的时序图。在文献中该图称为条形图(Bar Chart)。在图10-5中,竖线表示日股票的价格范围,竖线左侧水平线上的点给出了股票的开盘价,右边给出了收盘价。在时序图中,该曲线提供的信息有限,无法给出太多的天数。图10-6显示从2016年1月2日至2017年12月8日该公司股票的日收盘价,同时也给出了过去21个交易日收盘价格的移动平均,称为移动平均曲线(moving-average chart)。这里使用的21天是任选的,在一个月中的交易日是个粗略的数字。移动平均曲线提供了相对最近的历史股价信息。在统计上,移动平均是减少随机波动的一个简单统计方法。

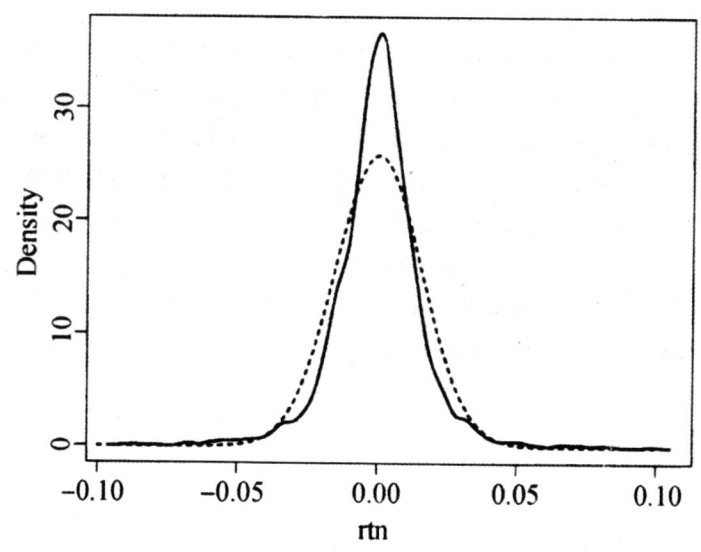

图 10-4　从 2007 年 1 月 2 日至 2017 年 9 月 30 日某公司股票的日简单收益率的

经验密度函数

注:虚线是正态分布的密度函数,它们具有相同的均值和标准差

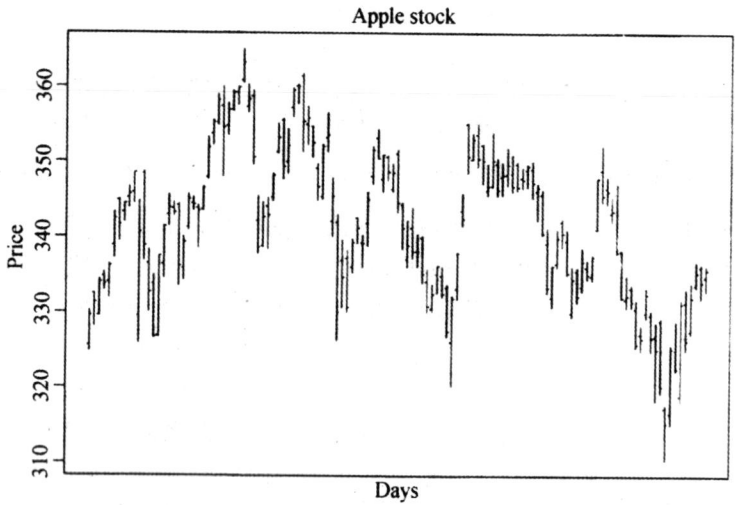

图 10-5　某一公司从 2017 年 1 月 3 日至 6 月 30 日股票数据条形图

注:竖线表示日股票的价格范围,竖线左侧水平线上的点给出了股票的开盘价,右边给出了收盘价

Moving average plot

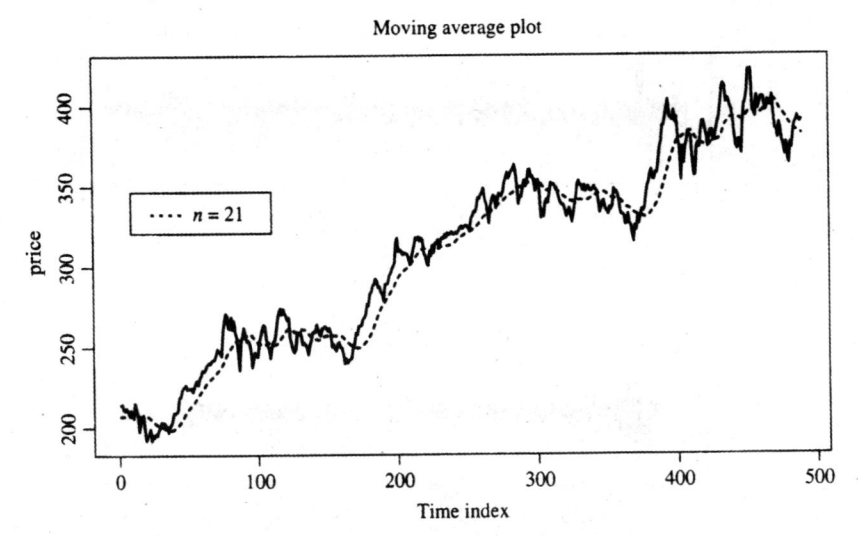

图 10-6　2010 年 1 月 2 日至 2011 年 12 月 8 日某公司股票日收盘价在过去 21 个交易日的移动平均曲线

对于多个资产收益率,图 10-7 显示了从 1936 年 1 月至 2017 年 9 月,某公司股票和 S&P 综合指数月对数收益率的时序图。数据来自美国股市资料库(CRSP)。除了经济大萧条(Great Depression)时期外,单个股票的收益率一般比市场指数存在更大的波动。在时序图中该公司的股票和市场指数收益率之间存在一定的下降或跳跃。图 10-8 显示了两个对数收益率的散点图(scatter plot)。散点图还显示了两个收益率的最小二乘线性回归。正如所料,IBM 股票和市场指数收益率之间有正的相关关系。这种线性关系可以度量两个收益率之间的相关性。在这种情况下,其相关系数为 0.64。同时,我们也可以考虑下面的市场模型(Market Model):

$$r_t = \alpha + \beta m_t + \varepsilon_t$$

式中:r_t 和 m_t 分别表示单个股票的资产收益率和市场收益率;ε_t 是误差项;参数 α 表示相对于市场收益的超额收益;β 为系数。对于 IBM 股票月对数收益率,我们有 $r_t = 0.008 + 0.807 m_t + \varepsilon_t$。这两个参数在 5% 的显著性水平下通常显著不为零。

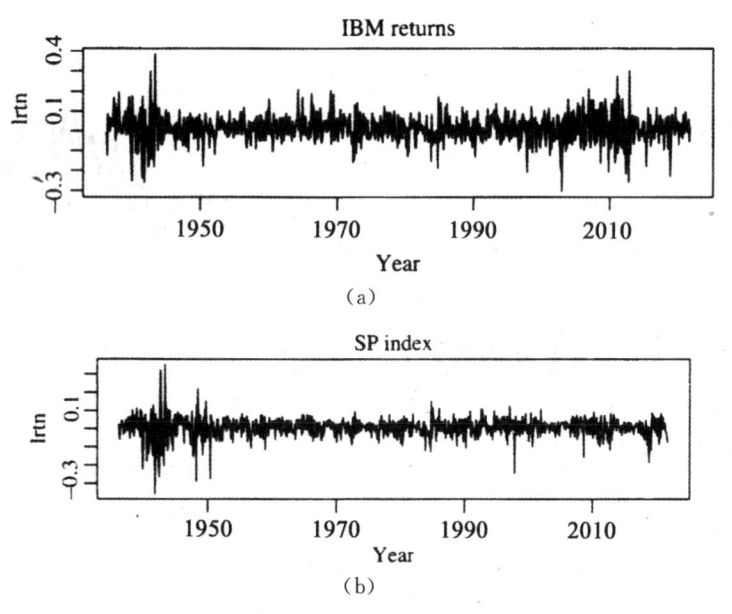

图 10-7 某公司股票和标普(S&P)综合指数从 1936 年 1 月至 2017 年 9 月的月对数收益率时序图

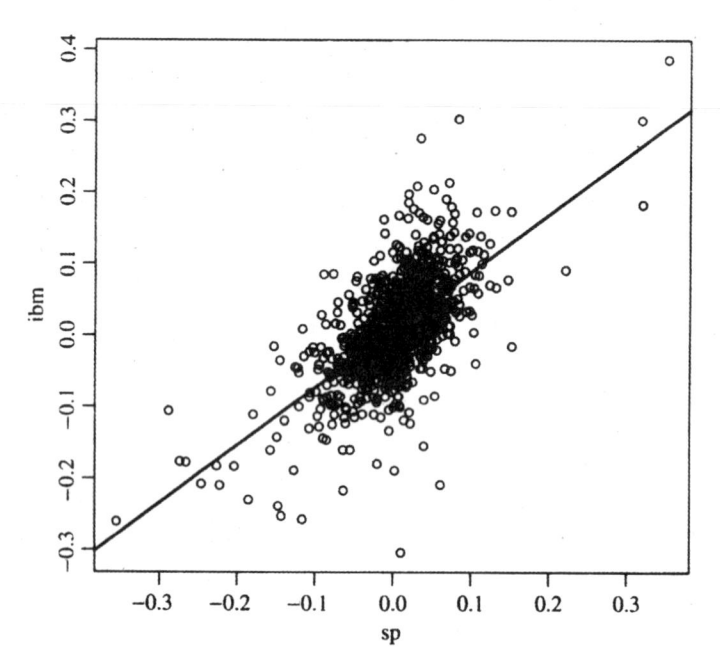

图 10-8 从 1936 年 1 月至 2017 年 9 月某公司股票和 S&P 综合指数月对数收益率的散点图

注:实线是两个收益率最小二乘线性拟合

10.3　金融数据挖掘的过程

10.3.1　金融数据挖掘的一般步骤

　　金融数据挖掘遵循数据挖掘的一般步骤,但由于金融数据具有复杂性、多样性、动态性等特征,使得金融数据挖掘更加困难。在进行金融数据挖掘时,应确定每一步做什么、达到什么目标,以利于调控整个过程的实施和促进最终的成功。但是,由于任务及算法的不同,每一种数据挖掘算法都有不同的特点和实现步骤。根据具体问题的应用情况,需要采取不同的数据挖掘方法。因此,对于金融数据挖掘而言,并没有一个统一、通用的过程模型来描述这个流程究竟应有哪些步骤。这方面的过程模型有很多,如SPSS提出的5A法,即访问(Access)、分析(Analyze)、评估(Assess)、行动(Action)、自动化(Automate);SAS提出的SEMMA法,即抽样(Sample)、探索(Explore)、建模(Model)、修正(Modify)、评估(Assess);数据挖掘特别兴趣小组(Special Interest Group,SIG)提出的"跨行业数据挖掘过程标准"(Cross-Industry Standard Process for Data Mining,CRISP-DM);以及专业数据挖掘技术咨询公司Two Crows提出的模型。在这些过程模型中,最为权威的是CRISP-DM模型,它是目前业界最权威的行业标准。

　　1999年,SIG组织开发并提炼出了CRISP-DM模型,并将其运用在保险领域企业的大规模数据挖掘项目中。2000年,CRISP-DM 1.0版正式推出,把数据挖掘过程中必要的步骤都进行标准化。通过近几年的不断发展。CRISP-DM模型在各种KDD过程模型中占据领先位置,采用率接近60%(Cios and Kurgan,Trands in data mining and knowledge discovery,2005)。

　　CRISP-DM模型把一个数据挖掘项目的生存周期定义为六个阶段(Phase)和四个层次(Level)。六个阶段是指商业理解(Business Understanding)、数据理解(Data Understanding)、数据准备(Data Preparation)、建立模型(Modeling)、模型评估(Evaluation)和结果部署(Deployment)。这六个阶段并非完全遵循顺序执行,而是会根据实际情况和具体应用环境做出必要调整。通过反复迭代和不断完善,才能做好一个具体的数据挖掘项目。

10.3.2 数据挖掘工具与软件

选择合适高效的数据挖掘工具和软件,对数据挖掘项目是否能成功以及完成质量有至关重要的影响。根据适用范围的不同,数据挖掘工具可分为专用数据挖掘工具和通用数据挖掘工具两类。

专用数据挖掘工具针对某个特定领域的问题提供解决方案。在算法设计阶段,专用数据挖掘工具会针对数据特征、需求的特殊性进行充分考虑,做出适应性优化,使最终的数据挖掘模型更适用于当前问题的领域。专用挖掘工具的针对性很强,一般只适用于某种应用,不具有普适性。但正是因为这个特点,它对某个领域的特殊数据有很强的处理能力,能实现特殊的目的,发现知识的可靠性也较高。

通用数据挖掘工具较专用数据挖掘工具有更强的普适性,它采用通用的挖掘算法,处理的对象是常用的数据类型,而不对具体数据的含义做区分。用户在使用通用数据挖掘工具的时候,可以根据自己应用的不同需求来选择挖掘什么、用什么来挖掘。

接下来介绍三种常用的数据挖掘工具和软件。

1. Intelligent Miner

这款数据挖掘软件是由美国 IBM 公司开发,分别面向数据库(Intelligent Miner for Data)和文本信息(Intelligent Miner for Text)进行数据挖掘的软件系列。前者适用于对传统数据库、数据仓库、数据中心或普通文件中结构化数据包含的隐含信息进行挖掘,已经在市场分析、诈骗行为监测及客户联系管理等领域获得成功应用;Intelligent Miner for Text 允许企业从文本信息进行数据挖掘,这里指的文本数据源可以是 Web 页面、在线服务、传真、电子邮件、Lo. tus Notes 数据库、协定和专利库等。

2. SPSS Clementine

SPSS Clementine 是一款面向商业需求的专业数据挖掘软件。它支持上文所提到的 CRISP-DM 数据挖掘行业标准。Clementine 可以很好地结合商业技术,支持将数据获取、转化、建模、评估到最终部署的整个数据挖掘过程贯穿于业务流程的始终,快速建立预测性模型并应用于商业活动,帮助人们改进决策过程,不但缩短了投资回报周期,还极大地提高了投资回报率。

3. WEKA

WEKA 全称为怀卡托智能分析环境(Waikato Environment for

Knowledge Analysis），是一款与 SPSS Clementine 相对应的、免费的、非商业化的、基于 JAVA 环境下开源的机器学习以及数据挖掘软件。作为这样一个开源数据挖掘工作平台，WEKA 集合了大量能承担数据挖掘任务的机器学习算法，可以对数据进行预处理，实现对分类、聚类、关联规则、回归等方法的应用以及在新交互式界面上的可视化。

数据挖掘的最终目标就是要创建一个模型，这个模型可改进利用现有数据和将来数据的方式。由于现在已经有很多数据挖掘技术，因此创建一个好的模型的最主要的步骤是决定要使用哪种技术，而这极大地依赖于实践和经验以及有效的指导。这之后，需要对模型进行优化，让它更令人满意。

WEKA 功能强大用户可以快速灵活地完成数据挖掘任务，包括准备输入数据，统计评估学习方案，完成输入数据和输出结果的可视化等实验操作。更重要的是，除了包含大量各种各样的机器学习算法外，WEKA 预处理工具功能强大，数据集的适应范围广，用户可以在一套统一的图形操作界面下对比不同学习算法的挖掘效果，从而选出最适合当前实验数据集的算法。

从实验任务的角度看，WEKA 的使用方式可分为三种，第一种是将一种学习方法应用于一个数据集，然后分析其输出，从而更多地了解这些数据。第二种是用户使用机器学习算法对实验数据集训练生成一个分类或回归模型，利用该模型对新的实例做出预测。第三种是在同一实验数据集上分别使用多个不同的学习方法，对比它们的性能，选择最佳学习方法。学习方法又称作分类器，用户可在 WEKA 菜单中选择一种想要的分类器，借助 GUI 界面调节分类器的参数进行性能优化。

除了基于图形用户界面操作使用外，WEKA 还提供 API 接口供软件开发人员使用。用户在开发数据挖掘软件时，可以将软件中机器学习部分调用 WEKA 相关类、接口实现，这样只需额外写最少量的代码，就解决了机器学习中重要的子问题。

第11章 数据挖掘在金融业中的应用

随着行业的发展和精细化经营水平的提高，金融领域很多决策的制定对数据分析的依赖程度越来越高。数据挖掘技术已经成为金融领域的重要支撑技术之一，被应用于金融领域的各个业务环节。

数据挖掘技术是金融领域重要的基础技术之一，原因有两个方面：一方面，金融领域特别是银行业信息化水平比较高，当前大部分的银行已经建立了比较完整的信息系统，并积累了大量高质量的客户和交易数据，这为银行发展数据挖掘应用提供了良好的基础；另一方面，金融行业作为一个服务性行业，吸引并保持住高质量的用户是其发展的重要因素，而借助数据挖掘技术可以深度挖掘和分析客户的真正需求，从而提供合适的服务和恰当的产品。目前，国内外金融机构都投入了大量的人力和物力开展数据挖掘技术的研究和应用。

11.1 数据挖掘在银行业的应用

银行业是信息化建设比较早的行业，数据比较规范，为数据挖掘奠定了良好的基础。面向银行金融数据的分析主要有两个方面：一方面，银行是一个服务性行业，需要对客户提供储蓄、信用和投资等多方面的服务，并且对客户的需求有比较深入、准确的了解。为了向用户提供个性化的服务与风险管理，需要对用户的行为进行分析和挖掘。另一方面，银行又是对成本控制非常复杂的行业，需要对银行内部的数据进行分析和挖掘，以把握银行运行的状态，实现对银行科学化、精细化的管理，进而提高银行的管理水平。

11.1.1 数据挖掘在银行信用风险管理中的应用

1. 信用及信用风险

经济中的信用是一种体现着特定经济关系的借贷行为，它有两个基本特征：一是以偿还为前提条件，到期必须偿还；二是偿还时还带有一个附加额——利息。信用一般由两方组成：提供信用的一方为授信方，即债权人；

接受信用的一方称为受信方,即债务人。

信用风险是指受信方无力或拒绝按时支付所欠全额款项时,给授信方带来的潜在损失。信用风险一般分为商业信用风险和银行信用风险。商业信用是指供应商销售商品时,允许客户采用延期支付即赊购的方式偿还货款。银行信用是指银行或其他信用机构为了在未来获取一定收益(利息),而向借款人提供贷款的信用。在还款过程中,借款人可能会撤销、违反、更改或重新协商既定的合约,给信用提供方带来损失,就形成了信用风险。

承担信用风险历来是银行的核心功能之一,从银行出现的那一天起,将贷款人的信用风险转嫁给银行就成为银行的重要职能。为有效地防范信用风险、降低银行损失,许多银行采用量化方法来度量信用风险。如《巴塞尔协议》把风险量化作为监管资本设定的基础,进一步强化了风险量化的基础地位。

2. 信用风险的来源

借款人或交易对手无法履行其承诺,未能按时足额偿还银行本金和利息,就给银行带来了信用风险。可能给银行造成信用风险损失的行为主要包括:① 客户无力偿付所欠银行的本金和利息;② 客户与银行签订了以市场价格为基础的衍生产品合约,但市场价格的不利变动致使客户亏损,无法偿付银行资金;③ 银行所持有债券的发行人信用评级被调低,导致债券价格下降。在这种情况下,即使债券发行方没有违约,但债券对应的贴现率(即债券的收益率)随着信用风险的提高而上升,造成债券价格的下跌。

实际上,在市场风险和信用风险之间存在着一些"灰色地带"。但一般来说,由于违约和信用评级下调造成的标的资产价格下降都被看成信用风险。原因是这种风险往往都是由于交易对手方的信用行为导致的。而由于市场无风险利率及某种信用评级下的贷款息差变化而造成的标的资产价格变化就应视为市场风险,因为这些变化同市场的总体变化密切相关。

3. 信用风险评估

近些年,信贷市场发展迅猛,如何对客户进行信用风险评估以降低金融企业的坏账损失成为研究热点。几十年来,大量的研究者发展了 LDA、Logistic 回归等统计方法、专家系统法、神经网络方法和 SVM 等方法。尤其是 SVM 方法,凭借其在解决小样本、非线性及高维模式识别中的优势,在信用风险评估中取得了良好的表现。

信用风险评估模型有助于银行等金融机构客观、全面地评估客户的还款能力和还款意愿,避免和减少坏账损失。假设银行一年批准新开户的信用卡账户为100万张,假定主观决策的坏账率为3%,通过信用风险评估模型能够使坏账率降低0.5%,假定平均每单位的坏账额为2万元,那么采用信用风险评估模型将可以使损失从6亿元下降到5亿元,节约了1亿元的损失。图11-1给出了信用风险评估模型的构建过程。

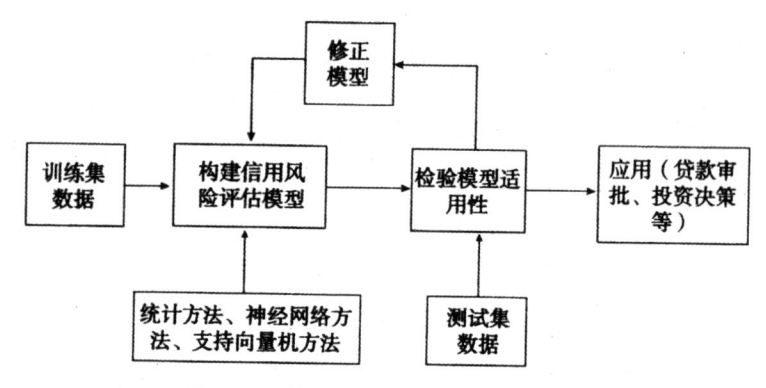

图 11-1 信用风险评估模型的构建过程

最初,信用风险评估主要依靠相关人员的主观经验判断和一些简单的指标分析来进行,但是主观方法在客观性、一致性、准确性、全面性和效率性方面都有明显的不足。SVM 是数据挖掘领域的一项新技术,是基于统计学理论的一种机器学习算法,最早由 Vapnik 提出。SVM 通过非线性映射,将低维空间中的非线性问题转变为高维空间的线性问题,并采用一核函数代替高维空间中的内积运算,达到避免高维运算和解决非线性的目的。SVM 在解决小样本、非线性及高维模式识别中表现出许多特有的优势。SVM 是一种努力最小化结构风险的算法,结构风险包括以下两种风险:经验风险,分类器在给定样本上的误差;置信风险,在多大程度上可以信任分类器在未知文本上分类的结果。SVM 通过最小化结构风险,在拟合样本和提供较好泛化能力之间求得平衡。本节主要介绍了基于 SVM 的信用风险评估模型,该模型利用优化参数后的 SVM 来分析和评估用户的信用状况。

在应用 SVM 进行信用风险评估时,有三个最关键的问题:选择输入参数;选择核函数;优化核函数参数。输入参数的选择有助于提高分类准确率和减少运算时间,鉴于本问题涉及的输入数据只有不到30维,维数不高,故无须进行输入参数的选择。对于核函数的选择,已有的大量研究表明,RBF 核函数对于属性和类别关系非线性的数据能够计算出较好的结果。核函数参数的选择,有利于分类准确率的提高,核参数可采用表格法、遗传算法和粒子群算法进行优化。

1) 表格法

表格法即以画表格的方法在待优化参数的各个维度上,给定每个参数的变化范围,以穷举方式得到一个该方式下对应最优分类准确率的参数,即为所求参数。

2) 遗传算法

遗传算法(Genetic Algorithm)是模仿自然界生物进化的机制而发展起来的一种随机全局搜索和优化方法,它借鉴了达尔文的进化论和孟德尔的遗传学说。

遗传算法是一种高效、并行、全局搜索的方法,它能在搜索过程中自动获取和积累有关搜索空间的知识,并自适应地控制搜索过程,以获得最优解。遗传算法实现过程中使用适者生存的原则,在潜在的解决方案中逐次产生一个近似最优的方案。在遗传算法的每一代中,根据个体在问题域中的适应度值以及从自然遗传学中借鉴来的方法进行个体选择,产生一个新的近似解。这个过程导致种群中个体的进化,得到的新个体比原来的个体更能适应环境,就像自然界中的改造一样。

遗传算法的基本运算过程如图11-2所示。

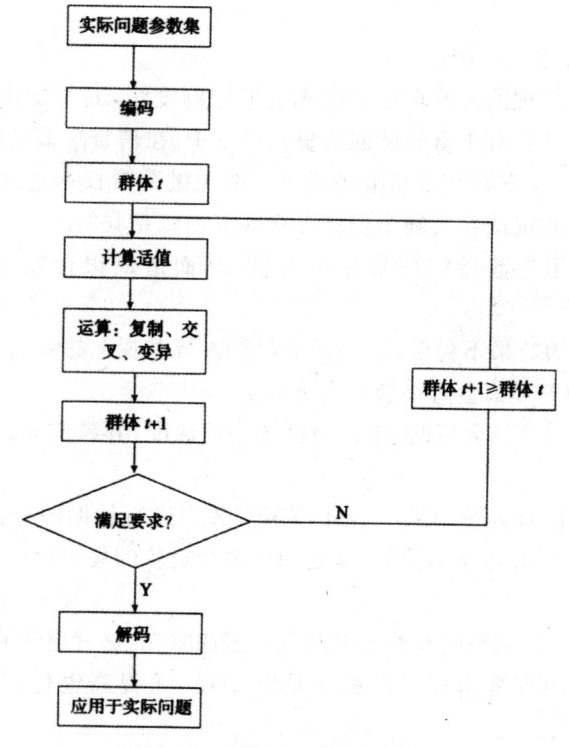

图 11-2 遗传算法基本运算过程

3) 粒子群算法

粒子群算法(PSO)与遗传算法类似,是一种基于迭代的优化算法。

系统初始化为一组随机解,通过迭代搜寻最优值。在每一次迭代中,粒子通过跟踪两个极值来更新自己。一个极值就是粒子本身所找到的最优解,这个解叫作个体极值 pbest;另一个极值是整个种群目前找到的最优解,这个极值是全局极值 gbest。

同遗传算法比较,PSO 的优势在于简单、容易实现并且没有许多参数需要调整。

在找到这两个极值时,粒子根据以下的公式来更新自己的速度和新的位置:

$$v[\ ] = w * v[\ ] + c1 * rand[\ ] * (pbest[\ ] - present[\ ]) + c2 * rand() * (pbest[\ ] - present[\ ])$$

$$present[\ ] = persent[\ ] + v[\ ]$$

式中,$v[\ ]$ 是粒子的速度;w 是惯性权重;$persent[\ ]$ 是当前粒子的位置;pbest 如前定义;$rand()$ 是介于 (0,1) 之间的随机数;$c1$、$c2$ 是学习因子。

4. 信用风险的管理

1) 古典方法的应用

银行风险管理的方法最早可追溯到专家制度法,其主要特征为银行的信贷决策权掌握在有丰富经验的信贷人员手中。在信贷决策过程中,信贷人员的专业知识、主观判断以及某些要考虑的关键要素权重是最为重要的因素。然而,专家制度法在实践中仍然存在许多难以克服的缺点,具体如下:

(1) 需要相当数量的信贷分析人员,从而造成银行冗员,成本居高不下。

(2) 实施的效果不稳定,这是因为信贷人员客观上的素质和经验差异,以及主观上的差异都会直接影响实施效果。

(3) 在进行信贷分析时,难以遵循统一的标准,容易造成评估结果的不一致。

(4) 需要信贷人员对某一行业或某类客户进行长期的分析研究,因此在选择客户时会有明显的偏好,从而加大银行贷款的集中程度,使银行面临更大的风险。

综上所述,专家制度有着许多难以克服的弊端,这就促使人们去寻找更客观、更有效的度量信贷风险的方法和手段,来提高银行信贷评估的准确性。

2) 传统方法的应用

随着社会科技的发展，研究人员在选取适当信用风险指标的基础上，将多种统计及数据挖掘方法引入信贷风险评估中，其中一个经典的方法是基于判别分析的方法。这种方法的基本原理是按照一个或多个判别函数计算出判别指标后，根据判别指标进行分类。在内部信用评级中采用的判别分析通常是多元判别分析法。1968年，Ahman 首先将判别分析法应用于财务危机、公司破产及违约风险分析，建立了 Z-score 模型和改进的 ZETA 模型。

Z-score 模型主要有模型 A、模型 B 两种。

(1) 模型 A 是针对公开上市交易的制造业公司的5变量破产指数模型，其公式为

$$Z = 1.2X_1 + 1.4X_2 + 3.3X_3 + 0.6X_4 + 0.999X_5 \quad (11\text{-}1)$$

式中

$$X_1 = \frac{（流动资产 - 流动负债）}{总资产}$$

$$X_2 = \frac{（股东权益合计 - 股本）}{总资产}$$

$$X_3 = \frac{（利润总额 + 财务费用）}{总资产}$$

$$X_4 = \frac{（股票市值 \times 股票总数）}{总资产}$$

$$X_5 = \frac{销售额}{总资产}$$

Z-score 越小，企业失败的可能性越大。

判断准则：$Z < 1.8$，破产区；$1.8 \leqslant Z < 3.0$，灰色区；$Z \geqslant 3.0$，安全区。

(2) 模型 B 则是 Ahman 针对非上市公司给出的修正的破产模型，其公式为

$$Z = 1.0X_3 + 6.65X_1 + 3.26X_2 + 0.72X_4 \quad (11\text{-}2)$$

判断准则：$Z < 1.23$，破产区；$1.23 \leqslant Z < 2.9$，灰色区；$Z \geqslant 2.9$，安全区。

1977年，Altman 又对 Z-score 模型进行了重大修正和扩展，提出了第二代信用评分模型——ZETA 信用风险模型。该模型变量数达到7个，从而使模型的适用范围更宽，精度也大大提高，其公式为

$$ZETA = aX_1 + bX_2 + cX_3 + dX_4 + eX_5 + fX_6 + gX_7 \quad (11\text{-}3)$$

模型中的 $a、b、c、d、e、f、g$ 分别是 ZETA 模型中变量对应的系数。$X_1 \sim X_7$ 分别表示模型中的7个因变量，它们分别是资产收益率、收益稳定性指标、债务偿付能力指标、累计盈利能力指标、流动性指标、资本化程度指标和

规模指标。

  研究表明,ZETA 模型在破产前 5 年即可有效地划分出将要破产的公司,其中破产前 1 年的准确度大于 90%,破产前 5 年的准确度大于 70%。

  但是,在应用多元判别分析的过程中,会有三个假设:数据服从正态分布;各组的协方差相同;均值向量、协方差矩阵、先验概率和误判代价已知。这些假设限制了该方法的进一步有效应用。

  除上述多元判别分析方法外,其他方法如逻辑回归模型也在银行风险管理领域得到了应用。1977 年,Matin 最早使用 Logit 模型预测银行业的破产及违约概率,他在放松了正态分布假设的基础上建立了逻辑回归模型,改善了公司财务数据在不满足正态分布的情况下的判别正确率。1980 年,Ohlson、Wiginton 等人研究发现采用假设条件较为宽松的 Logit 模型要优于判别分析模型。Logit 模型与判别分析法的本质差异在于它不要求数据满足正态分布或等方差假设,从而消除了多元判别分析模型的正态分布假定的局限性。

  进入 20 世纪 90 年代,神经网络分析法开始被用于银行业中的信用风险识别和预测。1990 年,Odom 等人第一次将神经网络分析法用于信用风险评分;1993 年,Coats 等人采用神经网络分析法分别对美国公司和银行财务危机进行预测;1994 年,Altman 等人在对意大利公司进行财务危机预测时应用了神经网络分析法;2000 年,West 建立了五种不同的神经网络模型来研究商业银行信用评价的准确性。这类方法的优点是能有效解决非线性、非正态分布的信用评估问题,并通过 sigmoid 函数将输出值映射到 0 和 1 之间,用来表示违约概率。然而,基于经验风险最小的神经网络模型常常会导致过学习,从而对新的数据泛化能力不佳,加之缺乏统计理论基础,所以其应用受到了一定限制。

  2003 年,Baesens 等人最早将支持向量机运用于信用评分领域,并认为支持向量机优于线性回归和神经网络分析法。2005 年,Schebesch 等人将分别基于线性核支持向量机和非线性核支持向量机构建的信用评分模型进行了比较,结果表明,基于非线性核支持向量机构建的信用评分模型能得到更优的分类结果。这种方法的优点在于它具有较好的泛化能力,在小样本时往往也能获得较好的分类结果,它也能够处理线性不可分情况下的分类问题。

  另外,决策树方法也在该领域得到了应用。1985 年,Makowski 第一次把决策树方法应用于个人信用评分。2006 年,Lee 等人也对决策树方法在信用评分中的应用进行了研究。这种方法的特点在于它代表的是对象属性与对象值之间的一种映射关系,它通过建立一个对原始样本进行最佳分类判别的分类树来达到目的。

1970 年，Chatterjee 等人最先将最近邻法应用于建立个人信用评分模型。1993 年，Lundy 运用该方法对消费贷款申请者的典型信用申请等数据进行回归评分，以对借款人进行分类并帮助银行确定贷款方式。这类方法并不要求获知总体的具体分布，既可用于定量研究，也可用于定性分析，因而适用于信用风险分析中按照定量指标（盈利比等）和定性指标（信用等级等）对并不服从一定分布特性的数据进行分类。

上面介绍的内部信用评价方法主要采用公司的财务数据和相关宏观信息来进行评估，由于这些数据仅仅反映历史信息，所以信用评级会有一些滞后。以 Z-score 模型和 ZETA 模型为例，由于它们具有较强的操作性、适应性和预测能力，所以广受欢迎。然而，人们在实践中也发现这两个模型存在着许多不足，主要体现在：忽视资本市场指标，从而削弱了模型预测能力的准确性、及时性；缺乏对违约和违约风险的系统认识，对变量间线性关系的假设与现实经济的非线性现象不符；无法计量企业的表外信贷风险；另外，使用范围也受到限制，对某些特殊企业（如财务公司、新公司等）不适用。鉴于这些问题，人们也一直在努力寻求新的方法和模型。

3）现代方法的应用

近 20 年来，随着金融企业及科学技术的发展，信用风险的识别和度量也有了很大的发展，主要标志是一些现代信用风险量化管理模型的出现。J. P. Morgan 继 1994 年推出著名的以 VaR(Value at Risk) 为基础的市场风险度量制（Risk Metrics）后，1997 年又推出了信贷风险度量制（Credit Metrics）。随后，瑞士信用银行也推出了具有较大影响的信贷风险量化模型 Credit Risk +。其他一些典型的信贷风险模型还有 KMV 公司的以 EDF 为核心手段的 KMV 模型、麦肯锡公司的 Credit Portfolio View 模型等。

11.1.2 数据挖掘在银行中的应用场景

1. 银行数据仓库系统和多维数据分析

很多家银行已经建立面向企业内部信息和部分企业外部数据的数据仓库系统。数据仓库系统主要起到两个作用：一方面是建立面向分析的企业信息整合与发布平台；另一方面是实现对数据多维度、多层次的统计性分析。数据仓库的主题一般包括银行产品、客户等。针对这些主题组织相关的属性数据，包括时间属性、空间属性、组织机构、交易情况、客户信息等。建立的数据仓库系统能够覆盖与该主题相关的各种数据，并建立数据仓库的维护体系，支撑对数据的高效统计查询。决策人员可以根据自己的分析目标，自行确定分析的属性组合和聚集的函数，包括最大、最小、总和、平均和其他统计信息。为了支撑查询的高效性和灵活性,一般都会采用多维立方体的系统。

2.信用卡客户分析

信用卡业务是银行科技能力和数据分析能力体现较为明显的业务,不仅需要制定适当的信贷政策吸引好的客户,而且需要向客户提供良好的服务,提高客户忠诚度并控制风险。为此,需要通过对客户各类信息进行挖掘和分析来提供决策支持。例如,通过聚类计算实现不同客户的分组,利用分类技术实现对客户的行为和潜力的预测,以帮助银行制定针对性的策略等。又如,利用孤立点分析、概念漂移监测等技术对客户的行为进行有效的监测,及时发现客户行为的变化,避免各种欺诈行为等。

如今,银行的服务模式和方式有了很大的变化。通过与外部开展信息交换与共享,银行获取数据的能力在不断增强。在互联网等新兴业务的驱动下,数据挖掘技术的作用更加凸显。例如,在互联网与银行业务结合的领域,主要通过分析客户在线上的各种表现和行为,并结合客户在线下的各种信息来制定对客户的服务和管理策略,这也就特别需要通过数据挖掘技术来实现对客户行为的把控。

11.2 数据挖掘在证券业的应用

证券行业也是数据挖掘技术应用的重要领域。通过对大量的证券和相关信息进行分析,可以有效地把握市场的变化,提升证券产品的盈利水平。目前,针对证券市场数据的分析主要包括以下两个层面:

(1)对市场交易数据的分析。对市场交易数据的分析主要针对各种金融产品的价格、成交量、持仓量等属性随时间变化的规律进行分析,获取金融产品价格的变化模式,探索和预测价格变化的趋势,获取利润。

(2)对市场情绪的分析。证券产品的价格波动除了受其本身变化规律的驱动以外,很大程度上还受市场情绪的影响,而市场情绪有很多种表现形式,如交易所门口的自行车数量等。在互联网时代,网络是侦测市场情绪反应的一个很好的工具,通过对互联网数据的分析,运用情感分析等技术可以有效地掌握市场的情绪走向,如基于事件的行情预测等。

11.2.1 交易价格的买卖报价差

在某些股票交易所(如 NYSE),做市商(market maker)在促进交易方面起了非常重要的作用。他们提供了市场流动性(market liquidity)。每当公众有买卖的愿望时,他们随时都准备好进行买或卖。市场流动性是指能快速地、匿名地、几乎没有价格影响地买卖相当数量证券的能力。作为提供流动性的回报,交易所赋予做市商对证券的买卖双方公布不同价格的垄断权。他们以标价(bid price)P_b购买,以更高的叫价P_a卖出(对公众来说,P_b是卖出价格,P_a是买入价格)。价格差P_a-P_b称为买卖报价差(bid-ask spread),这是做市商获得报酬的主要来源。买卖报价差一般比较小,也就是一两分。

买卖报价差尽管数量上比较小,但是它的存在对于资产收益率时间序列的性质有多个重要的影响。我们这里简要讨论买卖报价弹性,即买卖报价差引起的资产收益率的1阶滞后负(negative)序列相关。考虑Roll(1984)的简单模型,假定观测到的资产市场价格P_t满足

$$P_t = P_t^* + I_t \frac{S}{2} \tag{11-4}$$

式中:$S = P_a - P_b$表示买卖报价差;P_t^*表示在一个无摩擦市场中资产在t时刻的基本价值;$\{I_t\}$是一个独立的、服从等概率二项分布的随机变量序列(即以概率0.5,$I_t=1$;以概率0.5,$I_t=-1$)。I_t可以解释为一个指令型的指示变量,1表示买方发动的交易;-1表示卖方发动的交易。另外,模型可以写为

$$P_t = P_t^* + \begin{cases} +S/2 & \text{概率为 } 0.5 \\ -S/2 & \text{概率为 } 0.5 \end{cases}$$

如果P_t^*不变,那么观测到的价格变化过程为

$$\Delta P_t = (I_t - I_{t-1})\frac{S}{2} \tag{11-5}$$

在式(11-5)中,对I_t的假定下,我们有$E(I_t)=0$,$\text{Var}(I_t)=1$,从而可以得到$E(\Delta P_t)=0$,而且

$$\text{Var}(\Delta P_t) = S^2/2 \tag{11-6}$$

$$\text{Cov}(\Delta P_t, \Delta P_{t-1}) = -S^2/4 \tag{11-7}$$

$$\text{Cov}(\Delta P_t, \Delta P_{t-j}) = 0 \quad j > 0 \tag{11-8}$$

因此,ΔP_t的自相关函数为

$$\rho_j(\Delta P_t) = \begin{cases} -0.5, & j=1 \\ 0, & j>1 \end{cases} \tag{11-9}$$

因此,买卖报价差就导致观测到的价格变化序列的1阶滞后负相关,这在金融文献中一般称为买卖报价弹性(bid-ask bounce)。直观地,我们可以从下面的意义上来理解。假定基本价格P_t^*等于$(P_a+P_b)/2$,那么P_t就有P_a与P_b两种取值。如果前面观测到的价格为P_a(较高的值),则当前观测到

的价格要么不变,要么为 P_b,从而 ΔP_t 要么为 0,要么为 $-S$。然而,如果前面观测到的价格为 P_b(较低的值),则 ΔP_t 要么为 0,要么为 S。于是,ΔP_t 的 1 阶滞后负相关变得很明显。但是,买卖报价差并不会引起任何超过 1 阶滞后的序列相关。

一个更加现实的表示是假定 P_t^* 服从随机游走,满足 $\Delta P_t^* = P_t^* - P_{t-1}^* = \varepsilon_t$,这形成了一个均值为 0、方差为 σ^2 的独立同分布的随机变量序列,并且 $\{\varepsilon_t\}$ 与 $\{I_t\}$ 独立。在这种情形下,$\text{Var}(\Delta P_t) = \sigma^2 + S^2/2$,但是 $\text{Cov}(\Delta P_t, \Delta P_{t-j})$ 是不变的。从而

$$\rho_1(\Delta P_t) = \frac{-S^2/4}{S^2/2 + \sigma^2}, 满足 -0.5 < \rho_1(\Delta P_t) \leqslant 0$$

虽然 ΔP_t 的 1 阶滞后自相关的值减小了,但是当 $S = P_a - P_b > 0$ 时,负效应还是存在的。在金融中,研究买卖报价差的组成是比较有趣的,感兴趣的读者可以参考 Campbell 等(1997)及其参考文献。

为了说明问题,先从某股票交易所提取某公司一段时间内的股票交易数据,共计 155 267 笔交易。我们着重研究正常交易时间内每隔 30 秒的对数收益率,有效样本量为 3 895。图 11-3a 给出了大约 3 900 个观测值的交易价格,而图 11-3b 给出了 3 895 个观测值相应的对数收益率。这里,如果 30 秒区间内有交易,则价格为最后一个交易价格;如果 30 秒区间内没有交易,则价格为前一个交易价格。图 11-4 给出了盘中 30 秒区间对数收益率的样本 ACF。两条水平线表示 ACF 的近似 95% 区间。很明显,1 阶滞后 ACF 为负值,在 5% 水平下是显著的。事实上,我们有 $\hat{\rho}_1 = -0.052, \hat{\rho}_2 = 0.016$ 和 $\hat{\rho}_3 = 0.013$。买卖报价差效应是明显的。

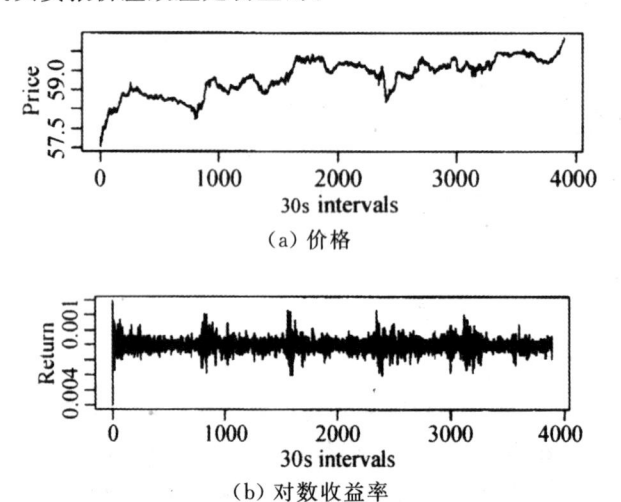

(a) 价格

(b) 对数收益率

图 11-3　一段时间内某公司股票盘中 30 秒区间交易价格和对数收益率

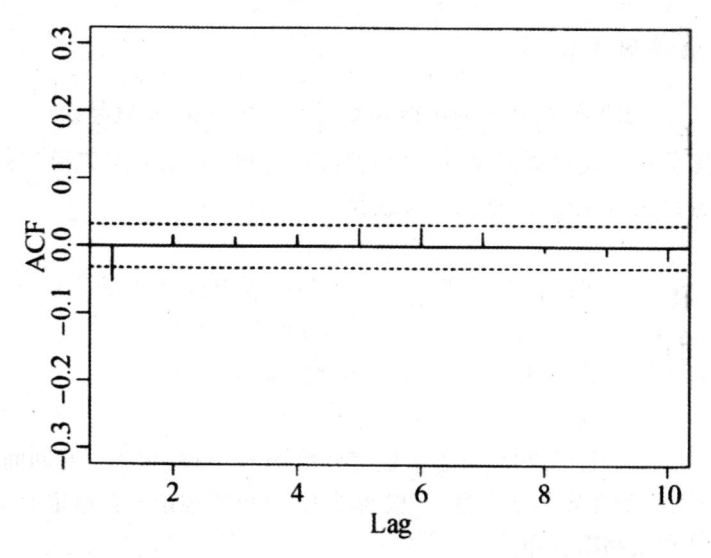

图 11-4　一段时间内某公司股票盘中 30 秒区间对数收益率的样本 ACF

买卖报价差效应在组合收益率与多元金融时间序列中也是存在的。我们考虑二元的情形，用 $I_t = (I_{1t}, I_{2t})'$ 表示二元指令型指示变量，其中，I_{1t} 是第一种证券的指示变量，I_{2t} 是第二种证券的指示变量。如果 I_{1t} 与 I_{2t} 是同步正相关的，则买卖报价差可以引起负的 1 阶滞后交叉相关。

11.2.2　价格变化模型

考虑某项资产的交易。令 t_i 表示从午夜开始以秒为单位的第 i 次交易发生的日历时间，P_{t_i} 表示交易价格。从第 $i-1$ 次交易至第 i 次交易的价格变化为 $y_i \equiv P_{t_i} - P_{t_{i-1}}$，时间持续期为 $\Delta t_i = t_i - t_{i-1}$。这里，易于理解 Δt_i 与 y_i 的下标 i 表示交易的时间顺序，而不是日历时间。在下面的讨论中，我们考虑 y_i 与 Δt_i 的单个模型与联合模型。

"无变化"价格的离散化与集中化这两个性质使得对盘中价格变化的建模比较困难。Campbell 等人(1997)讨论了文献中已经提出的几种计量经济模型。这里，我们提及两种盘中交易价格变化的模型，这两个模型有利用解释变量来研究盘中价格变化的优点。第一个模型是 Hauseman 等人(1992)在研究交易数据的价格变化中使用的顺序概率值模型(ordered probit model)。第二个模型由 McCulloch 和 Tsay(2000)提出，此模型是 Rydberg 和 Shephard(2003)提出模型的一个简便形式，也可以参考 Ghysels(2000)。

1. 顺序概率值模型

令 y_i^* 表示所研究资产的不能观测到的价格变化(也就是说,$y_i^* = P_{t_i}^* - P_{t_{i-1}}^*$),其中,$P_t^*$ 表示资产在 t 时刻的虚拟价格。顺序概率值模型假定 y_i^* 是一个连续的随机变量,服从以下模型

$$y_i^* = x_i\beta + \varepsilon_i \tag{11-10}$$

式中,x_i 表示 t_{i-1} 时刻可以得到的解释变量的 p 维行向量,p 是一个 $k\times 1$ 参数向量,$E(\varepsilon_i \mid x_i) = 0$,$\mathrm{Var}(\varepsilon_i \mid x_i) = \sigma_i^2$;并且对于 $i \neq j$,$\mathrm{Cov}(\varepsilon_i, \varepsilon_j) = 0$。假定条件方差 σ_i^2 是解释变量 w_i 的正函数,即

$$\sigma_i^2 = g(w_i) \tag{11-11}$$

式中,$g(\cdot)$ 是一个正函数。对于金融交易数据,w_i 可能包含了时间间隔 $t_i - t_{i-1}$ 以及某些条件异方差变量。一般情况下,也可以假定 ε_i 在给定 x_i 和 w_i 下的条件分布是高斯分布。

假定观测到的价格变化 y_i 有 k 个可能的取值。理论上,k 可以是无穷大,但必须是可数的。在实际应用中,k 是有限的,可能涉及将多种类别组合成单个值。我们将 k 个可能的取值表示为 $\{s_1, s_2, \cdots, s_k\}$,则顺序概率值模型假定 y_i 与 y_i^* 之间的关系为

$$y_i = s_j, \alpha_{j-1} < y_i^* \leqslant \alpha_j (j = 1, 2, \cdots, k)$$

式中,α_j 是实数,满足 $-\infty = \alpha_0 < \alpha_1 < \cdots < \alpha_{k-1} < \alpha_k = \infty$。在条件高斯分布的假定下,我们有

$$P(y_i = s_j \mid x_i, w_i) = P(\alpha_{j-1} < x_i\beta + \varepsilon_i \leqslant \alpha_j \mid x_i, w_i)$$

$$= \begin{cases} P(x_i\beta + \varepsilon_i \leqslant \alpha_1 \mid x_i, w_i) & j = 1 \\ P(\alpha_{j-1} < x_i\beta + \varepsilon_i \leqslant \alpha_j \mid x_i, w_i) & j = 2, \cdots, k-1 \\ P(\alpha_{k-1} < x_i\beta + \varepsilon_i \mid x_i, w_i) & j = k \end{cases}$$

$$= \begin{cases} \Phi\left[\dfrac{\alpha_1 - x_i\beta}{\sigma_i(w_i)}\right] & j = 1 \\ \Phi\left[\dfrac{\alpha_j - x_i\beta}{\sigma_i(w_i)}\right] - \Phi\left[\dfrac{\alpha_{j-1} - x_i\beta}{\sigma_i(w_i)}\right] & j = 2, \cdots, k-1 \\ 1 - \Phi\left[\dfrac{\alpha_{k-1} - x_i\beta}{\sigma_i(w_i)}\right] & j = k \end{cases}$$

式中,$\Phi(x)$ 是标准正态随机变量的累积分布函数在 x 点的取值,并且我们用 $\sigma_i(w_i)$ 表示 σ_i^2 是 w_i 的正函数。从定义中可以看出,顺序概率值模型是由未观测到的连续随机变量所驱动的。观测值都有一个自然序号,可以认为是代表所在过程的类别。

顺序概率值模型包含了参数 β、$\alpha_i (i = 1, \cdots, k-1)$ 以及式(11-11)中

第 11 章 数据挖掘在金融业中的应用

条件方差函数 $\sigma_i(w_i)$ 中的参数。这些参数可以通过最大似然估计或者 MCMC 方法来估计。

【例 11-1】 为了说明问题,考虑某公司股票 2017 年 1 月 4 日的盘中价格变化数据。在正常交易时间内共有 37 716 笔交易,因此有 37 715 个价格变化。为了简单起见,把价格变化分为 7 个类别,如表 11-1 所示。我们着重分析盘中价格变化的动态相关性。为此,为滞后价格定义指示变量(或者哑变量):

$$y_{e,j} = \begin{cases} 1, y_{i-e} = s_j \\ 0, y_{i-e} \neq s_j \end{cases}$$

式中,s_j 代表价格变化的第 j 个类别,y_{i-e} 是在时刻 t_{i-t} 的第 $i-e$ 个价格变化,其中 $j=2,\cdots,7$ 且 $e=1,2$。换句话说,我们应用前面两个连续交易的价格变化类别。通常,7 个类别需要 6 个指示变量。

表 11-1 2017 年 1 月 4 日某公司股票价格变化频率

类别	1	2	3	4	5	6	7
元	<-2	[-2,-1]	[-1,0)	0	(0,1]	(1,2]	>2
百分比	0.605	1.692	15.20	64.98	15.04	1.832	0.655

注:"<-2" 元表示价格下降超过 2 元。

还应将观测到的价格变化 y_{i-e} (其中 $e=1,2,3$) 和滞后 2 阶交易量,记为 $V_{i-2}/100$,其中,V_{i-2} 是实际交易量。因为价格在一个交易日中是相对平稳的,所以这里我们没有应用价格量。因此,所应用的模型为

$$x_i\beta = \beta_i v_{i-2} + \sum_{e=1}^{3} \beta_{1+e} y_{i-e} + \sum_{j=2}^{7} \gamma_{1,j} y_{1,j} + \sum_{j=2}^{7} \gamma_{2,j} y_{2,j} \tag{11-12}$$

为简单起见,从常数 $\sigma_i^2(w_i) = \sigma^2$ 开始。表 11-2 给出了模型的参数估计值,其中式(11-12)的所有参数都是负的。很明显,除了一个参数以外,所有的估计值在通常的 5% 水平下是显著的。事实上,给出的模型是剔除了一些统计上不显著的解释变量后的简化版本。例如,在初始分析中也包含时间持续 $\Delta t_i = t_i - t_{i-1}$,由于它的估计值在 5% 水平下统计不显著,因此我们决定剔除该变量。指示变量的显著性表明盘中价格变化存在动态相关性。故此,拟合的模型可以用于提供下一个交易价格变化的概率预测。事实上,该模型提供每一项交易对每一个价格变化类别的概率。图 11-5 给出了对类别 1、4 和 7 拟合概率的时序图。如预料的那样,类别 4(即没有价格变化的类别)的拟合概率较高。然而,对于类别 1 或者 7,也存在概率较高的个案。

(a) 价格下降超过 3 分

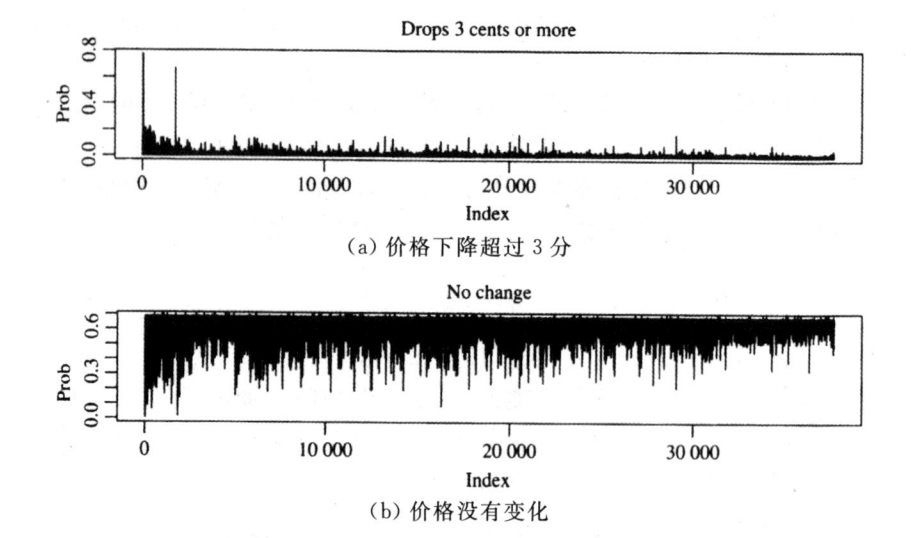

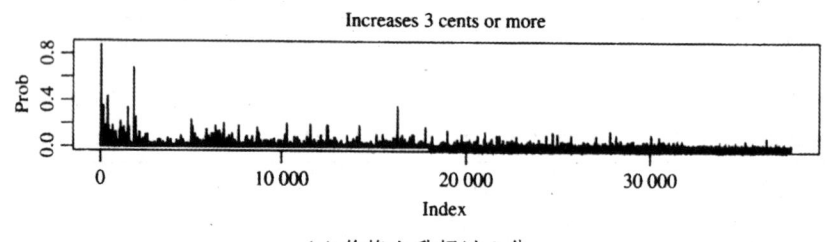

(b) 价格没有变化

(c) 价格上升超过 3 分

图 11-5　2017 年 1 月 4 日某公司股票交易价格变化的拟合概率时序图

最后,研究表 11-2 给出的拟合顺序概率值模型的边界分割值是很有趣的。第一,因为解释变量可能有非零均值,所以边界参数 α_i 不是关于 O 对称的。第二,$\hat{\alpha}_2 - \hat{\alpha}_1 = 0.577$ 和 $\hat{\alpha}_6 - \hat{\alpha}_5 = 0.601$,这两个区间大致有相同的长度。类似地,$\hat{\alpha}_3 - \hat{\alpha}_2 = 1.157$ 和 $\hat{\alpha}_5 - \hat{\alpha}_4 = 1.140$ 接近。这些结果和经验观测是一致的,即如表 11-1 所示,价格变化看起来大致关于 O 对称。

表 11-2　2017 年 1 月 4 日某公司股票交易盘中 377716 个价格变化的顺序概率值模型的估计结果

	概率值模型的边界分割值					
参数	α_1	α_2	α_3	α_4	α_5	α_6
估计	−4.594	−4.017	−2.860	−0.853	0.287	0.888
t	−31.48	−27.80	−19.89	−5.944	2.000	6.188

续表 11-2

概率值模型的公式参数（估计为负值）

参数	β_1	β_2	β_3	β_4	$\gamma_{1,2}$	$\gamma_{1,3}$	$\gamma_{1,4}$	$\gamma_{1,5}$
估计	0.004	7.837	10.86	12.28	0.274	0.743	1.331	1.858
t	3.983	5.363	7.098	15.93	2.971	8.173	13.81	17.83

参数	$\gamma_{1,6}$	$\gamma_{1,7}$	$\gamma_{2,2}$	$\gamma_{2,3}$	$\gamma_{2,4}$	$\gamma_{2,5}$	$\gamma_{2,6}$	$\gamma_{2,7}$
估计	2.262	2.493	0.099	0.307	0.531	0.745	0.933	0.859
t	18.57	15.95	1.053	3.324	5.419	7.009	7.528	5.381

注：该模型为式(11-12)，其中的 t 表示 t 比统计量。

2. 分解模型

对价格变化建模的另外一个方法是将价格变化分解为三个组成部分，然后运用每一部分的条件设置(Rydberg 和 Shephard，2003)。这三个部分分别为价格变化的指示变量、价格变化时价格变化的方向以及价格变化时变化的大小。具体来讲，在第 i 次交易中的价格变化可以写为

$$y_i \equiv P_{t_i} - P_{t_{i-1}} = A_i D_i S_i \tag{11-13}$$

式中，A_i 是一个二元变量，定义为

$$A_i = \begin{cases} 1, & \text{如果第 } i \text{ 次交易中有价格变化} \\ 0, & \text{如果第 } i \text{ 次交易中无价格变化} \end{cases}$$

D_i 也是一个离散变量，它表示价格变化时价格变化的方向(direction)，即

$$D_i \mid (A_i = 1) = \begin{cases} 1, & \text{第 } i \text{ 次交易中价格上升} \\ 0, & \text{第 } i \text{ 次交易中价格下降} \end{cases}$$

式中，$D_i \mid (A_i = 1)$ 意味着 D_i 是在 $A_i = 1$ 的条件下定义的。当第 i 次交易中有价格变化时，S_i 是指最小变动价位的大小；当第 i 次交易中没有价格变化时，$S_i = 0$。当有价格变化时，S_i 是一个正的实值随机变量。

注意，当 $A_i = 0$ 时，不需要 D_i，并且在分解中有一个自然次序。只有当 $A_i = 1$ 时，D_i 才有定义。只有当 $A_i = 1$ 并且给定 D_i 的条件下，S_i 才有意义。在分解中，模型的确定也利用了这个次序。

令 F_i 表示第 i 次交易中可以得到的信息集合。F_i 的元素为 Δt_{i-j}，A_{i-j}，D_{i-j} 以及 $S_{i-j}(j \geqslant 0)$。在式(11-13)的模型下，价格变化的演变可以分解为

$$\begin{aligned} P(y_i \mid F_{i-1}) &= P(A_i D_i S_i \mid F_{i-1}) \\ &= P(S_i \mid D_i, A_i, F_{i-1}) P(D_i \mid A_i, F_{i-1}) P(A_i \mid F_{i-1}) \end{aligned} \tag{11-14}$$

因为 A_i 是一个二元变量,所以只要考虑随时间演变的概率 $p_i = P(A_i = 1)$ 就足够了。我们假定

$$\ln\left(\frac{p_i}{1-p_i}\right) = \boldsymbol{x}_i\boldsymbol{\beta} \ \text{或} \ p_i = \frac{\mathrm{e}^{x_i\beta}}{1+\mathrm{e}^{x_i\beta}}$$

式中,$\boldsymbol{x}_i$ 是一个包含了 F_{i-1} 中所有元素的有限维向量;$\boldsymbol{\beta}$ 是一个参数向量。在 $A_i = 1$ 的条件下,D_i 也是一个二元变量,并且对 $\delta_i = P(D_i = 1 \mid A_i = 1)$,我们利用下面的模型

$$\ln\left(\frac{\delta_i}{1-\delta_i}\right) = \boldsymbol{z}_i\boldsymbol{\gamma} \ \text{或} \ \delta_i = \frac{\mathrm{e}^{z_i\gamma}}{1+\mathrm{e}^{z_i\gamma}}$$

式中,$\boldsymbol{z}_i$ 是一个包含了 F_{i-1} 中所有元素的有限维向量;$\boldsymbol{\gamma}$ 是一个参数向量。为了允许正负价格变化之间的对称性,我们假定

$$S_i \mid (D_i, A_i = 1) \sim 1 + \begin{cases} g(\lambda_{u,i}) D_i = 1, A_i = 1 \\ g(\lambda_{d,i}) D_i = -1, A_i = 1 \end{cases} \quad (11\text{-}15)$$

式中,$g(\lambda)$ 是参数为 λ 的几何分布,并且参数 $\lambda_{j,i}$ 随时间的变化为

$$\ln\left(\frac{\lambda_{j,i}}{1-\lambda_{j,i}}\right) = w_i\boldsymbol{\theta}_j \ \text{或} \ \lambda_{j,i} = \frac{\mathrm{e}^{w_i\theta_j}}{1+\mathrm{e}^{w_i\theta_j}}, j = u, d \quad (11\text{-}16)$$

式中,w_i 是 F_{i-1} 中有限维的解释变量;$\boldsymbol{\theta}_j$ 是一个参数向量。

在式(11-15)中,随机变量 x 服从几何分布 $g(\lambda)$,其概率为

$$p(x = m) = \lambda(1-\lambda)^m, m = 0, 1, 2, \cdots$$

我们在几何分布中加了 1,以便当发生价格变化的时候,价格的变化至少为一个最小变动价位。在式(11-16)中,为了确保 $\lambda_{j,i} \in [0, 1]$,我们进行了逻辑斯谛(Logistic)变换。

前面的说明将第 i 次交易分为三类:

(1) 无价格变化:$A_i = 0$ 而且相应的概率为 $(1-p_i)$。

(2) 价格上升:$A_i = 1, D_i = 1$,相应的概率为 $p_i\delta_i$。价格上升的大小是由 $1 + g(\lambda_{u,i})$ 控制的。

(3) 价格下降:$A_i = 1, D_i = -1$,相应的概率为 $p_i(1-\delta_i)$。价格下降的大小是由 $1 + g(\lambda_{d,i})$ 控制的。

对于 $j = 1, 2, 3$,令 $I_i(j)$ 表示前面三类的指示变量。也就是说,当第 j 类发生时,$I_i(j) = 1$;否则,$I_i(j) = 0$。式(11-14)的对数似然函数为

$$\ln[P(y_i \mid F_{i-1})] =$$
$$I_i(1)\ln[(1-p_i)] + I_i(2)$$
$$[\ln(p_i) + \ln(\delta_i) + \ln(\lambda_{u,i}) + (S_i - 1)\ln(1-\lambda_{u,i})] +$$
$$I_i(3)[\ln(p_i) + \ln(1-\delta_i) + \ln(\lambda_{d,i}) + (S_i - 1)\ln(1-\lambda_{d,i})]$$

并且全部的对数似然函数为

$$\ln[P(y_1,\cdots,y_n\mid F_0)]=\sum_{i=1}^{n}\ln[P(y_i\mid F_{i-1})]$$

这里是参数 $\boldsymbol{\beta}$、$\boldsymbol{\gamma}$、$\boldsymbol{\theta}_u$ 以及 $\boldsymbol{\theta}_d$ 的一个函数。

【例 11-2】 为了说明分解模型,以例 11-1 中某公司股票 2017 年 1 月 4 日的盘中交易数据为例,在该段正常交易时间内共有 37715 次价格变化,我们把价格变化分为 7 个类别。为了使模型保持简洁,我们运用下列解释变量:

① A_{i-1}:上一次交易的行动指示变量(即第 $i-1$ 次交易)。
② D_{i-1}:上一次交易的方向指示变量。
③ S_{i-1}:上一次交易的大小。

也可以应用和第 $i-1$ 次交易一起获得的其他变量。因为我们利用的是滞后 1 阶的解释变量,所以实际的样本大小为 37714,采用的模型为

$$\ln\left(\frac{p_i}{1-p_i}\right)=\beta_0+\beta_1 A_{i-1}$$

$$\ln\left(\frac{\delta_i}{1-\delta_i}\right)=\gamma_0+\gamma_1 D_{i-1}$$

$$\ln\left(\frac{\lambda_{u,i}}{1-\lambda_{u,i}}\right)=\theta_{u,0}+\theta_{u,1} S_{i-1}$$

$$\ln\left(\frac{\lambda_{d,i}}{1-\lambda_{d,i}}\right)=\theta_{d,0}+\theta_{d,1} S_{i-1}$$

(11-17)

模型参数估计在表 11-3 中给出。估计得到的简单模型显示了价格变化中的某些动态相依性。尤其是卡特彼勒股票的交易对交易的价格变化呈现出许多吸引人的性质。

表 11-3 对 2017 年 1 月 4 日的某公司浮漂交易价格的式(11-17)中 ADS 模型的参数估计

参数	β_0	β_1	γ_0	γ_1
估计	-1.073	1.183	0.010	1.241
标准误差	0.015	0.023	0.019	0.029
参数	$\theta_{u,0}$	$\theta_{u,1}$	$\theta_{d,0}$	$\theta_{d,1}$
估计	1.649	-0.297	1.534	-0.162
标准误差	0.041	0.035	0.039	0.037

(1)价格变化的概率依赖于上一次的价格变化。具体地,有

$$P(A_i=1\mid A_{i-1}=0)=\frac{\exp(-1.073)}{1+\exp(-1.073)}=0.255$$

$$P(A_i = 1 \mid A_{i-1} = 1) = \frac{\exp(-1.073 + 1.183)}{1 + \exp(-1.073 + 1.183)} = 0.527$$

这个结果显示价格变化的发生是聚集的,正如所料想的那样,大部分交易没有价格变化。当第 $i-1$ 次交易中没有价格变化时,在随后的交易中,只有大约 1/4 的交易有价格变化;当第 $i-1$ 次交易中有价格变化时,在第 i 次交易中,价格发生变化的概率增加大约为 0.5。

(2) 价格变化的方向由下式控制:

$$P(D_i = 1 \mid F_{i-1}, A_i) = \begin{cases} 0.500 & D_{i-1} = 0, A_{i-1} = 0 \\ 0.223 & D_{i-1} = 1, A_i = 1 \\ 0.774 & D_{i-1} = -1, A_i = 1 \end{cases}$$

这个结果说明:

(Ⅰ) 如果第 $i-1$ 次交易中没有价格变化,那么在第 i 次交易中价格上升和下降的机会是相等的。

(Ⅱ) 连续价格上升或者价格下降的概率是非常低的。给定第 $i-1$ 次交易中交易价格上升并且第 i 次交易中价格发生变化的条件下,第 i 次交易价格上升的概率仅为 22.3%。然而,在给定第 $i-1$ 中交易价格下降并且第 i 次交易中价格发生变化的条件下,第 i 次交易价格上升的概率大约为 77.4%。因此,这个结果显示了买卖报价弹性的影响,支持了高频数据交易中的价格逆转。

(3) 只有很弱的证据表明大的价格变化有更大的可能性跟随另外一个大的价格变化,考虑价格上升的大小,我们有

$$S_i \mid (D_i = 1) - 1 + g(\lambda_{u,i}), \lambda_{u,i} = 1.649 - 0.297 S_{i-1}$$

利用几何分布的概率,可以得到,如果交易导致价格增长而且 $S_{i-1} = 1$,那么在第 i 次交易中,价格增加 1 分的概率为 0.794。当 $S_{i-1} = 2$ 时,此概率下降为 0.792;当 $S_{i-1} = 3$ 时,下降为 0.681。类似地,如果交易价格上升并且 $S_{i-1} = 1$,那么在第 i 次交易中价格上升 2 分的概率为 0.163。如果 $S_{i-1} = 2$,相应的概率上升为 0.192,如果 $S_{i-1} = 3$,概率为 0.217。因此,给定第 i 次交易中价格上升的条件下,一个大 S_i 的概率与 S_{i-1} 成正比。

11.2.3 基于粗糙集的股票价格预测模型

在过去的二十多年里,我国的股票市场快速成长,为我国经济的蓬勃发展添上了浓墨重彩的一笔,行内外越来越多的人试图探寻股票的运动规律。本章以上证综合指数相关的技术指标为条件,使用粗糙集这种专门处理不确定性和模糊性知识的数学工具对股票价格指数进行预测。实验结果证明,该方法具有较高的预测精度和良好的应用前景,但过程中也必定存在某些

第 11 章　数据挖掘在金融业中的应用

不足,供大家学习借鉴。

基于粗糙集理论在处理不精确、不一致、不完整信息上的优势,笔者设计并构建出了基于粗糙集的预测方法模型,模型过程如图 11-6 所示。从图 11-6 可以看出,此模型可理解为单方法多集成模型,有一定的局限性,但希望有一定的借鉴性,其主要包括以下五个步骤:

第一步,数据样本的选择。可从不同来源选择最可靠的数据样本,即选择不同国家具有代表性的股票指数。

第二步,数据预处理。首先,由于粗糙方法的特殊性,选择出来的数据必须经过离散化,变换成模型接受的数据形式。其次,将数据集划分为训练集和测试集。

第三步,训练决策模型。利用粗糙集方法理论的约简最终得到决策规则集,通过一定的方法筛选出有效规则,集合成有效训练决策模型。多个决策模型的产生是由于条件属性的约简集不同或条件属性使用的离散化方法不同造成的。

第四步,对模型进行测试。利用测试集对模型的有效性进行验证,过程中也对预测结果模型进行适当的调整。

第五步,预测模型。反复多次,对上述过程进行操作,最终得到预测结果较好且稳定的预测模型,并对模型进行评估。

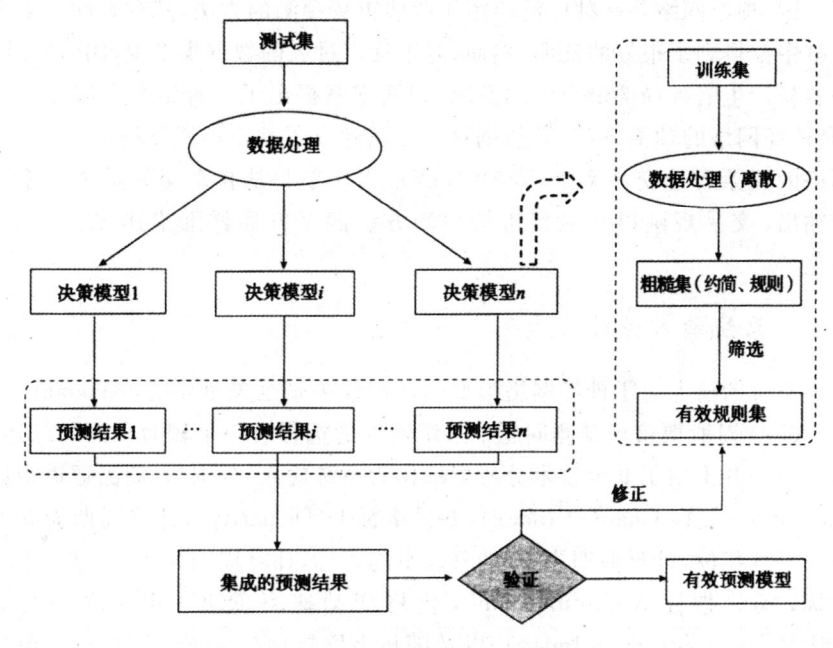

图 11-6　股票价格指数预测模型

11.2.4 基于传统统计方法的股价预测

国内外研究表明,交易量、相对强弱指数、乖离率等都与股价波动存在相关关系。王军波等人使用计量 GARCH 模型研究了利率与成交量等因素之间的关系,从研究结果来看,这些因素之间存在着显著的相关关系。另外,也证明了上海证券市场比深圳证券市场更为成熟稳定。李双成研究了中国股票市场上交易量与价格波动的关系,实验结果表明交易量可以用于解释股票价格的波动。

国外学者的研究也表明交易量完全可以诠释股票市场的价格波动,交易量有助于预测未来股票价格的走势。证券市场的原始数据指的是开盘价、最高价、最低价、收盘价、成交量和成交额,有时还包括成交笔数。朱威探讨了相对强弱指数(RSI)和乖离率(BIAS)的统计性质,考察了它们预测股票价格走势的力与股票市场的有效性程度有关。

11.2.5 基于数据挖掘的股票自动交易系统

本小节主要介绍一个基于 BP 神经网络和小波分析的预测模型,用于建立股票交易系统。

BP 神经网络是一种广泛应用于股票市场预测的方法,其有效性在多个文献中都得到了很好的证明。然而,对于噪声过大的数据集来说,BP 神经网络容易产生陷入局部最小值的情况。因而本章提出了一种结合小波分析和 BP 神经网络的预测方法,并依据这一方法建立了基于小波分析和 BP 神经网络的股票自动交易系统(WANNTS)。本小节将从自动交易系统的输入和输出、交易规则以及股票市场预测方法四个方面详细描述 WANNTS 模型。

1. 系统输入设计

系统的输入对于神经网络模型的模拟效果是至关重要的,Atsalakis 等人(2009)对股票市场预测问题中系统输入的选择有一个较为全面的综述。本小节一共采用了 9 个技术分析指标作为系统输入,分别为:商品通道指标 CCI(commodity Channel Index),差异指标 D(Disparity),计算周期为 5 的移动平均指标,计算周期为 10 的移动平均指标,计算周期为 20 的移动平均指标,动量指标 M(Momentum),价格变动速率 ROC,相对强弱指标 RSI(Relative Strength Index),以及随机 KD 指标(Stochastic K&D,包括 SK 和 SD 两个指标)(Achelis,1995)。系统输入的指标及其计算方法见

表 11-4。

表 11-4　系统输入的指标及其计算方法

技术指标名称	计算公式
商品通道指标 CCI	$M = (H+L+C)/3$ $SM = \sum_{i=1}^{m} M_i$ $d = \|M - SM\|$ $CCI = (M - SM)/0.015 \times d$
差异指标 D	$D_{10} = (C/MA_{10}) \times 100$
计算周期为 5 的移动平均指标	$MA_5 = \sum_{i=1}^{5} C_i / 5$
计算周期为 10 的移动平均指标	$MA_{10} = \sum_{i=1}^{10} C_i / 10$
计算周期为 20 的移动平均指标	$MA_{20} = \sum_{i=1}^{20} C_i / 20$
动量指标 M	$M = (C_i / C_{i-n}) \times 100$
价格变动速率 ROC	$ROC = (MA_1 - MA) \times 100$
相对强弱指标 RSI	$U = \sum_{i=1}^{n} (C_{i+1} - C_i)/n$ $RSI = 100 - [100/(1+U/D)]$
随机 KD 指标 SK、SD	$SK = [(C - L_n)/(H_n - L_n)] \times 100$ $SD = \sum SK_m/m, m$ 为计算周期

注：H 表示当日最高价；H_i 表示第 i 天的最高价；L 表示当日最低价；L_i 表示第 i 天的最低价；C 表示当日收盘价；C_i 表示第 i 天的收盘价；MA 表示移动平均指标。

2. 系统输出设计

在本小节中，历史 n 天的平均收益率（$n-HAR$）被选作系统的输出，从而用来表征股票市场的波动。$n-HAR$ 表示当前股票价格相对于历史一段时期内平均价格的高低，其计算方法如式(11-18)所示。

$$HAR_i^n = nC_i / \sum_{k=i}^{n} C_{i-k} \qquad (11\text{-}18)$$

该指标实际上反映了股票价格指数的变动方向。当 $HAR_i^n < 1$ 时，表明

当天的收盘价高于历史 n 天的平均价格,股票指数有上涨趋势;当 $HAR_n^n >$ 1 时,表明当天的收盘价低于历史 n 天的平均价格,股票指数有下跌趋势。

采用 $n-HAR$ 而非股票价格本身来衡量市场波动的原因在于这样能够有效地对市场价格进行平滑,同时能够更好地去除随机因素的影响。然而,$n-HAR$ 指标本质上是一个延迟性指标,它将目前的价格与历史数据作比较。该类指标用于趋势预测,风险相对较低,但是收益也相对更小。因为买入信号和卖出信号总是晚于真正的上涨趋势或下跌趋势。当股票价格存在相对长期的趋势时,这一指标将会非常有效。

3. 交易规则设计

系统的买入信号和卖出信号由系统的输出 $n-HAR$ 给出。考虑到买入信号和卖出信号的强弱问题,本次研究对系统输出得到的 $n-HAR$ 分为三类,当 $n-HAR$ 高于某一个阈值 $(1+\delta)$,被认为是强烈的买入信号,可在此时作出购买决策;当 $n-HAR$ 低于某一个阈值 $(1-\theta)$,则被认为是强烈的卖出信号,可在此时作出卖出决策;而当 $n-HAR$ 落在区间 $(1-\theta,1+\delta)$ 时,认为此时是市场的正常波动,因此不作出任何买入或卖出的行动,维持原来的状态。交易规则如式(11-19)所示:

$$n-HAR \in \begin{cases} (-\infty,1-\theta) & \text{强卖出信号} \\ (1-\theta,1+\delta) & \text{维持原状态} \\ [1+\delta,+\infty) & \text{强买入信号} \end{cases} \quad (11-19)$$

式中,θ 和 δ 为参数,满足 $0 \leqslant \theta \leqslant 1, \delta, 0$,参数 θ 和 δ 需要根据选用的投资市场或需要预测的特定数据在试验中调整设定。实际上,参数 θ 和 δ 是用来控制风险的,θ 和 δ 的取值越大表明投资者的风险偏好程度越高;反之,风险偏好程度越低。

4. 股票市场预测

基于小波分析和 BP 神经网络的股票市场预测方法的基本思想是将输入信号和输出信号分别进行小波分解,得到不同分辨率下的信号成分,然后从低分辨率到高分辨率依次作为训练样本对 BP 神经网络进行训练。

1) 信号数据的小波分解

输入信号数据统一使用 IPT 表示,输出信号用 OPT 表示,则有

$$IPT_i = [ipt_i^1, ipt_i^2, \cdots, ipt_i^n], OPT_i = [opt_i^1, opt_i^2, \cdots, opt_i^m]$$

式中,下标 i 表示数据的组别,上标 m 和 n 分别表示输出信号和输入信号数据的维数,在本小节中,m 和 n 的取值分别为 1 和 10,则有

第 11 章　数据挖掘在金融业中的应用

$$IPT = \begin{bmatrix} ipt_1^1 & ipt_1^2 & \cdots & ipt_1^{10} \\ ipt_2^1 & ipt_2^2 & \cdots & ipt_2^{10} \\ \vdots & \vdots & \vdots & \vdots \\ ipt_N^1 & ipt_N^2 & \cdots & ipt_N^{10} \end{bmatrix}$$

$$OPT_i = [opt_1, opt_2, \cdots, opt_N]^T$$

这里输出信号的维数表示省略。

简单而不失一般性,该部分对于信号数据的小波分解以输出信号 OPT 为例。小波分解使用尺度函数和小波函数将原始的复杂信号分解成不同分辨率的简单近似信号(Approximation)。本次研究中,小波分解使用的算法是 Mallat 的树形算法(Tree Algorithm)(Mallat,1989),即先对较大尺度的信号进行小波变换,再选取其中的低频部分在原尺度的 1/2 尺度上再变换,始终分解低频部分直到所需要的层数。在信号分解的过程中,该算法使用一个低通滤波器 L 和一个高通滤波器 H。记 OPT^M 为原始信号 OPT 在最高分辨率 2^M 下提取得到的近似样本信号,其中 OPT^M 的长度为 2^M。较低分辨率 2^{M-1} 下的近似样本信号 OPT^{M-1} 是在高分辨率近似样本信号 OPT^M 的基础上使用低通滤波器 L 产生的,其信号长度为 2^{M-1}。所有低分辨率下的近似样本信号均是通过这一过程迭代产生的。迭代方法如式(11-20)所示,其中,符号 $\otimes$ 表示滤波的操作。

$$OPT^{l-1} = L \otimes OPT^l \quad (l = 2, \cdots, M) \tag{11-20}$$

在分辨率 2^{l-1} 下,与近似样本 OPT^{l-1} 对应的详细样本信号(detail)D^{l-1} 在 OPT^M 的基础上使用高通滤波器 H 产生。产生方式如式(11-21)所示:

$$D^{l-1} = H \otimes OPT^l \quad (l = 1, 2, \cdots, M) \tag{11-21}$$

在产生各个层次的样本信号后,可以根据低分辨率的信号以及滤波器来重新构建高分辨率的信号。其构建方法如式(11-22)所示,其中 L^T 和 H^T 分别为 L 和 H 矩阵的转置:

$$OPT^l = L^T \otimes OPT^{l-1} + H^T \otimes D^{l-1} \quad (l = 1, 2, \cdots, M) \tag{11-22}$$

如果使用符号 $\oplus$ 来表示构建函数,则式(11-22)能够被改写为式(11-23),即

$$OPT^l = OPT^{l-1} \oplus D^{l-1} \quad (l = 1, 2, \cdots, M) \tag{11-23}$$

这样对于任意层次的分辨率 $2^l (l = 1, 2, \cdots, M)$ 的信号,可以通过 OPT^l 以及各个层次上的详细信号样本重新构建,构建方法如式(11-24)所示:

$$OPT^l = OPT^1 \oplus D^1 \oplus D^2 \oplus \cdots \oplus D^{l-1} \quad (l = 1, 2, \cdots, M)$$
$$\tag{11-24}$$

从而,原始信号可以由式(11-25)构建得到

$$OPT = OPT^1 \oplus D^1 \oplus D^2 \oplus \cdots \oplus D^M \quad (11\text{-}25)$$

使用上述的小波分解方法，可以将输出信号 OPT 分解为不同分辨率层次的信号集，即 $OPT\_S = \{OPT^1, OPT^2, \cdots, OPT^M, OPT\}$，其中 M 为分解的层数。同理，对于输入信号 IPT，按照各列进行小波分解与重新构建，同样可以得到输入信号各层的成分信号集，$IPT\_S = \{IPT^1, IPT^2, \cdots, IPT^M, IPT\}$。

2) BP 神经网络的训练

BP 神经网络的训练基于上部分分解得到的输入和输出数据集，从最低分辨率开始逐渐提升分辨率，依次作为神经网络的训练样本。低分辨率数据集的训练结果作为高分辨率数据集训练的初始网络。假设使用 net_1 表示使用第 1 层，即分辨率为 2^1 的数据训练得到的神经网络，则整个 BP 神经网络的训练过程可以由以下的链式学习过程表示：

$$net_1(IPT^1, OPT^1) \to net_2(IPT^2, OPT^2) \to \cdots \to net_k(IPT^k, OPT^k)$$

式中，k 为 BP 神经网络训练的次数，满足条件 $0 < k \leqslant M+1$，M 为分解的层数，并且假设 $OPT^{M+1} = OPT$，以及 $IPT^{M+1} = IPT$。调节 k 的值能够控制神经网络训练的拟合程度，k 值越大，训练数据的拟合程度就会越高，然而产生过拟合问题的可能性也就越大，因而应当合理选择 k 值。

BP 神经网络的这种训练方法较之于传统的方法有明显的优势。一方面，通过控制后值能够控制神经网络的拟合程度，减少过拟合的问题，从而提升模型的泛化能力；另一方面，低分辨率的数据样本实际上更为简单，但表征了时间序列的趋势，使用这样的数据训练网络能够帮助网络更好地学习数据的特征，这种渐进式的学习方式能够防止模型过早收敛，从而避免陷入局部最优。

3) 算法计算程序

在以上模型说明的基础上，本小节具体说明模型的计算程序，算法的伪代码如下所示。

// 该算法使用 WANNTS 模型训练得到 BP 神经网络，算法输出为 BP 神经网络模型 net。

// 算法输入包括训练输入数据 IPT，训练输出数据 OPT，小波分解层数 M，BP 网络训练层数 k。

(1) Begin。

(2) $IPT\_S \leftarrow \{IPT^1, IPT^2, \cdots, IPT^M, IPT\}$ // 小波分解得到输入数据集各分辨率层次数据集。

(3) $OPT\_S = \{OPT^1, OPT^2, \cdots, OPT^M, OPT\}$ // 小波分解得到输出数据集各分辨率层次数据集。

(4)$t \leftarrow 0$// 初始化 BP 网络训练次数计数器。

(5)$net \leftarrow initialize(IPT, OPT)$// 初始化一个 BP 网络。

(6)Do While$t < k$。

(7)$net \leftarrow train(net, IPT^t, OPT^t)$// 使用 IPT^t 和 OPT^t 来训练 BP 网络 net。

(8)$t \leftarrow t+1$// 计数器加 1。

(9)End DO While。

(10)End Begin。

其中,第(2)~(3)行分别使用小波分解得到输入和输出数据集各分辨率层次数据集,第(4)~(5)行初始化计数器和 BP 神经网络。第(6)~(9)行迭代训练 BP 网络。

11.3 数据挖掘在保险业的应用

11.3.1 保费收取的复合 Poisson 风险模型

结合当前金融保险行业实际,考虑到再投资,随机干扰及保费为复合过程,同时考虑到在保险实务中,风险事件和理赔事件有可能不等价的事实,特别是保险公司推出免赔额制度和无赔款折扣等制度的背景,对毛泽春等提出的复合 Poisson-Geometric 风险模型做进一步推广,使其更接近保险公司的实际经营运作。下面给出该风险模型的数学定义:

$$U(t) = (u-F) + (1+tj)F + \sum_{i=1}^{N_1(t)} X_i - \sum_{i=1}^{N_2(t)} Y_i + \sigma W(t) \quad (11\text{-}26)$$

式中,设 u 为初始资本; F 表示根据初始资本及在单位时间内预测赔付额的大小而设定用于投资的金额; j 表示单位时间的投资收益率。$N_1(t)$ 表示签订的保单数且服从参数为 λ_1 的 Poisson 过程; $N_2(t)$ 表示理赔次数且服从参数为 $(\lambda_2 t, \rho)$ 的 Poisson-Geometric 过程。X_i 表示第 i 次收取的保费额,其分布函数为 $G(x)$,密度函数为 $g(x)$; Y_i 表示第 i 次发放的理赔金额,其分布函数为 $F(x)$,密度函数为 $f(x)$。干扰项$\{W(t), t \geqslant 0\}$ 是标准的布朗运动。$\{X_i; i=1,2,\cdots\}, \{Y_i; i=1,2,\cdots\}, \{N_1(t); t \geqslant 0\}, \{N_2(t); t \geqslant 0\}, \{W(t), t \geqslant 0\}$ 相互独立。为了保证保险公司可以稳定经验,假设每单位时间收到的投资收益与每单位时间所收到的保费额的期望值之和大于每单位时间所支付的理赔额的期望值,即 $Fj + \lambda_1 E[X] > \dfrac{\lambda_2}{1-\rho} E[Y]$。

记惩罚函数 $\omega(X,Y)$ 是定义在 $X>0,Y>0$ 上的非负函数, $0<v\leqslant 1$ 为折现率, $1_{(A)}$ 为示性函数, $T=\inf\{t\mid U(t)<0\}$ 为破产时刻, $U(T-)$ 为破产即刻前盈余, $|U(T)|$ 为破产时的赤字, $\varphi(u)=P\{T<\infty\mid U(0)=u\}$ 为最终破产概率。定义 Gerber-Shiu 折现惩罚函数为

$$\varphi(u,w,v)=E[w(U(T-),\mid U(T)\mid)v^T 1_{(T<\infty)}\mid U(0)=u]$$
(11-27)

1. 相关引理

引理 11.3.1 设 $\{N_2(t);t\geqslant 0\}$ 是满足模型(11-46)的复合 Poisson-Geometric 过程, 记 $\alpha=\dfrac{\lambda_2(1-\rho)}{\rho}$ (若 $\rho=0$, 则取 $\pi=\lambda_2$), 则当 t 足够小时, 有

$$P(N_2(t)=0)=\mathrm{e}^{-\lambda_2 t}=1-\lambda_2 t+o(t); P(N_2(t)=k)=\alpha\rho^k t+A_k(t)o(t), k=1,2,\cdots$$

其中 $A_k(t)=\rho^k+(k-1)[\rho(1+\alpha t)]^{k-2}$, $o(t)$ 与 k 无关, 且 $\sum\limits_{k=1}^{\infty}A_k(t)$ 一致收敛。

引理 11.3.2 $\lim\varphi(u)=1$, a.s.。

引理 11.3.3 $\lim\limits_{t\to 0}\dfrac{W(t)}{t}=0$。

引理 11.3.4 在式(11-27)的基础上, 可得

① 若 $w(X,Y)=w(-Y),v=1$, 则有 $\varphi(u,w,v)=E[w(U(T))1_{T<\infty}\mid U(0)=u]$, 即为破产发生时的盈余惩罚期望 $\psi(u,w)$;

② 若 $w(X,Y)=1_{Y<z},v=1$, 则有 $\varphi(u,w,v)=P[U(T)\leqslant z,T<\infty\mid U(0)=u]$, 即破产时刻赤字分布 $G(u,z)$;

③ 若 $w(X,Y)=1,v=1$, 则有 $\varphi(u,w,v)=P[T<\infty\mid U(0)=u]$, 即破产概率 $\psi(u)$。

2. 生存概率

记 $F^{*k}(y)$ 为 $F(y)$ 的 k 重卷积, $f^{*k}(y)$ 为 $f(y)$ 的 k 重卷积。并记:

$$F_\rho(y)=\sum_{k=1}^{\infty}(1-\rho)\rho^{k-1}F^{*k}(y), f_\rho(y)=\sum_{k=1}^{\infty}(1-\rho)\rho^{k-1}f^{*k}(y)$$
(11-28)

定理 11.3.1 假设 $\varphi(u)$ 可微, 则在模型(11-3-1)下的生存概率的积分—微分方程为 $F_j\text{-}F_j\varphi(u)-\dfrac{\sigma^2}{2}\varphi'(u)=\lambda_1\int_u^{\infty}\varphi(v)[1-G(v-u)]\mathrm{d}v+$

$$\lambda_1 \int_u^\infty \varphi(v)[1-F_p(u-v)]\mathrm{d}v \text{。}$$

证明 对足够小的时间 t，结合引理 11.3.1，在时间段 $(0,t)$ 内有下面 4 种情况：

① 当保费收取和索赔发生次数都为 0 时，事件发生的概率为
$$P[N_1(t)=0, N_2(t)=0] = $$
$$[1-\lambda_1 t + o(t)][1-\lambda_2 t + o(t)] = 1-(\lambda_1+\lambda_2)t + o(t)$$

② 当保费收取 0 次，索赔发生 k 次时，事件发生的概率为
$$P[N_1(t)=0, N_2(t)=k] = $$
$$[1-\lambda_1 t + o(t)][\alpha\rho^k t + A_k(t)o(t)] = \alpha\rho^k t + A_k(t)o(t)$$

③ 当保费收取 1 次，索赔发生 0 次时，事件发生的概率为
$$P[N_1(t)=1, N_2(t)=0] = \lambda_1 t[1-\lambda_2 t + o(t)] = \lambda_1 t + o(t)$$

④ 其他情况发生的概率为 $o(t)$。

对情形 ②，当 $y > u + Fjt + \sigma W(t)$ 时，破产发生，即 $\varphi(u+Fjt+\sigma W(t)-y)=0$。则由全期望公式得

$$\varphi(u) = [1-(\lambda_1+\lambda_2)t + o(t)]E\varphi(u+Fjt+\sigma W(t)) + $$
$$\sum_{k=1}^\infty E\int_0^{u+Fjt+\sigma W(t)} \varphi(u+Fjt+\sigma W(t)-y)(\alpha\rho^k t + A_k(t)o(t))\mathrm{d}F^{*k}(y) + $$
$$[\lambda_1 t + o(t)]E\int_0^\infty \varphi(u+Fjt+\sigma W(t)+x)\mathrm{d}G(x) + o(t)$$
(11-29)

对于 $E\varphi(u+Fjt+\sigma W(t))$，利用泰勒展开式及 $\varphi(u)$ 的可微性有

$$E\varphi(u+Fjt+\sigma W(t)) = \varphi(u) + Fjt\varphi'(u) + \frac{\varphi''(u)}{2}\sigma^2 t + o(t)$$

故有
$$[1-(\lambda_1+\lambda_2)t + o(t)]E\varphi(u+Fjt+\sigma W(t)) = $$
$$[1-(\lambda_1+\lambda_2)t + o(t)][\varphi(u) + Fjt\varphi'(u) + \frac{\varphi''(u)}{2}\sigma^2 t + o(t)] = $$
$$\varphi(u) - (\lambda_1+\lambda_2)t\varphi(u) + Fjt\varphi'(u) + \frac{\varphi''(u)}{2}\sigma^2 t + o(t)$$
(11-30)

由引理 11.3.1 得 $\sum_{k=1}^\infty \rho^k f^{*k}(y)$ 和 $\sum_{k=1}^\infty A_k(t)f^{*k}(y)$ 均一致收敛，由单调收敛定理得积分号与求和号可以交换次序，故

$$\sum_{k=1}^{\infty} E \int_0^{u+Fjt+\sigma W(t)} \varphi(u+Fjt+\sigma W(t)-y)(\alpha \rho^k t + A_k(t)o(t)) \mathrm{d} F^{*k}(y) =$$

$$E \int_0^{u+Fjt+\sigma W(t)} \varphi(u+Fjt+\sigma W(t)-y) \sum_{k=1}^{\infty} (\alpha \rho^k t + A_k(t)o(t)) f^{*k}(y) \mathrm{d}y =$$

$$E \int_0^{u+Fjt+\sigma W(t)} \varphi(u+Fjt+\sigma W(t)-y) \sum_{k=1}^{\infty} \lambda_2 t(1-\rho) \rho^{k-1} f^{*k}(y) \mathrm{d}y + o(t) =$$

$$\lambda_2 t E \int_0^{u+Fjt+\sigma W(t)} \varphi(u+Fjt+\sigma W(t)-y) f_\rho(y) \mathrm{d}y + o(t)$$

(11-31)

把式(11-30)和式(11-31)代入式(11-29),化简得

$$(\lambda_1 + \lambda_2) t \varphi(u) - Fjt \varphi'(u) - \frac{\sigma^2 t}{2} \varphi''(u) =$$

$$\lambda_2 t E \int_0^{u+Fjt+\sigma W(t)} \varphi(u+Fjt+\sigma W(t)-y) f_\rho(y) \mathrm{d}y +$$

$$\lambda_1 t E \int_0^{\infty} \varphi(u+Fjt+\sigma W(t)+x) \mathrm{d}G(x) + o(t)$$

方程两边同时除以 t,且令 $t \to 0$ 时有

$$(\lambda_1 + \lambda_2)\varphi(u) - Fj\varphi'(u) - \frac{\sigma^2}{2}\varphi''(u) =$$

$$\lambda_2 \int_0^u \varphi(u-y) f_\rho(y) \mathrm{d}y + \lambda_1 \int_0^{\infty} \varphi(u+x) \mathrm{d}G(x)$$

(11-32)

对式(11-32)的两端对 u 从 0 到 z 积分,得

$$(\lambda_1 + \lambda_2) \int_0^z \varphi(u) \mathrm{d}u - Fj \int_0^z \varphi'(u) \mathrm{d}u - \frac{\sigma^2}{2} \int_0^z \varphi''(u) \mathrm{d}u =$$

$$\lambda_2 \int_0^z \int_0^u \varphi(u-y) f_\rho(y) \mathrm{d}y \mathrm{d}u + \lambda_1 \int_0^z \int_0^{\infty} \varphi(u+x) \mathrm{d}G(x) \mathrm{d}u$$

(11-33)

首先令 $u - y = v$,则有

$$\lambda_2 \int_0^z \int_0^u \varphi(u-y) f_\rho(y) \mathrm{d}y \mathrm{d}u = \lambda_2 \int_0^z \int_0^u \varphi(v) f_\rho(u-v) \mathrm{d}v \mathrm{d}u =$$

$$\lambda_2 \int_0^z \int_v^z \varphi(v) f_\rho(u-v) \mathrm{d}u \mathrm{d}v = \lambda_2 \int_0^z \varphi(v) F_\rho(u-v) \mathrm{d}v$$

(11-34)

然后令 $u + x = v$,则有

$$\lambda_1 \int_0^z \int_0^{\infty} \varphi(u+x) \mathrm{d}G(x) \mathrm{d}u = \lambda_1 \int_0^z \int_u^{\infty} \varphi(v) g(v-u) \mathrm{d}v \mathrm{d}u =$$

$$\lambda_1 \int_0^z \int_0^v \varphi(v) g(v-u) \mathrm{d}u \mathrm{d}v + \lambda_1 \int_z^{\infty} \int_0^z \varphi(v) g(v-u) \mathrm{d}u \mathrm{d}v =$$

$$\lambda_1 \int_0^z \varphi(v) G(v) \mathrm{d}v + \lambda_1 \int_z^\infty \varphi(v) [G(v) - G(v-z)] \mathrm{d}v \quad (11\text{-}35)$$

把式(11-34) 和式(11-35) 代入式(11-36),化简得

$$(\lambda_1 + \lambda_2) \int_0^z \varphi(u) \mathrm{d}u - Fj[\varphi(z) - \varphi(0)] - \frac{\sigma^2}{2} [\varphi'(z) - \varphi'(0)] =$$

$$\lambda_2 \int_0^z \varphi(v) F_\rho(u-v) \mathrm{d}v$$

$$+ \lambda_1 \int_0^z \varphi(v) G(v) \mathrm{d}v + \lambda_1 \int_z^\infty \varphi(v) [G(v) - G(v-z)] \mathrm{d}v$$

$$(11\text{-}36)$$

式(11-36) 中令 $z \to \infty$,由引理 11.3.2 知 $\varphi(\infty) = 1$,即 $\varphi'(\infty) = 0$。故式(11-36) 可化简为

$$Fj\varphi(0) + \frac{\sigma^2}{2} \varphi'(0) =$$

$$\lambda_1 \int_0^\infty \varphi(v) [G(v) - 1] \mathrm{d}v + \lambda_2 \int_0^\infty \varphi(v) [F_\rho(u-v) - 1] \mathrm{d}v + Fj$$

$$(11\text{-}37)$$

把式(11-37) 代入式(11-36),化简得

$$Fj - Fj\varphi(z) - \frac{\sigma^2}{2} \varphi'(z) =$$

$$\lambda_1 \int_z^\infty \varphi(v) [1 - G(v-z)] \mathrm{d}v + \lambda_2 \int_z^\infty \varphi(v) [1 - F_\rho(u-v)] \mathrm{d}v$$

用 u 替换 z,即证。

定理 11.3.2 若 $\{X_i\}_{i=1}^\infty$ 服从参数为 α 的指数分布,$\{Y_i\}_{i=1}^\infty$ 服从参数为 β 的指数分布,则在定理 11.3.1 的条件下,生存概率 $\varphi(u)$ 满足的微分方程为

$$[\alpha\lambda_2 - Fj(1-\rho)\alpha\beta - (1-\rho)\beta\lambda_1] \varphi'(u) -$$

$$\left[Fj\alpha + \frac{\sigma^2}{2}(1-\rho)\alpha\beta + \lambda_1 + \lambda_2 - Fj(1-\rho)\beta \right] \varphi''(u) +$$

$$\left\{ Fj + \frac{\sigma^2}{2}[(1-\rho)\beta - \alpha] \right\} \varphi'''(u) + \frac{\sigma^2}{2} \varphi'''(u) = 0$$

证明 因为 $\{Y_i\}_{i=1}^\infty$ 服从参数为 β 的指数分布,则 $f^{*k}(y)$ 是服从参数为 (k,β) 的 Gamma 分布,即 $f^{*k}(y) = \frac{\beta^k y^{k-1}}{\Gamma(k)} \mathrm{e}^{-\beta y}$。又 $\Gamma(k) = (k-1)!$,故

$$f_\rho(y) = \sum_{k=1}^\infty (1-\rho)\rho^{k-1} f^{*k}(y) = (1-\rho)\beta \mathrm{e}^{-(1-\rho)\beta y}$$

又因为 $\{X_i\}_{i=1}^\infty$ 服从参数为 α 的指数分布,即 $g(x) = \alpha \mathrm{e}^{-\alpha x}$。故式(11-32) 可化简为

$$(\lambda_1 + \lambda_2)\varphi(u) - Fj\varphi'(u) - \frac{\sigma^2}{2}\varphi''(u) =$$
$$\lambda_1 \int_0^\infty \varphi(u+x)\alpha e^{-\alpha x} dx + \lambda_2 \int_0^u \varphi(u-y)(1-\rho)\beta e^{-(1-\rho)\beta y} dy$$
(11-38)

若令 $x_1 = u+x, y_1 = u-y$，则式(11-38) 变为

$$(\lambda_1 + \lambda_2)\varphi(u) - Fj\varphi'(u) - \frac{\sigma^2}{2}\varphi''(u) =$$
$$\lambda_1 \int_u^\infty \varphi(x_1)\alpha e^{-\alpha(x_1-u)} dx_1 - \lambda_2 \int_u^0 \varphi(y_1)(1-\rho)\beta e^{-(1-\rho)\beta(u-y_1)} dy_1$$
(11-39)

对式(11-39) 两边同时对 u 求导数得

$$(\lambda_1 + \lambda_2)\varphi'(u) - Fj\varphi''(u) - \frac{\sigma^2}{2}\varphi'''(u) + [\alpha\lambda_1 - (1-\rho)\beta\lambda_2]\varphi(u) =$$
$$\alpha\lambda_1 \int_0^\infty \varphi(u+x)\alpha e^{-\alpha x} dx - (1-\rho)\beta\lambda_2 \int_0^u \varphi(u-y)(1-\rho)\beta e^{-(1-\rho)\beta y} dy$$
(11-40)

同理对式(11-40) 两边继续对 u 求导数得

$$(\lambda_1 + \lambda_2)\varphi''(u) - Fj\varphi'''(u) - \frac{\sigma^2}{2}\varphi''''(u) + [\alpha\lambda_1 - (1-\rho)\beta\lambda_2]\varphi'(u)$$
$$+ [\alpha^2\lambda_1 + (1-\rho)^2\beta^2\lambda_2]\varphi(u) =$$
$$\alpha^2\lambda_1 \int_0^\infty \varphi(u+x)\alpha e^{-\alpha x} dx + (1-\rho)^2\beta^2\lambda_2$$
$$\int_0^u \varphi(u-y)(1-\rho)\beta e^{-(1-\rho)\beta y} dy$$
(11-41)

由式(11-38)、式(11-40) 及式(11-41) 联解，得

$$[\alpha\lambda_2 - Fj(1-\rho)\alpha\beta - (1-\rho)\beta\lambda_1]\varphi'(u) -$$
$$\left[Fj\alpha + \frac{\sigma^2}{2}(1-\rho)\alpha\beta + \lambda_1 + \lambda_2 - Fj(1-\rho)\beta\right]\varphi''(u) +$$
$$\left\{Fj + \frac{\sigma^2}{2}[(1-\rho)\beta - \alpha]\right\}\varphi'''(u) + \frac{\sigma^2}{2}\varphi''''(u) = 0$$

即证定理成立。

3. Gerber-Shiu 折现惩罚函数

定理 11.3.3 假设 $\psi(u,w,v)$ 关于 u 可微，则在模型(11-38) 下的破产时刻前盈余与破产时刻赤字的折现惩罚期望函数 $\psi(u,w,v)$ 满足的更新方程为

$$\psi(u,w,v) = \frac{\lambda_1}{Fj}\int_u^\infty \psi(s,w,v)\overline{G}(u-s)\mathrm{d}s +$$

$$\frac{\lambda_2}{Fj}\int_0^u \psi(s,w,v)\overline{F}_\rho(u-s)\mathrm{d}s + \frac{\lambda_2}{Fj}\int_u^\infty\int_0^\infty w(u,s)f_\rho(u+s)\mathrm{d}s\mathrm{d}u$$

(11-42)

证明 对足够小的时间 t，结合引理 11.3.1，在时间段 $(0,t)$ 内有下面 4 种情况：

① 当保费收取和索赔发生次数都为 0 时，事件发生的概率为

$$P[N_1(t)=0, N_2(t)=0] = [1-\lambda_1 t + o(t)]$$
$$[1-\lambda_2 t + o(t)] = 1-(\lambda_1+\lambda_2)t + o(t)$$

② 当保费收取 0 次，索赔发生 k 次时，事件发生的概率为

$$P[N_1(t)=0, N_2(t)=k]$$
$$= [1-\lambda_1 t + o(t)][\alpha\rho^k t + A_k(t)o(t)] = \alpha\rho^k t + A_k(t)o(t)$$

③ 当保费收取 1 次，索赔发生 0 次时，事件发生的概率为

$$P[N_1(t)=1, N_2(t)=0] = \lambda_1 t[1-\lambda_2 t + o(t)] = \lambda_1 t + o(t)$$

④ 其他情况发生的概率为 $o(t)$。

对上述情况 ②，应当在时间段 $(0,t)$ 内，总的索赔量 $y > u + Fjt + \sigma W(t)$ 时，破产必然发生，故有

$$\psi(u+Fjt+\sigma W(t)-y,w,v) =$$
$$w(u+Fjt+\sigma W(t), y-u-Fjt-\sigma W(t))v^t$$

则由全期望公式得

$$\psi(u,w,v) = [1-(\lambda_1+\lambda_2)t + o(t)]\psi(u+Fjt+\dot\sigma W(t),w,v) +$$
$$\sum_{k=1}^\infty \int_0^{u+Fjt+\sigma W(t)} \psi(u+Fjt+\sigma W(t)-y,w,v)(\alpha\rho^k t + A_k(t)o(t))\mathrm{d}F^{*k}(y) +$$
$$\sum_{k=1}^\infty \int_{u+Fjt+\sigma W(t)}^\infty w(u+Fjt+\sigma W(t), y-u-Fjt-\sigma W(t))v^t(\alpha\rho^k t + A_k(t)o(t))\mathrm{d}F^{*k}(y) +$$
$$[\lambda_1 t + o(t)]\int_0^\infty \psi(u+Fjt+\sigma W(t)+x,w,v)\mathrm{d}G(x) + o(t)$$

对上式变形整理得

$$\psi(u,w,v) - \psi(u+Fjt+\sigma W(t),w,v) =$$
$$-(\lambda_1+\lambda_2)t\psi(u+Fjt+\sigma W(t),w,v) +$$
$$\sum_{k=1}^\infty \int_0^{u+Fjt+\sigma W(t)} \psi(u+Fjt+\sigma W(t)-y,w,v)(\alpha\rho^k t + A_k(t)o(t))f^{*k}(y)\mathrm{d}y +$$
$$\sum_{k=1}^\infty \int_{u+Fjt+\sigma W(t)}^\infty w(u+Fjt+\sigma W(t), y-u-Fjt-$$
$$\sigma W(t))v^t(\alpha\rho^k t + A_k(t)o(t))f^{*k}(y)\mathrm{d}y +$$

$$\lambda_1 t \int_0^\infty \psi(u + Fjt + \sigma W(t) + x, w, v) \mathrm{d}G(x) + o(t)$$

由引理 11.3.1 知 $\sum_{k=1}^\infty \rho^k f^{*k}(y)$ 和 $\sum_{k=1}^\infty A_k(t) f^{*k}(y)$ 均一致收敛，且由单调收敛定理得积分号与求和可以交换次序，故有

$$\begin{aligned}
\psi(u, w, v) - \psi(u + Fjt + \sigma W(t), w, v) = \\
-(\lambda_1 + \lambda_2) t \psi(u + Fjt + \sigma W(t), w, v) + \\
\lambda_2 t \int_0^{u+Fjt+\sigma W(t)} \psi(u + Fjt + \sigma W(t) - y, w, v) f_\rho(y) \mathrm{d}y + \\
\lambda_2 t \int_{u+Fjt+\sigma W(t)}^\infty w(u + Fjt + \sigma W(t), y - u - Fjt - \sigma W(t)) v' f_\rho(y) \mathrm{d}y + \\
\lambda_1 t \int_0^\infty \psi(u + Fjt + \sigma W(t) + x, w, v) \mathrm{d}G(x) + o(t)
\end{aligned} \tag{11-43}$$

对式(11-43)两边同时除以 $Fjt + \sigma W(t)$，且令 $t \to 0$ 时有

$$\begin{aligned}
\frac{\partial \psi(u, w, v)}{\partial u} = \frac{\lambda_1 + \lambda_2}{Fj} \psi(u, w, v) - \frac{\lambda_2}{Fj} \int_0^u \psi(u - y, w, v) f_\rho(y) \mathrm{d}y - \\
\frac{\lambda_2}{Fj} \int_u^\infty w(u, y - u) f_\rho(y) \mathrm{d}y - \frac{\lambda_1}{Fj} \int_0^\infty \psi(u + x, w, v) \mathrm{d}G(x)
\end{aligned} \tag{11-44}$$

对式(11-44)的两端同时对 u 从 0 到 z 积分，并化简得

$$\begin{aligned}
\psi(z, w, v) - \psi(0, w, v) = \frac{\lambda_1}{Fj} \int_0^z \psi(s, w, v) \overline{G}(s) \mathrm{d}s + \\
\frac{\lambda_2}{Fj} \int_0^z \psi(s, w, v) \overline{F}_\rho(z - s) \mathrm{d}s - \\
\frac{\lambda_2}{Fj} \int_0^z \int_0^\infty w(u, s) f_\rho(s + u) \mathrm{d}s \mathrm{d}u - \\
\frac{\lambda_1}{Fj} \int_z^\infty \psi(s, w, v) [G(s) - G(s - z)] \mathrm{d}s
\end{aligned} \tag{11-45}$$

在式(11-45)中，令 $z \to \infty$，显然有 $\psi(z, w, v) \to 0, \overline{F}_\rho(z - s) \to 0$。故式(11-45)可化简为

$$\begin{aligned}
-\psi(0, w, v) = \frac{\lambda_1}{Fj} \int_0^\infty \psi(s, w, v) \overline{G}(s) \mathrm{d}s - \\
\frac{\lambda_2}{Fj} \int_0^\infty \int_0^\infty w(u, s) f_\rho(s + u) \mathrm{d}s \mathrm{d}u
\end{aligned} \tag{11-46}$$

把式(11-46)代入式(11-45)，化简得

$$\psi(z, w, v) = \frac{\lambda_1}{Fj} \int_z^\infty \psi(s, w, v) \overline{G}(u - s) \mathrm{d}s + \frac{\lambda_2}{Fj} \int_0^z \psi(s, w, v) \overline{F}_\rho(z - s) \mathrm{d}s +$$

$$\frac{\lambda_2}{Fj}\int_z^\infty \int_0^\infty w(u,s)f_\rho(u+s)\mathrm{d}s\mathrm{d}u$$

用 u 替换 z，即证。

由式(11-42)，结合引理 11.3.4 易得下面的推论。

推论 11.3.1 破产发生时的盈余惩罚期望 $\psi(u,w)$ 满足的更新方程为

$$\psi(u,w) = \frac{\lambda_1}{Fj}\int_u^\infty \psi(s,w)\bar{G}(u-s)\mathrm{d}s +$$

$$\frac{\lambda_2}{Fj}\int_0^u \psi(s,w)\bar{F}_\rho(u-s)\mathrm{d}s + \frac{\lambda_2}{Fj}\int_0^\infty w(-s)\bar{F}_\rho(u+s)\mathrm{d}s$$

推论 11.3.2 破产时刻赤字分布函数满足的更新方程为

$$G(u,z) = \frac{\lambda_1}{Fj}\int_u^\infty G(s,z)\bar{G}(u-s)\mathrm{d}s +$$

$$\frac{\lambda_2}{Fj}\int_0^u G(s,z)\bar{F}_\rho(u-s)\mathrm{d}s + \frac{\lambda_2}{Fj}\int_u^{u+z}\bar{F}_\rho(s)\mathrm{d}s$$

推论 11.3.3 破产概率满足的更新方程为

$$\psi(u) = \frac{\lambda_1}{Fj}\int_u^\infty \psi(s)\bar{G}(u-s)\mathrm{d}s + \frac{\lambda_2}{Fj}\int_0^u \psi(s)\bar{F}_\rho$$

$$(u-s)\mathrm{d}s + \frac{\lambda_2}{Fj}\int_u^\infty w(-s)\bar{F}_\rho(s)\mathrm{d}s \tag{11-47}$$

定理 11.3.4 假设 X_i 服从参数为 α 的指数分布，Y_i 服从参数为 β 的指数分布，则在推论 11.3.3 的条件下，破产概率 $\psi(u)$ 满足的微分方程为

$$\psi'''(u) + \left[\alpha + (1-\rho)\beta + \frac{\lambda_1 - \lambda_2}{Fj}\right]\psi''(u) +$$

$$\left[(1-\rho)\alpha\beta + \frac{(1-\rho)\beta\lambda_1 - \alpha\lambda_2}{Fj}\right]\psi'(u) = 0$$

证明 因为 Y_i 服从参数为 β 的指数分布，则 $f^{*k}(y)$ 是服从参数为 (k,β) 的 Gamma 分布，即

$$f^{*k}(y) = \frac{\beta^k y^{k-1}}{\Gamma(k)}\mathrm{e}^{-\beta y}$$

进而可得

$$f_\rho(y) = \sum_{k=1}^\infty (1-\rho)\rho^{k-1}f^{*k}(y) = (1-\rho)\beta\mathrm{e}^{-(1-\rho)\beta y}$$

又因 X_i 服从参数为 α 的指数分布，故 $g(x) = \alpha\mathrm{e}^{-\alpha x}$。

对式(11-47)的两端同时对 u 求一阶导数，二阶导数和三阶导数，得

$$\psi'(u) = -\frac{\lambda_1}{Fj}\int_u^\infty \psi(s)g(u-s)\mathrm{d}s - \frac{\lambda_2}{Fj}\int_0^u \psi(s)f_\rho(u-s)\mathrm{d}s -$$

$$\frac{\lambda_1 - \lambda_2}{Fj}\psi(u) - \frac{\lambda_2}{Fj}\bar{F}_\rho(u)$$

$$\tag{11-48}$$

$$\psi''(u) = -\frac{\lambda_1}{Fj}\int_u^\infty \psi(s)g'(u-s)\mathrm{d}s - \frac{\lambda_2}{Fj}\int_0^u \psi(s)f'_\rho(u-s)\mathrm{d}s +$$
$$\frac{\alpha\lambda_1 - (1-\rho)\beta\lambda_2}{Fj}\psi(u) - \frac{\lambda_1 - \lambda_2}{Fj}\psi'(u) + \frac{\lambda_2}{Fj}f_\rho(u)$$

(11-49)

$$\psi'''(u) = -\frac{\lambda_1}{Fj}\int_u^\infty \psi(s)g''(u-s)\mathrm{d}s - \frac{\lambda_2}{Fj}\int_0^u \psi(s)f''_\rho(u-s)\mathrm{d}s -$$
$$\frac{\alpha^2\lambda_1 - (1-\rho)^2\beta^2\lambda_2}{Fj}\psi(u) + \frac{\alpha\lambda_1 - (1-\rho)\beta\lambda_2}{Fj}\psi'(u) -$$
$$\frac{\lambda_1 - \lambda_2}{Fj}\psi''(u) + \frac{\lambda_2}{Fj}f'_\rho(u)$$

(11-50)

对式(11-48)的两端同时乘以 α，再与式(11-49)作和，并化简得

$$\left(\alpha + \frac{\lambda_1 - \lambda_2}{Fj}\right)\psi'(u) + \psi''(u) =$$
$$\frac{(1-\rho)\beta - \alpha}{Fj}\lambda_2\int_0^u \psi(s)f_\rho(u-s)\mathrm{d}s + \frac{\alpha - (1-\rho)\beta}{Fj}\lambda_2\psi(u) -$$
$$\frac{\alpha\lambda_2}{Fj}\overline{F}_\rho(u) + \frac{\lambda_2}{Fj}f_\rho(u)$$

(11-51)

同理由式(11-49)和式(11-50)可得

$$\frac{(1-\rho)\beta - \alpha}{Fj}\lambda_2\psi'(u) + \left(\alpha + \frac{\lambda_1 - \lambda_2}{Fj}\right)\psi''(u) + \psi'''(u) =$$
$$\frac{(1-\rho)\beta - \alpha}{Fj}\lambda_2\int_0^u \psi(s)f'_\rho(u-s)\mathrm{d}s +$$
$$\frac{(1-\rho)^2\beta^2 - (1-\rho)\alpha\beta}{Fj}\lambda_2\psi(u) + \frac{\lambda_2}{Fj}f'_\rho(u) + \frac{\alpha\lambda_2}{Fj}f_\rho(u)$$

(11-52)

对式(11-51)的两端同时乘以 $(1-\rho)\beta$，再与式(11-52)作和，并化简得

$$\left[(1-\rho)\alpha\beta + \frac{(1-\rho)\beta\lambda_1 - \alpha\lambda_2}{Fj}\right]\psi'(u) +$$
$$\left[\alpha + (1-\rho)\beta + \frac{\lambda_1 - \lambda_2}{Fj}\right]\psi''(u) + \psi'''(u) = 0$$

即证。

4. 应用举例

下面从实际应用角度，假定通过数据挖掘认为某保险产品收取的保费额与支付的索赔额都服从指数分布情形，下面进一步给出一个算例，分析初始资本、投资资金、保费额等对保险公司最终破产概率的影响。假设我国某

保险公司的投资收益率 $j = 0.001$,并设定偏离参数 $\rho = 0.2$。

(1)假设保单的到达速率 $\lambda_1 = 20$ 份/天,平均每张保单的保费额为 1 元,即 $\alpha = 1$;赔付发生速率 $\lambda_2 = 0.01$ 次/天,平均理赔为 1 000 元,即 $\beta = \dfrac{1}{1\,000}$。

表 11-5　初始资本和投资金额对破产概率的影响

初始资本(u)	投资金额(F)				
	1 000	3 000	5 000	7 000	9 000
9 000	0.032 245 191	0.020 284 106	0.013 647 218	0.009 679 697	0.007 162 099
10 000	0.023 322 358	0.014 076 153	0.009 146 832	0.006 298 321	0.00 454 227
15 000	0.004 616 47	0.002 265 294	0.001 237 097	0.000 734 581	0.000 466 321
20 000	0.000 913 792	0.000 364 557	0.000 167 316	0.000 085 675 2	0.000 047 869 1

表 11-5 说明若固定保费到达速率、保费额、索赔到达速率以及索赔额。当初始资本和投资的金额越大时,破产发生的概率越小。这与保险公司的实际运用相符,说明保险公司要想稳定经营下去,需在准备雄厚的资金作保障的同时还可以根据初始资本以及在单位时间内预测赔付额的大小设定投资资金进行投资来减小保险公司破产的风险。

(2)假设初始资本 $u = 10\,000$ 元,用于投资的资金为 $F = 7\,000$ 元,平均每张保单的保费额为 1 元,即 $\alpha = 1$;平均理赔为 1 000 元,即 $\beta = \dfrac{1}{1\,000}$。

表 11-6　保费到达速率和索赔到达速率对破产概率的影响

保费到达速率(λ_1)	索赔到达速率(λ_2)				
	0.01	0.02	0.03	0.04	0.05
20	0.006 298 21	0.511 778 84	1	1	1
30	0.001 689 12	0.050 401 958	1	1	1
40	0.000 748 278	0.012 559 806	0.158 233 617	1	1
50	0.000 424 83	0.004 908 773	0.042 562 446	0.328 217 928	1
60	0.000 278 184	0.002 473 724	0.016 504 603	0.097 921 908	0.544 878 087

表 11-6 说明若固定初始资本、投资资金、保费额和理赔额。当单位时间内保费到达速率一定时,索赔到达的次数越多,破产越容易发生;当在单位时间内索赔到达次数一定时,保费到达的次数越多,破产越不容易发生。这与实际情况相符,说明保险公司要想稳定地经营下去,必须引入更多的客源以及制定适当的理赔条款来降低理赔次数,达到公司的稳定经营。

（3）假设初始资本 $u = 10\,000$ 元，用于投资的资金为 $F = 7\,000$ 元，保单的到达速率 $\lambda_1 = 60$ 份/天，赔付发生速率 $\lambda_2 = 0.05$ 次/天。

表 11-7 保费额和理赔额对破产概率的影响

保费额 $\left(\dfrac{1}{\alpha}\right)$	理赔额 $\left(\dfrac{1}{\beta}\right)$				
	1 000	1 500	2 000	2 500	3 000
10	0.000 078 265 4	0.001 693 208	0.008 576 806	0.023 867 03	0.048 841 549
30	0.000 015 205 4	0.000 328 968	0.001 665 806	0.004 637 177	0.009 489 593
50	0.000 008 181 25	0.000 177 002	0.000 896 292	0.002 495 055	0.005 105 924
70	0.000 005 576 5	0.000 120 648	0.000 610 933	0.001 700 686	0.003 480 318
100	0.000 003 768 73	0.000 081 537	0.000 412 884	0.001 149 367	0.002 352 088

表 11-7 说明若固定初始资本、投资资金、保费到达速率和理赔到达速率。当平均理赔额一定时，平均每张保单数额越大，破产发生的概率越小；当平均每张保单数额一定时，平均理赔额越大，破产发生的概率越大。这与实际情况相符，说明保险公司要想稳定地经营下去，在追求客源的同时需制定适当的保费额和理赔额来规避破产风险。

11.3.2 基于数据挖掘的保险欺诈监测方法

随着国内保险业的发展，保险欺诈的问题日益突出，也给保险公司和社会带来越来越大的危害，基于数据挖掘的保险欺诈监测法对保险欺诈的预测及防范有着重要意义。

用于保险欺诈预测研究的数据集为不平衡数据，即无欺诈的样本数比有欺诈的样本数大得多。对于不平衡数据若不进行处理而直接用分类器分类，会出现把大部分有欺诈的数据都分类成无欺诈以获得较高的真正类率（TPR）的情况，而此时真负类率（TNR）会特别低，即分类器能正确区分无欺诈案例，但对有欺诈案例的分类能力降低，侧重于高 TPR 会降低分类器的分类性能。为提高分类性能，必须对不平衡数据进行处理，不平衡数据处理的方法主要有以下三种：① 对不平衡数据进行重采样，对有欺诈案例过采样，对无欺诈案例低采样；② 加权平均，对有欺诈和无欺诈案例分配不同的错判成本权值；③ 阈值调整，调整分类器的阈值以平衡真阳性率和假阳性率。

用于保险欺诈预测的特征，即欺诈指示因子有很多，在实际进行分类预测时，要进行特征选择或属性约简。Wei Xu 等作者使用基于随机粗糙子空间的保险欺诈预测问题实际上就是分类问题,分类器的选择有很多,可以选择一个或多个整合的分类器,主要有支持向量机(SVM)、遗传规划(GP)、多层前馈神经网络(MLFF)、数据处理的成组方法(GMDH)、逻辑斯蒂回归(LR)及概率神经网络(PNN)这 6 种分类器来进行分类,然后分别比较了各个分类器的准确率,比较不同特征子集对分类准确率的影响。

以下主要采用重采样方法来处理不平衡数据,然后根据某一特征值的信息熵有效减少量来进行特征选择,分类器选择支持向量机(SVM)。

1. 重采样

重采样是有效处理不平衡数据的方法之一,对训练样本集中的少数有欺诈案例过采样,多数无欺诈案例低采样,从而获得平衡数据。过采样就是对少数有欺诈案例进行重复采样,过采样没有得到更多的有效信息,反而增大了训练集容量,可能会降低分类器的分类性能。而低采样就是随机选取多数无欺诈案例的一个子集,减少无欺诈案例数目,丢弃的数据也可能会降低分类器的分类性能。

数据挖掘中经常会出现几十个甚至上百个属性,对计算及分析造成不便,如何选取有效属性即特征选择具有重要意义。特征选择的目标主要有:降低数据维度,方便数据可视化;数据搜集阶段减少索引成本;降低数据处理阶段的存储空间要求,较少数据使得学习算法运行更快速;提高算法性能。特征选择还可以提高属性的预测能力,给出具有高分类能力的属性,同时还能使人们更好地理解分类过程中各属性的意义。特征选择的方法有卡方检验、基于 Relief 的组合式特征选择、信息增益率、一致性检验等多种,本章采用信息增益率方法。信息增益率即所有特征分类能力与除去某一特征后剩余特征分类能力之差,表示某一特征的信息熵有效减少量。按信息增益率由高到低排序,信息增益率越高,说明该特征的分类能力越强。

支持向量机(SVM)就是一个二分类器,在解决小样本、非线性及高维模式识别中表现出许多特有的优势。SVM 通过搜索最大边缘超平面(MMH)来将不同类数据尽可能分开。SVM 算法要求的样本数相对较小;擅长处理样本数据线性不可分的情况,主要通过核函数和松弛变量技术实现;SVM 产生的分类器简洁,用到的样本信息少,适合处理样本维数很高的数据。鉴于 SVM 的以上优势,本章将采用 SVM 分类器。

SVM 算法的核心就是在线性可分或不可分的情况下,寻找最大边缘超平面(MMH),又称最优分类面。基于结构风险最小化理论在特征空间中寻找最大边缘超平面,不仅要将两类数据正确分开,还要保证分类间隔最大,使得分类得到全局最优化,并且在整个样本空间的期望风险以某个概率满足一定上界。图 11-7 所示为线性可分的情况。

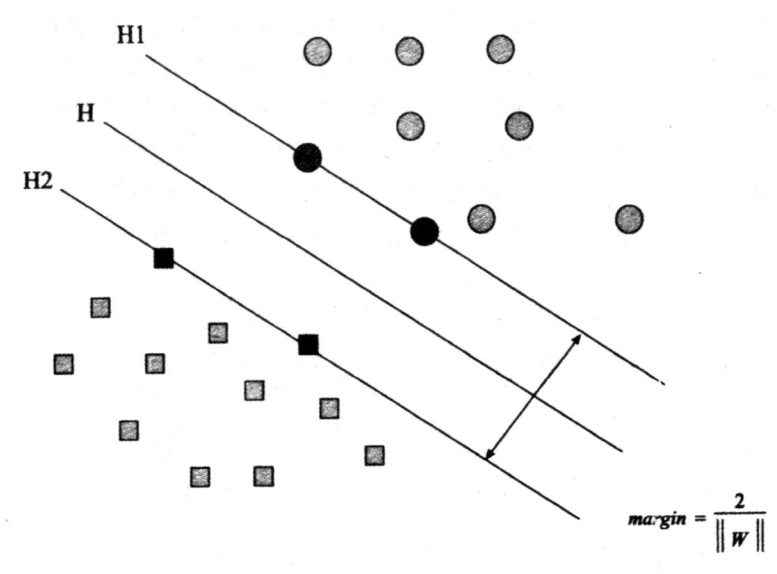

图 11-7 SVM 分类器

分离超平面 H 可记作：$W \cdot X + b = 0$；
位于分离超平面 H 上方的点满足：$W \cdot X + b > 0$；
位于分离超平面 H 下方的点满足：$W \cdot X + b < 0$；
其中，W 是权重向量，b 是标量，又称偏倚。
调整权重使得定义边缘侧面的超平面 H 记为
H1：$W \cdot X + b \geqslant 1$，落在 H1 或其上方的元组属于类 +1；
I-12：$W \cdot X + b \leqslant -1$，落在 H2 或其下方的元组属于类 -1。

落在 H1 和 H2 上的训练样本点即为支持向量，H 即力最大分离超平面，H 到 H1、H2 上任意点的距离均为 $\frac{1}{\|w\|}$，其中 $\|w\|$ 是欧几里得范数，即 $\sqrt{W \cdot W}$，那么最大边缘就是图 11-7 中 H1 到 H2 的距离 $\frac{2}{\|w\|}$。

对于在低维空间非线性可分的情况，可将数据映射到高维空间直到线性可分，并在高维空间寻找最优分隔超平面。而在实际过程中，只需在低维空间里寻找一个核函数代替高维空间里的线性函数，SVM 用到的核函数有多种，主要有 H 次多项式核、高斯径向基函数核、S 形核等。

2. 建模过程

基于以上讨论的算法基本原理，给出保险欺诈监测的主要步骤。
（1）搜集数据。搜集保险欺诈相关数据，手动确定保险欺诈特征，对数据进行预处理；

（2）重采样。导入数据，选择需判定属性，对不平衡数据重采样以平衡两类数据数目；

（3）分类预测。采用SVM分类器对平衡后的数据进行训练，使用训练得到的模型对所有数据集进行预测，验证该方法的分类性能；

（4）特征选择：将特征的信息增益率由高到低排序，按规定分别选取几组特征子集重复步骤(2)、(3)。

比较几组实验的结果。

整体框架见图11-8。

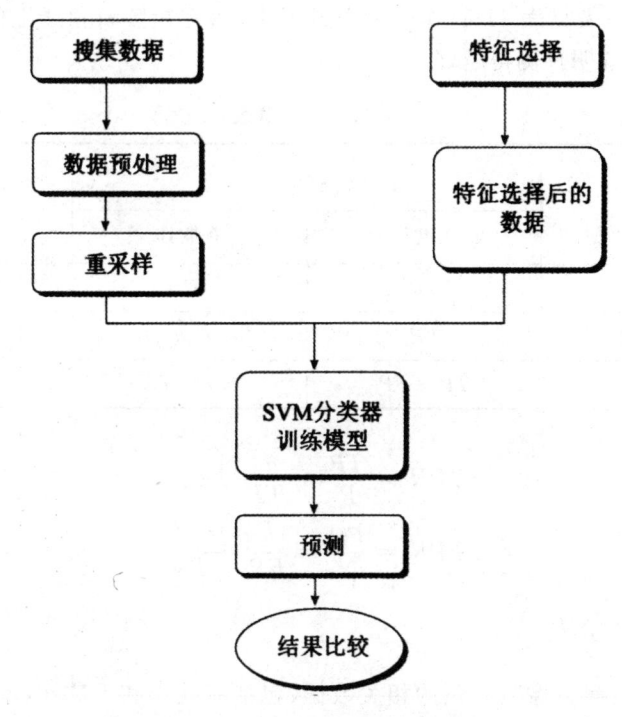

图 11-8　保险欺诈监测模型框架

搜集相关数据，并对数据进行预处理。从现实世界中搜集到的源数据可能是不完整的、含噪声的、重复的、不一致的，数据质量直接影响到数据挖掘的结果。所以，为提高数据挖掘的处理效率和准确性，对数据进行预处理是必要的。数据预处理的方法主要包括数据清洗、数据集成、数据变换和数据规约，通过以上方法可得到比较干净、准确、简洁的数据。

导入数据，手动选定判别属性后，对不平衡数据进行重采样，对少数有欺诈案例进行重复采样，多数无欺诈案例随机抽样，以获得平衡数据。对平衡后的数据采用SVM进行训练，并使用训练后得到的模型对全部数据进行预测,检测模型的分类性能。

为了更好地解释预测属性对保险欺诈的分类能力,在对除判定属性外的其他预测属性进行特征选择时,分别选取 GR 值不小于 0.005、0.01、0.02、0.05 的四组特征子集,比较这四组特征子集与全部特征的分类能力。

分类性能评价指标有很多,受试者工作特征曲线(ROC)可作为判断分类性能的工具,ROC 曲线下方面积越大,分类器分类性能越高。真正类率(TPR)表示一个分类器在所有无欺诈样本中能正确区分的无欺诈案例的性能,假正类率(FPR)表示分类器在所有有欺诈样本中有多少无欺诈案例的判断,列联表见表 11-8。实际分类过程中,落在矩阵对角线上的数字(即 TN)越大,说明预测得越好。

表 11-8 列联表

实际	预测		合计
	无欺诈	有欺诈	
无欺诈	TP	FN	TP + FN
有欺诈	FP	TN	FP + TN
合计	TP + FP	FN + TN	

$$TPR = \frac{TP}{P} = \frac{TP}{TP + FN}$$

$$FPR = \frac{FP}{N} = \frac{FP}{FP + TN}$$

3. 实例分析

步骤 1:搜集保险案例的相关数据,包括有欺诈和无欺诈,本章中用到的数据集包含 15 420 条数据,其中 14 497 条无欺诈保险数据,923 条有欺诈保险数据。手动确定 33 个特征,其中 Policy Number 为序号,与保险欺诈无关,可丢弃。将部分特征如年龄等离散化。选择判定属性 Fraud Found,源数据中 Fraud Found 为数值属性,应手动改为判别属性 Nominal{0,1},包含判定属性的 32 个特征,见表 11-9。

表 11-9　属性表

序号	特征	序号	特征
1	Month	17	Deductible
2	Week Of Month	18	Driver Rating
3	Day Of Week	19	Days：Policy-Accident
4	Make	20	Days：Policy-Claim
5	Accident Area	21	Past Number Of Claims
6	Day Of Week Claimed	22	Age Of Vehicle
7	Month Claimed	23	Age Of Policy Holder
8	Week Of Month Claimed	24	Police Report Filed
9	Sex	25	Witness Present
10	Marital Status	26	Agent Type
11	Age	27	Nilmber Of Suppliments
12	Fault	28	Address Change-Claim
13	Policy Type	29	Numbel Of Cars
14	Vehicle Category	30	Year
15	Vehicle Price	31	Base Policy
16	Rep Number	32	Flaud Found＜P＞

步骤2：导入数据，由于该数据集中包含14 497条无欺诈保险数据，923条有欺诈保险数据，比例约为15.7∶1，无欺诈数据远远多于有欺诈数据，该数据集是不平衡的。为取得平衡数据进行训练分类器，首先对该数据集进行重采样，得到1 515条无欺诈数据，1 569条有欺诈数据，Fraud Found＝0表示无欺诈，Fraud Found＝1表示有欺诈，见表11-10。

表 11-10　重采样得到平衡数据

Fraud Found	Count	Weight
0	1 515	1 515.0
1	1 569	1 569.0

步骤3：用SVM对平衡后的数据分类，本章选用LibSVM软件包作为分类器，用平衡数据训练，训练结果见表11-11和表11-12。将训练后的模型

对全部数据集进行分类,得到结果见表 11-13 和表 11-14。平衡数据训练 ROC Area = 0.973,真正类率,TPR 高达 0.973,而假正类率仅为 0.027。在全部数据集上的分类结果 ROC Area = 0.839,真正类率,TPR 为 0.805,假正类率 TPR 为 0.127。由此可见,训练后的 SVM 分类器可以有效实现对保险欺诈的监测。

表 11-11 全部特征集训练平衡数据的分类准确率

Class	TP Rate	FP Rate	Precision	Recall	F-Measure	ROC Area
0	0.966	0.02	0.979	0.966	0.972	0.973
1	0.98	0.034	0.967	0.98	0.973	0.973
Weighted Avg.	0.973	0.027	0.973	0.973	0.973	0.973

表 11-12 全部特征集训练平衡数据的混淆矩阵

实际	预测	
	无欺诈	有欺诈
无欺诈	1 463	52
有欺诈	32	1 537

表 11-13 训练后的分类器对全部数据集分类的准确率

Class	TP Rate	FP Rate	Precision	Recall	F-Measure	ROC Area
0	0.8	0.122	0.99	0.8	0.885	0.839
1	0.878	0.2	0.219	0.878	0.35	0.839
Weighted Avg.	0.805	0.127	0.944	0.805	0.853	0.839

表 11-14 训练后的分类器对全部数据集分类的混淆矩阵

实际	预测	
	无欺诈	有欺诈
无欺诈	11 601	2 896
有欺诈	113	810

步骤 4:分别计算出每个预测属性的信息增益率,并按信息增益率由高到低排序,大小及排序结果见表 11-15。分别选取 GR 值不小于 0.005、0.01、

0.02、0.05 的四组特征子集，对平衡数据集进行分类，得到的结果见表 11-16～表 11-23。

表 11-15 特征的 GR 值及排序

信息增益率	排序后的属性	信息增益率	排序后的属性
0.164 023	12 Fault	0.004 787	15 Vehick Price
0.070 246	31 BasePolicy	0.004 152	1 Month
0.065 602	14 Vehicle Category	0.003 711	7 Month Claimed
0.057 908	13 Policy Type	0.003 369	2 Week Of Month
0.025 233	25 Wimess Present	0.002 958	23 Age Of Policy Holder
0.018 303	17 Deductihk	0.00 228	30 Year
0.016 789	28 AddressChange-Claim	0.002 231	22 Age Of Vehicle
0.015 37	19 Days：Policy-Accident	0.002 111	6 Day Of Week Claimed
0.012 683	26 Agent Type	0.001 056	27 Number Of Suppliments
0.010 286	24 Police Report Filed	0.000 658	10 Marital Status
0.008 506	20 Days：Policy-Claim	0.000 593	3 Day Of Week
0.007 987	9 Sex	0	16 Rep Number
0.005 891	5 Accident Area	0	18 Driver Rating
0.005 569	4 Make	0	8 Week Of Month Claimed
0.005 467	21 Past Number Of Claims	0	11 Age
0.004 988	29 Number Of Cars		

表 11-16 GR ⩾ 0.005 特征子集训练平衡数据的分类准确率

Class	TP Rate	FP Rate	Precision	Recall	F-Measure	ROC Area
0	0.585	0.057	0.909	0.585	0.712	0.764
1	0.943	0.415	0.702	0.943	0.805	0.764
Weighted Avg.	0.768	0.239	0.804	0.768	0.759	0.764

表 11-17　GR > 0.005 特征子集训练平衡数据的混淆矩阵

实际	预测	
	无欺诈	有欺诈
无欺诈	887	628
有欺诈	89	1480

表 11-18　GR > 0.01 特征子集训练平衡数据的分类准确率

Class	TP Rate	FP Rate	Precision	Recall	F-Measure	ROC Area
0	0.581	0.056	0.909	0.581	0.709	0.762
1	0.944	0.419	0.7	0.944	0.804	0.762
Weighted Avg.	0.766	0.241	0.803	0.766	0.757	0.762

表 11-19　GR > 0.01 特征子集训练平衡数据的混淆矩阵

实际	预测	
	无欺诈	有欺诈
无欺诈	880	635
有欺诈	88	1481

表 11-20　GR > 0.02 特征子集训练平衡数据的分类准确率

Class	TP Rate	FP Rate	Precision	Recall	F-Measure	ROC Area
0	0.586	0.08	0.876	0.586	0.702	0.753
1	0.92	0.414	0.697	0.92	0.793	0.753
Weighted Avg.	0.756	0.25	0.785	0.756	0.748	0.753

表 11-21　GR > 0.02 特征子集训练平衡数据的混淆矩阵

实际	预测	
	无欺诈	有欺诈
无欺诈	888	627
有欺诈	126	1443

表 11-22　GR ≥ 0.05 特征子集训练平衡数据的分类准确率

Class	TP Rate	FP Rate	Precision	Recall	F-Measure	ROC Area
0	0.584	0.08	0.875	0.584	0.701	0.752
1	0.92	0.416	0.696	0.92	0.792	0.752
Weighted Avg.	0.755	0.251	0.784	0.755	0.747	0.752

表 11-23　GR ≥ 0.05 特征子集训练平衡数据的混淆矩阵

实际	预测	
	无欺诈	有欺诈
无欺诈	885	630
有欺诈	126	1443

步骤 5：比较几组结果，ROC Area 分别为 0.764、0.762、0.753、0.752。可以发现，相对于全部特征集分类 ROC Area = 0.973，特征子集的分类能力稍有降低，但四组特征子集的分类性能没有显著差别。比较特征选择后的四组结果，可以发现真正类率 TPR 较低，仅在 0.5～0.6 之间，真正类率越低说明该模型在所有无欺诈样本中发现无欺诈案例的能力越低。而假正类率 FPR 都很低，都在 0.1 以下，假正类率越低说明该模型在所有有欺诈样本中发现有欺诈案例的能力越高。这说明经特征选择后的特征子集发现无欺诈案例的能力低，而对监测出真正存在欺诈的保险案例的能力高。

11.4　数据挖掘在期权定价中的应用

11.4.1　股指期权及期权定价模型

1. 股指期权发展概述

20 世纪 80 年代的美国是交易股票期权的始发地。1973 年，芝加哥期权交易所(CBOE)的建立，代表着场内期权市场的伊始发展，同时为股指期权交易的产生奠定了基础。1982 年，股票指数期货期权首次出现在金融市场上，但由于该期权同时存在期货与期权的交易特点，使得投资者和交易者无法获得股票期权所具有的最大盈利。在这种情况下，股指期权应运而生。1983年3月，美国芝加哥期权交易所发行了世界上第一份股指期权合约，即CBOE-dF100指数期权，该份期权合约一经问世，便得到了金融界的极大关注，并且取得了空前的成功。之后，各种指数期权产品如雨后春笋般相继在全世界范围内产生。1984年，英国伦敦国际金融交易所发行了欧洲地区最早的指数期权——英国金融时报100指数期权合约。亚太市场的期权交易虽然发展较晚，但发展速度较快。作为亚洲地区第一份股指期权合约——Nikkie225指数期权，其诞生于日本大阪交易所（OSE）。随后1993年中国香港地区发行了恒生指数期权。韩国以及印度各地市场也都陆续推出了具有各自特色的指数期权产品。

我国期权市场发展较国外市场更晚。2006年中国金融期货交易所成立，从此开启了我国股市新历程。作为国内首只股指期货——沪深300股指期货，自2010年4月16日上市以来，其不仅丰富了我国股指衍生品市场，而且规避了股票市场系统性风险。但由于其交易波动很不稳定，而且自身的风险需要借助于其他金融工具来实现对冲，而这种特殊的金融工具就是股指期权。股指期权以股指为标的物，由购买期权的一方支付一定期权费给期权的卖方，以获得在将来的某一时间，以某一价格买进或者卖出某一基于股票指数标的物的权利。由于其具有风险管理、价格发现、提高资本使用效率等功能，所以指数期权从推出至今已发展为金融市场上一个重要的构成部分。根据国际成熟金融行业的发展经验，在指数期货推出运行一段时间后，通过发行相同标的物的指数期权可以用来均衡金融市场结构。

目前，国内指数期权类的产品只有两种。一种是已正式上市了的上证50ETF期权合约。该份期权合约是指在将来某一指定时间，以某一指定价买进或者卖出上证50交易开放性指数基金。由于其标的资产——上证50ETF是一种指数型基金，因此它具有股指期权所具有的特性。如今，投入真实市场的上证50ETF期权已平稳健康地运行了两年多，其所产生的市场效应也显现出积极的一面。另一种是目前仍处于模拟运行状态的沪深300指数期权，其标的资产为沪深300指数。2013年11月8日，该指数期权仿真交易初次在CFFEX运行。考虑到这两种期权的特殊性，故我们率先对它们分别进行了研究。得出的结论可以为以后沪深300股指期权的正式交易提供理论资料。

2. 期权定价模型

在介绍期权定价模型之前，先了解几个与其相关的定义、定理及原理。

原理 11.4.1 风险中性定价原理。

风险中性是指对立于风险偏好及风险厌恶而存在的,如果投资者不会因自身投资风险的增长而希望获得额外的风险报酬,此时的他们是风险中性的。我们把全部都以风险中性而存在的投资者所在的世界叫作风险中性世界。

在风险中性世界下,一切标的的期望收益率都以无风险利率来实现,而所有证券都能借助于无风险利率的贴现求得现值。

原理 11.4.2 无套利定价原理。

金融市场上套利行为的实施非常方便和快速,由于这种套利的快捷性使得市场上的套利机会只能暂时存在,因为只要套利情形存在,投资者便将很快实施套利行动,如此使得市场又急速回归到无套利机会的平衡中。因此,无套利均衡常常用在金融证券的定价中,而无风险的套利定价原理指的是金融产品在市场中的合理价格可以让市场不会有无风险套利的机会。

定理 11.4.1 Ito 定理

设 $f = f(S,t)$ 是二元微分函数,若随机变量 S 遵从 Ito 方程:

$$dS = a(S,t)dt + b(S,t)dW$$

则根据 Ito 定理有: S 和 t 的函数 f 也遵从如下的 Ito 方程:

$$df = (\frac{\partial f}{\partial S}a + \frac{\partial f}{\partial t} + \frac{1}{2}\frac{\partial^2 f}{\partial S^2}b^2)dt + \frac{\partial f}{\partial S}bdW$$

式中,dW 是一个维纳过程;变量 S 的漂移率和方差率分别是 a、b^2;a 与 b 是 S 和 t 的函数。

下面介绍期权定价模型:

期权定价的存在形式可以归为两种:解析类和数值类。解析类模型主要是基于 B-dFS 模型且模型有具体的定价公式解。主要包括有支付红利的欧式期权定价模型、遵循跳跃扩散过程的定价模型等,而数值类模型主要包括树图定价模型、有限差分模型以及蒙特卡洛模拟定价模型。

以下模型中涉及的基本符号有:S 代表标的现价;X 代表期权执行价;t 代表当前时刻;T 代表期权的最后期限日;μ 代表预期收益率;r 代表无风险的利率;q 代表连续股息率;σ 代表无跳跃时候标的价格的波动率;λ 代表泊松过程下的强度参数;c 代表欧式看涨期权的价值;k 代表交易费用中交易额的特定比例;δ_t 代表期权交易头寸调整时间间隔。

1) 解析类模型

(1) B-dFS 模型。

经典 B-dFS 模型是基于风险中性的定价原理。以无套利为基础,采用了偏微分方程进行推导。它的假设条件有:

① 证券价格遵循几何布朗运动;
② 证券一直连续交易;
③ 在买卖的时候不存在交易费用;
④ 衍生证券有效期内不分红和支付股息;
⑤ 允许卖空标的证券;
⑥ 能够以无风险利率借入或贷出资金。

在此模型中,证券价格遵循几何布朗运动 $dS = \mu S dt + \sigma S dW$,利用 Ito 定理,进行保值策略,得出该形式下证券价格满足的微分方程:

$$\frac{\partial f}{\partial t} + rS\frac{\partial f}{\partial S} + \frac{1}{2}\sigma^2 S^2 \frac{\partial^2 f}{\partial S^2} = rf \qquad (11\text{-}53)$$

欧式看涨期权的边界条件为: $f = \max(S - X, 0)$。当 $t = T$ 时,利用偏微分方程对式(11-53)进行求解,得出欧式看涨期权定价公式为

$$c = SN(d_1) - Xe^{-r(T-t)}N(d_2) \qquad (11\text{-}54)$$

式中

$$d_1 = \frac{\ln\left(\frac{S}{X}\right) + \left(r + \frac{\sigma^2}{2}\right)(T-t)}{\sigma\sqrt{T-t}}$$

$$d_2 = d_1 - \sigma\sqrt{T-t}$$

经典 B-S 模型假设标的证券不支付红利,但实际市场并非如此。而扩展 B-S 模型就是在经典 B-S 模型的基础上,考虑定期支付股息。即扩展 B-S 模型中的标的证券价格将表示成经典 B-S 模型中的价格减去股息,则在支付连续复利收益率下,证券的欧式看涨期权价格为

$$c = Se^{-q(T-t)}N(d_1) - Xe^{-r(T-t)}N(d_2) \qquad (11\text{-}55)$$

式中

$$d_1 = \frac{\ln\left(\frac{S}{X}\right) + \left(r - q + \frac{\sigma^2}{2}\right)(T-t)}{\sigma\sqrt{T-t}}$$

$$d_2 = \frac{\ln\left(\frac{S}{X}\right) + \left(r - q - \frac{\sigma^2}{2}\right)(T-t)}{\sigma\sqrt{T-t}}$$

(2) 推广 B-S 模型(考虑了交易费用以及数据的异常波动性)。

假定标的证券运行过程同时考虑了布朗运动与泊松运动(简称标的价格遵循 B&P 过程)。即假定标的价格遵从以下偏微分方程:

$$dS = \mu S dt + \sigma S(dW + dQ)$$

式中,W 代表布朗运动;Q 代表齐次形式下的泊松过程;N 代表泊松过程中的补偿因素;并且 $dQ = \lambda dt + dN$,都是常量。则:

$$dS = \mu S dt + \sigma S(dW + dN + \lambda dt) \tag{11-56}$$

基于此，引入交易费用。借助于 Ito 公式来达到套期保值目的。得出此条件下的欧式期权价值方程满足：

$$\frac{\partial c}{\partial t} + \frac{S^2}{2}\left[(1+\lambda)\sigma^2 + 2k\sigma\left(\sqrt{\frac{2}{\pi\delta_t}} - \frac{\lambda}{\sqrt{2\pi\delta_t}} - \frac{\lambda}{4\delta_t}\right)\right]\frac{\partial^2 c}{\partial S^2} + (r-q)S\frac{\partial c}{\partial S} = rc$$

然后将随机微分方程以及相关物理数学等方面的结论运用到式(11-56)，得出其公式解。即欧式看涨期权的价格为

$$c = Se^{-q(T-t)}N(d_1) - Xe^{-r(T-t)}N(d_2) \tag{11-57}$$

式中

$$d_1 = \frac{\ln\left(\frac{S}{X}\right) + \left[r - q + \frac{1}{2}\left((1+\lambda)\sigma^2 + 2k\sigma\left(\sqrt{\frac{2}{\pi\delta_t}} - \frac{\lambda}{\sqrt{2\pi\delta_t}} - \frac{\lambda}{4\delta_t}\right)\right)\right](T-t)}{\sqrt{(1+\lambda)\sigma^2 + 2k\sigma\left(\sqrt{\frac{2}{\pi\delta_t}} - \frac{\lambda}{\sqrt{2\pi\delta_t}} - \frac{\lambda}{4\delta_t}\right)}\sqrt{(T-t)}},$$

$$d_2 = d_1 - \sqrt{(1+\lambda)\sigma^2 + 2k\sigma\left(\sqrt{\frac{2}{\pi\delta_t}} - \frac{\lambda}{\sqrt{2\pi\delta_t}} - \frac{\lambda}{4\delta_t}\right)}\sqrt{(T-t)}$$

2) 数值类模型

在大多数情形下，我们都无法精确求出期权价格的公式解，此时就要使用数值法来对期权进行定价。而数值法的运用必须借助于计算机上的相关编程软件来获得最后结果。

(1) SV 类定价模型。

由于期权定价 B-S 模型要求所有的标的证券有固定的波动率，而真实金融市场下的波动率常伴随着市场行情的改变而改变。对此，B-S 模型已不能很好地解释股市行情发展，而且实际资产价格收益率的每日波动表现出波动率聚集性，此特性呈现出尖峰厚尾的分布。由此可看出，资产的波动率并非是个常量，而是具有一定程度上的随机特性，这种条件下的模型就被称为随机波动率模型，即 SV 模型。

该模型假设条件有：

① 收益序列不受外生变量的影响；

② 随机误差项 ε_t 为正态分布，收益 y_t 为零均值、无自相关平稳过程；

③ 误差过程 $\{\varepsilon_t\}$ 与 $\{\eta_t\}$ 互不相关。

标准 SV 模型定义为

$$y_t = \varepsilon_t \sigma_t$$
$$\log \sigma_t = \mu + \varphi(\log \sigma_{t-1} - \mu) + \tau \eta_t$$

式中，α、β、γ 均为待估参数；$\tau = \frac{1}{2}\gamma$；σ_t 代表 y_t 的标准差；y_t 代表第 t 日的收

益率;$\varphi_0 = \frac{1}{2}\alpha$;$\varphi = \beta$;$\mu = \frac{\varphi_0}{1-\varphi}$;$\varepsilon_t$ 代表独立同分布的白噪声干扰,$\varepsilon_t \sim N(0,1)$;$\eta_t$ 代表独立同分布的扰动水平,$\eta_t \sim N(0,1)$;φ 代表连续性参数,它表明将来波动受到目前波动的影响。

厚尾类 SV 模型(SV-T)就是使标准 SV 模型下的误差项 ε_t 遵从 t 分布,即有

$$y_t = \varepsilon_t \exp(\theta_t/2) \qquad \varepsilon_t \sim i.i.dt(0,1,\omega), t=1,2,\ldots n$$

$$\theta_t = \mu + \varphi(\theta_{t-1} - \mu) + \eta_t \qquad \eta_t \sim i.i.dN(0,\sigma^2), t=1,2,\ldots n$$

为了便于 WinBUGS 编程估计,将上述模型表示为

$$y_t = \sigma_t \varepsilon_t \qquad \varepsilon_t \sim t(\omega)$$

$$\ln\theta_t = \mu + \varphi(\ln\theta_{t-1} - \mu) + \tau\eta_t \qquad \eta_t \sim N(0,1)$$

式中,$\theta_t = \sigma_t^2$。

为了求解此模型,需对其中的参数进行估计,过程如下:

设在鞅测度下,标的证券 S_t 和波动率 σ_t 遵从随机的微分方程:

$$\frac{dS_t}{S_t} = rdt + \sigma_t dW_t \tag{11-58}$$

$$\sigma_t = f(Y_t) \tag{11-59}$$

$$dY_t = \mu(t,Y_t)dt + \hat{\sigma}(t,Y_t)dZ_t \tag{11-60}$$

式中,$\{W_t : t \geq 0\}$、$\{Z_t : t \geq 0\}$ 都为标准 Brown 运动,且 $\text{cov}(dW_t, dZ_t) = \rho dt$。

为了消除随机波动率所带来的风险,在此建立另外一份不同到期期限、不同到期定价的期权 V_{1t},从而构成投资组合:

$$\Pi_t = V_t - \Delta_1 S_t - \Delta_2 V_{1t}$$

由于 $V_t = V(S_t, Y_t, t)$;$V_{1t} = V_1(S_t, Y_t, t)$,从而,由式(11-58)～式(11-60) 以及 Ito 公式,得

$$d\Pi_t = dV_t - \Delta_1 dS_t - \Delta_2 dV_{1t} =$$

$$\left[\frac{\partial V}{\partial t} + \frac{1}{2}f^2(Y)S^2\frac{\partial^2 V}{\partial S^2} + \rho f(Y)\hat{\sigma}(t,Y)\frac{\partial^2 V}{\partial S \partial Y} + \frac{1}{2}\hat{\sigma}^2(t,Y)\frac{\partial^2 V}{\partial Y^2}\right]dt -$$

$$\Delta_2\left[\frac{\partial V_1}{\partial t} + \frac{1}{2}f^2(Y)S^2\frac{\partial^2 V_1}{\partial S^2} + \rho f(Y)\hat{\sigma}(t,Y)S\frac{\partial^2 V_1}{\partial S \partial Y} + \frac{1}{2}\hat{\sigma}^2(t,Y)\frac{\partial^2 V_1}{\partial Y^2}\right]dt +$$

$$\left(\frac{\partial V}{\partial S} - \Delta_2\frac{\partial V_1}{\partial S} - \Delta_1\right)dS_t + \left(\frac{\partial V}{\partial Y} - \Delta_2\frac{\partial V_1}{\partial Y}\right)dY_t$$

$$\tag{11-61}$$

消去随机性,取 Δ_1、Δ_2 满足:

$$\frac{\partial V}{\partial S} - \Delta_2 \frac{\partial V_1}{\partial S} - \Delta_1 = 0$$

$$\frac{\partial V}{\partial Y} - \Delta_2 \frac{\partial V_1}{\partial Y} = 0$$

即
$$\Delta_2 = \frac{\partial V}{\partial Y} / \frac{\partial V_1}{\partial Y}, \tag{11-62}$$

$$\Delta_1 = \frac{\partial V}{\partial S} - \left(\frac{\partial V}{\partial Y} / \frac{\partial V_1}{\partial Y}\right)\frac{\partial V_1}{\partial S}. \tag{11-63}$$

若使 $d\Pi_t$ 表示无风险，则有

$$d\Pi_t = r\Pi_t dt = r(V_t - \Delta_1 S_t - \Delta_2 V_{1t})dt. \tag{11-64}$$

将式(11-62)和式(11-63)代入式(11-64)和式(11-61)，经整理，得到下式：

$$\frac{\dfrac{\partial V}{\partial t} + \dfrac{1}{2}f^2(Y)S^2\dfrac{\partial^2 V}{\partial S^2} + \rho f(Y)\hat{\sigma}(t,Y)S\dfrac{\partial^2 V}{\partial S\partial Y} + \dfrac{1}{2}\hat{\sigma}^2(t,Y)\dfrac{\partial^2 V}{\partial Y^2} + rS\dfrac{\partial V}{\partial S} - rV}{\dfrac{\partial V}{\partial Y}}$$

$$= \frac{\dfrac{\partial V}{\partial t} + \dfrac{1}{2}f^2(Y)S^2\dfrac{\partial^2 V_1}{\partial S^2} + \rho f(Y)\hat{\sigma}(t,Y)S\dfrac{\partial^2 V_1}{\partial S\partial Y} + \dfrac{1}{2}\hat{\sigma}^2(t,Y)\dfrac{\partial^2 V_1}{\partial Y^2} + rS\dfrac{\partial V_1}{\partial S} - rV_1}{\dfrac{\partial V_1}{\partial Y}}.$$

由上式导出适合 $V = V(S,Y,t)$ 的偏微分方程：

$$\frac{\partial V}{\partial t} + \frac{1}{2}f^2(Y)S^2\frac{\partial^2 V}{\partial S^2} + \rho f(Y)\hat{\sigma}S\frac{\partial^2 V}{\partial S\partial Y} + \frac{1}{2}\hat{\sigma}^2\frac{\partial^2 V}{\partial Y^2} + rS\frac{\partial V}{\partial S} + (\mu - \lambda\hat{\sigma})\frac{\partial V}{\partial Y} - rV = 0$$

式中，偏微分 $\lambda = \lambda(t,S,Y)$ 表示波动率风险下的市场价值。

若

$$\sigma_t = f(Y_t) = Y_t^{\frac{1}{2}}; \mu(t,Y_t) = \mu Y_t; \hat{\sigma}(t,Y_t) = \hat{\sigma} Y_t; \rho = 0; \lambda = 0$$

式中，μ、$\hat{\sigma}$ 均为正常数，则欧式看涨期权定价为

$$\frac{\partial Y}{\partial t} + \frac{1}{2}YS^2\frac{\partial^2 V}{\partial S^2} + \frac{1}{2}\hat{\sigma}^2 Y^2\frac{\partial^2 V}{\partial Y^2} + rS\frac{\partial V}{\partial S} + \mu Y\frac{\partial V}{\partial Y} - rV = 0$$

$$V(S,Y,T) = (S-K)^+$$

Hull 和 White 指出，若考虑到期权合约有效期内均方差概率分布这一条件，上式的解便为 Black-Scholes 价值在该条件上的积分值。

若

$$\sigma_t = f(Y_t) = Y_t^{\frac{1}{2}}; \mu(t,Y_t) = a(\theta - Y_t);$$

$$\hat{\sigma}(t,Y_t) = \hat{\sigma}\sqrt{Y_t}; \lambda(t,S,Y_t) = \frac{\lambda}{\hat{\sigma}}\sqrt{Y_t}; |\rho| < 1$$

式中，a、θ、$\hat{\sigma}$ 都为正常数，且满足 $a\theta > \frac{1}{2}\hat{\sigma}^2$；$\lambda$ 为常数，则欧式看涨期权定价为

$$\frac{\partial V}{\partial t} + \frac{1}{2}YS^2\frac{\partial^2 V}{\partial S^2} + \rho\hat{\sigma}YS\frac{\partial^2 V}{\partial S\partial Y} + \frac{1}{2}\hat{\sigma}^2Y\frac{\partial^2 V}{\partial Y^2} +$$

$$rS\frac{\partial V}{\partial S} + [a(\theta-Y)-\lambda Y]\frac{\partial V}{\partial Y} - rV = 0 \quad V(S,Y,T) = (S-K)^+$$

S. L. Heston 把 $V(S,Y,T)$ 分解为

$$V(S,Y,t) = SP_1(S,Y,t) - Ke^{-r(T-t)}P_2(S,Y,t).$$

式中，$P_j(S,Y,t)(j=1,2)$ 在 $t=T$ 时适合 $P_1(S,Y,T) = P_2(S,Y,T) = H(S-K)$。

$H(x)$ 是 Heaviside 函数。当 $x>0$ 时，$H(x)=1$；当 $x<0$ 时，$H(x)=0$。在变换 $x=\ln S$ 下，$P_j(x,Y,t)(j=1,2)$ 适合式(11-65)和(11-66)：

$$\frac{\partial P_j}{\partial t} + \frac{1}{2}Y\frac{\partial^2 P_j}{\partial x^2} + \rho\hat{\sigma}Y\frac{\partial^2 P_j}{\partial x\partial y} + \frac{1}{2}\hat{\sigma}^2Y\frac{\partial^2 P_j}{\partial y^2}$$

$$+ (r+\alpha_j Y)\frac{\partial P_j}{\partial x} + (a\theta - \beta_j Y)\frac{\partial P_j}{\partial Y} = 0 \quad (11\text{-}65)$$

$$P_j(x,Y,T) = H(x-\ln K) \quad (11\text{-}66)$$

式中，$\alpha_1 = \frac{1}{2}$；$\alpha_2 = -\frac{1}{2}$；$\beta_1 = a+\lambda-\rho\hat{\sigma}$；$\beta_2 = a+\lambda$。

通过考虑特征函数以及 Fourier 逆变换，定解问题式(11-65)和式(11-66)的解 $P_j(x,Y,t)$ 可表示为

$$P_j(x,Y,t) = \frac{1}{2} + \frac{1}{\pi}\int_0^\infty \mathrm{Re}\left\{\frac{e^{-i\varphi\ln K}f_j(x,Y,t;\varphi)}{i\varphi}\right\}\mathrm{d}\varphi$$

从以上分析可知，SV 类模型的参数计算是一个高维积分问题，而仅用数值分析的方法是不可能完成此类问题的求解的。故本小节选用了 MCMC 法对 SV-T 模型展开求解。

(2) 推广 B-S 定价模型下的二叉树法。

假定某时刻股票价格只能上升或下降，上升倍数 $u>1$；下降倍数 $d<1$。股价 S 在一段时间 Δt 后将会按照概率 p 及 $1-p$ 任意移动到价格为 Su 和 Sd 两者中的一个，由风险中性原理可得，时间 Δt 后股价期望值将是 $Se^{(r-q)\Delta t}$，故有

$$Se^{(r-q)\Delta t} = pSu + (1-p)Sd \quad (11\text{-}67)$$

将股价模型(11-56)离散化，则有

$$\Delta S = (\mu+\sigma\lambda)S\Delta t + \sigma S(\Phi\sqrt{\Delta t}+\Delta N)$$

式中，$\Phi \sim N(0,1)$，$\Delta N \sim P(\lambda\Delta t)$，且 Φ 与 ΔN 相互独立。

时间 Δt 后股价 $S_1 = S + \Delta S$ 的方差有

$$\mathrm{Var}S_1 = \mathrm{Var}[S + (\mu + \sigma\lambda)S\Delta t + \sigma S(\Phi\sqrt{\Delta t} + \Delta N)] = S^2\sigma^2(1+\lambda)\Delta t$$

且

$$\mathrm{Var}S_1 = E(S_1^2) - (ES_1)^2 = pS^2u^2 + (1-p)S^2d^2 - (Se^{(r-q)\Delta t})^2$$

联合以上两式,得到:

$$S^2\sigma^2(1+\lambda)\Delta t = pS^2u^2 + (1-p)S^2d^2 - (Se^{(r-q)\Delta t})^2 \qquad (11\text{-}68)$$

记 $a = e^{(r-q)\Delta t}$,则式(11-67)和式(11-68)可改写成:

$$pu + (1-p)d = a \qquad (11\text{-}69)$$

$$pu^2 + (1-p)d^2 = \sigma^2(1+\lambda)\Delta t + a^2 \qquad (11\text{-}70)$$

要确定 p、u、d 三个参数的值,还需要特殊方法对其进行计算,金融市场上常用的二叉树模型参数设置的方法是随机误差校正法,具体过程如下:

将式(11-69)代入(11-70)有

$$\sigma^2(1+\lambda)\Delta t = p(u^2 - d^2) - (a^2 - d^2)$$

$$= \frac{a-d}{u-d}(u^2 - d^2) - (a^2 - d^2) = (a-d)(u-a)$$

则

$$d = a - \frac{\sigma^2(1+\lambda)\Delta t}{u-a}, \quad p = \frac{a-d}{u-d}, \quad a = e^{(r-q)\Delta t} \qquad (11\text{-}71)$$

u 指的是股价向上的比率。作为一个随机量,u 满足的均值有

$$E(u) = E\left(\frac{S + \Delta S}{S}\right) = \frac{1}{S}Se^{(r-q)\Delta t} = e^{(r-q)\Delta t}$$

根据股价公式(11-14)有

$$u = \frac{S + \Delta S}{S} = 1 + (\mu + \sigma\lambda)\Delta t + \sigma(\Phi\sqrt{\Delta t} + \Delta N)$$

u 的方差为 $\sigma^2(u) = \mathrm{Var}(\frac{S+\Delta S}{S}) = \sigma^2(1+\lambda)\Delta t$。标准差 $\sigma(u)$ 表示离开平均值 $E(u)$ 的偏离程度,故 u 的一个合理取值应为 $u = E(u) \pm \sigma(u)$。根据式(11-69)中 p 的取值,并且 $0 \leqslant p \leqslant 1$,可得:$a = E(u) \leqslant u$。所以取:

$$u = E(u) + \sigma(u) = e^{(r-q)\Delta t} + \sigma\sqrt{(1+\lambda)\Delta t}$$

将其代入(11-71)中便有,证券价格服从 $B\&P$ 过程并考虑到交易成本及连续股息的存在性,此条件下的二叉树模型的参数选取为

$$p = \frac{1}{2}; \quad u = a + \sigma\sqrt{(1+\lambda)\Delta t}; \quad d = a - \sigma\sqrt{(1+\lambda)\Delta t}; \quad a = e^{(r-q)\Delta t}$$

对于任意一个二叉树有

$$Se^{(r-q)\Delta t} = pSu + (1-p)Sd$$

(3) 推广 B-S 定价模型下的三叉树法。

设资产价格有三种变动可能：上升、下降、持平。上升的倍数为 $u>1$，持平的倍数为 $m>1$，下降的倍数为 $d>1$，且在每个节点上的概率分别为 p_u、p_d、p_m。而根据文献[46]中三叉树模型参数设置的方法，证券价格服从 B&P 过程并考虑到交易成本及连续股息的存在性，基于这样的条件下的三叉树模型的参数选取为

$$d = \frac{1}{u}; \quad u = e^{\sigma\sqrt{3\Delta t}}; \quad p_m = \frac{2}{3};$$

$$p_u = \frac{1}{6} + \left(r - q - \frac{\sigma^2}{2}\right)\sqrt{\frac{\Delta t}{12\sigma^2}}.$$

对于任意一个三叉树有

$$Se^{(r-q)\Delta t} = p_u Su + p_m S + p_d Sd \tag{11-72}$$

11.4.2 基于上证 50ETF 期权的实证分析

近年来，随着我国第一份场内期权——上证 50ETF 期权的发行上市，许多学者对此展开了研究，并基于各模型条件得到相应的结论。基于这些最新研究，选用最新标的数据，通过数据挖掘、借助 Excel 工具求解经典和扩展 B-S 模型下的各参数，通过比较分析法，得出：扩展 B-S 更适合上证 50ETF 期权的定价，同时也验证了合约规则中的非线性涨跌幅度设定是有效的。

1. 数据处理及模型参数求解

由于目前正式上市运行的股指期权只有上证 50ETF 期权，故节选上证 50ETF 作为标的资产。截取了 2016 年 3 月 8 日至 4 月 8 日的上证 50ETF 正式交易数据作为样本数据。选用的定价模型为经典 B-S 模型与考虑了股息的扩展 B-S 模型，由于这两个模型都是有解析公式解的，所以通过对定价公式中各参数进行分析求值来得出各模型下的期权价值。

模型中参数的设置：

1) 上证 50ETF 期权执行价格 K

该份期权合约的基本信息见表 11-24，距到期日为 13 天。

表 11-24　上证 50ETF 的基本信息

行权价 K	到期日	行权价 K	到期日
1.85	2016/04/27(13 天)	2.1	2016/04/27(13 天)
1.9	2016/04/27(13 天)	2.15	2016/04/27(13 天)

续表 11-24

行权价 K	到期日	行权价 K	到期日
1.95	2016/04/27(13 天)	2.2	2016/04/27(13 天)
2.0	2016/04/27(13 天)	2.25	2016/04/27(13 天)
2.05	2016/04/27(13 天)	2.3	2016/04/27(13 天)

2) 标的证券(上证 50ETF) 波动率 σ

波动率作为衡量标的证券收益率的变化程度的一种数学度量工具,目前主要分为四类:其中之一为实际波动率,但考虑到证券回报率服从随机过程,故真实交易市场上的实际波动率不能通过计算得到其精确值,只有借助于数学方法才能获得它的预计值;另一个为历史波动率,顾名思义指的是基于历史数据计算出来的波动率。关于波动率这一方面的研究,许多学者都是用历史的波动率来估测实际波动率;第三个为预测波动率,是通过使用统计方法来预测实际波动率而得来的数据;最后一个为隐含波动率,由于其能真实反映实际期权交易运行中的波动率,所以无法直接得到,只能通过最终期权价值倒推得来。所以本小节将使用历史波动率来估计标的证券收益率的波动率。数据选取为 2016 年 3 月 8 日至 4 月 8 日这段时间的上证 50ETF 日收盘价(元),共计 23 个交易数据。原始数据经过整理得表 11-25。

表 11-25 上证 50ETF 的样本数据

天数	P_t	R_t	$R_t - \mu$	$(R_t - \mu)^2$
0	2.115	—	—	
1	2.107	$-0.003\,789\,678$	$-0.003\,982\,691$	$1.59E-05$
2	2.059	$-0.023\,044\,707$	$-0.023\,237\,72$	$0.000\,539\,992$
3	2.066	$0.003\,393\,943$	$0.003\,200\,929$	$1.02E-05$
4	2.076	$0.004\,828\,595$	$0.004\,635\,581$	$2.15E-05$
5	2.098	$0.010\,541\,545$	$0.010\,348\,531$	$0.000\,107\,092$
6	2.135	$0.017\,482\,137$	$0.017\,289\,123$	$0.000\,298\,914$
7	2.132	$-0.001\,406\,14$	$-0.001\,599\,154$	$2.56E-06$
8	2.14	$0.003\,745\,323$	$0.003\,552\,31$	$1.26E-05$
9	2.192	$0.024\,008\,54$	$0.023\,815\,527$	$0.000\,567\,179$
10	2.169	$-0.010\,548\,137$	$-0.010\,741\,15$	$0.000\,115\,372$
11	2.171	$0.000\,921\,659$	$0.000\,728\,646$	$5.31E-07$
12	2.14	$-0.014\,382\,062$	$-0.014\,575\,075$	$0.000\,212\,433$

续表 11-25

天数	P_t	R_t	$R_t - \mu$	$(R_t - \mu)^2$
13	2.145	0.002 333 723	0.002 140 71	4.58E−06
14	2.121	−0.011 251 877	−0.011 444 89	0.000 130 986
15	2.104	−0.008 047 381	−0.008 240 394	6.79E−05
16	2.158	0.025 341 572	0.025 148 559	0.000 632 45
17	2.156	−0.000 927 214	−0.001 120 227	1.25E−06
18	2.165	0.004 165 708	0.003 972 695	1.58E−05
19	2.175	0.004 608 303	0.004 415 29	1.95E−05
20	2.165	−0.004 608 303	−0.004 801 316	2.31E−05
21	2.139	−0.012 081 931	−0.012 274 945	0.000 150 674
22	2.124	−0.007 037 327	−0.007 230 34	5.23E−05

数据来源：东方财富网。

表 11-25 中，P_t 表示的是第 t 天上证 50ETF 的收盘价(元)；R_t 表示的是上证 50ETF 的对数收益率；μ 是连续复利回报率下的样本平均值；σ^2 为样本方差；σ 表示的是上证 50ETF 的标准差，即表示标的证券日波动率。它们的关系式如下：

$$R_t = \ln \frac{P_t}{P_{t-1}}$$

$$\mu = \frac{1}{T} \sum_{t=1}^{T} R_t$$

$$\sigma^2 = \frac{1}{T-1} \sum_{t=1}^{T} (R_t - \mu)^2$$

通过整理、计算表 11-25 中的数据，可以得出

$$\mu = 0.000\ 193\ 013;\ \sigma^2 = 0.000\ 142\ 988;\ \sigma = 0.011\ 957\ 752$$

因此，得到上证 50ETF 的历史日波动率 $\sigma_{day} = \sigma = 0.011\ 957\ 752$。为了计算的方便，需要将历史日波动率转换成相应的年波动率。计算方法为

年波动率 $\sigma_{year} =$ 标的资产的历史日波动率 $\sigma_{day} \times \sqrt{年交易天数}$

假设我国股票市场年交易日天数为 246 天，则据此可以计算出上证 50ETF 的历史年波动率 $\sigma_{year} = 0.011\ 957\ 752 \times \sqrt{246} = 0.187\ 550\ 01$。

3）标的证券（上证 50ETF）的现价 S_0

根据选取的实证数据，交易当天标的资产的现价为 2016 年 4 月 8 日的日收盘价，即 $S_0 = 2.124$。

4）期权的到期期限 $T-t$

本小节所选期权的交易当天为 2016 年 4 月 9 日，其到期日为 2016 年 4 月 27 日。所以实际交易天数为 13 天。故到期期限是

第 11 章　数据挖掘在金融业中的应用

$$T-t=\frac{13}{246}$$

5) 无风险利率(连续复利) r

在计算本小节的无风险利率时,选择回购期限为 3～7 天的银行间债券回购加权平均利率作为要求的无风险利率。表 11-26 是经过中国外汇交易中心查询继而计算、整理得到的数据。

通过对表中的数据进行整理,将无风险利率近似地表示为 1 个月的滑动平均的简单算术平均:

$$R=\frac{\sum_{t=1}^{23}r_t}{23}=\frac{55.5171\%}{23}=2.413787\%$$

根据 $1+R=e^r$,将 R 转换为无风险连续复利利率:$r=2.3851156\%$。

表 11-26　银行间 7 天债券回购移动平均利率

交易日期	1 个月的滑动平均利率 B_1M(%)	交易日期	1 个月的滑动平均利率 B_1M(%)
2016/03/08	2.387 9	2016/03/24	2.416 9
2016/03/09	2.381 7	2016/03/25	2.417 6
2016/03/10	2.380 1	2016/03/28	2.415 0
2016/03/11	2.384 5	2016/03/29	2.411 7
2016/03/14	2.386 7	2016/03/30	2.416 3
2016/03/15	2.385 5	2016/03/31	2.436 6
2016/03/16	2.382 1	2016/04/01	2.462 3
2016/03/17	2.382 5	2016/04/05	2.467 1
2016/03/18	2.384 1	2016/04/06	2.470 0
2016/03/21	2.391 6	2016/04/07	2.471 0
2016/03/22	2.401 6	2016/04/08	2.473 0
2016/03/23	2.411 6		

数据来源:中国外汇交易中心。

6) 标的证券(上证 50ETF)的股息收益率 δ

股息收益率(红利支付率)指的是股东所获股息与标的证券价格之间的比值,在本小节中上证 50ETF 的股息率按照连续复利下的历史平均分红利率来计算。上证 50ETF 历史分红情况见表 11-27。

所以上证 50ETF 历史平均分红 D 的表达式如下:

$$D=\frac{0.291}{8}=0.036\,375$$

按照股息收益率的定义:股息与股票价格之间的比率,则有

$$股息率 = \frac{D}{P} \times 100\% = 1.712\,571\%$$

其中,D 为股息;P 为股票买入价 2.12,所以连续复利下的股息率为

$$\delta = \ln(1 + 0.017\,125\,71) = 0.016\,980\,714$$

表 11-27 上证 50ETF 历史分红

权益登记日	红利发放日	每份红利(元)
2014/11/14	2014/11/20	0.043
2013/11/14	2013/11/20	0.053
2012/11/12	2012/11/16	0.037
2012/05/15	2012/05/21	0.011
2010/11/15	2010/11/19	0.026
2008/11/18	2008/11/24	0.06
2006/11/15	2006/11/21	0.037
2006/05/18	2006/05/24	0.024
...	...	0
		合计:0.291

数据来源:新浪财经。

2. 基于经典 B-S 与扩展 B-S 定价模型的实证分析

根据上述估算结果,现得到上证 50ETF 期权实证分析所需的全部参数。即 K 已知;$\sigma = 18.755\,001\%$;$S_0 = 2.124$;$T - t = \frac{13}{246}$;$r = 2.385\,115\,6\%$;$\delta = 1.698\,071\,4\%$。将以上计算出来的数据分别代入经典 B-S 公式(11-53)和扩展 B-S 公式(11-54)中,通过使用 Excel 软件进行计算。经过整理得到表 11-28。

表 11-28 经典 B-S 和扩展 B-S 期权定价结果

行权价 K	经典 B-S 期权定价模型		扩展 B-S 期权定价模型	
	Call	Put	Call	Put
1.8	0.276 3	0.000 0	0.274 5	0.000 1
1.9	0.226 5	0.000 1	0.224 9	0.000 4
1.95	0.177 2	0.000 7	0.176 3	0.001 7
2	0.129 6	0.003 1	0.130 4	0.005 8

续表 11-28

行权价 K	经典 B-S 期权定价模型		扩展 B-S 期权定价模型	
	Call	Put	Call	Put
2.05	0.086 4	0.009 9	0.089 9	0.015 2
2.1	0.051 2	0.024 5	0.056 8	0.032 1
2.15	0.026 3	0.049 5	0.032 4	0.057 6
2.2	0.011 5	0.084 7	0.016 3	0.091 4
2.25	0.004 2	0.127 4	0.007 1	0.132 1
2.3	0.001 3	0.174 4	0.002 6	0.177 6

均方误差(MSE)作为衡量数据变化程度的一种方法,指的是参数估测值与参数真实值作差求平方之后的期望值。MSE 的值越小,说明该值对应下的预测模型具有较高的精确度和拟合度。

通过大智慧官网得到当天上证 50ETF 期权交易运行的实际期权价。再将得到的理论期权价值与真实市场数据进行比较,最后运用均方误差对其拟合程度进行说明,结果见表 11-29 和表 11-30。

表 11-29 看涨期权表

真实市场 价格 c	经典 B-S 模型 价格 c_1	扩展 B-S 模型 价格 c_2	误差平方	
			$(c_1-c)^2$	$(c_2-c)^2$
0.279 4	0.276 3	0.274 5	0.000 009 61	0.000 024 01
0.229 7	0.226 5	0.224 9	0.000 010 24	0.000 023 04
0.183 1	0.177 2	0.176 3	0.000 034 81	0.000 046 24
0.138	0.129 6	0.130 4	0.000 070 56	0.000 057 76
0.097 2	0.086 4	0.089 9	0.000 116 64	0.000 053 29
0.065	0.051 2	0.056 8	0.000 190 44	0.000 067 24
0.040 6	0.026 3	0.032 4	0.000 204 49	0.000 067 24
0.023 3	0.011 5	0.016 3	0.000 139 24	0.000 049 00
0.012 9	0.004 2	0.007 1	0.000 075 69	0.000 033 64
0.006 4	0.001 3	0.002 6	0.000 026 01	0.000 014 44

表 11-30 看跌期权表

真实市场价格 p	经典 B-S 模型价格 p_1	扩展 B-S 模型价格 p_2	误差平方 $(p_1-p)^2$	误差平方 $(p_2-p)^2$
0.000 9	0.000 0	0.000 1	0.000 000 81	0.000 000 64
0.001 3	0.000 1	0.000 4	0.000 001 44	0.000 000 81
0.003 3	0.000 7	0.001 7	0.000 006 76	0.000 002 56
0.008	0.003 1	0.005 8	0.000 024 01	0.000 004 84
0.018 2	0.009 9	0.015 2	0.000 068 89	0.000 009 00
0.035 9	0.024 5	0.032 1	0.000 129 96	0.000 014 44
0.061 1	0.049 5	0.057 6	0.000 134 56	0.000 012 25
0.093 8	0.084 7	0.091 4	0.000 082 81	0.000 005 76
0.132 6	0.127 4	0.132 1	0.000 027 04	0.000 000 25
0.177 8	0.174 4	0.177 6	0.000 011 56	0.000 000 04

结合均方误差的定义式以及表 11-29，表 11-30 的数据有

经典 B-S 模型下的均方误差：

$$MSE_1 = \frac{\sum(c_1-c)^2 + \sum(p_1-p)^2}{20} = 0.000\ 068\ 28$$

扩展 B-S 模型下的均方误差：

$$MSE_2 = \frac{\sum(c_2-c)^2 + \sum(p_2-p)^2}{20} = 0.000\ 024\ 32$$

$MSE_1 > MSE_2$，也就是扩展 B-S 模型下的均方误差值远小于经典 B-S 模型下的均方误差值，所以扩展 B-S 模型能较好地对该期权进行模拟，且其精确程度更高；同时也可得：在扩展 B-S 模型下当执行价格与标的现价最接近时，即该标的期权接近实值期权时，所对应的期权价差最大；而当该期权为最严重虚值时，介于理论和实际之间的价差是最小的，此结论符合该期权合约规则中的非线性涨跌幅度设定。

从定价模型方面考虑了上证 50ETF 欧式期权合约的特性。通过对上市后最新数据的实证计算，并经过比较均方误差。推导出带股息的 B-S 模型能

较为合理地对该欧式期权进行定价说明。由于扩展 B-S 模型考虑了期权市场受股息率的影响这一因素，使得该模型的假设条件更加贴近真实市场的运行环境，所以此实证结果是成立的。且在扩展 B-S 实证结果中，模型理论值与真实市场值之间的偏差规律与上交所对该期权的涨跌幅度的设定相契合，这充分说明了扩展 B-S 模型的优越性。而模型结果中存在的误差一部分是由于数据选择以及计算过程中可能导致的偶然误差，而这一部分是不可避免的；另一部分是由于其限制条件所造成的系统误差，即再理想的模型也并不能完全模拟真实市场。例如，B-S 模型下的波动率规定为常数，但实际市场中波动率是一个随机变量。

11.4.3 基于沪深 300 股指期权的实证分析

近年来，越来越多的学者将目光投向沪深 300 指数期权，通过对该标的合约的研究分析得到一系列结论。而这些结论为沪深 300 指数期权以及其他新型期权的正式发行具有理论指导意义。本小节在已有文献以及上证 50ETF 期权定价结论的基础上，基于最新标的数据，首先，利用 Eviews、MCMC 法、WinBUGS 等多种统计软件和方法进行模型的求解，并对 SV-T 和扩展 B-S 模型分别展开实证分析，运用误差分析、套利空间计算等，得出 SV-T 模型对该期权的定价更为有效，并简单说明了该模型对未来股市的影响及意义。

其次，在考虑到交易成本和泊松过程的一般定价模型上，利用 Matlab 编写程序实现公式解、二叉树和三叉树数值解，并将三种解法应用到沪深 300 指数期权的实证分析中，得到三叉树法优于二叉树法，且两种树图法的数值解和公式解之间的误差会随着参数 λ 的增大而增大。

1. 数据选择及标的资产的时序性

金融时序性可以描述标的证券价值随着时间发生的演变，故其能对沪深 300 指数的变化规律作出合理的解释，主要包括统计指标、价格变动趋势以及波动率等方面。时间序列分析法是利用研究对象的历史数据，通过统计分析考察资产价格随时间的演变规律，并建立相应的数学模型。

此部分将沪深 300 股指作为研究对象，用时间序列分析法得到标的证券在统计指标、价格变动趋势以及波动率等方面的特性。选取 2016 年 5 月 27 日至 9 月 2 日的股指日收盘价作为原始数据，共计 69 个交易数据，数据来源于大智慧软件。

将沪深 300 指数价格设定为 $\{S_t\}$，标的资产的对数收益率序列表示为

$\{P_t\}$，有
$$P_t = \ln S_t - \ln S_{t-1}$$
式中：P_t 表示第 t 天的沪深 300 指数收益率；S_t 和 S_{t-1} 分别表示标的指数在第 t、$t-1$ 天的价格，经过计算得到 68 组数据。

1) 统计特性

借助于 Eviews 计量软件得到标的资产收益率序列的统计特性，如图 11-9 所示。

Series: SERIES01	
Sample 1 68	
Observations 68	
Mean	0.001161
Median	0.000772
Maximum	0.032987
Minimum	-0.031349
Std. Dev.	0.009415
Skewness	0.548104
Kurtosis	6.484447
Jarque-Bera	37.80530
Probability	0.000000

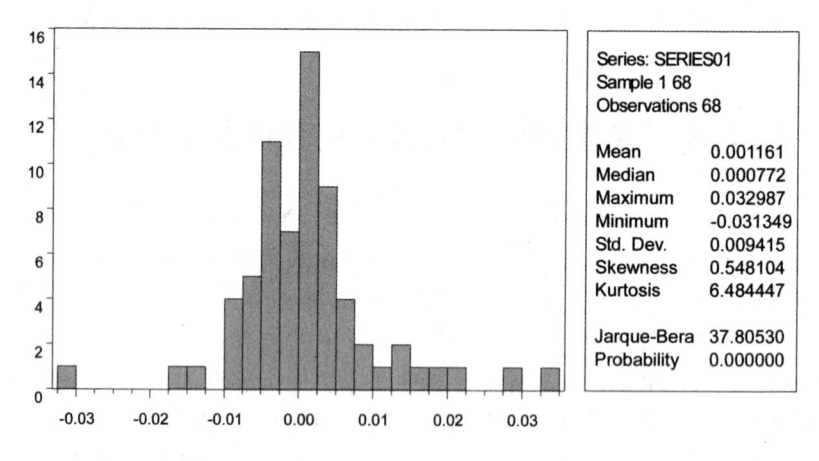

图 11-9　沪深 300 股指序列的对数收益率图

图 11-9 中统计量的数据显示沪深 300 股指对数收益率平均值为 0.001 161，标准差为 0.009 415；因为偏度 S 值为 0.548 104>0 和峰度值 K 取到 6.484 447>3，所以得到沪深 300 股指的收益率分布具有尖峰厚尾的特点。而且，Jarque-Bera 统计量数值大，由 P 值的结果可以表明：应该拒绝序列遵从正态分布这一假设。

图 11-10 显示了沪深 300 指数复合收益率序列的平稳性检验结果，在此过程中采用了 Eviews 中的 ADF 单位根检验法。

由图 11-10 可得：在显著性程度分别为 1％、5％、10％ 的情况下，各临界值都大于检验的 t 统计数值，因而拒绝原假设：此序列含有一个单位根，故从统计学意义上讲，这个序列是一个平稳序列。

```
Null Hypothesis：SERIES01 has a unit root
Exogenous：Constant
Lag Length：0 (Automatic - based on SIC. maxlag=10)
```

		t-Statistic	Prob.*
Augmented Dickey-Fuller test statistic		-8.006434	0.0000
Test critical values:	1% level	-3.531592	
	5% level	-2.905519	
	10% level	-2.590262	

*MacKinnon (1996) one-sided p-values.

图 11-10　沪深 300 指数复合收益率序列的平稳性检验

2）价格变动趋势

根据统计特性分析结果可以得到，沪深 300 股指对数收益率序列有平稳的特征，因而可让此序列满足自回归的滑动平均模型。图 11-11 是沪深指数收益率序列$\{P_t\}$的相关图。由图 11-11 中结果可知，该序列具有拖尾的自相关及偏自相关性。所以，可建立模型 ARMA(p. q)，然后借助于 Eviews 计量软件来对模型中各阶数进行比较，其中图 11-12ARMA(1.1) 结果显示，除了常数项，其余 P 值均小于 0.05，所以该模型 ARMA(1.1) 的参数是显著的。

```
Date: 09/07/16   Time: 12:07
Sample: 1 68
Included observations: 68
```

Autocorrelation	Partial Correlation		AC	PAC	Q-Stat	Prob
		1	0.006	0.006	0.0029	0.957
		2	-0.161	-0.161	1.8808	0.390
		3	0.129	0.134	3.0907	0.378
		4	-0.097	-0.134	3.7959	0.434
		5	0.032	0.088	3.8719	0.568
		6	0.031	-0.035	3.9455	0.684
		7	-0.276	-0.239	9.8827	0.195
		8	0.003	0.002	9.8835	0.273
		9	0.116	0.039	10.976	0.277
		10	-0.078	-0.023	11.473	0.322
		11	-0.037	-0.067	11.586	0.396
		12	-0.177	-0.214	14.241	0.286

图 11-11　沪深 300 股指收益率序列的相关图及 Q 统计量

▲ 数据挖掘及其在金融信息处理中的应用

为了检验 ARMA(1.1) 模型是否适合于上述序列,需对该模型做 Q 统计量检验,如图 11-13 所示其中的 P 值都远高于 0.05,所以无法拒绝无自相关性,表明该模型的残差序列满足白噪声过程,即拟合 RMA(1.1) 模型是有效的。

Variable	Coefficient	Std. Error	t-Statistic	Prob.
C	0.001123	0.001259	0.892131	0.3757
AR(1)	−0.555949	0.177005	−3.140870	0.0026
MA(1)	0.815311	0.136180	5.987017	0.0000
R-squared	0.156250	Mean dependent var		0.001158
Adjusted R-squared	0.129883	S.D. dependent var		0.009486
S.E. of regression	0.008849	Akaike info criterion		−6.573294
Sum squared resid	0.005011	Schwarz criterion		−6.474577
Log likelihood	223.2054	Hannan-Quinn criter.		−6.534232
F-statistic	5.925934	Durbin-Watson stat		2.199522
Prob(F-statistic)	0.004353			
Inverted AR Roots	−0.56			
Inverted MA Roots	−0.82			

图 11-12　ARMA(1.1) 模型结果

Autocorrelation	Partial Correlation		AC	PAC	Q-Stat	Prob
.*|.	.*|.	1	-0.141	-0.141	1.3974	
.*|.	.*|.	2	-0.069	-0.091	1.7394	
.|*.	.|.	3	0.080	0.058	2.2059	0.137
.*|.	.|.	4	-0.077	-0.064	2.6400	0.267
.|.	.|.	5	0.022	0.013	2.6776	0.444
.|.	.|.	6	0.048	0.039	2.8500	0.583
**|.	**|.	7	-0.245	-0.230	7.4787	0.187
.|.	.|.	8	0.056	-0.010	7.7275	0.259
.|.	.|.	9	0.056	0.028	7.9757	0.335
.|.	.|.	10	-0.052	-0.008	8.1941	0.415
.|.	.*|.	11	-0.037	-0.077	8.3097	0.503
.*|.	.*|.	12	-0.147	-0.179	10.118	0.430

图 11-13　模型 ARMA(1,1) 残差序列 Q 检验图

(3) 沪深 300 股指的波动率建模

前面的统计特性发现该股指呈非正态分布,并具有很大程度上的尖峰厚尾特征。而离散的 SV-T 模型考虑到波动的随机特点,故可以很好地对金融收益序列特征进行说明。前面也对 SV-T 模型做了简单介绍,接下来借助相关软件用数值方法来表示其模型。

使用 MCMC 方法对 SV-T 模型进行估计。此方法是基于 Bayesian 理论框架,通过建立马尔可夫链来动态模拟未知参数,当马尔可夫链达到稳定状态时的后验分布即为所求。在此,选用 WinBUGS 软件,通过 Gibbs 抽样法计算 MCMC 结果。

对 2016 年 5 月 27 日至 9 月 2 日总计 68 个指数收益率建立 SV-T 模型。在模型定义时选用 WinBUGS 软件的 BUGS 语言。经过 Gibbs 抽样法,得到该模型下参数的 Bayes 估测值,如图 11-14 所示。在开始抽样过程时,先使参数运行一万次迭代,然后退火以保证收敛性,重新进行四万次迭代,以此来对模型进行模拟仿真。由于很少对模型的收敛性进行理论上的证明,大部分是借助于图形说明的,故在本小节中,使用迭代轨迹、迭代历史以及自相关图来判断迭代的收敛性。若迭代轨迹、迭代历史最终基本趋于平稳,而自相关函数能快速地靠近于零,则表明模型是收敛的。通过 WinBUGS 软件得出图 11-15 ～ 图 11-17,可以认为此模型是收敛有效的。

根据参数估计结果,可得出厚尾 SV 模型(SV-T) 为

$$y_t = \sigma_t \varepsilon_t, \quad \varepsilon_t \sim t(16.16)$$
$$\ln\theta_t = -0.1939 + 0.9806 \times (\ln\theta_{t-1} + 0.1939) + 1.475\eta_t, \quad \eta_t \sim N(0,1)$$

node	mean	sd	MC error	2.5%	median	97.5%	start	sample
mu	−0.1939	0.3174	0.001969	−0.8162	−0.1931	0.4309	10000	40001
omega	16.16	5.678	0.08968	7.09	15.48	29.05	10000	40001
phi	0.9806	0.01279	1.091E-4	0.9496	0.9829	0.998	10000	40001
tau	1.475	0.2865	0.005117	0.968	1.455	2.097	10000	40001

图 11-14　SV-T 模型参数的贝叶斯估计值

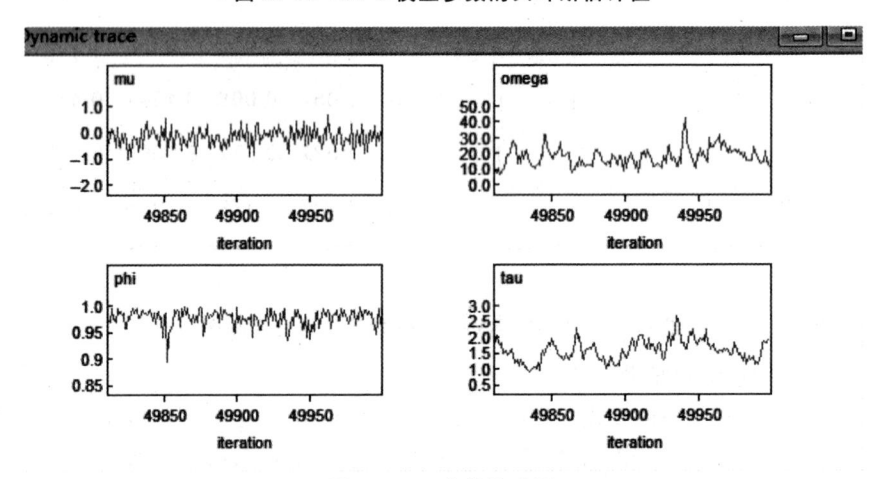

图 11-15　迭代轨迹图

图 11-14 中信息显示,沪深 300 股指的波动水平参数 μ 的 Bayes 估测值是 −0.193 9,置信水平 97.5%,相对应的后验置信区间是 [−0.816 2, 0.430 9],MC 误差是 0.001 969(< 0.05);波动率持续参数 φ 为 0.980 6 < 1,说明模型是协方差平稳的,MC 误差为 0.000 109 1(< 0.05);扰动性水平衡量参数 τ 后验均值等于 1.475,τ 的 97.5% 所对应的后验置信区间是 [0.968, 2.097],MC 误差为 0.005 117(< 0.05);作为 t 分布的自由度,ω 后验均值是 16.16。这些参数的取值说明此模型的建立是合理的。

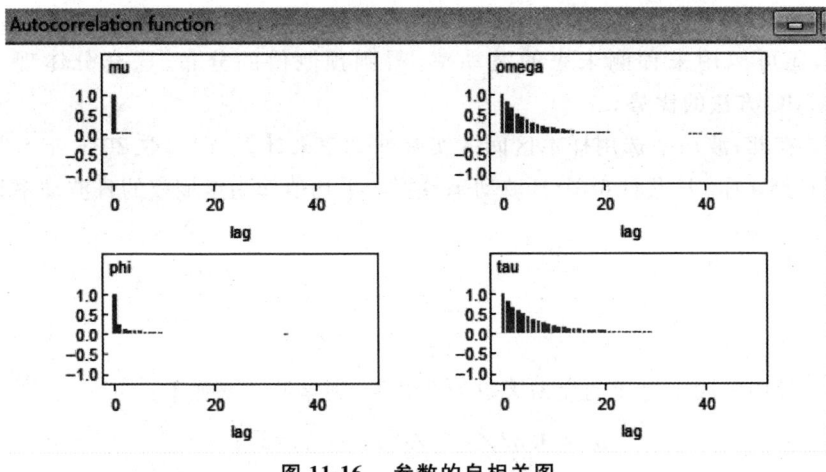

图 11-16　参数的自相关图

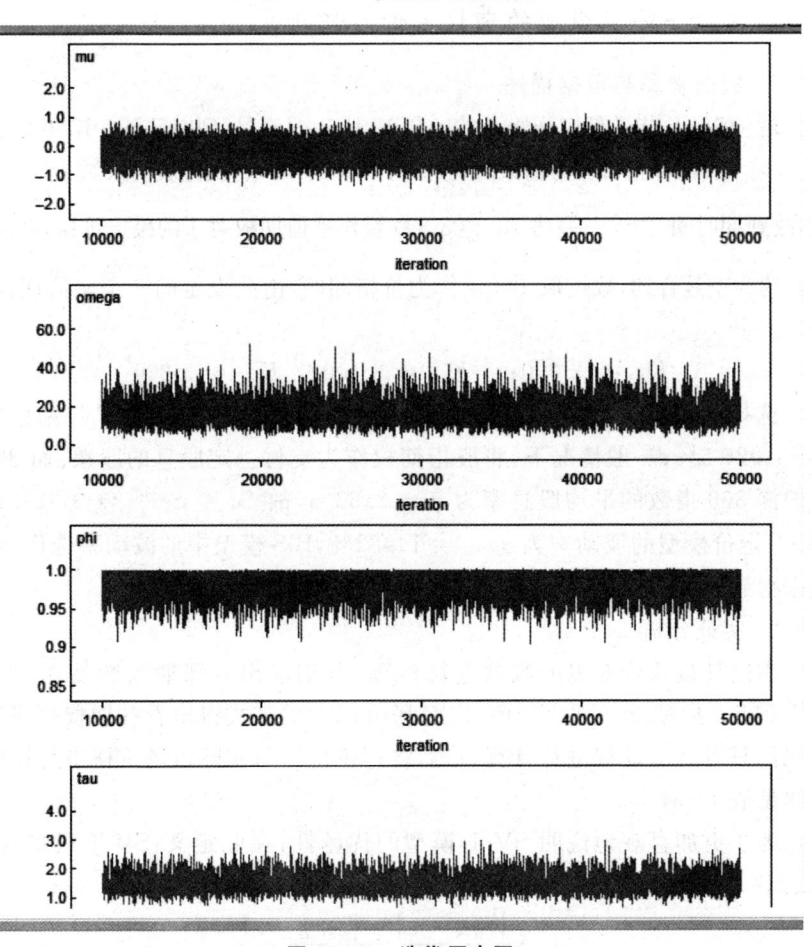

图 11-17　迭代历史图

通过 WinBUGS 软件实现的 SV-T 模型的估计,不仅可以得到历史波动率,还可以用来预测未来的波动率,得到预测值的分布。这充分体现了 MCMC 方法的优势。

在此,波动率选用样本区间的实际波动率来计算。即选取 2016 年 5 月 27 日至 9 月 2 日共计 68 个日波动率数据的平均值作为该期权的日波动率数据:

$$\sigma_{9-5} = \frac{\sum_{i=1}^{68}\sigma_i}{68} = 9.33\%$$

设中国股市每年的交易天数为 252 天,则年波动率如下:

$$\sigma = 9.33\% \times \sqrt{252} = 14.82\%$$

2. 基于 SV-T 模型的期权定价实证研究

1)数据来源与数据描述

取沪深 300 指数期权开始于 2016 年 12 月 19 日交易,到期日至 2017 年 3 月 17 日。以前一日的收盘价作为指数的现价,则 $S = 3\,346.03$;实际交易天数为 $T = 63$ 天,故到期时间 $T = \frac{63}{252}$;将 $K_0 = 3\,300$ 看作平值期权对于的敲定价格,因此这份合约为季月合约,故选取 100 点作为价格间距,由此设定的三个实值期权分别是

$$K_{-3} = 3\,000; \quad K_{-2} = 3\,100; \quad K_{-1} = 3\,200$$

选择一年期的上海银行间同业拆借利率(Shibor)作为无风险利率有: $r = 3.026\,5\%$;一般情况下,将股指期权作为支付一定股息的股票。而 2016 年沪深 300 指数的平均股息率为 $q = 2.63\%$,故 $S_0 = Se^{-qT} = 3\,324.10$,SV-T 定价模型的波动率为 $\sigma_{SV\text{-}T} = 14.82\%$,B-S 模型中的波动率选用历史数据得到 $\sigma_{B\text{-}S} = 14.95\%$。

2)实证分析

借助计量软件对以上数据进行计算,分别求出看涨期权产品在 SV-T 模型和 B-S 模型下的理论价值,进而利用 PCP 关系式得出看跌期权价格。本节我们只对看涨期权进行计算,最后将理论价格与实际市场价格进行比较,具体见表 11-31。

为了更加直观地说明 SV-T 模型的优越性,在此定义:SV-T 模型定价较之 B-S 定价公式的套利空间 α:

$$\alpha = \frac{|c_{B\text{-}S} - c| - |c_{SV\text{-}T} - c|}{c}$$

表 11-32 为两种方法的定价误差(误差采用相对误差)及套利空间结果。

表 11-31　沪深 300 股指的看涨期权价值　　　(单位:百元)

执行价格 K	实际期权价格 c	SV-T 模型下期权价格 $c_{SV\text{-}T}$	B-S 模型下期权价格 $c_{B\text{-}S}$
$K_{-1} = 3\,200$	158.3	187.4	204.7
$K_{-2} = 3\,100$	258.3	265.3	284.8
$K_{-3} = 3\,000$	358.3	353.5	374.4

注:股指期权市场价格来源于文华财经。

表 11-32　沪深 300 股指期权定价结果

执行价格 K	SV-T 模型定价误差	B-S 模型定价误差	α
$K_{-1} = 3\,200$	0.184	0.293	10.9%
$K_{-2} = 3\,100$	0.027	0.103	7.6%
$K_{-3} = 3\,000$	0.013	0.045	3.2%

3) 实证结论

通过对结果进行分析,我们发现:SV-T 模型结果明显优于 B-S 模型。SV-T 模型下的期权价格符合金融市场的一般规律,且该模型对实际市场价格有很好的预测效果。这对投资者更好地了解期权市场提供了理论前提。再者,SV-T 模型比 B-S 模型有较小的套利空间,说明该模型可以更好地指导我国股指期权的交易行为。通过 SV-T 模型所独具的特征和实证结果发现,其具有很强的可操作性。故用 SV-T 模型来对 300 指数期权展开定价分析,可获得较为合理的理论数值,而这些理论结果对将来我国 300 股指期权的正式上市做了很好的铺垫。

随着期权产品的广泛推出,其市场在金融界中所占比例越来越重,故对其的研究也具有更加实用的作用。在沪深 300 股指期权正式交易推出之际,其定价研究对投资者更好地进行市场投资起到了一定的作用。SV-T 模型因其更加贴近金融资产收益率的特点,也将成为一种切实可行的股指期权价格预测工具。本小节就最新数据的沪深 300 股指作为研究对象,通过分析标的资产的时间序列特性,选用符合指数特点的随机波动模型(SV-T 模型),利用相关计量软件得到理论期权价格并通过进行实证分析,综合说明了 SV-T 模型在期权定价方面的实用性以及合理性。由于我国股指期权正处于仿真交易,而且期权市场的交易制度还不完善,所以有必要在今后加强对这一方面的深入探索。

3. 考虑交易费用和泊松分布的期权定价实证分析

1) 模型中参数的设置

(1) 标的证券价格波动率 σ。

采用历史波动率来评估标的证券收益率的波动率,数据选取为 2016 年 11 月 8 日至 2016 年 12 月 19 日的沪深 300 股指日收盘价(元),整理后的数据见表 11-33。

表 11-33 沪深 300 股指的样本数据

天数	P_t	R_t	$R_t - \mu$	$(R_t - \mu)^2$
0	3 371.12	—	—	—
1	3 353.05	−0.005 37	−0.004 94	2.44E−05
2	3 390.61	0.011 139	0.011 573	0.000 133 94
3	3 417.22	0.007 818	0.008 251	6.81E−05
4	3 430.25	0.003 806	0.004 24	1.80E−05
5	3 429.87	−0.000 11	0.000 323	1.04E−07
6	3 429.59	−0.000 82	0.000 352	1.24E−07
7	3 436.54	0.002 024	0.002 458	6.04E−06
8	3 417.46	−0.005 57	−0.005 13	2.64E−05
9	3 441.11	0.006 897	0.007 33	5.37E−05
10	3 468.36	0.007 888	0.008 322	6.92E−05
11	3 474.73	0.001 835	0.002 269	5.15E−06
12	3 488.74	0.004 024	0.004 458	1.99E−05
13	3 521.3	0.009 29	0.009 723	9.45E−05
14	3 535.08	0.003 906	0.004 339	1.88E−05
15	3 564.04	0.008 159	0.008 593	7.38E−05
16	3 538	−0.007 33	−0.006 9	4.76E−05
17	3 565.04	0.007 614	0.008 047	6.48E−05
18	3 528.95	−0.010 17	−0.009 74	9.49E−05
19	3 469.41	−0.017 02	−0.016 58	0.000 274 965
20	3 459.15	−0.002 96	−0.002 53	6.39E−06
21	3 475.75	0.004 787	0.005 221	2.73E−05

续表 11-33

天数	P_t	R_t	$R_t - \mu$	$(R_t - \mu)^2$
0	3371.12	—	—	
22	3 470.14	−0.001 62	−0.001 18	1.40E−06
23	3 493.7	0.006 766	0.007 2	5.18E−05
24	3 409.18	−0.024 49	−0.024 06	0.000 578 681
25	3 405.04	−0.001 22	−0.000 78	6.11E−07
26	3 378.95	−0.007 69	−0.007 26	5.27E−05
27	3 340.43	−0.011 47	−0.011 03	0.000 121 699
28	3 346.03	0.001 675	0.002 109	4.45E−06
29	3 328.98	−0.005 11	−0.004 67	2.19E−05

数据来源：东方财富网。

表 11-33 中：P_t 代表着第 t 天沪深 300 股指的收盘价（元）；R_t 代表着第 t 天标的证券的对数收益率；μ 是连续复利收益率下的样本平均值；σ^2 为样本方差；σ 代表着标的证券的标准差，即为标的证券的日波动率。关系式为

$$R_t = \ln \frac{P_t}{P_{t-1}}; \quad \mu = \frac{1}{T} \sum_{t=1}^{T} R_t; \quad \sigma^2 = \frac{1}{T-1} \sum_{t=1}^{T} (R_t - \mu)^2$$

经过计算与处理表 11-33 中的数据，可得

$$\mu = -0.000\ 43; \quad \sigma^2 = 0.000\ 07; \quad \sigma = 0.008\ 369\ 409$$

因此，得到沪深 300 股指的历史日波动率 $\sigma_{day} = \sigma = 0.008\ 369\ 409$。为了计算的方便，需要将历史日波动率转换成相应的年波动率。计算方法为

年波动率 σ_{year} = 标的资产的历史日波动率 $\sigma_{day} \times \sqrt{\text{年交易天数}}$

假设我国股市一年内的交易日数是 246 天。则据此可以计算出沪深 300 股指的历史年波动率：

$$\sigma_{year} = 0.008\ 369\ 409 \times \sqrt{246} = 0.131\ 269\ 054$$

（2）标的证券（沪深 300 股指）的现价 S。

根据选取的实证数据，交易当天标的资产的现价为 2016 年 12 月 19 日的日收盘价，即 $S = 3\ 328.98$。

(3) 沪深 300 股指期权执行价格 X。

假定此份沪深 300 指数期权合约开始交易于 2016 年 12 月 20 日,到期期限为 2017 年 1 月 20 日。将前一日的收盘价看作标的物的现价,则 $S = 3\,328.98$;所以将 $X_0 = 3\,350$ 看作平值期权对于的敲定价格。因合约为下月合约,故选取 50 点作为价格间距,据此设定的期权有

$$X_{-2} = 3\,250; X_{-1} = 3\,300; X_0 = 3\,350; X_1 = 3\,400; X_2 = 3\,450$$

(4) 期权的到期期限 $T - t$。

本书所选合约的交易始于 2016 年 12 月 20 日,止于 2017 年 1 月 20 日。所以实际交易天数是 23 天。故到期期限是

$$T - t = \frac{23}{246}$$

(5) 无风险利率(连续复利) r。

在此选取交易当天的一年期的上海银行间同业拆借利率(Shibor)来计算无风险利率,所以沪深 300 股指的无风险利率 $r = 3.3186\%$。

(6) 标的证券(沪深 300 股指)的股息率 q。

根据《中国证券报》最新消息可得,2016 年该标的物的股息率
$$q = 2.16\%。$$

(7) 沪深 300 股指期权的交易成本 k。

沪深 300 股指期权交易的交割是现金交割方式,所以其交易只需交割手续费。沪深 300 股指期权交易手续费的收取方式主要分为:按固定金额以及按期权费成交额的百分比收取这两种方式。考虑到中金所规定标准及境外成熟市场的运营状态,将沪深 300 指数期权的交易手续费定为每手 2 元最为合理,即沪深 300 指数期权交易手续费占期权费约为 2.25,若交易成本以交易额的固定比例来计算,将其记为 k(k 是常数),则 $k = 2.25$。若调整时间间隔记为 δ_t(δ_t 很小但不认为是无穷小量),取时间间隔为 1 天,股市年交易为 246 天,则有 $\delta_t = \dfrac{1}{246}$。

(8) 泊松过程中的参数 λ。

彭益对泊松分布的参数进行了系统性的估计。由于我国股市存在 10% 的涨跌停限制,并且股票指数的计算采取的是派许加权综合价格指数方法,所以标的收益率以及股指的每日涨跌幅均处在 -10% 和 10% 之间。故通过将收益率总区间 $[-10, 10]$ 划分为 n 等分,可以得出第 t 天指数收益率 r_t 所在的区间范围。

若 r_t 在区间 $a(a \in [-10, 10])$ 内,将历史数据中出现股指收益率处于区间后第二天数据组成一个集合 S,用该集合来进行泊松分布的拟合。之

后,在考虑了股指收益率实际概率与泊松分布概率的均方差 $\sqrt{\sigma_n^2/(n-1)}$、集合 S 中元素个数 $\sum_{j=1}^{n}\text{Count}(j)$ 以及在区间段内异常点个数 $g(n)$ 这三个主要影响因素后,建立了最佳泊松分布的拟合评估函数:

$$F(n) = \max\left\{\frac{\sum_{j=1}^{n}\text{Count}(j)}{(1+g(n))\times\sqrt{\sigma_n^2/(n-1)}}\right\}, n\in\{1,2\ldots+\infty\}.$$

在上式中 n 可以无限取值,但在实际检验过程中,n 取值范围简化为 $[15,50]$。然后可以找到使 $F(n)$ 取得最大值的 n 值,从而求得泊松分布下的参数 λ。基于本小节对历史数据的计算,得出当 n 值取 36 时,拟合评估函数 $F(n)$ 取得最大值,对应的泊松分布的参数 $\lambda = 19$。

2) 模型计算

沪深 300 指数期权定价模型中所需的参数如下:

$\sigma = 0.131269054$; $S = 3328.98$; $T-t = \dfrac{23}{246}$; $r = 0.033186$;

$q = 0.0216$; $\delta_t = \dfrac{1}{246}$; $K = 0.000225$; $\lambda = 19$

(1) 将上述参数代入式(11-57)和式(11-59)中,利用 Matlab 程序计算:不同执行价格下的 B-S 定价模型值和推广 B-S 定价模型值,结果见表 11-34 及图 11-18。

表 11-34 沪深 300 股指期权在不同敲定价格下的看涨期权价值

执行价格 X	实际市场值	B-S 模型值	推广 B-S 模型值
$X_{-2} = 3250$	272.4	103.65	251.24
$X_{-1} = 3300$	180	70.76	225.71
$X_0 = 3350$	145.2	45.10	202.08
$X_1 = 3400$	143.8	26.68	180.31
$X_2 = 3450$	125	15.58	160.33

(2) 将上述参数代入式(11-67)和式(11-72)中,利用 Matlab 程序对不同执行价格下的二叉树以及三叉树期权定价进行计算求解,结果见图 11-19。

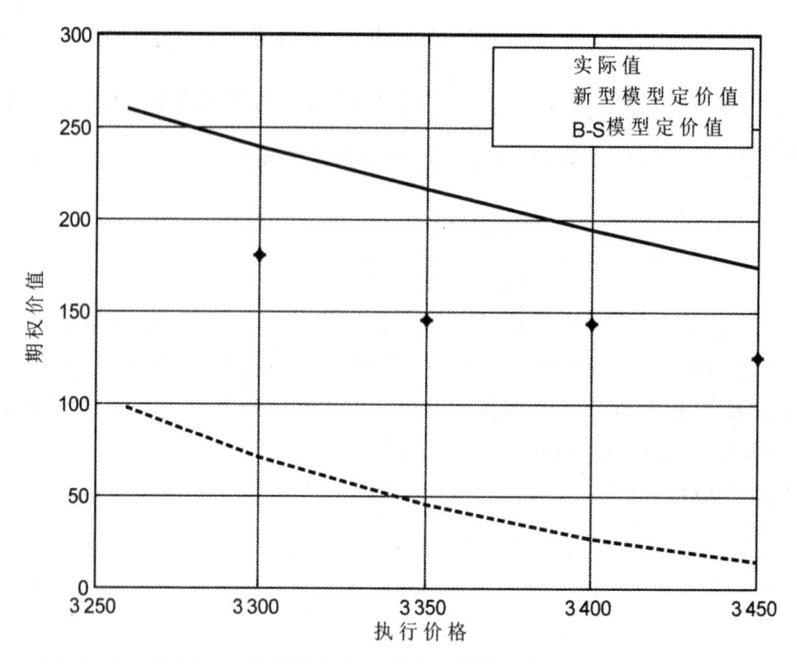

图 11-18 沪深 300 股指期权在不同敲定价格下的看涨期权价值对比图

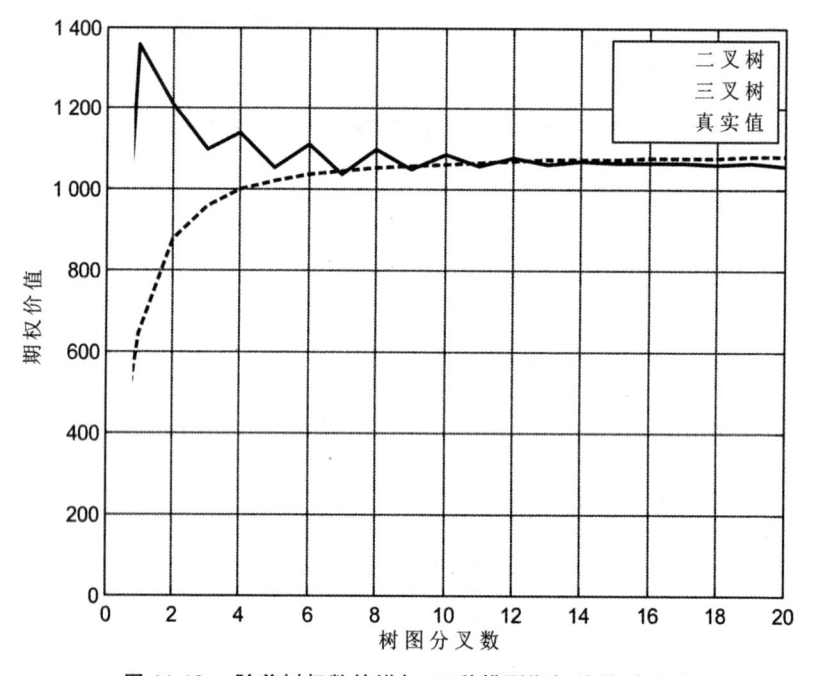

图 11-19 随着树权数的增加,三种模型期权价值对比图

3) 结果说明

由表11-34和图11-18、图11-19可见,推广B-S定价模型(带有交易费用和数据的异常波动性)比传统意义上的B-S定价模型计算所得结果更接近于实际市场交易价。然而还是存在一定的误差,分析原因如下:

(1) 本书所采用的样本数据较少,所以不一定能完全精确地拟合数据异常波动所满足的泊松过程。

(2) 依照书中数据所求出的泊松分布参数 $\lambda = 19$ 较大,说明数据的波动性较大,所以利用 B-S 定价模型和推广的 B-S 定价模型所得结果相差较大。

(3) 由图11-19可见,二叉树法和三叉树法计算的期权价值仍然和推广的B-S定价模型所得结果相差较大,但仍然可得出三叉树法优于二叉树法的结论,并且这一结论和参考文献(连颖颖,张铁,2010,数学的实践与认识)所得结果相吻合。同时也可得出:两种树图法的数值解和公式解之间的误差随着泊松分布参数 λ 的增大而增大。

参考文献

[1]王振武.数据挖掘算法原理与实现[M].2版.北京:清华大学出版社,2017.

[2]王朝霞.数据挖掘[M].北京:电子工业出版社,2018.

[3]周苏,王文.大数据导论[M].北京:清华大学出版社,2016.

[4]周英,卓金武,卞月青.大数据挖掘系统方法与实例分析[M].北京:机械工业出版社,2016.

[5]刘鹏,张燕,张重生,等.大数据[M].北京:电子工业出版社,2017.

[6]王鹏,李俊杰,谢志明,等.云计算和大数据技术:概念应用与实战[M].北京:人民邮电出版社,2016.

[7]Jiawei Han, Micheline Kamber, Jian Pei.数据挖掘概念与技术[M].3版.范明,孟小峰,译.北京:机械工业出版社,2016.

[8]张良均,杨海宏.Python与数据挖掘[M].北京:机械工业出版社,2016.

[9]徐华.数据挖掘:方法与应用[M].北京:清华大学出版社,2014.

[10]王玲.数据挖掘学习方法[M].北京:冶金工业出版社,2017.

[11]蔡丽艳.数据挖掘算法及其应用研究[M].成都:电子科技大学出版社,2013.

[12]王小妮.数据挖掘技术[M].北京:北京航空航天大学出版社,2014.

[13]梁亚声,徐欣.数据挖掘原理、算法与应用[M].北京:机械工业出版社,2014.

[14]毛国君,段丽娟.数据挖掘原理与算法[M].3版.北京:清华大学出版社,2015.

[15]李爱国,厍向阳.数据挖掘原理、算法及应用[M].西安:西安电子科技大学出版社,2012.

[16]贾双成,王奇.数据挖掘核心技术揭秘[M].北京:机械工业出版社,2015.

[17]李春葆,李石君,李筱驰.数据仓库与数据挖掘实践[M].北京:电子工业出版社,2014.

[18]夏春艳,数据挖掘技术与应用[M].北京:冶金工业出版社,2014.

[19]马超群.金融数据挖掘[M].北京:科学出版社,2007.

[20] 郑志明,缪绍日,荆丽丽,等. 金融数据挖掘与分析[M]. 北京:机械工业出版社,2015.

[21] 王宪明,胡继成,田媛,等. 中国商业银行全面风险评价研究——基于粗糙集的数据挖掘算法在金融风险防范中的应用[M]. 北京:经济科学出版社,2015.

[22] 王雨霏. 大数据时代的金融:金融管理系统数据挖掘的研究与效用[M]. 上海:复旦大学出版社,2016.

[23] 邓仲华,刘伟伟,陆颖隽. 基于云计算的大数据挖掘内涵及解决方案研究[J]. 情报理论与实践,2015,38(7):103-108.

[24] Agrawal R,Imielinski T,Swami A. Mining association rules between sets of items in large databases. [J]. Proceedings of the ACM SIGMOD Conference Management of Data,New York:ACM,1993:207−216.

[25] 杨良斌. 数据挖掘领域研究现状与趋势的可视化分析[J]. 图书情报工作,2015,59(S2):142-147.

[26] 何清,庄福振,曾立,等. PDMiner:基于云计算的并行分布式数据挖掘工具平台[J]. 中国科学:信息科学,2014,44(7):871-885.

[27] 王佐. 基于粗糙集的聚类算法研究[D]. 吉林大学,2013.

[28] 米允龙,米春桥,刘文奇. 海量数据挖掘过程相关技术研究进展[J]. 计算机科学与探索,2015,9(6):641-659.

[29] 史尤昭. 数据挖掘技术研究与应用[J]. 软件,2015,36(11):38-42.

[30] 邓仲华,刘伟伟,陆颖隽. 基于云计算的大数据挖掘内涵及解决方案研究[J]. 情报理论与实践,2015,38(7):103-108.

[31] 程陈. 大数据挖掘分析[J]. 软件,2014,35(4):130-131.

[32] 李平荣. 大数据时代的数据挖掘技术与应用[J]. 重庆三峡学院学报,2014,30(3):45-47.

[33] 李涛,曾春秋,周武柏,等. 大数据时代的数据挖掘——从应用的角度看大数据挖掘[J]. 大数据,2015,1(4):57-80.

[34] 马宏斌,王柯,马团学. 大数据时代的空间数据挖掘综述[J]. 测绘与空间地理信息,2014,37(7):19-22.

[35] 胡涛. 基于关联规则的数据挖掘算法[J]. 电子技术与软件工程,2018(2):186.

[36] 高剑. 可视化数据挖掘技术研究[J]. 通讯世界,2018(1):116-117.

[37] 殷晨,刘美芳. 基于云计算环境的数据挖掘服务模式[J]. 信息与电脑(理论版),2018(1):111-113.

[38] 梁祥波,夏子厚. 基于改进数据挖掘Apriori算法的软件风险管理

分析[J].信阳师范学院学报(自然科学版),2018,31(2):307-311.

[39] 杨金劳.Web 数据挖掘技术在电子商务中的应用研究[J].电子技术与软件工程,2018(2):188.

[40] 曾丽.云计算的大数据挖掘平台研究[J].企业科技与发展,2018(1):49-51.

[41] 杜江毅,边馥苓.面向大数据的空间数据挖掘综述[J].地理空间信息,2017,15(1):8-12.

[42] 周磊,张玉峰.融合物联网与数据挖掘的物流信息处理与分析[J].图书馆学研究,2017(6):61-65+21.

[43] 孟强,李海晨.Web 数据挖掘技术及应用研究[J].电脑与信息技术,2017,25(1):59-62.

[44] 定会.基于大数据的 Web 数据集成及数据挖掘技术的研究[J].电脑迷,2018(3):199-201.

[45] 张毅,崔晓燕.基于云计算平台的物联网数据挖掘研究[J].软件,2014,35(1):108-111.

[46] 赵子.数据挖掘算法研究及其在处方分析系统的应用[D].南京理工大学,2017.

[47] 陈湘辉.基于朴素贝叶斯算法的社交网络数据挖掘技术研究[J].计算机测量与控制,2017,25(6):199-202.

[48] 刘彦保,雷珍,等.基于 ai Net 免疫网络模型的 K-means 聚类算法[J].延安大学学报(自然科学版),2015,34(4)27-29.

[49] 刘彦保,袁倩,等.基于时间索引的 0-N 数据结构在序列模式挖掘算法中的应用[J].延安大学学报(自然科学版),2015,34(4)30-32.

[50] 乔克林,韩建勤.改进后的复合～Poisson-Geometric 风险模型～Gerber-Shiu 折现惩罚函数[J].系统科学与数学,2016,36(10):1744-1751.

[51] 乔克林,薛盼红.基于最新数据的上证 50ETF 期权定价实证研究[J].延安大学学报(自然科学版),2016,35(4):27-31.

[52] 连颖颖,张铁.期权定价新型二叉树参数模型的构造[J].数学的实践与认识,2010,40(2),17-21.